화폐
부채와 주권 사이의

Michel Aglietta, Pepita Ould Ahmed et Jean-François Ponsot
La Monnaie
Entre dettes et souveraineté

화폐
부채와 주권 사이의

미셸 아글리에타
페피타 울드 아메드
장 프랑수아 퐁소

표한형 옮김

울력

LA MONNAIE. Entre dettes et souveraineté
by Michel AGLIETTA
in collaboration with Pepita OULD AHMED and Jean-François PONSOT
ⓒ EDITIONS ODILE JACOB, Paris, 2016
Korean Translation Copyright ⓒ Ulyuck Publishing House, 2025
All rights reserved.
This Korean edition was published by arrangement with
EDITIONS ODILE JACOB (Paris)
through Bestun Korea Agency Co., Seoul
이 책의 한국어판 저작권은 베스툰 코리아 에이전시를 통해
저작권자와 독점 계약한 도서출판 울력에 있습니다.
저작권법에 의해 한국 내에서 보호를 받는 저작물이므로
무단 전제와 무단 복제를 금합니다.

화폐 부채와 주권 사이의

지은이 | 미셀 아글리에타, 페피타 울드 아메드, 장 프랑수아 퐁소
옮긴이 | 표한형
펴낸이 | 강동호
펴낸곳 | 도서출판 울력
1판 1쇄 | 2025년 7월 10일
등록번호 | 제25100-2002-000004호(2002. 12. 03)
주소 | 서울시 구로구 개봉로23가길 111, 8-402 (개봉동)
전화 | 02-2614-4054
팩스 | 0502-500-4055
E-mail | ulyuck@naver.com
정가 | 25,000원

ISBN | 979-11-85136-79-0 93320

· 잘못된 책은 바꾸어 드립니다.

감사의 글

이 책은 35년간의 화폐에 대한 연구를 집대성한 책이다. 우선 이 책을 쓰는 긴 여정 동안 줄곧 나와 함께한 페피타 울드 아메드(Pepita Ould Ahmed)와 장 프랑수아 퐁소(Jean-François Ponsot)에게 감사의 말을 전하고 싶다. 토론과 재작성 과정에서 그들의 도움은 필수적이었다. 또한 원고의 가장 까다로운 부분을 꼼꼼하게 읽어 준 앙드레 오를레앙(André Orléan)과 카트린 블룸(Catherine Blum)에게도 감사드린다.

끝으로, 이 방대하고 복잡한 내용을 뛰어난 솜씨로 책의 형태로 완성시킨 소피 드 살레(Sophie de Salée)에게도 감사의 말을 전한다.

이자벨 로디에(Isabelle Laudier)가 이끄는 사회과학 연구를 위한 케스 데데포 연구소(L'Institut caisse des dépôts pour la recherche en sciences sociales)가 이 책의 출간에 재정적 지원을 제공했다.

차례

감사의 글 _ 5

서론 _ 9
    화폐를 경제의 중심으로 되돌리다 _ 13
    화폐의 역사적 경로가 경제적 조절을 결정한다. _ 15
    역사에서 화폐 위기, 금융 위기와의 관계: 그리고 위기를 피하기 위한 정책 수단 _ 16
    국제 화폐의 풀리지 않는 수수께끼를 설명하다 _ 18

제1부 사회적 귀속 관계로서 화폐 _ 21

제1장 화폐는 가치의 토대이다 _ 29
    1. 가치에 대한 자연주의적 가설과 그 비판 _ 29
    2. 경제 질서에서 화폐: 사회적 귀속으로서 제도 _ 44
    3. 화폐의 논리적 발생: 모방 모델 _ 49
    4. 부채, 화폐화 준칙 그리고 지급 결제 시스템 _ 54
    5. 유동성과 화폐에 대한 신뢰 _ 66

제2장 부채의 논리와 주권의 형태들 _ 75
    1. 수직적 부채: 삶의 부채, 출계의 부채, 사회적 부채 _ 76
    2. 자본주의와 경제 이론에서 수직적 부채 _ 78
    3. 인류학 논쟁에서 삶의 부채 _ 83
    4. 윤리적 신뢰의 우선성과 화폐의 정당성 _ 86
    5. 주권 원칙과 화폐의 정당성 _ 88

제2부 화폐의 역사적 궤적 _ 99

제3장 고대 제국에서 금본위제까지 _ 105
    1. 고대 _ 105
    2. 중세에서 화폐의 발명 _ 127
    3. 영국의 개혁에서 국제 금본위로 _ 150

제4장 격동의 20세기와 21세기의 화폐 출현 _ 175
    1. 사회적 부채와 국가화폐 _ 177
    2. 지속 가능한 발전을 위한 도전 과제와 새로운 화폐 형태들 _ 193

제3부 위기와 화폐의 조절 _ 215

제5장 역사에서 화폐 위기 _ 223

1. 고대 금속 시스템의 위기 _ 223
2. 이원 체제의 화폐 및 금융 위기 _ 227
3. 국민-국가 여명기의 화폐적 성공과 실패 _ 233
4. 자본주의 고전 시대의 금융 위기와 중앙은행: 최종 대부자의 등장 _ 243
5. 20세기의 초인플레이션 위기 _ 257
6. 20세기 마지막 30년 동안 금융 자유화와 금융 위기의 반격 _ 274

제6장 자본주의에서 화폐 조절 _ 283

1. 중앙은행의 합리성 _ 284
2. 결론: 경제정책의 중심에 있는 중앙은행의 독립성 _ 323

제4부 국제 화폐의 수수께끼 _ 325

제7장 역사의 시험에 직면한 국제 화폐 _ 329

1. 국제 화폐의 불완전성 _ 330
2. 금본위 하에서 국제금융의 통합과 해체 _ 336
3. 브레턴우즈 시스템: 제도화된 달러 헤게모니를 통한 조정 _ 351
4. 자메이카 협정 이후: 준-달러 본위의 탈중앙화 된 체제 _ 372

제8장 새로운 국제 화폐 시스템으로 이행 _ 387

1. 국제 화폐 시스템: 기축통화의 헤게모니에서 제도화된 협력으로 _ 389
2. 유로화의 희망과 환멸 _ 403
3. 중국 화폐의 국제 화폐 시스템으로의 대장정 _ 413
4. 국제 화폐 시스템을 어떻게 전환할 것인가? _ 426
5. 결론 _ 441

옮긴이의 말 _ 445
참고 문헌 _ 453

일러두기

1. 이 책은 Michel Aglietta, Pepita Ould Ahmed, Jean-François Ponsot의 *La Monnaie. Entre dettes et souveraineté* (Editions Odile Jacob, 2016)를 완역한 것이다.
2. 이 책은 띄어쓰기를 원칙으로 하였다. 하지만 국립국어원 표준국어대사전에 수록된 어휘는 붙여 썼다. 그리고 외래어 표기는 외래어 표기 규정과 용례를 기준으로 하였다. 하지만 일부 표기는 옮긴이의 의견에 따라 표기하였다.
3. 본문에서 책과 잡지 등은 『 』로 표시하였고, 논문이나 기사 등은 「 」로 표시하였다. 원어로 표기할 경우에는 책과 잡지 등은 이탤릭체로, 논문이나 기사 등은 " "으로 표시하였다.
4. 원서에서 이탤릭으로 강조된 부분은 중고딕으로 표시하였고, 원어를 병기할 경우에는 이탤릭으로 표시하였다.
5. 이 책에서 본문 중의 중간 제목 등에 들어간 번호는 옮긴이가 독자의 편의를 위해 붙인 것이다.
6. 본문 중에서 ( ) 안에 인명과 연도가 표시된 것은 참고 문헌에 있는 책과 논문의 출처를 밝힌 것이다.
7. 주석은 각주로 처리하였고, 옮긴이의 주석은 옮긴이의 것임을 따로 밝혀 두었다.

서론

2008년 9월 중순, 일 년 넘게 서구 세계를 휩쓸고 있던 금융 위기가 최고조에 달했다. 서구 금융 시스템 전체가 속절없이 무너져 내리고 있었다. 이러한 위태로운 순간에 지구상에서 가장 영향력 있는 인물은 미국 중앙은행인 연방준비제도이사회 의장 벤 버냉키(Ben Bernanke)였다. 극적인 결정은 항상 금융시장이 문을 닫은 주말에 이루어지는데, 이는 그만큼 금융시장에 대한 신뢰가 높다는 증거이다. 한 상원 의원이 버냉키에게 중앙은행이 아무런 조치도 취하지 않았다면 어떤 일이 일어났겠느냐고 물었을 때, 그는 "우리가 아무런 조치도 취하지 않았다면, 월요일 아침에 경제는 더 이상 존재하지 않았을지도 모른다"고 답했다. 화폐에 의해 금융이 구제되면서 서구 경제도 구제되었다.

이러한 현실은 금융 자유화 이후 25년 동안 금융 효율성이라는 이데올로기가 완전히 지배하는 이른바 자유주의적 억견과 배치된다. 물론, 금융 효율성은 시스템 위기가 발생할 가능성을 이론적 핵심에서 배제하기 때문에 이것이 제공하는 지식으로는 글로벌 금융 위기를 예측할 수 없었다. 그러나 더 심각한 것은 무슨 일이 일어났는지를 분석하고 이로부터 교훈을 얻기 위해 스스로를 개혁하지 못했다는 것이다. 금융 압력단체가 중앙은행들에 의해 구제되었다. 그 이후 G20의 후원 하에 규제 당국은 방금 전에 일어난 통제 불능의 반복을 피하기 위해 소심하게 최소한의 개혁만을 시도했다. 그럼에도 불구하고 국제 금융 압력단체는 자신들을 구제해 준 것에 대해 전혀 감사할 줄 모른다. 이들은 뻔뻔하게

도 새로운 규제를 좌절시키거나 교묘히 빠져나가려 하고 있다. 부동산 투기 거품을 일으킨 자금 조달 과정에서 누적된 부패한 금융 관행은 금융 위기 이후 훨씬 더 규모가 커졌다. 이러한 금융 관행은 세계에서 가장 중요한 두 개의 국제 단기금융시장인 국제은행 간 달러화 대출시장(은행 간 벤치마크 금리)과 달러 외환시장의 가격을 조작한 주요 국제은행의 공모에 의해 촉진되었다. 실제로 도덕을 해치고 법을 위반한 책임자들은 어떤 형사적 책임도 지지 않았다.

이 분야 지식의 발전을 가로막는 더 심각한 문제는 금융에 호의적인 말을 전파하는 학계가 대격변에도 불구하고 전혀 동요하지 않는다는 것이다. 금융은 항상 효율적이어야 한다. 과학적 방법에 매료된 모든 연구자들은 금융 대격변이 제기하는 질문을 완전히 무시한 채 주요 대학과 경영대학원(비즈니스 스쿨)의 모든 금융학과에서 금융 효율성이라는 《진리》를 가르치고 있다. 아아! 금융 효율성의 독단이 경제정책으로 확산되었다. 예를 들어, 그리스 위기를 억제하지 못해 경기 침체가 장기화되고 있는 유럽에서 이른바 《정통》 경제정책은 성장의 길로 돌아가지 못하는 원인을 노동시장 탓으로 돌리고 있다. 사실상 위기와 아무런 관련이 없는 불완전한 노동시장이 다시 한 번 결함이 없는 것으로 간주되는 금융과는 대조적으로 위기 이후 모든 병폐의 원인으로 여겨지고 있다.

설상가상으로 금융의 효율성이라는 신조를 받아들이지 않고는 학문적 경력을 쌓는 것이 거의 불가능하다. 특히 프랑스의 경우 노벨상을 수상한 경제학자 단 한 명의 위협적인 경고에 따라 정부가 경제를 사회 안에 접목하기 위해 대학에 학과를 만들어 연구의 다양성을 위한 공간을 개방하기로 한 결정을 철회한 사례가 있다.

진보의 방향을 되찾는 데 무력감이 사방에서 느껴지는 시대에 이러한 지적 마비는 참으로 심각한 문제이다. 특히 금융이 그렇다. 실제로 런던이 세계 최대의 금융시장이기 때문에 자신이 무슨 말을 하는지 알고 있는 마크 카니(Mark Carney) 잉글랜드은행 총재는 2015년 9월 21일 한 컨

퍼런스에서 금융 로비의 수사(修辭)와 이를 뒷받침하고 정당화하는 금융 이론이 다음의 세 가지 거짓말에 근거하고 있다고 비난했다.

— 첫 번째 거짓말은 금융이 완전히 자유롭고, 지구화 되고, 탈규제화 되면, 리스크에 대한 보험 수단(파생 금융 상품)을 개발하여 금융 위기의 전파와 확대를 불가능하게 만든다는 것이다. 20년간의 안정적인 인플레이션과 금융 자유화 이후 금융계, 언론, 그리고 정치권은 이제 시스템 위기가 불가능해졌다(이번에는 다르다)고 주장할 수 있었다. 그러나 불가능한 일이 일어났다. 이것은 외부의 엄청난 사건 때문이 아니라, 투기가 모든 이성의 감각과 이윤 추구에 대한 모든 장벽을 내부적으로 그리고 내생적으로 침식시켰기 때문이다. 첫 번째 거짓말은 다른 두 가지 거짓말의 근거이기도 하다.

— 두 번째 거짓말은 금융시장이 저절로 균형을 찾는다는 것이다. 이 거짓말은 금융시장이 충격에 의해 균형에서 벗어날 수 있음을 인정한다. 그러나 이러한 충격은 시장 논리와 무관한 것으로 간주된다. 시장 참여자들은 균형에서 조금이라도 벗어나는 것을 인지할 수 있을 만큼 충분히 현명하며, 시장에서 거래되는 금융 증권의 《근본》 가치, 즉 기업의 《진정한》 장기적 가치에 대한 지식이라는 무오류의 나침반을 가지고 있기 때문에 편차를 줄이는 방식으로 행동하는 것이 그들의 이익에 부합한다. 밀턴 프리드먼(Milton Friedman)은 이러한 나침반을 가지고 균형을 회복하는 것, 즉 시장가격이 근본 가치를 이탈했을 때 그것으로 돌아가려는 투기만이 성공할 수 있는 유일한 투기라고 주장했다. 하지만 13세기에 시장 금융의 비약적인 발전이 시작된 이래, 투기적 거품이 터지면서 그 자금을 조달한 부채가 폭발하는 일이 금융의 전체 역사를 관통하고 있다. 1980년대 초 금융 자유화의 부활과 함께 가장 파괴적인 위기는 부동산 위기였다. 실제로 부동산 자산은 개인의 부에서 가장 많은 비중을 차지하는 자산이며, 부동산 자산을 매입하려면 빚이 필요하다. 토지와 같은 비생산적인 자산의 수입인 지대에 기초하고 있는 부동산은 균

형가격이 없으며, 따라서 근본 가치가 존재하지 않는다. 재생산이 불가능한 모든 천연자원도 마찬가지이다. 이러한 자원을 전유하기 위한 경쟁은 지대의 상승으로 이어질 뿐이며, 이는 매수자의 자금 조달 능력에 의해서만 제한된다. 따라서 부동산 부문의 금융 동학은 미리 결정된 균형가격으로 돌아가는 것이 아니라 신용과 가격의 상호작용을 통한 연쇄적인 상승, 즉 **모멘텀**의 논리에 의해 움직인다. 비생산적인 자산 가격의 정점과 균형가격으로 돌아서는 시점은 근본적으로 불확실하기 때문에, 거품을 형성하는 데 기여한 시장 참여자들은 스스로 창출한 가공의 가치가 붕괴된 후 안전자산으로 필사적인 도피가 일어날 때까지 자신의 위치를 유지하는 데 관심을 갖는다.

— 세 번째 거짓말은 금융시장이 도덕적이라는 것이다. 이것은 시장 참여자들의 윤리와 상관없이 시장의 작동 방식이 투명하다는 것을 의미한다. 시장이 작동하는 방식은 모든 일탈 관행을 공개하기 때문에 사회적 이익을 항상 보호한다. 이러한 이데올로기에 따르면, 인플레이션은 국가에 의해 만들어지기 때문에 그것만이 시장을 지속적으로 혼란에 빠뜨릴 수 있다. 이러한 진술은 그렇게 비극적이지 않다면 크게 웃을 수 있는 이야기이다. 우리가 여전히 그 여파를 겪고 있는 현재의 금융 위기를 포함하여 가장 큰 금융 위기는 금융 리스크를 감수하도록 부추기는 낮은 인플레이션 시기에 발생했다. 우리는 이미 위기 이후에 밝혀진 대규모 조직적 부패에 대해 언급했다. 이러한 부패한 관행은 시장이 행위자를 규율한다는 주장과 모순된다. 시장이 사회의 이익을 위해 작동하려면 정치적 의지에 의해 강제되고, 본질적으로 화폐와 관련된 공공재로서의 제도적 틀이 있어야 한다.

화폐를 경제의 중심으로 되돌리다

금융에 관한 세 가지 거짓말을 인정하고 나면, 우리는 최소한 좀 더 비판적인 접근 방식을 취해야 한다. 그러나 이러한 접근법에서는 경제과학, 즉 가치 이론의 토대에 대한 검토가 전제되어야 한다. 왜냐하면 가치 이론은 세 가지 거짓말 각각이 뿌리를 내리는 토대를 제공하기 때문이다. 이러한 토대는 원래 《자연 질서》라고 알려진, 3세기 이상 지속되어 온 지적 프로젝트에 기여했기 때문에 금융에 관한 세 가지 거짓말의 책임으로부터 자유롭지 못하다. 이러한 지적 프로젝트의 목표는 경제를 사회의 나머지 부분과 완전히 분리하는 것이다. 이 프로젝트를 말하는 소위 경제과학은 사회과학이라는 다른 분과 학문들과 아무런 관련이 없다. 경제과학은 그 통합 개념이 시장인 순수 경제 이론이다. 순수 경제 이론은 화폐의 중요성을 경시하는 본질적인 특성을 갖고 있다.

금융이 효율적이라는 것을 보여 주고자 하는 이 이론의 기본 정리는 화폐가 없는 경제의 정리이다. 이 정리는 화폐를 완전히 무시하거나, 경제 행위를 안내하는 데 있어 이미 효율적인 가격 시스템이 결정된 기반 위에 화폐를 쓸데없이 다시 추가한다. 두 번째 경우에 화폐는 중립적인 것으로 간주된다. 일부 사람들은 그것이 장기적으로 중립적일 뿐이라고 덧붙인다. 제1부에서 볼 수 있는 것처럼, 이러한 제한이 가치 이론의 핵심적인 주장을 변화시키지는 않는다. 즉, 시장이 전적으로 그리고 배타적으로 경제적 교환을 조정한다. 이러한 조정은 사회적 관계나 정치 분야에 아무런 영향을 미치지 않는다. 그러나 화폐의 본성과 경제 전체의 움직임에서 화폐의 역할에 대한 논쟁은 일찍이 16세기 근대 경제사상의 기원으로 거슬러 올라간다. 시장에 의해 조정되는 경제에서 단순한 부속물인 특별한 상품으로서 화폐와 경제를 통합시키는 제도적 시스템으로서 화폐 사이의 대립이 경제사상을 관통하여 지속되어 왔다. 이 책은 포괄적으로 보았을 때, 경제가 사회에 완전히 통합될 수 있도록 하는 두 번째 전통에 속한다.

  사회의 구성원으로서 우리는 우리 주위를 맴돌면서 어디에나 존재하는 화폐를 통해서 사회적인 것과 경제적인 것의 착종(錯綜)을 매일 경험한다. 그렇기 때문에 우리가 어떻게 행동해야 하는지 알려 준다고 주장하는 이론에서 화폐가 빠져 있다는 사실에 충격을 받을 수밖에 없다. 하지만 우리는 더 나아갈 필요가 있다. 화폐는 본질적으로 정치적 동물이기 때문이다. 따라서 시장을 경제적 조정의 배타적 원리로 예찬하는 이론에서 화폐를 배제하는 것은 우연이 아니다. 실제로 이러한 화폐의 배제를 통해서 정치 영역에서 완전히 분리된 《순수》 경제 이데올로기를 확립할 수 있다. 반대로 경제를 사회관계의 부분집합으로 간주한다면, 화폐에 기초한 정치경제가 필요하다. 그러면 경제행위를 조정하는 것은 화폐이다. 그러나 이러한 방식으로 조정이 이루어지면 경제 지식의 알파요 오메가인 균형에 도달할 수 없다. 오히려 회복력, 지속성의 영역, 분기(分岐) 그리고 위기의 측면에서 경제를 생각할 필요가 있다. 화폐를 통한 조정은 자체 조절의 내생적 특성으로서 위기의 가능성을 열어 놓는다. 화폐를 통한 조정은 금융에 관한 세 가지 거짓말을 반박한다. 화폐는 그 자체로 정치적이기 때문에 경제 이론에서 정치적인 것을 부정할 수 없게 만든다. 따라서 다음과 같은 질문을 제기할 수 있다. 화폐를 사용하는 사람들의 관행에서 화폐가 정당한 것으로 간주되는 이유는 무엇인가? 화폐에 대한 신뢰의 원천은 무엇인가? 이러한 질문들은 먼저 이 책의 제1부에서 검토되는 이론적 대답을 위해 필요하다.

화폐의 역사적 경로가 경제적 조절을 결정한다.

화폐는 불변의 대상이 아니라 역사 속에서 발전해 온 제도적 시스템이다. 제도로서 화폐의 전환은 경제에 대한 화폐의 작용 방식에 영향을 미치기 때문에, 화폐가 역사 속에서 발전해 온 제도적 시스템이라는 것은 경제에 대한 화폐적 개념에서 가장 중요하다. 이것은 화폐에 의해 시장이 조정되는 방식이 역사적 특성을 갖는다는 것을 의미한다. 따라서 화폐를 통한 경제적 조정 방식에 대한 실증적 연구는 오랜 역사 속에서 그 자료를 찾게 된다. 화폐의 변태(變態)와 정치 시스템의 전환 사이의 상호 작용은 화폐를 통한 경제적 조정에 대한 이론적 가설을 검증할 수 있게 해 준다.

따라서 제2부에서는 매우 오랜 기간을 검토하려고 한다. 인류학자들은 적어도 인류가 정주를 하고 노동 분업이 등장한 이래로 화폐가 존재해 왔다고 가르친다. 게다가 국가가 사회의 주권을 그 구성원들에게 집중화하면서부터 화폐는 회계라는 등가 공간을 정의함으로써 오늘날 우리에게 친숙한 형태로 가치를 표현하는 능력을 갖추게 되었다. 문자의 발명과 계산 단위로서 화폐의 발명은 함께 이루어졌다. 이를 근거로 우리는 역사 연구의 가장 두드러진 교훈에 의존하여 화폐의 역사적 궤적을 매우 광범위하게 다룰 수 있는 지혜의 실마리를 찾을 것이다.

화폐와 부채, 따라서 한편으로는 화폐와 금융, 다른 한편으로는 화폐와 주권 사이의 역사적 관계라는 두 가지 해석 방식이 서로 얽혀 있다. 이러한 맥락에서 경제적인 것에 대한 정치적인 것의 우위, 금융가와 주권자 사이의 긴장, 그리고 이것이 시대에 따라 어떻게 변해 왔는지가 분명해질 것이다. 우리는 주권의 정치적 형태와 화폐 원칙 사이의 동태적 상호 의존에 대한 이러한 탐구를 확장할 것이다. 우리는 유럽에서 다양한 형태의 민주적 주권이 화폐를 통한 경제적 거버넌스의 관점에 미친 영향에 주목할 것이다. 보다 근본적으로 국가들 간의 정치-문화적 차이는 시민권을 누리는 다양한 방식에 뿌리를 두고 있다. 그러나 사회적 계약으로서 화폐는 시민권의 일부이다. 이러한 차이를 고려하면 유럽의 문제, 영국이 유로화와 거리를 두는 이유를 다른 시각에서 바라볼 수 있다. 민주주의에 대한 현재의 위기감에 대해 자문해 보면서, 한편으로 주권을 벗어나 있는 것처럼 보이는 최근의 가상 화폐의 발명과 다른 한편으로 주권의 새로운 전환을 알리는 지역 화폐 분야의 미래를 전망할 것이다.

역사에서 화폐 위기, 금융 위기와의 관계 그리고 위기를 피하기 위한 정책 수단

3부에서는 기원전 6세기에 소아시아와 그리스에서 화폐가 처음으로 신용적 성격을 갖게 된 이래 해당 시대를 연구하는 현대 역사가들이 화폐 위기를 관찰해 왔다는 것을 보게 된다. 그와 동시에 국가의 자금 조달의 필요성과 화폐에 대한 신뢰를 양립시키기 위한 주권적 힘(puissance souveraine)의 결정, 즉 화폐 정책이 모습을 드러냈다. 실제로 국가에 의해 통합된 사회에서 일반적인 조정 방식인 화폐는 양가적인 성격을 갖고 있다. 한편으로, 화폐는 지급 결제를 통해 경제적 조정을 실현하기 위해 확립된 준칙 및 규범 체계이다. 다른 한편으로, 화폐는 우리가 유동성이라고 부르는, 사적으로 전유할 수 있는 (구체적인 혹은 추상적인) 대상이다.

왜 이러한 양가성에 위기의 가능성이 존재하는가? 유동성에 대한 태도는 균형을 통해 교환의 조정을 달성하기 위해 가치 이론이 상정하는 가설을 위반하기 때문이다. 실제로 유동성에 대한 개인의 욕구는 무한하며 포화 상태를 알지 못한다. 유동성은 화폐의 보편적인 수용 덕분에 사회에 행사할 수 있는 권력 외에 다른 사용가치가 없는 순수한 사회적 관계이기 때문이다. 따라서 각 개인은 다른 사람들이 유동성을 수요하기 때문에 그것을 수요한다. 시장이 작동하려면, 개인의 고유한 욕망은 다른 사람들의 영향을 전혀 받지 않아야 한다. 즉, 욕망의 대상에 대한 개인의 태도는 분리되어야 한다. 이러한 분리가 의심된다면, 균형가격의 상호 의존적 시스템은 안정화될 수 없고, 시장에 의한 조정, 즉 균형가격에 의한 조정은 흔적도 없이 사라지게 된다. 결국 우리는 위기의 두 가지 상반되는 과정에 도달하게 된다. 하나는 금융 관계의 연속성, 즉 채권과 채무 구조의 연속성에 대한 의심이 일어나기 때문에 유동성에 대한 욕망이 압도적이게 되는 금융 위기이고, 다른 하나는 일반적으로 다른 모든 채무를 청산하는 국가가 제정한 유동성의 형태가 화폐 질서에 대한 신뢰의 상실로 인해 거부되는 화폐 위기이다.

이러한 해석의 실마리를 통해 우리는 고대의 금융 위기와 자본주의에서의 금융 위기의 차이점과 역사의 서로 다른 시기에 화폐의 조절을 위한 정치적 수단의 발명을 포함하여 오랜 역사 속에서 주요 화폐 위기를 분석할 수 있다. 따라서 제3부에서는 금융과 주권 간의 모순적인 관계에 초점을 맞춘다. 이는 화폐 위기가 언제나 사회적 위기이자 정치적 위기이기도 하다는 것을 보여 준다. 케인스 경(敬)은 화폐를 타락시키는 것이 자본주의 시스템을 붕괴시키는 가장 좋은 수단이라고 말한 레닌(Lénine)을 인용하면서 화폐에 대한 신뢰가 상실되면 사회적 소속 윤리, 즉 시민 의식이 약화된다고 지적한다. 화폐 위기의 해결은 정치 레짐의 전환 또는 적어도 정권의 교체와 화폐 질서를 지배하는 규범의 재정립으로 이어질 수 있다. 따라서 화폐 시스템은 소멸되기 마련이지만, 사회가 계속 유지되려면 사회적 계약으로서 그것을 지속적으로 재구성해야 한다고 화폐 위기는 가르쳐 준다.

국제 화폐의 풀리지 않는 수수께끼를 설명하다

십자군 시대에 시작된 자본주의는 금융적인 동시에 세계적인 야망을 가지고 탄생했다. 페르낭 브로델(Fernand Braudel)이 보여 준 것처럼, 자본주의는 훨씬 더 늦게까지 물질적 삶을 장악하지 못했고, 물질적 삶의 지배는 산업혁명 덕분에 완성되었다. 왜냐하면 자본주의의 논리는 유동성이라는 순수한 행태로 가치를 무제한으로 축적하는 것이기 때문이다. 그러나 가치는 정치 주권(souverainetés politiques)에 의해 정당화되는 화폐로만 표현될 수 있다. 따라서 자본주의의 확장은 화폐들 간의 대결로 이어진다. 이러한 대결을 어떻게 조절할 수 있는가? 주권자들이 받아들일 수 있는 원칙은 무엇인가? 국제 무대에서는 금융과 정치 주권 사이의 긴장이 최고조에 달한다. 최근 그리스에서 일어난 것처럼, 금융 엘리트들은 자본이 유동적일 때 자본을 국제화하는 능력을 통해 국가를 굴복시킬 수 있다. 역사를 통틀어 이러한 긴장은 정치적 위기나 전쟁으로 변질되는 경우가 너무나 많았다. 왜 이러한 긴장은 언제나 정치적 위기나 전쟁으로 변질되지 않는가? 이것은 국제 화폐 시스템의 정의, 이 시스템이 제기하는 이론적 문제, 발전된 자본주의에서 취하는 역사적 형태, 21세기 국제 화폐 시스템의 미래에 관한 질문이다. 이러한 질문들은 제4부에서 다룰 예정이다.

여기에서 우리는 자본주의가 전개된 역사적 시대에 보편성을 향한 자본주의의 야망과 주권의 불가피한 복수성 사이의 모순은 해결 불가능하다는 것을 보여 줄 것이다. 교환성 원칙에 따라 화폐들의 대결을 조직하는 국제 화폐 시스템은 언제나 불안정한 타협이다. 우리는 40년 동안 지속된 금본위제와 20년 동안 유지된 브레턴우즈 시스템이라는 두 국제 화폐 시스템의 원칙, 규범 그리고 수용 조건을 자세히 살펴본다. 우리는 이 두 국제 화폐 시스템이 퇴화되어 최종적으로 붕괴되기에 이른 내생적 조건을 검토할 예정이다.

우리가 여기서 얻을 수 있는 교훈은 이러한 시스템에는 기축통화가 있으며, 한 통화가 국제유동성의 매개체라는 점에서 다른 통화보다 우월하다는 것이다. 따라서 화폐 조직은 위계적이고, 헤게모니 국가의 지도력 하에 놓여 있다. 이 헤게모니국이 도전받지 않는 한, 즉 시스템에 참여하는 데 동의한 다른 국가들에게 종속의 불이익보다 경제적, 정치적, 군사적 이점을 제공할 수 있는 한 화폐 조직은 유지된다. 기축통화 발행국의 헤게모니적 지위가 경제적으로 악화될 때 시스템은 퇴행하지만, 기축통화 발행에 따른 금융적 이점 덕분에 해당 국가의 금융기관은 국제관계를 계속해서 지배할 수 있다.

여기에서 우리는 1971년 브레턴우즈 시스템의 붕괴와 1976년 자메이카 협정 이후의 국제 화폐 관계의 변화를 준-달러 본위라는 퇴행적 시스템의 한 형태로 분석할 것이다. 이 시스템은 관성, 대안의 부재 그리고 금융 지배가 미국에 가져다주는 이점 때문에 지속되고 있다. 그러나 이 시스템은 조직되고 인정받는 국제 시스템에서 기대하는 공공재, 즉 모든 참여국들의 화폐적 안정성을 제공하지는 않는다.

이러한 분석을 통해 마침내 금세기의 주요 질문들 가운데 하나를 제기할 수 있다. 현재의 추세가 계속된다면, 어떻게 될 것인가? 신흥 대륙 열강의 도약에 직면하여 미국의 상대적인 경제적 비중은 계속 감소할 수밖에 없다. 중국은 최근 자국 기업들이 글로벌 주인공이 될 수 있도록 달러화에 대한 화폐적 디커플링 전략을 발표했다. 중국의 금융은 여전히 대부분 국가의 통제 하에 있으며, 월가와 결코 동일한 방식으로 운영되지 않고 있다. 유로화는 거버넌스의 부재로 인해 불완전한 화폐이다. 유로화 금융시장은 분절화 되어 있어 화폐 정책을 포함하여 어떤 대외 정책도 유로존을 위해 존재할 수 없다.

달러화의 우위가 지금까지 지속될 수 있었던 것은 미국의 일방주의가 금융의 비대칭성에 의해 유효한 것으로 인정되었기 때문이다. 미국의 경제정책으로 인해 세계의 나머지 국가에서 발생한 혼란이 미국 경제에 다시 영향을 미치지 않았다. 그러나 중국의 전략 변화는 이러한 비대칭성에 의문을 제기할 수 있다. 이러한 힘이 지역 통화존으로 구성된 다극 화폐 시스템의 출현에 기여할 것인가? 국제적 조정이 이루어지지 않는다면 위험한 상황에 처하게 될 것이다. 기축통화 원칙이 시대에 뒤떨어진 역사 원칙이라는 것이 밝혀지면, 세계화폐 조직을 만드는 문제는 피할 수 없게 될 것이다. 국제 화폐의 풀기 힘든 문제가 완전히 초국가적인 궁극적 유동성의 발행을 통한 조정 원칙에 의해 해결되지 않는 한, 역사에서 반복적으로 그랬던 것처럼 금융의 지구화는 후퇴할 수밖에 없다.

제1부

사회적 귀속 관계로서 화폐

신, 국가, 정의의 원칙, 법, 시민 윤리 등, 그리고 화폐와 같이 우리 각자를 우리가 공통적으로 가지고 있는 것과 연결하여 삶을 가능하게 하는 믿음은 사회과학의 필수적인 연구 대상이다. 이러한 주제에 대해 사회과학이 축적한 지식을 습득하는 것은 삶의 의미에 대한 우리의 질문을 구체화하는 데 도움이 된다. 이러한 질문에 대한 탐구에서 경제학 교과서는 절대 펼쳐 보지 마라. 경제학 교과서에서는 우리의 불안을 잠재울 어떤 것도 찾지 못할 것이다. 교과서에서는 마치 경제가 사회의 일부가 아닌 것처럼 세상사는 문제없이 진행되고 있는 것으로 그려지고 있다. 교과서에서는 균형이라는 개념으로 표현되는 사회와 개인의 완전한 조화라는 역설적인 형태를 제외하고는 사회적 관계를 나타내는 어떤 개념도 찾을 수 없다. 각 개인은 다른 모든 사람들과 독립적으로 자신의 욕망을 충족시킴으로써 완벽한 사회적 조화에 기여한다. 이러한 교과서에 응축되어 있다고 주장하며 경제학의 기본 구성 요소로 가르치는 지식은 사실상 사회적 관계의 본성에 관한 어떤 가설도 고려하지 않고 그 토대가 되는 개념을 제시하고 있다.

여기서 화폐에 대한 질문은 흥미를 유발한다. 실제로 화폐가 경제의 일부라는 것을 어느 누가 부정할 수 있겠는가? 우리의 일상생활에서 화폐는 어디에나 존재한다. 우리 모두는 화폐에 집착한다. 화폐에 접근할 수 없으면 사회에서 배제되거나, 적어도 삶보다는 생존이라는 굴욕적인 사회적 임시방편을 필요로 한다. 그러나 사회를 시장의 자율적인(autosuffisant) 시스템으로 간주하는 경제 이론에서 사회의 모든 구성원이 포함될 수 있다고 보장하는 것은 없다. 시장 이론은 상식에서 크게 벗어난 가정 하에서 모든 사람이 일자리를 찾을 것이라고 주장하지만, 그 일자리로부터 얻은 소득으로 사람들이 받아들일 수 있는 정의의 원칙에 따라 품위 있는 생활을 할 수 있을 것이라고는 주장하지 않는다.

이러한 불편함을 경험하는 또 다른 방법은 시장경제에 관한 순수 이론이 21세기에 떠오르는 주제인 지속 가능한 발전의 문제에 어떤 기여를 할 수 있는지 물어보는 것이다. 지속 가능한 발전의 문제를 정식화하기 위해서는 사회집단과 국가 간의 경제적 관계 그리고 경제와 자연 간의 관계에 대해 고려해야 한다. 이러한 주제는 지배적인 경제 이론의 외부에 있지만, 사회 내에 경제를 귀속시키는 관련 접근 방식에 내재해 있다. 이러한 통합을 가능하게 하는 것은 기본적인 사회적 관계로서 정의되는 화폐이다. 그러나 이는 경제학이 자율적인 분과학문이라는 주장을 거부할 때에만 가능하다.

최근의 경험, 즉 2007년 이후 우리가 경험했고 또 여전히 겪고 있는 금융 위기와 그 여파를 따라 한 걸음 더 나아가 보자. 화폐를 무시하고, «실물»경제 교환 시스템에서 중립적이어야 한다는 본질적 특성을 지닌 주변적 대상으로만 그것을 다시 도입하는 시장의 일반 균형 논리로는 파괴적인 결과를 초래한 이러한 위기를 이해하거나 해석할 수 없다. 그러나 현재의 위기를 이해하려면 화폐와 금융이 실제로 어떻게 밀접하게 연관되어 있는지 이해할 필요가 있다. 화폐와 금융의 근본적인 상호 연결이 이 책의 틀을 구성한다.

사회는 시간이 지남에 따라 지속되지만, 역사의 연속성 속에서 사회생활의 물질적 기반을 생산하고 갱신할 수 있을 때에만 지속될 수 있다. 일반적으로 이해되는 것처럼, 자본은 생산에 사용되는 일련의 기반시설, 물적 자원, 능력 및 기술이다. 여기서 우리는 사회적 관계를 대체하는 개념으로 나중에 의문을 제기할 개념인 «시장»을 인정해 보자. 시장은 주로 기업들이 보유한 기존 자본으로 생산할 수 있는 것과 «소비자»라는 고립된 개인이 요구하는 것 사이의 일관성을 보장하는 가격을 결정한다. 시장 기간은 균형가격의 발견과 교환의 실제 실현 사이에 필요한 시간이다. 가격 발표와 교환의 실현 사이에는 일종의 **인과적** 시간이 존재한다.

실제로 생산자의 가능한 공급과 소비자의 수요 사이에 균형을 이루는 가격이 알려지면, 기업은 무엇을 생산해야 하는지 알게 된다. 가격 시스템이 완벽하게 일관적이면, 생산요소에서 소비를 위한 최종생산물로 전환하는 생산 조건은 전적으로 객관적이라고 가정할 수 있다. 이러한 생산요소(기계의 사용, 노동자의 고용, 원자재와 중간재의 소비)는 소위 생산함수에 따라 결합된다. 생산 장치로부터의 모든 공급은 일정 기간의 생산과 교환의 시간이 경과한 후에 수요와 마주하게 된다. 생산 및 교환 과정은 인과적 시간에 따라 한 방향으로 전개된다.

하지만 그 이후에는 어떻게 되는가? 자본은 어떻게 갱신되는가? 자본을 축적해야 하나 말아야 하나? 요컨대 «생산자들»은 어떻게 투자할 것인가? 경제가 정상상태이고, 이 경제에서 독립적으로 분리되어 있는 모든 행위자가 이것을 알고 있다면 문제될 것이 없다. 그러면 경제적 시간은 동일한 인과적 기간의 연속으로 구성된다. 하지만 욕망을 표현하는 개인이 사회적 관계를 통해 욕망을 전달할 수 없는데도 욕망이 변화하는 사회에 이러한 경제를 편입한다면, 가설상 이러한 경제 관점에서 개인들은 서로 관계를 맺고 있지 않기 때문에 생산자들은 어떻게 투자할 것인가? 이것은 기대 시간과 관련된 문제이다. 이러한 미래 시간은 과거의 반복이 될 수 없다. 왜냐하면 미래는 생산방식뿐만 아니라 생활 방식 그리고 근본적으로 불확실한 정치적 변동 등 온갖 종류의 혁신에 의해 형성될 것이기 때문이다. 사실 혁신이란 정의에 따르면 과거의 경험에서 파생된 지식에 포함되어 있지 않은 것을 말한다. 미래의 시간은 주관적일 수밖에 없다. 즉, 미래의 시간은 믿음으로 구성될 수밖에 없다. 이러한 믿음은 그것이 알려 주는 현재의 결정에 영향을 미침으로써 어떻게 미래를 구성할 것인가?

주류 경제 이론에 따르면, 이 질문에 대한 대답은 금융이다. 금융은 경제에 어떤 영향을 미치는가? 이것은 중요한 질문이다. 실제로 금융은 미래에 영향을 미치기 때문이다. 그러나 미래가 그 과거, 즉 현재의 행동에 인과적으로 영향을 미칠 수 있다고 가정하는 것은 어불성설이다. 인과관계는 반드시 시간의 화살을 따른다. 현재의 모든 행동은 과거가 남긴 객관적인 결과에 기반을 두고 있으며, 과거에 기원을 둔 상호작용을 연장하거나 발전시킨다. 반면에 미래는 사회의 행위자들의 믿음을 통해 영향을 받는다. 그러나 믿음에 대한 객관적인 근거는 존재하지 않는다. 따라서 미래에 대한 믿음이 현재의 행동에 영향을 미치는 과정은 시간을 거꾸로 되돌리는 문제이다. 조직화된 집단행동을 통해 미래로 자신을 투사하지 않는 사회가 영원한 현재를 재생산하지 않고 진화하려면 이러한 시간의 역전은 필수불가결하다. 그러나 이러한 시간의 역전은 인과적 시간과는 성질이 다른 것이다. 그러므로 미래에 대한 믿음이 현재의 행동에 미치는 영향은 미래의 반사실적인 시간에 해당한다고 말할 수 있다.[1] 미래에 이런저런 일이 일어날 수 있다고 생각한다면, 나는 현재에도 그런 식으로 행동할 것이다. 그러나 다른 일이 일어날 수 있다고 생각한다면, 나는 다르게 행동할 것이다. 하지만 나는 하나의 가능성을 다른 가능성과 구별할 수 있는 어떤 객관적 근거도 갖고 있지 않다. 믿음의 시간은 본질적으로 주관적이다. 금융은 어떻게 이러한 불확실성을 제거하여 기업이 자신도 알지 못하는 소비자의 미래 욕망을 충족시키는 상품을 생산하기 위한 투자를 할 수 있도록 하는가?

  시장경제 이론은 믿음을 객관화할 수 있는 답을 가지고 있다고 주장한다. 그것은 금융의 효율성이다. 이러한 관점에서 믿음은 불확실성에 열려 있는 주관적인 기대가 아니라 적어도 평균적으로 실제로 일어날 일에 대한 견해이다. 요컨대 시장은 틀릴 가능성이 있는 예측가와는 전혀 다른 것이 된다. 실제로 어떤 예측 전문가도 미래의 근본적인 불확실성을 제거한다고 주장할 수 없다. 이 이론에 따르면, 금융시장은 예측가와는 전혀 다른, 성서에 나오는 예언자의 역할을 하게 될 것이다. 만일 시

---

1. J. P. Dupuy(2012), p. 75-150.

장이 강탈자가 아니라 «진정한» 예언자라면, 시장은 신의 말씀을 알고 있기 때문에 오류를 범하지 않는다. 금융 효율성 이론에 따르면, 시장은 익명의 예언자이다. 시장은 경제의 «진정한 모델»을 알고, 이를 모두에게 공개한다. 그리고 예언자의 말을 듣는 모든 사람은 그의 입을 통해 신이 말씀을 하신다고 믿기 때문에 그의 말이 참인 것처럼, 모든 사람이 그것을 따르면 이루어지기 때문에 그것은 참이 될 것이다. 합리적이고 «종교를 믿지 않는» 개인에게 이것은 터무니없는 것처럼 보인다. 게다가 이러한 가설은 규범적인 도그마에 반대되는 실험과학의 기준인 칼 포퍼(Karl Popper)의 경험에 의한 **반증 가능성 원칙**을 거부하는 것을 의미하기 때문에, 경제학의 이른바 가정된 과학적인 성격에 엄청난 피해를 준다. 이 경우 평균적으로 틀리지 않을 준비가 된 시장의 이러한 속성 때문에, 현대 자본주의가 소위 금융 자유화 시대에 1873년부터 1896년까지, 1929년부터 1938년까지, 그리고 2008년부터 현재까지 세 차례 경험한 것처럼, 글로벌 시스템적 금융 위기와 뒤이어 불경기가 전개되는 단계는 발생할 수 없지 않을까? 물론 효율성 가설은 오류를 인정한다. 하지만 이 가설이 인정하는 오류는 충격으로 취급되는 교란 요인의 추정된 확률적 성격에 의해 제한된다. 이 가설은 «세계의 미래 상태»가 객관적인 지식, 즉 상식이라고 가정함으로써 불확실성의 표현을 축소한다. 왜냐하면 이러한 지식은 금융에 의해 중앙 집중화 되고 시장가격에 통합되기 때문이다. 따라서 가장 완전한 지식에 따라 행동하려면 금융시장에서 가격을 관찰하기만 하면 되고, 더욱이 이것은 «진정한» 지식이라고 단언된다. 따라서 이것은 우리가 묘사 가능한 세계 가운데 가장 좋은 세계이다.

한 걸음 더 나아가 우리 모두가 겪었기 때문에 기억하고 있는 글로벌 금융 위기 상황에서 어떤 일이 일어났는지 살펴보자. 리먼 브라더스 파산 이후, 소위 선진국의 금융은 자력으로 안정화 시킬 능력을 상실한 채 자멸의 과정을 밟고 있었다. 금융 스스로 아무런 장애물 없이 확산되는 파괴적인 전염을 일으켰다. 마치 미래의 반사실적 시간이 사라진 것처럼 모든 일이 일어났다. 금융 주체들은 소비를 촉진하기 위해서가 아니라 자신을 보호하기 위해 즉시성, 즉 화폐에 대한 배타적인 추구에만 몰두했다. 그렇기 때문에 금융은 중앙은행들의 조정된 행동, 즉 화폐에 의해서만 구제되었다. 그럼에도 불구하고 경제는 G20 수준에서 조정된 확장적 재정 정책, 즉 세계경제 수준에서 미래를 재건하려는 국가의 힘을 통해서만 극복할 수 있는 깊은 경기 침체에 빠졌다.

이 같은 현상에 대해 사유하려면 몇 가지 이론적 요건이 전제되어야 한다.

1. 경제는 균형이라는 수치가 아니라 누적된 내생적 불균형을 가능하게 하는 지급 결제 관계에 의해 조정된다.

2. 이러한 조정을 수행하는 화폐는 동일한 형태의 화폐를 사용하여 상품 사회의 모든 교환 주체를 연결하는 가장 일반적인 사회적 관계이다. 따라서 화폐는 경제의 가장 기본적인 개념이다.

3. 그럼에도 불구하고 화폐는 양가적이다. 화폐에 대한 욕망은 금융을 집단적 오만(*hubris*)이라는 광기로 몰아넣지만, 화폐의 집단적 힘은 교환에서 질서를 회복하고 미래에 대한 반사실적 차원을 복원시켜 준다.

4. 공적인 힘(puissance publique)은 화폐적, 경제적, 사회적 질서를 재확립하는 데 있어 결정적인 역할을 한다. 화폐는 국가나 공적인 힘의 창조물이 아니다. 화폐는 모든 사람이 참여하고 있지만 부지불식간에 확립된 조정 과정의 고정점이다. 그럼에도 불구하고 민주주의 사회에서 헌법적 질서인 법은 대상화된 화폐 형태, 즉 지급 결제 시스템을 안정화시키고 조절하는 데 중심적 역할을 한다. 화폐 관리를 책임지고 있는 기관(현대사회에서는 중앙은행)과 행정 권력으로서 국가 사이의 유기적 관계는 지급 결제 시스템을 통해 명확해질 것이다.

그러나 이러한 결과를 논증하고 위기의 비밀 속으로 들어가려면 사회적 관계의 중심에 있는 화폐의 본성을 파악할 수 있는 가설을 제시해야 한다. 이는 시장의 일반균형이라는 핵심 메시지에 실질적인 영향을 미치지 않고 화폐를 주변적인 개념으로 만드는 경제 이론의 전제에 의문을 제기하지 않고는 이루어질 수 없다. 요컨대 시장 조정의 기본 원칙에서 화폐를 배제하는, 가치에 대한 지배적 이론에 의문을 제기하지 않고서는 경제에서 보편적으로 화폐의 지배적 지위를 복원하는 것은 불가능하다.

제1장 _ 화폐는 가치의 토대이다

《시장경제에 관한 순수 이론》의 과제는 자율적인 경제주체 간의 조정 방식을 설계하는 것이다. 이 이론에서 화폐는 상품경제의 일관성을 보장하는 균형가격 시스템의 형성에 아무런 역할도 하지 않는다. 어떻게 이러한 역설적인 결과를 얻을 수 있는가?

1. 가치에 대한 자연주의적 가설과 그 비판

무엇이 재화를 교환하게 하는가? 경제사상을 지배하게 된 가치 이론에 따르면, 재화는 교환에서 등가를 정의할 수 있게 해 주는 모든 교환에 선행하는 실체, 즉 공통의 본성을 갖고 있다. 교환이 이루어지기 이전에 존재하는 이러한 실체를 《희소 효용》이라고 한다. 이것이 레옹 발라스(Léon Walras)[1]의 중요 저작의 출발점이다. 물질적이거나 비물질적인 것은 개인

---

1. 프랑스 경제학자들의 저작에서 'walassien'이 아니라 'walrasien'으로 빈번하게 표기되는 것을 보게 된다. 여기에는 영어식 용어 'walrasian'에 기원을 두고 있는 부정확한 어법이 있다. 프랑스어에서는 'maurassien,' 'jurassien,' 'circassien,' 'parnassien'처럼 중복된 's'가 붙는다. [더불어 'Walras'의 정확한 발음은 /valʁas/, 즉 마지막 's'의 음가를 살려 주어야 하고, 우리 표기로는 '발라스'에 가깝다. 국내에서는 전통적으로 '왈라스'라고 표기하던 것을 대체하여 얼마 전부터 /val'ra/, 즉 '발라'라고 표기하고 있지만 이것 또한 영어권의 발음 관행에서 온 것으로 보인다(Dictionary.com 참조). 이 책에서는 저자가 확인해 준 대로, '왈라스' 또는 '발라'라는 표기 대신 '발라스'라는 표기를 사용할 것이다: 옮긴이].

들에게 유용하며, 한정된 수량만 이용할 수 있다. 이 두 가지 정도면 사회적 부(富)를 정의하기에 충분하다. 가치를 정의한 발라스(Walras, 1952, p. 21)는 교환에서 가치 관계가 희소 관계와 동일하다는 것을 보여 준다.

이러한 출발점이 더욱 놀라운 것은, «신고전파» 경제학자들과 달리, 발라스는 경제에서 사회적 관계의 중요성을 충분히 인식하고 이를 개선하는 데 필요한 조치에 주의를 기울였기 때문이다. 가치를 모든 제도적 틀 밖의 객관적인 실체로서 정의하는 것은 사회적 관계로부터 소위 순수 경제에 자율권을 주기 위한 의도적인 접근 방식이다. 따라서 발라스는 순수 경제를 자연과학과 유사한 원리에 따라 사유하기 위해 순수 경제와 사회경제를 엄격하게 구분하였다.

이러한 출발점은 무시할 수 없는 결과를 가져온다. 우선, 가치 실체 가설은 우리의 욕망이 타인과의 관계를 통해 형성된다고 끊임없이 느끼는 일상생활의 경험과 충돌하는 개념적 추상이다. 이러한 경험과 이론 간의 충돌은 노동에 이르게 되면 특히 놀라게 된다. 실제로 대부분의 사람들이 임금노동자로 구성된 자본주의 사회에서 노동은 사회적 소속의 주요 방식이다. 아마르티아 센(Amartya Sen, 2010, p. 277-307)이 보여 준 것처럼, 노동에 참여할 가능성은 우리의 **역량**과 삶의 프로젝트를 실현하기 위한 주요 수단이다. 우리의 역량이 실현되는지 여부는 본질적으로 노동이 실제로 이루어지는 기관, 즉 무엇보다도 기업에 의존한다. 가치 실체론의 가설과 달리, 노동은 사회적 관계에 불과하다고 주장할 수도 있다. 그러나 효용 실체론의 틀 안에서 노동은 효용인 여가와 반대되는 개념이기 때문에 비효용으로만 생각할 수 있다. 따라서 개인의 욕망은 노동과 여가 간의 조정(arbitrage)을 통해서만 표현된다. 개인의 유일한 동기는 노동으로부터 자유로워지는 것이다. 개인은 유용한 재화를 얻기 위해서만 노동을 감수한다. 대칭적으로, 노동 서비스를 구매하는 고용주들에게 노동은 비용에 불과하다.

이것은 가치의 자연주의적 견해가 생산의 자연주의적 견해와 일치한다는 것을 의미한다. «생산요소»는 순수하게 기술적인 것으로 간주되는 «생산함수»에서 결합된다. 그러나 노동에 참여하는 것이 개인의 궁극적인 목적이라는 것을 기업의 경영진이 깨닫는다면, 기업의 비즈니스 모델은 피고용자들의 협력을 생산성의 주요 원천으로 삼을 것이다. 반대로, 노동을 비용과 비효용으로 보는 견해에서는 임금 비용을 낮추는 것이 경영진의 유일한 관심사이다. 기업 거버넌스의 방향은 임금노동자들의 의욕을 떨어뜨리고, 결국에는 노동을 경제 전체에 해를 끼치는 비효용으로 보는 견해를 스스로 승인하게 될 것이다.

1.1. 화폐 없는 상품 교환의 조정 문제

이제 상품 조정이 제기하는 문제를 보다 잘 이해하기 위해 화폐 없는 경제에서 상품 조정이 작동하는 방식에 대해 살펴보자. 효용가치 이론가들은 화폐 없는 교환 조직을 순수 경제라고 부른다. 이 조정 방식에는 화폐 대신, 가격이 존재한다. 이 조정 방식은 탈중앙화 된 물물교환이라는 거래의 문제가 아니라, 시장에서 수요와 공급을 중앙 집중화 하는 문제이다. 우리는 이것이 자기-조직화의 문제라는 것을 바로 알 수 있다. 수요와 공급을 중앙으로 집중화하려면, 수요와 공급을 가치로 통합하기 위해 가격이 필요하다. 그러나 가격은 총수요와 총공급 사이에 균형을 맞춘 결과이다. 이것이 바로 순수 경제 이론가들이 고정점 탐색이라고 부르는 것이다. 이것은 그 해결책을 그렇게 하찮게 보아서는 안 되는 논리적 문제이다. 개인이 자신의 선호가 무엇인지 명확하게 알고 교환을 시도한다면, 다른 사람에게 자신의 선호를 알리기 위한 가격이 존재하지 않기 때문이다. 그들은 서로 알지 못하고 의사소통도 하지 않기 때문에, 개인은 다른 사람의 생각을 추측할 수밖에 없다. 그러나 이것만으로는 충분하지 않다. 끝없이 무한 반복되는 바닥을 향한 경주에서 각자가 생각하는 것에 대해 다른 사람이 어떻게 생각하는지 추측해야 한다.

만약 이러한 탐색이 서로가 서로를 반영하는 무한으로 반복되는 거울 게임이라면, 균형가격은 존재할 수 없다. 이러한 비결정성을 깨는 가장 효과적인 방법은 **가격의 고정성**을 가정하는 것이다. 그러나 어떻게 각 개인이 자신의 의지와는 무관하게 가격을 고정된 것으로 간주할 수 있는가? 개인의 주권에 기반을 둔 것으로 간주되는 사회가 어떻게 그 반대인 시장 독재로 변신하는가? 그것은 탈중앙화 되어야 하는 교환을 그 반대인, 발라스가 «시장 서기»라고 부르고 스미스(Adam Smith)가 «시장의 보이지 않는 손»이라고 부르는 은유적 실체의 보호 아래 초집중화(hypercentailisation)로 변형시키는 가정에 의해 가능하다. 이 가설은 시장에 있는 어떤 행위자도 가격에 영향을 미치지 않는다는 것을 의미한다. 모든 행위자들은 시장 서기가 발표한 가격을 수용하는 가격 수용자이다. 그러나 시장 서기는 은유에 지나지 않는다!

시장 참여자들이 가격을 고정된 것으로 간주하는 이유는 무엇인가? 그들이 너무 적어서 가격에 영향을 미치지 못한다고 말하는 것은 그다지 설득력이 없다. 시장에는 모든 규모의 행위자가 있으며, 실제로 동맹을 형성하는 시장 참여자들이 존재한다. 더군다나 우연한 경험적 고찰에 의지하여 기본적인 이론적 가설을 정당화할 수는 없다. 대부분의 경제학자들이 확신하는 것처럼 시장 그 자체가 시장 참여자들을 조정하는 데 꼭 필요한 가격의 고정성 가설이 이러한 유형의 **임시변통적**(*ad hoc*) 가설에 기반을 두고 있다면, 순수한 시장 가설은 무의미해질 것이다. 이것은 실증의 문제가 아니라 공리의 문제이다. 가장 기본이 되는 이 가설 없이는 순수 경제의 이론적 정식화는 어불성설이다.

장-피에르 뒤피(Jean-Pierre Dupuy, 2012, p. 75-87)는 이 수수께끼의 이해에 도움이 되는 해석을 제공한다. 그것은 **가격의 자기-초월**(*auto-transcendance*)이다. 시장 서기 뒤에 순수 경제의 계획이 은폐되어 있다. 시장 참여자들은 어떤 전략적 행동도 해서는 안 된다. 전략적 행동을 하게 되면, 시장 참여자들 간의 사회적 관계가 없다는 가설이 무너지고, 결과적으로 모든 가치 실체의 체계가 붕괴되기 때문이다. 전략적 행동은 각자의 선택을 고정시키기 위해 어떤 고정점을 결정할 수 없는 끝없는 회귀에서 다른 행위자들이 생각하는 것, 즉 각 개인이 생각하는 것에 대해 다른 행위자들이 생각하는 것을 스스로에게 물어야 하는 행위자들 간의 거울 게임에서 비롯된다. 전략적 행동을 하게 되면, 다른 시장 참여자들의 선호를 관찰한다 해도 결코 변하지 않는, 재화에 대한 개인의 내재적 선호로 간주되는 가치 이론의 토대 자체가 훼손될 것이다. 고정성 가설은 고정점이 되는 가격 수준에서 반사적 회귀가 멈춘다고 말한다. 실제로 시장에서 선택을 하기 위해 개인은 반드시 반사실적 가설을 세운다. 내가 저것보다 이것을 선택한다면, 이것은 나에게 얼마나 만족을 주는가? 이러한 선택이 가격에 영향을 미친다면, 그들의 반사실적 추측은 다른 시장 참여자들의 반사실적 추측과 전략적으로 상호작용하게 될 것이다. (서로를 무한히 반사하는 전략형) 게임에는 잘 정의된 유일한 해가 없기 때문에 고정점의 조정은 불가능하다. 이 전략형 게임에는 고정점이 존재하지 않는다. 행위자들이 자신의 행동과 가격이 서로 독립적이라고 간주할 때에만 고정점이 존재할 수 있다(Dupuy, 2012, p. 81).

가격은 행위자들의 결정과 무관한 실체이며, 교환이 이루어지기 전에 시장 서기에 의해서만 검토된다는 가정 하에서 균형 구성의 존재를 보여줄 수 있다. 그러나 여기서 가치의 자연주의에 교환이 이루어지기 전에 균형가격을 알 수 있다는 가설을 추가하였다. 이 가설은 행위자들의 선택의 독립성과 양립할 수 있는 조정 방식을 가능하게 한다. 시장이 조정의 콩방시옹[2]이 되었다. 따라서 교환이 이루어지기 전에 가격이 결정되

---

[2]. 이 문제에 관해서 "콩방시옹(économie des conventions)"으로 명명된 이론적 접근을 참조해야 한다. *Revue Économique*, 40(2), 1989 특별호를 참조하라. 거기에는 주요한 기본 방향들이 소개되어 있다(J. P. Dupuy, F. Eymard-Duvernay, O. Favereau, A. Orléan, R. Salais et L. Thévenot). 또한 앙드레 오를레앙의 다음 논문을 볼 것. A. Orléan, L'Économie des conventions: Définitions et résultats, préface à Analyse économique des conventions, Paris, PUF, 2004, p. 9-48. [합의 또는 관습을 의미하는 단어인 콩방시옹(convention)은 발라스 균형과 달리 불확실성이 지배하는 상품경제에서

기 때문에 순수한 시장 이론은 물물교환에 대한 고려와는 전혀 관계가 없다. 시장은 가격 시스템을 단일 조정 원칙으로 설정하는 자기-조직적 실체이며, 이에 대한 은유가 발라스의 시장 서기이다.

이러한 조정의 콩방시옹이 서로 거래하여 가격에 영향을 미치는 것이 불가능함에도 시장 참여자들의 자유를 존중한다고 주장하는 것은 역설적이다. 하지만 이러한 자유의 포기는 달콤하다. 효용은 유용한 속성을 가지고 있다고 가정한다. 재화의 한 단위를 추가 소비할 때, 효용은 확실히 증가한다. 그러나 소위 한계효용이라는 추가 효용은 소비되는 재화의 양이 증가함에 따라 감소한다. 균형가격에서는 교환되는 모든 재화의 한계효용이 서로 같다. 이것이 모든 시장 참여자들이 그들의 효용을 극대화하기 위한 조건이다. 실제로 교환되는 모든 재화의 한계효용이 같지 않다면, 시장 참여자들은 어떤 재화는 더 소비하고 다른 재화는 소비를 줄임으로써 그들의 후생을 증가시킬 것이다. 가격은 균형을 이루지 못하고 탐색을 계속할 것이다.

따라서 어떤 의미에서 균형이 조정의 원칙인지 이해할 수 있다. 각 개인은 가격을 고정된 것으로 간주하면서 수요와 공급을 계산한다. 그렇지만 시장 서기가 발표하는 가격에 결집된 수요와 공급은 가격에 인과적 영향을 미친다. 균형에서 실현되는 가격은 시장 참여자들이 개별적으로 고정된 것으로 간주한 가격이다. 조정은 균형가격에 의해서만 이루어

'행동'과 '조정'에 관심을 갖는 이론적 접근을 지시하는 데 사용되는 용어이다. 이 개념은 주로 진화주의 경제학자들에 의해 발전되어 왔다. 표준적인 콩방시옹 개념은 다음과 같이 정의될 수 있다. 1) 인구(P)의 모든 구성원이 R에 따른다. 2) 각 구성원은 인구(P)의 다른 구성원들이 R에 따른다고 믿는다. 3) 이러한 믿음에서 R을 따르는 바람직한 결정적인 이유가 찾아진다. 4) 한편, 앞의 조건들(1, 2, 3)을 입증하는 또 다른 R이 지배적으로 될 수 있다. 이러한 콩방시옹은 구성원 각자에 대해 외재성(extériorité)을 가지며, 이로 인해 개인들과 이 개인들이 맺는 관계를 변화시킨다. 요컨대 콩방시옹은 사적 행위자들을 중재하는 사회적 매개이다. 오를레앙은 이러한 진화주의적 접근을 수용하면서 콩방시옹 R을 따르는 결정은 효용 계산으로만 환원할 수 없으며 콩방시옹 R이 규정한 행동과 정당성도 마찬가지로 중요하다고 지적한다. 이렇게 정의된 콩방시옹을 오를레앙은 '정당한 콩방시옹'이라고 부른다: 옮긴이].

진다. 이러한 고정점이 알려지기만 하면, 모든 것이 결정된다. 거래의 실현은 비용 없이 이루어지기 때문에 중요하지 않다. 이런 경우가 아니라면 균형가격 시스템인 유일한 고정점은 존재할 수 없다.

그런데 순수한 시장 이론의 비밀에 친숙하지 않은 정직한 사람에게는 더 놀라운 일이 기다리고 있다. 지금까지 우리가 가격 이론이라고 불렀던 것은 정태적이다. 그러나 시간이 지남에 따라 균형은 어떻게 되는가? 미래 가격은 어떻게 고정될 수 있는가? 시점 간 균형은 무엇인가? 서론에서 언급했던 것처럼, 누구나 경제적 미래가 금융의 대상이라는 것을 알고 있다. 하지만 모든 사람은 금융이 본질적으로 화폐와 연관되어 있다는 직관을 갖고 있다. 금융이 효율적이면, 금융이 화폐와 독립적이라고 여기는 순수한 시장 이론가들은 그렇지 않다고 간주한다. 순수한 시장 이론은 미래에 의한 조정이라는 곡예처럼 어려운 일을 실현한다.

1.2. 금융의 효율성과 미래에 의한 조정

금융이 무엇을 하는지 이해하기 위해서는 필수적으로 다음과 같은 질문을 던져야 한다. 어떻게 현재의 행동과 상황이 미래에 대한 태도에 의존할 수 있는가? 서론에서 강조했던 것처럼, 현재의 행동과 상황은 미래에 인과적으로 의존할 수 없다. 모든 인과적 관계는 시간이 경과하는 방향을 따른다. 미래에서 현재로의 반사성은 사실에 반한다. 그 대신 현재의 행동과 상황이 앞으로 일어날 미래를 인과적으로 결정한다. 이것이 우리가 자기-준거적 순환 고리(bouclage)라고 부르는 것이다.

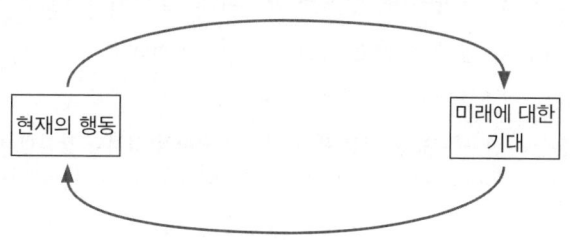

따라서 금융은 미래에 대한 공통된 믿음을 형성함으로써 실현되지 않은 다른 모든 가능한 미래를 배제한다. 이러한 공통된 믿음은 어떻게 형성될 수 있는가? 어떤 이유로 이러한 자기-실현을 균형이라고 부를 수 있는가? 다시 한 번 고정 가격 가설은 현재의 미래에 대한 반사실적 의존을 정당화하는 데 필수적이다. 미래는 과거에 인과적으로 영향을 미칠 수 없기 때문이다. 이것이 바로 미래의 반사성에 대해 생각할 수 있게 해 주는 자기-조직화의 힘이지만, 이러한 시간의 역전 과정은 주관적일 수밖에 없다. 서론에서 언급했던 것처럼, 금융시장은 예언자의 역할을 대신한다. 금융시장은 개인의 믿음을 바탕으로 시장 참여자들이 집단적으로 만들어 낸 것이지만 자신과는 무관하다고 여기는 공통된 믿음을 이끌어 낸다.

금융의 자기-초월이라고 부를 수 있는 것이 바로 금융의 효율성이다. 그러나 금융시장이 경제적 시간 생산의 접점(interface)으로 처음 발전한 이래로 역사가 반복해서 여러 차례 그것을 확인해 준 것처럼, 이렇게 생산된 미래는 사회의 관점에서 볼 때 대단히 해로울 수 있다. 금융시장의 이러한 자기-조직화는 거대한 집단적 열광과 투기적 거품을 낳고 뒤이어 위기와 우울한 믿음을 낳는다. 순수 경제 이론가들은 어떻게 국제결제은행(BIS)이 아주 잘 보여 준 지난 30년 동안의 거대한 금융 변동을 부정하고 효율성에 대한 또 다른 견해를 주장할 수 있는가?[3] 순수 경제 이론가들은 금융이 경제의 《진정한》 모델을 만들어 내고, 이 모델은 균형이며, 따라서 균형가격 모델을 미래로 일반화한다고 주장한다. 마치 순수 경제 이론가들이 현재의 행동에 대한 미래의 믿음의 반사성을 인과적이라고 간주하는 것처럼, 이들은 이를 강효율성이라고 부른다. 따라서 경제적 시간은 균질화된다. 강효율성이라고 통칭되는 이 모델은 인과적 관계와 반사실적 관계의 근본적인 차이를 제거함으로써 경제적 시간을

---

[3]. 국제결제은행의 연구는 30년 이상 동안 금융의 순환적 성격과 강력한 상황 변동성을 분석하고 있다. C. Borio, C. Furfine et P. Lowe(2001); 그리고 C. Borio, N. Kennedy et S. Prowse(1994).

불확실성이 제거된 영원한 현재로 만든다. 리스크는 식별 가능하고 객관적으로 개연성 있는 것으로 가정되기 때문에, 이러한 기본적인 특성은 우발적인 리스크의 존재에 의해 변하지 않는다.

말하자면 어떤 의미에서 금융시장은 정확하게 예언자의 역할을 대신한다. 예언자는 예측의 방향을 설정하고 행위자들이 이를 따르기 때문에 유효한 것으로 인정되는 것에 만족하지 않는다. 그것이 예측의 문제일 뿐이라면, 예측이 자기-실현된다는 사실보다 더 근본적인 의미에서 어떤 예측도 다른 예측보다 더 진실일 수는 없다. 이 경우 역사적 시간에서 경제의 궤적은 경로 의존적인 과정에 불과하다. 따라서 이 경제의 궤적은 순수 경제 이론에서의 균형, 즉 모든 시장 참여자의 후생을 최적화하는 가격 시스템으로 규정할 수 없다. 그러나 예언자는 예측자가 아니다. 예언자는 신의 말씀을 전하기 때문에 «진리(Vrai)»를 말한다. 예언자는 예측에 따라 고정점에 수렴하도록 부추기지 않는다. 오히려 예언자는 있어야만 하는 바로 그 질서를 존재하게 만든다. 합리적인 개인에게는 믿기지 않을 수 있지만, 순수 경제 이론에 따르면 경제의 «진정한» 모델이 존재하며, 금융시장은 모든 시장 참여자에게 이 모델을 공개한다. 이 모델은 반드시 존재해야 하는 것으로 시점 간 일반균형이라고 부른다. 이러한 균형과 관련된 재화와 서비스의 미래 가격을 근본 가치라고 한다.[4]

1.3. 교조적인 대성당: 순수 경제

따라서 강효율성 이론은 토머스 쿤이 «정상 과학»이라고 부르는 도그마에 불과한 학문적 지배의 극단적인 지점이다. 강효율성 이론은 정상 과학의 논리를 전적으로 수용한다. 강효율성 이론은 «용인되는» 연구 프로그램에 대해 학술 기관이 행사하는 독점권에 의해 유지되고 공고해진다.

---

[4]. «근본 가치» 개념에 이르는 금융자산 가격의 객관성 가설에 대한 구체적인 비판에 대해서는 A. Orléan(2011), p. 31-50를 참조하라.

이 이론은 1950년대에 등장하여 1970년대에 이르러 만개했다. 이 시기에 임노동 중산층의 증가와 풍요로움이 저축의 증가로 이어졌다. 은퇴자를 위한 금융적 부를 축적할 목적으로 이러한 저축을 관리하는 것이 사회적 요구가 되었고, 이에 따라 이 저축을 모으는 금융기관들의 관심사가 되었다. 이러한 관심은 연구 프로그램을 촉발시켰고, 금융 부에 관한 최적 배분 이론이 등장했다. 1952년 해리 마코위츠(Harry Markowitz)는 효용의 최적화 이론을 소비에서 부로 치환하여 일반화하면서 이 분야의 지적 돌파구를 마련했다. 개인은 자신의 후생을 최적화하는 소비구조를 찾는 대신 자신의 부를 극대화하는 저축의 투자 구조를 찾는다.

투자 조합은 소위 금융자산의 포트폴리오를 구성한다. 미래에 대한 선택은 소비에 대한 선택보다 훨씬 더 복잡하기 때문에, 예금자는 나이, 고용 상태 그리고 기타 특성을 고려하여 예금자를 위한 최적의 포트폴리오를 결정하는 중개자에게 이러한 미래 투자에 대한 연구를 맡긴다. 마코위츠(1952)는 금융기관에 위탁된 저축의 최적 투자는 수익률과 리스크를 변수로 하는 금융자산의 효용함수를 최적화한 결과로서 다양한 자산군을 가진 포트폴리오임을 보여 주었다. 그의 접근 방식은 **그림자 가격**(*shadow prices*)(유령 가격)을 고려하여 최적 포트폴리오의 존재를 입증하는 것으로 구성되었다. 이러한 접근 방식과 이와 관련된 미래 가격의 결정은 균형가격에 대한 발라시안 이론을 일반화한 것이다. 균형가격이 현재 소비의 한계효용을 표현한 것과 마찬가지로, 미래 가격은 미래 재화의 소비에 대한 현재의 기대 한계효용을 나타낸다. 이런 이유로 우리는 이것을 유령 가격이라고 부른다. 따라서 이 최적 포트폴리오는 미래 가격이 현재 재화에 대한 미래 재화의 한계효용이 될 것을 조건으로 한다. 1960년대 들어 이 이론의 실용적인 결과들이 개발되었다. 윌리엄 샤프(William Sharpe, 1964)는 마코위츠의 최적 포트폴리오가 시장 포트폴리오와 동일하다는 것을 확인함으로써 재무관리에 필수적인 실용적 진전을 이루었다. 이 이론에 따라, 시장을 통한 조정이 미래로 확장되었다. 이러한 발전으로 인해 전 세계 자산 운용사들이 사용하는 유명한 금융자산 평가 모델 또는 자본 자산 가격 결정 이론(CAPM: Capital Asset Pricing Model)이 탄생했다.

이는 다음과 같은 질문을 제기한다. 시장은 어떻게 정보를 구성하여 이러한 식별을 가능하게 하는가? 이러한 문제를 다룰 때 언급하지 않을 수 없는 저자가 유진 파마(Eugene Fama)이다. 그는 가능한 효율성의 형태들을 제시했다. 앞서 설명한 자기-준거적 순환 고리 덕분에 시장의 자기-조직화는 약효율성[5]을 실현한다. 경제의 과거 진화에서 파생된 모든 정보는 오늘 금융시장에서 발표하는 미래 가격에 포함되어 있다. 어느 누구도 «시장을 이길» 수 없다. 시장은 경제주체 한 명 한 명의 기대를 응축하고 있기 때문이다. 이것은 샤프의 제안을 정당화한다. 마코위츠의 최적 포트폴리오는 시장 포트폴리오이기 때문에, 가장 좋은 재무관리 방법은 벤치마킹이다. 그러나 유진 파마(1976)는 한 걸음 더 나아간다. 그는 시장이 모든 공개 정보를 응축하고 있다고 간주하는 준강효율성의 형태와, 특히 시장이 «알릴 수 있는» 모든 정보를 응축하고 있는 강효율성의 형태를 정의한다.

도대체 이것은 무엇을 의미하는가? 파마가 정의한 강효율성과 미래 재화와 서비스의 근본 가치를 결정하는 «경제의 진정한 모델» 사이에는 어떤 관계가 있는가? 이러한 관계를 확립할 순수 경제 이론을 완성하는 것은 합리적 기대 혁명의 몫이었다. 1961년 존 무스(John Muth)의 논문이 그 시작이었다. 무스는 예언자의 지위를 전적으로 받아들인다. 순수 경제 이론가는 «진리»를 말한다. 순수 경제 이론가는 경제의 신(神)인 균형의 말씀을 전한다. 금융시장의 자기-조직화는 균형의 말씀을 행위자들에게 전달하고 행위자들의 기대는 이를 자기-실현한다. 확률론적 세계

---

5. 시장이 약효율적이면 거래 가능한 자산(주식, 채권, 부동산)의 가격은 과거에 공개된 모든 정보를 반영하고, 시장이 준강효율적이면 가격이 과거에 공개된 정보뿐만 아니라 새로이 공개된 정보까지 즉시 반영하며, 시장이 강효율적이면 가격이 준강효율성을 만족시킬 뿐만 아니라 공개되지 않은 많은 많은 내부 정보까지 반영한다: 옮긴이.

에서 알려질 가능성이 있는 모든 정보를 포함한 주어진 정보 집합에 대해 경제주체의 기대는 경제의 «진정한» 모델에 포함된 객관적인 확률에 따라 정확히 분포되어 있다. 평균적으로, 이론적인 용어로 표현하자면, 수학적 기대치 측면에서 시장가격에 따라 암묵적으로 이 모델을 따르는 주체들은 틀릴 수 없다.

마지막 단계는 합리적 기대 가설을 거시경제학에 적용한 로버트 루카스(Robert Lucas, 1972)에 의해 이루어졌다. 모든 경제주체는 기댓값의 형태로 경제의 진정한 모델을 알고 있기 때문에, 그들은 모두 동일하다. 따라서 전체 경제는 그 자체로 대표적인 경제주체인 한 개인이라고 가정할 수 있다. 게다가 경제의 진정한 모델에는 역사적 시간성이 없으며, 이것은 무한으로 확장된다. 이 모델에서 거시경제학은 어떤 독립적인 존재 의미를 갖지 않는다. 거시경제학은 전적으로 미시경제학적 기반에 의해 결정된다. 균형은 언제나 최적이기 때문에, 거시경제정책은 진정한 모델에 영향을 미치지 않으므로 무의미하다. 유일하게 의미가 있는 정책은 기본 관계 내에 포함된 구조적 매개변수를 변경하는 정책이다. 이것이 바로 유럽위원회는 물론 유럽 지도자들이 그토록 좋아하는 «구조적 정책»이다.

그러나 경험적으로 관찰되는 경제변동을 일으키는 불확실성은 어디에 있는가? 이러한 불확실성은 «진정한» 모델에 포함된 경제의 구조적 매개변수의 혁신에서만 찾을 수 있다. 사실, 혁신은 강효율성이라는 정보 영역에서 벗어나 있는 것이다. 그런 다음 «생산성 주기»라는 순환변동을 야기하는 모델을 시뮬레이션 할 수 있다.

이것이 바로 순수 경제라고 하는 교조적 대성당이다. 하지만 여기서 우리는 가공할 만한 역설에 직면하게 된다. 가격의 초월에서 미래의 초월 그리고 미래의 초월에서 합리적 기대에 이르기까지 이 모든 균형의 정교화 작업에서 화폐가 전혀 논의되지 않았다. 순수 경제에는 화폐가 전혀 존재하지 않는다. 그러나 경제의 주제로서 화폐의 존재는 우리들을 끊임없이 강박적으로 사로잡고 있다. 화폐는 보편적이고, 우리는 매일 화폐를 경험한다. 화폐는 특정 목적을 위한 정책의 대상이자 다양한 예측의 주제이다. 그러나 합리적 기대가 경제의 진정한 모델에 부합하려면, 마치 화폐가 존재하지 않는 것처럼 해야 한다. 그렇다면 이론은 화폐를 어떻게 다루고 있는가?

1.4. 화폐의 중립성

화폐의 중립성은 순수 경제가 존재하기 위한 **필수불가결한** 조건이다. 순수 경제는 균형이라는 개념으로 정의된다. 본래 순수 경제는 언제나 균형 상태에 있다. 세이(Say)의 법칙은 모든 시장에 동시에 적용되며, 균형가격에서 수요와 공급은 일치해야 한다. 시장의 자기-초월 논리에 따르면 가격은 항상 균형을 이루며, 화폐는 균형을 교란시켜서는 안 된다. 로버트 루카스가 밀턴 프리드먼에 반대하여 주장한 것처럼, 합리적 기대는 화폐가 어떤 이유로든 중립적이라는 것을 전제로 한다. 순수 경제 이론에서는 단기와 장기의 구분이 있을 수 없다. 균형의 시간은 영원히 동질적이다. 장기적으로는 화폐가 중립적이라고 해도 단기적으로는 활성화된다고 말하는 것은 앞으로 보게 될 것처럼 매우 의문스러운 주장으로, 이 책의 주제인 화폐경제학과는 완전히 다른 이론 분야에 속한다.

일반균형 모델에 따르면, 화폐가 존재하려면 (n+1)번째 재화로서 효용을 가져야 하며, 이 효용으로부터 나온 가격은 n개의 다른 재화의 가격에 어떤 영향도 미치지 않아야 한다. 이러한 곡예에 전념한 경제학자가 바로 돈 파틴킨(Don Patinkin, 1965)이다. 화폐가 가격을 가지려면, 효용 가치가 있어야 한다. 화폐는 경제에 서비스를 제공해야 하며, 이 서비스 없이는 균형에 도달할 수 없다. 따라서 균형가격이 알려진 이후에도 거래의 실현은 문제가 된다. 이러한 추론에 따르면, 시간은 일정한 밀도를 가져야 한다. 균형의 실현은 수입과 지출의 비동시성이 존재하는 기간과 관련되어 있다. 교환이 탈중앙화 되어 있기 때문에, 화폐의 사용 가능성은 시장에서 수요와 공급의 일치가 다시 이루어지도록 한다. 따라서 파틴킨의 관점에서는 문제가 해결되었다. 새로운 재화(화폐)는 균형가격이 형성된 이후에 서비스를 제공하므로 균형가격을 변화시키지 않는다. 그렇지만 이 재화는 시장 참여자들의 효용함수에 포함되어 있기 때문에 그 자체로 효용을 가지며, 따라서 가격도 존재한다.

물론 파틴킨의 이러한 시도는 실패로 돌아갔고, 물물교환은 다시 균형 이론을 괴롭히게 된다. 만약 교환이 탈중앙화 되어 있고, 교환의 실현이 비용을 발생시킨다면, 이 비용은 반드시 가격 형성의 일부가 될 수밖에 없다. 거래의 실현과는 무관한 가격과 이러한 비용을 흡수하기 위해 투하되는 (n+1)번째 재화 사이의 이분법은 논리적으로 성립하지 않는다. 균형가격 시스템인 고정점을 정의하는 자기-준거적 순환 고리를 만들어 내는 시장의 자기-조직화에서 화폐가 양(+)의 균형가격을 가질 수 있다는 것을 보여 줄 수 없기 때문에 화폐는 순수 경제에 통합되었다고 말할 수 없다. 현실을 배제한 이론에서 방대한 경험적 현실을 반영하는 (n+1)번째 재화를 갖고 싶다면, 소위 《화폐의 가치》를 결정하는 수요와 공급 방정식과 유사한 **임시변통적인** 추가 방정식을 통해 현실을 가정해야 한다. 균형 이론에 화폐를 통합했다고 주장할 수는 없지만, 가정에 의해 화폐의 중립성이 존재한다.

현금 선불(*cash in advance*) 가설은 시장의 순수 이론에 탈중앙화 된 교환을 포개어 모델링하려는 또 다른 접근 방식이다(Clower, 1996). 이 가설은 교환이 탈중앙화 되기 위해서는 반드시 화폐가 있어야 한다고 가정한다. 비균형 교환(échanges hors équilibre)이 존재한다. 따라서 개인 교환자는 균형을 벗어난 연속적인 교환에 참여하기 위해 화폐 준비금을 보유해야 한다. 이러한 거래 구조는 화폐에 대한 수요를 유발한다. 이러한 조건에서 화폐는 양(+)의 가격을 갖는다. 따라서 화폐의 존재는 어떤 가치 이론과도 관련 없는 기능적 관점에서 전제된다.

반대로 탈중앙화 된 거래의 실현을 기반으로 화폐를 도입하고자 한다면, 이러한 비용을 최소화하려는 탈중앙화 된 개인의 행동이 공통의 거래 수단으로 모두가 인정하는 재화를 만들어 낸다는 것을 보여 주어야 한다. 이것은 탐색 모델로 알려진 화폐경제의 한 분야이다. 이 모델은 탈중앙화 된 교환을 실현하기 위해 공통의 거래 수단을 찾는 시장 참가자들 간의 조정 게임을 기반으로 거래 수단에 대한 수요를 보여 준다(Kyotaki et Wright, 1991).[6] 이 모델에는 다수의 균형, 즉 경쟁하는 화폐들이 있는 균형뿐만 아니라 화폐 없는 균형도 포함될 수 있다. 이러한 화폐의 내생적인 결정은 물물교환의 논리적 아포리아를 극복한다. 그러나 단일한 경쟁 균형인 것으로 알려진 고정점을 찾기 위해 가격이 고정되어 있다는 가설은 더 이상 유효하지 않다. 화폐는 더 이상 중립적이지 않다. 가격의 형성에서 전략적 행동의 역할을 더 이상 배제할 수 없다. 문제는 화폐의 도입으로 전략적 행동을 어떻게 통제할 수 있느냐이다.

우리는 화폐가 단순한 거래 기능보다 경제에서 훨씬 더 근본적인 역할을 한다고 생각하기 때문에 이러한 길을 따르지 않을 것이다. 사실 이러한 모든 시도에서 화폐는 기능적으로만 정의된다. 화폐는 개념상 경제적 가치의 원칙으로 정의되지 않는다. 효용가치의 자연주의적 이론 및 이 이론과 분리될 수 없는 시장에 의한 조정을 배척해야만 화폐경제에 본격적으로 진입할 수 있다. 화폐를 가치 이론과 연결해야 한다면, 화폐는 시장에서 파생된 대상이 아니라 시장의 논리적 토대가 되어야 한다. 이로부터 다음의 두 가지 기본 명제가 제출된다. 즉, **화폐는 논리적으로 시장 관계에 선행하며**(Aglietta et Orléan, 1982), **화폐는 시장보다 더 근본적인 사회적 관계이다**(Aglietta et Cartelier, 1998, p. 131). 이것이 우리가 개념화하려고 노력해야 하는 가치 개념이다.

---

6. 탐색이라 불리는 이 모델은 탈중앙화 된 교환 가능성을 제시하는 진화론적 접근에 속한다. 화폐의 공통적인 수용은 비협조 게임의 결과인 **부트스트랩** 효과에서 비롯된다. 화폐는 내쉬 균형의 결과이다. 화폐 없는 경제, 따라서 교환이 없는 경제(자급자족 균형)를 포함한 다중의 균형이 존재하기 때문에 교환 수단에 대한 근본적인 비결정 상황에 처하게 된다.

2. 경제 질서에서 화폐: 사회적 귀속으로서 제도

순수 경제 이론은 인상적인 교조적 대성당이다. 그러나 이 이론은 세상을 규명하는 데 그다지 도움이 되지 않는다. 우리는 이미 앞선 몇 페이지에서 그 이유를 살펴보았다. 우리는 순수 경제 이론이 사회로부터 스스로를 고립시킴으로써 구축되었음을 보았다. 시장을 실체화하는 것은 값비싼 대가를 치른다. 순수 경제 이론은 시장을 실체화하면서 집단, 권력 추구 또는 사회 혁신을 낳는 생산자들의 갈등과 같은 것에 어떤 의미도 부여하지 않는다. 경제와 얽혀 있는 제도의 모든 매개가 무시된다. 이렇게 무시되는 경우가 가장 기본적인 제도이면서 가장 일반적인 사회적 관계인 화폐이다. 이런 이유로 화폐에 대한 재검토는 급진적이어야 한다. 화폐가 존재하지 않거나 기껏해야 중립적인 화폐라는 흉내 내기(simulacre) 형태의 부속물로 존재하는 경제 이론과 화폐가 상품경제의 기초를 이루는 관계라는 이론 간에는 아무런 공통점도 없다. 순수 경제를 포기하고 생산의 화폐경제를 구상하는 것은 순수 경제의 기본 가정에 대한 반성을 전제로 한다.

가치의 자연주의적 이론을 포기할 때, 우리는 시장에 의한 배타적인 조정 가설로부터 자유로워질 수 있고, 개인 주체들, 즉 교환의 후보자들이 만나서 대면하는 공간인 시장을 있는 그대로 연구할 수 있다. 교환의 후보자들은 화폐라는 매개체를 통해서만 교환할 수 있다. 모든 교환에는 지급이 수반된다. 경제적 조정은 시장에서 이루어지는 것이 아니라 지급 결제 시스템을 통해서 실현된다. 그러나 이러한 조정이 반드시 균형에 이르지는 않는다. 교환이 이루어지기 위해서는 가격이 행위자들의 반사실적 선택과는 무관하다는 가정 하에서만 시장 서기가 얻을 수 있는 모두의 암묵적인 동의를 개별 행동이 충족시킬 필요는 없다. 모든 교환은 화폐의 이동을 동반하고 화폐가 만장일치로 수용되기 때문에, 경제는 탈중앙화 되는 동시에 통합될 수 있다(Orléan, 2011, p. 148-152).

2.1. 화폐의 정의: 숫자의 언어가 가치 형태를 확립한다

화폐는 사회집단 구성원의 그 집단 전체에 대한 귀속 관계로 정의할 수 있다. 이러한 추상 수준에서 화폐는 언어와 유사하다고 할 수 있다. 화폐는 타인에게 의미를 생산한다. 그 의미는 인간 집단 내에서 일어나는 다양한 활동이 교환 가능하게 되는 가치 측정의 추상 공간이다. 다시 말해서, 화폐는 질적으로 비교할 수 없는 재화를 동일한 단위로 나타낼 수 있기 때문에 상품 가치의 기표이다. 교환 대상이 가치를 획득하는 거래가 지급(paiement)이다. 따라서 교환이 약속된 대상의 가치는 지급 이전에는 존재하지 않는다. 화폐를 대가로 한 교환, 즉 지급은 가치의 운영자이다.

화폐는 모든 사람에게 적용되는 규범이기 때문에 가치를 제정한다. 따라서 우리는 첫 번째 정의를 제안할 수 있다. 화폐는 사회 구성원들이 사회에 제공했다고 사회가 판단한 것을 화폐를 통해서 사회가 그 구성원들 각자에게 되돌려주는 것이다. 이러한 정의는 화폐가 경제 행위자들의 외부에 있는 제도임을 분명히 한다. 따라서 경제 행위자들은 화폐에 대한 접근 전략을 갖고 있다. 화폐는 상품 사회에서 진행되는 논리에 따라 동원할 수 있는 화폐의 양만큼 상품 사회의 구성원이 될 수 있는 권한을 제공한다.

화폐를 계산 단위로 설정하는 통분 가능성 원칙에 따라 모든 교환 후보자는 화폐에 의한 조정에 포함된다. 화폐는 교환의 개시 양식이기 때문에, 화폐가 만장일치로 수용되는 한 누구도 그것을 거부할 이유가 없다. 언어와 마찬가지로 화폐는 경제주체의 인격이나 교환하는 내용물에 관심이 없기 때문에 순수한 형태이며, 조정의 공통 원칙이다. 재화의 사용을 목적으로 하는 개인은 가치를 정의하지 않는다. 언어에서 기의(記意)가 기표(記標)와 구별되는 것처럼, 사용가치는 가치와 구별된다. 기표와 기의의 분리는 언어의 형태를 취하는 인간관계 그 자체의 원리이다.

위대한 철학자 헤겔(Hegel)은 개의 개념은 짖지 않는다고 말했다. 언어를 통한 의사소통 관계가 문법을 동원하여 이해되고, 따라서 어떤 대화 상대에게도 유효한 것으로 인정받는 것처럼, 가치 관계는 소위 회계라는 숫자의 문법을 동원하여 사회적으로 인정받는다.

언어에서 기표와 기의를 분리할 수 있는 것처럼, 가치를 제정하는 지급에서도 화폐와 상품 대상을 분리할 수 있다. 이것이 바로 화폐가 통분 가능성 원칙과 등가성 원칙으로 작동하는 방식이다. 이러한 분리는 매개의 조건이다. 아리스토텔레스는 이미 화폐가 순수한 법이라고 말했다. 이것은 화폐가 가치의 원칙이기 때문에 가치를 갖지 않는다는 것을 의미한다. 화폐 운영자가 부여하는 가치는 상품이 되는 사물에 대한 상식이다. 생산에서 상품은 사적인 것이다. 상품이 소비의 대상이 되려면 다른 사람의 욕망을 충족시켜야 한다. 따라서 상품은 사회에서 인간 활동 사이의 분리로 인해 발생하는 사회적인 것과 사적인 것 사이의 긴장을 내포하고 있다. 화폐는 분리된 것을 하나로 결합한다. 화폐는 다른 사람의 욕구를 충족시키는 것을 가능하게 함으로써 지급을 통해 대상 생산자의 활동을 유효한 것으로 인정하고 사회적 인정을 부여한다.

화폐에 대한 정확한 정의를 내리자면, 다음과 같이 정의할 수 있다. 화폐는 공통의 매개체에 대상화된 사회적 계약으로, 화폐를 사용하는 공동체는 그 구성원이 자신의 활동을 통해 사회에 제공한 것을 화폐의 지불 행위를 통해 공동체 구성원에게 돌려준다. 화폐 논리 덕분에 가치가 인정되고 제정된다(Aglietta et al., 2014). 화폐는 다른 사람들을 위해 상품을 생산할 목적을 가진 사적 이니셔티브에 지급 결제를 통해 사회적 가치를 부여하는 제도이다.

2.2. 계산과 지급 결제

화폐경제의 토대 그리고 그 토대가 정의되었을 때 화폐 시스템의 운영 방식이라는 두 가지 다른 이론적 수준을 정의하는 것이 중요하다. 이 두 가지 이론적 수준을 유기적으로 연결하는 것이 회계이다.

화폐경제는 무엇보다 경제적 운영을 계정에 기록하는 경제이다. 이런 이유로 화폐의 본질적인 기능은 계산 단위, 즉 가치의 통분 가능한 공간을 설정하는 것이다. 상품경제에서 행위자들 간의 교환은 무엇보다도 화폐의 후원 하에 작동하는 회계 관계이다. 모든 교환은 화폐의 흐름과 그 반대 방향으로 향하는 상품 대상의 흐름으로, 두 교환 당사자의 계정에 복식으로 기록된다. 이러한 복식 기입은 이미 존재하는 두 개의 가치가 등가가 되도록 하는 것이 아니라 상품 대상의 가치가 만들어져 화폐의 흐름에 의해 인정되는 것을 의미한다. 이런 의미에서 화폐는 가치의 운영자이다.

회계는 경제 시스템에서 행위자의 위치와 다른 행위자와의 관계를 정량적으로 표현한 것이다. 개인, 기업 그리고 가계의 개별 회계는 국민 계정에 통합되고, 이는 다시 세계적 차원의 계정 시스템으로 통합된다. 따라서 번역을 통해 언어를 변환하는 것처럼, 화폐의 언어는 계산 단위의 변환과 회계 준칙의 치환을 통해 전 세계로 확대된다.

경제적 상호 의존(성)은 주어진 기간 동안 행위자들 간의 화폐의 흐름을 통해 객관적으로 관찰된다. 회계 기간(하루) 동안 각 참가자는 화폐로 표시된 지출과 수입의 흐름을 기록한다. 이러한 흐름은 화폐로 표현된 자산과 부채의 변동인 잔액으로 요약된다. 잔액은 회계 기간이 시작될 때 존재하는 자산과 부채의 저량(스톡)[7]에 대수적으로 추가된다. 복식부기의 결과인 지급 결제 잔액은 회계 기간 동안의 거래 내용과 과거의 기억(메모리)을 담고 있고, 미래로 이어지는 대차대조표 사이의 관계를 제공한다.

복식부기 원칙에 따라 행위자들 간의 탈중앙화 된 교환을 반영한 회계

---

7. 저량은 비축, 존재량을 말하며, 흐름을 뜻하는 '유량'과 대비되는 개념이다: 옮긴이.

기록 덕분에 모든 행위자의 회계는 시스템을 구성한다. 모든 교환은 이중으로 기록된다. 하나는 지급의 흐름에 대한 기록이고, 다른 하나는 이전된 경제적 대상의 등가 가치에 대한 기록이다. 이에 따라 행위자들의 계정은 균형을 이룬다. 교환은 가격이 아니라 행위자들의 계정 사이를 순환하는 화폐 흐름에 의해 탈중앙화 되어 있지만 동시에 통합을 이루게 된다. 시스템의 회계는 지급 결제 시스템을 통해 일정 기간 동안 이루어진 모든 교환의 기억(메모리)을 기록한다. 지급 결제 시스템은 경제 전체가 통합된 전체를 형성할 수 있도록 설계되었다. 나중에 지급 결제 시스템을 검토하면서 **지급 결제의 완결성**을 통해 전체 경제의 조정이 어떻게 실현되는지 보게 될 것이다. 지급 결제의 완결성은 일정 기간 동안 교환으로부터 발생한 채무를 화폐로 결제하거나 금융자산이나 지불 약속의 형태로 채무의 결제를 이월하는 것을 망라한다. 금융은 화폐 논리에 내포되어 있다.

우리는 가치의 자연주의적 이론이 주장하는, 시장에 의한 조정의 맥락에서 고정 가격이 자기-초월에 의해 만들어진 규범의 역할을 하는 것을 보았다. 그렇다면 상품 대상의 가치를 객관화하는 지급 규범을 만들어 내는 제도로서의 화폐는 어떠한가? 규범은 객관적인 의미를 획득하는 처방이기 때문에 가치를 제정한다. 지급 의무가 화폐를 일반적인 규범으로 만드는 이유는 지급이라는 사회적 판단이 규범을 적용받는 사람의 규범에 대한 인식 여부와 무관하기 때문이다. 지급으로 인한 가치 판단은 사회의 다른 구성원들에 의해 결정된다. 규범은 모두에게 적용된다. 이 지점에서 제기되는 질문은 상품경제의 토대가 되는 화폐 규범의 초월성을 어떻게 확립할 수 있는가이다. 토대가 되는 규범은 설령 그것이 국가의 권위라고 할지라도 의지의 권위로부터 직접 나오지 않기 때문이다. 토대가 되는 규범이 적용되는 모든 사람들, 즉 모든 교환의 후보자들이 이 규범을 전제하기 때문에 우리는 자기-초월의 문제에 직면한다. 가치를 설정하는 공통의 지시 대상을 찾는 과정에서 무한 회귀를 피하려면 어떻게 해야 하는가?

3. 화폐의 논리적 발생: 모방 모델

　가치의 관계 이론은 희소 효용이라는 실체론과 달리, 가치가 다른 사람들과의 관계에 의해서만 의미를 갖는다고 말한다. 가치는 고립된 개인과 «사물» 간의 관계가 아니라 화폐라는 일반적인 규범이 지배하는 사회에 참여하는 주체들 간의 관계이다. 이러한 규범은 지급을 통해 표현되는 등가성 원칙이다. 화폐라는 일반적인 규범이 지배하는 사회가 상품 사회이다. 따라서 인류학이 연구하는 다른 사회에서 화폐는 동일한 이론적 의미를 갖지 않으며, 우리는 앞으로 이 문제를 더 자세히 알아볼 기회를 갖게 될 것이다.

　따라서 문제는 이러한 기초가 되는 규범의 이론적 기원이다.[8] 물론 이것은 역사적 기원이 아니다. 상품 사회에 살고 있는 개인에게 화폐는 항상 이미 존재한다. 사회제도의 틀은 개인이 자신의 역할을 학습하여 사회의 일원이 되기 전에 이미 존재한다. 이것이 바로 우리가 직면하고 있는 개념적 문제이다. 화폐의 존재를 당연하게 여긴다면, 화폐를 기능적으로 정의하는 것이 최선이다. 화폐는 계산 단위, 거래 실현 수단, 가치 저장 수단이라는 세 가지 기능으로 정의된다. 그러나 이러한 기능은 시스템을 통합하는 운영 방식이다. 이러한 시스템의 본질은 무엇이며, 이 시스템과 관련하여 개인의 위치는 무엇인가? 우리가 가치의 자연주의적 견해에 관한 가설을 거부하고 나면, 이러한 시스템이 경제활동을 조정하는 방식이라는 것을 알게 된다. 개인의 욕망과 선호는 미리 정해진 것

---

8. 화폐의 개체발생에 대해서는 M. Aglietta et A. Orléan(1982)을 보라.

이 아니다. 오히려 그것들은 욕망과 선호를 갖고 있는 사람들을 서로 연결하는 사회적 상호작용의 결과이다. 선호는 불확정적이다. 이러한 모델에서 욕망과 실망은 선호의 불확정성과 분리할 수 없는 두 얼굴이다(Hirschman, 2006). 욕망과 실망은 사회적 상호작용에 의해 끊임없이 재정의된다. 따라서 대상은 교환을 위한 《자연스러운》 매체가 아니라 이해관계에 따라 달라진다. 이러한 사회의 표상을 논리적으로 만들어 내는 일반적인 관계는 모방 모델로 표현된다. 사회적 상호작용의 모방 모델은 욕망의 근본적인 결핍 가설에서 유래한다.[9] 대상에 대한 욕망은 사회적 인정을 위한 전략이다. 대상에 대한 욕망은 동일한 실존적 탐색을 하는 다른 사람들에 의해서만 정의될 수 있다. 이것으로부터 유래한 거울 게임은 동일한 불확실성 하에 있는 모든 주체로 확대된다. 나는 어떤 대상을 욕망해야 하는가? 다른 사람들로부터 인정을 받으려면 어떻게 해야 하는가? 이 모델의 장점은 전반적인 혼란 속에서 모두가 인정하는 단일 대상으로 집중이 나타나는 것을 보여 주는 능력에 있다(상자 1.1을 보라. p. 51).[10]

이러한 해법의 이론적 특성은 무엇인가? 상품 주체들이 모두 생산수단을 갖고 있다고 가정하는 사회는 평등한 사회이다. 시장에 의한 조정 이론에서는 이것을 모든 주체가 외생적인 것으로 간주하는 가격을 수용한다는 가정으로 표현한다. 사회적 상호작용 이론에서 주체들은 즉각적으로 사회적 인정의 대상이 되는 부의 형태, 즉 **유동성**을 무차별적으로 추구한다. 유동성 욕망에 대한 모든 사람들의 무차별적인 추구는 만장일치의 집중을 발생시킨다. 그러나 자기-준거적 과정은 다양한 결과를 낳는다. 유동성을 갖춘 대상이 될 수 있는 것에 대한 초기의 믿음 가운데 어느 하나로 만장일치의 집중이 일어난다. 사실 유동성은 발견되어야 할 사전에 정의된 실체가 아니라 집중의 의도하지 않은 결과이다. 그러나

---

9. 인류학적 차원에서 모방 모델은 R. Girard(1972)를 참조하라.
10. 이 모델은 앙드레 오를레앙이 고안한 것이다. A. Orléan(1984), p. 55-68.

[상자 1.1] 모방적 수렴 정리

N명의 행위자(i = 1, ···, N) 모집단이 있다고 가정하자. 각 주체는 t기에 절대적 유동성을 나타내는 부채에 대해 $u_i(t)$라는 믿음을 갖고 있다. i는 행위자 j(j = 1,···, N)에 대한 확률 p_{ij}를 사용하여 무작위로 j를 모방하여 t+1기에 대한 믿음을 선택한다. 따라서 p_{ij}는 다음과 같이 나타낼 수 있다.

$P_r\{u_i(t + 1) = u_j(t)\} = p_{ij}$ 여기에서 각 i에 대해 $\Sigma p_{ij} = 1$이다.

모방적 상호 의존은 다음의 행렬과 같이 정의되는 마르코프 확률과정으로 형식화된다.

$$p = \begin{vmatrix} p_{11} \cdots p_{1j} \cdots p_{1N} \\ p_{i1} \cdots p_{ij} \cdots p_{iN} \\ p_{N1} \cdots p_{Nj} \cdots p_{NN} \end{vmatrix} : U' = [u_1 \cdots u_i \cdots u_N]$$

따라서 동태적 과정은 U(t+1) = PU(t)로 나타낼 수 있다.

이 정리는 다음을 보여 준다.

- P와 관련된 그래프가 강볼록이고(행렬 P는 독립적인 부분 행렬로 분해되지 않는다),
- 비주기적(믿음의 수정 과정은 주기적이지 않다)이면,
- 초기의 믿음이 무엇이든 관계없이 모방적 전염은 만장일치로 수렴한다.

그룹 전체에 대한 i의 영향력을 나타내는 확률 q_i가 존재한다. 이 확률과정은 $u_i(0)$, 즉 U = $\{u_1(0)\cdots u_i(0)\cdots u_n(0)\}$으로 수렴한다.

출처: André Orléan (1984), p. 55-68.

모방은 한 번 출현한 공통된 믿음을 반복하는 형태를 취하기 때문에 모방 과정의 최종 상태는 자기-실현적이다.

이러한 공통의 대상은 절대적으로 욕망하는 공통의 형태로 인정되는 것에 대한 콩방시옹이다. 따라서 집중은 화폐로 불리는 대상에 대한 만장일치를 야기한다. 이러한 대상은 교환 후보자들의 사회적 상호작용 이

전에 존재하지 않는다. 이 공통의 대상은 사회적 상호작용의 산물이다. 달리 말해서, 이 공통의 대상은 사회 구성원들의 상호작용을 통해 모두의 인정을 받으려는 노력에 의해 제정된 것이다. 만연한 경쟁에 종지부를 찍는 화폐는 부(富)를 향한 만장일치의 욕망의 대상이다. 그렇기 때문에 화폐는 다른 모든 욕망의 대상을 측정하는 공통의 준거가 된다. 따라서 우리가 찾고 있던 화폐의 본질은 만장일치로 수용될 수 있어 모두에게 공통된 절대적 유동성이다. **절대적 유동성은 주체들의 욕망에 대한 결핍으로부터 출현한 집단적인 것**(collectif)이다. 이 공통의 지시 대상은 의심할 여지 없이 자기-조직화의 결과물인 집단적 제도이지 균형은 아니다. 그렇기 때문에 제도화는 자기-조직화를 넘어서는 것이어야 한다.

믿음의 집중에 의해 만들어진 콩방시옹은 일시적일 수 있기 때문이다. 시장 참가자들의 믿음의 집중에 의해 형성된 금융자산의 가격은 일시적인 콩방시옹의 한 예이다. 교차 반영 과정의 순환 고리로서 시장의 콩방시옹은 주체들이 경합하는 조건을 변경시키는 미래에 대한 인식의 변화에 취약하다. 따라서 시장의 콩방시옹은 변하기 쉽다. 화폐적 콩방시옹이 가치의 기준이 되려면 제도화 과정을 통해 유효성을 인정받아야 한다. 집단적 힘으로서 사회는 화폐적 콩방시옹을 발생시킨 모방적 상호 의존(성)으로부터 그것을 외재화해야 한다. 우리는 이러한 집단적 힘이 선출된[11] 공통의 믿음에 정당성을 부여하는 주권이라는 것을 알게 될 것이다.

물론, 모든 인정 욕망이 화폐적 매체를 통해 실현되지는 않는다. 상품 사회는 다른 사람과 대상의 교환을 통해서 인정 욕망이 표현되는 사회이다. 이는 모든 사람에게 공통으로 존재하는 부에 대한 욕망이 특정 대상에 대한 욕구를 충족시킬 수 있는 단일한 대상, 즉 화폐에 집중되어 있기 때문에 가능하다. 그러나 《재화》든 《서비스》든, 특히 습득한 기술이나 재생산해야 하는 단순한 노동 능력의 사용을 통해 제공되는 것이든,

---

11. 상품 유통을 조절할 수 있도록 상품 세계 외부로 화폐의 선출-배제 과정은 마르크스가 『자본』 1권 1장에서 유사한 용어로 처음 생각한 것이다.

표 1.1. 화폐 발생에 관한 선택 가능한 견해들*

	완전경쟁 이론 일반균형 모델	진화주의적 이론 탐색 모델	제도주의 이론 모방 이론
교환이 어떻게 개념화되는가?	- 자율적이고 자신의 효용을 가진 개인 주 체 - 재화의 특성은 상식 - 중앙 집중화 된 교환 - 보이지 않는 손에 의 한 조정	- 효용에 대해 완전경 쟁에서와 같은 가정 - 탈중앙화 된 교환 - 교환 수단의 탐색에 의한 조정 - 효용은 사회관계에 의존	- 교환은 사회자원의 획득을 목적으로 한 상호적 채무임 - 부채를 청산하는 유 동성의 탐색
화폐는 어떻게 도입되는가?	- 개인의 효용에 n+1번 째 상품 - 또는 화폐 = 외생적 제약(현금 선출) - 비화폐적 균형이 존 재 - 최적은 균형에 위치	- 교환 수단이 전략적 상호작용의 결과로 생겨날 수 있음 - 유동성은 상호적 수 용으로부터 유래함 - 복수의 교환 수단이 가능 - 화폐 없는 교환이 가 능	- 모방적 합리성 - 절대적 유동성에 대 한 공통의 믿음으로 의 모방적이고 동학 적인 수렴 - 믿음의 집중화된 형 태는 사회제도로 변 환됨(지급 결제 시스템)

* Michel Aglietta et André Orléan (2002), p. 95를 수정하여 작성.

이러한 대상은 생산되지 않고는 존재할 수 없다. 지급의 시련을 극복하기 위해서는 다른 사람들이 원할 것이라고 추측하는 것을 생산해야 한다. 이는 생산 활동이 지급을 통해 화폐로 인정되는 것을 알지 못한 채 생산을 위해 사회에서 자원을 획득해야 한다는 것을 의미한다. 자신의 생산물에 대한 불확실한 지급 그 자체에서 파생되는 화폐의 흐름을 통해 자원에 대한 대가를 지급할 수 있을지에 대한 불확실한 전망을 가진 사회로부터 자원을 획득하는 것을 소위 빚을 지는 것이라고 한다. 이것은 **상품 인정**(*reconnaissance marchande*)이 부채의 인정임을 의미한다.

이로부터 우리는 화폐가 단순한 인정 양식이 아니라는 것을 추론할 수 있다. 그것은 개인 간의 관계가 부채의 형태를 취하는 것이다. 화폐적 인정은 지급 결제에 의한 부채의 상환이다. 이것은 동질적인 등가성 원칙이 존재할 때에만 가능하다. 따라서 만장일치로 집중된 대상은 다른 모든 부채를 측정하고 결제하는 부채이다. 이러한 부채의 우월한 형태를 절대적 유동성이라고 부른다. 따라서 화폐가 그 대상인 부에 대한 욕망은 유동성에 대한 욕망이다. 그리고 원칙적으로 상품의 유통은 부채의 유통이기 때문에 지급 결제 시스템의 형태를 취한다. 지급 결제 시스템은 상품 사회 전체에 대한 통제력을 화폐에 부여하여, 결과적으로 공적인 힘에 의해 성문화된 일련의 준칙이 되는 화폐적 콩방시옹을 제도화한 공공재이다. 따라서 발라스의 시장 서기가 아닌 이러한 준칙이 어떻게 상품 교환을 통합하는지 이해할 필요가 있다.

이러한 분석에 들어가기 전에 지금까지 얻은 이론적 결과를 요약하는 것이 유용할 수 있다. 〈표 1.1〉은 이러한 결과를 종합한 것이다.

4. 부채, 화폐화 준칙[12] 그리고 지급 결제 시스템

상품 관계는 부채로 이루어져 있다. 부채를 발생시킨 동기나 의무가 무엇이든 관계없이 부채는 사회의 후원 하에서만 유효한 것으로 인정된다. 따라서 부채 관계는 시스템을 구성하는 요소이다. 사회에서 부채 시스템은 소멸될 수 없다. 모든 부채가 동시에 결제된다면, 사회는 사라질 것이다. 이런 이유로 화폐의 사회적 본성은 부채의 결제가 이루어지는 지급 결제 시스템을 통해서만 온전히 이해할 수 있다.

상품 사회에서 부채는 빚을 지고 있는 사람의 상환 능력의 제약을 의

---

12. 화폐화 준칙(monnayage)은 위조 화폐화(faux-monnayage)와는 대조적으로 승인된 (authorised) 화폐 발행을 말한다. 여기서는 법정화폐로 확립한다는 의미에서는 화폐화 (monetisation)라는 용어로 표현된다. 따라서 monetisation과 monnayage를 모두 화폐화로 번역해도 무방하지만, 여기서는 monnayage를 화폐화 준칙으로 번역하였다. 청구권이나 부채를 화폐로 전환한다는 의미에서 화폐화가 발생하는 경우 문맥상 명확하게 알 수 있다. 주조(mintage)는 금속화폐(금화 또는 은화)의 생산에 사용된다. Alary Pierre et al (ed), *Institutionalist Theories of Money*, Palgrave, 2020, Glossary 참조: 옮긴이.

미한다. 화폐는 사회가 정당하다고 인정하는 방식으로 부채를 소멸시키거나 부채의 상환을 연기하는 것이다. 이러한 사회적 제약을 작동시키는 것이 바로 지급 결제 시스템이다. 지급 결제의 제약인 부채를 유효한 것으로 인정하는 논리는 부채가 형성된 이유에 따라 달라지지 않는다. 화폐를 정당화하는 사회 구성원에 대한 사회 주권의 보다 일반적인 원칙에 대해서는 다음 장에서 살펴보기로 하고 여기에서는 경제적 교환을 구성하는 논리를 엄밀하게 검토한다. 지급 결제 시스템의 논리 구조를 파악하는 것은 앞서 살펴본 사회적 관계로서의 가치 이론 및 다음 장에서 살펴볼 화폐의 정당성에 관한 이론과 분리할 수 없는 화폐경제 이론을 발전시키는 것을 의미한다.

가장 일반적인 수준에서 지급 결제 시스템은 다음의 세 가지 준칙의 유기적 결합을 통해서 이루어진다. 첫 번째 준칙은 가격이나 개인의 부등 경제적 크기를 나타낼 수 있는 공통의 계산 단위이다. 두 번째 준칙은 개인의 탈중앙화 된 행동의 선행조건인 화폐화 준칙이다. 세 번째 준칙은 교환의 등가성이 어떻게 경제적 크기를 결정하는지를 명확히 설명해 주는 **잔액 결제 원칙**(Aglietta et Cartelier, 1998)이다. 이 세 가지 준칙은 지급 결제 시스템의 무결성을 위해 분리할 수 없는 전체를 형성한다. 이 세 가지 준칙은 상품경제의 두 가지 차원, 즉 시장 참가자의 탈중앙화와 상호 의존(성)을 조정할 수 있는 유일하게 알려진 구조이다. 이러한 정의는 세 가지 기능을 경험적 관찰에 부합하게 병렬시키고 세 기능 사이에 필요한 연관성을 고려하지 않는 화폐에 대한 기능주의적 접근과는 아무런 관련이 없다.

4.1. 공통의 계산 단위

공통의 계산 단위는 사회적 관계를 정량적으로 표현하기 위한 첫 번째 조건이다. 계산 단위로 표현된 숫자는 가치의 전제 조건이다. 계산 단위는 순전히 추상적일 수 있으며, 시간이 지남에 따라 그 지속성이 보장되지 않는다. 계산 단위는 우리가 사회에서 명목상의 고정이라고 부르는 집단적 신뢰의 문제를 제기한다. 그럼에도 불구하고 계산 단위는 시장에 관한 모든 화폐 이론의 필수 전제이다. 화폐 공간은 계산 단위가 지배하는 공간이다. 세계경제에서 계산 단위의 다양성은 주로(전부는 아니지만) 정치 주권의 경계를 기반으로 한 화폐적 분절화[13]의 특징이다.

4.2. 화폐화 준칙

개별 생산자와 소비자가 시장에서 활동할 수 있으려면 계산 단위로 표시된 일정 금액의 지급수단을 소유해야 한다. 화폐화 준칙은 시장이 열리기 전에 개인이 가지고 있는 지급수단에 대한 접근 방식을 나타내는 일반적인 용어이다. 지급수단을 사용할 수 있게 되면, 개인은 이를 통해 시장을 위한 생산 활동(원자재의 구입, 기대 소득의 지출 등)[14]을 시작할 수 있다. 판매 금액은 생산 활동의 유효성 여부를 입증할 것이다.

구체적으로 화폐화 준칙은 지급 결제 시스템에 따라 매우 다양한 형태를 취한다. 완전한 금속 본위 시스템에서는 금속을 소유해야만 개인이 계산 단위의 공식 시세로 유통되는 지급수단을 얻을 수 있다. 화폐의 창

---

13. 중앙 집중화에 대비되는 개념으로 파편화(fragmentation)와 분절화(fractionnement)를 엄격한 구분 없이 사용하고 있다. 여기에서는 모두 분절화로 번역하였다. 하나의 화폐 공간을 여러 개의 개별 공간으로 나누는 것을 말하며, 계산 단위, 다양한 지급 결제 시스템과 수단, 화폐 창조 방식이 다르지만 하나로 묶여 있는 화폐 공간을 분절화라고 한다. Alary Pierre et al (ed), *Institutionalist Theories of Money*, Palgrave, 2020, Glossary 참조: 옮긴이.
14. 일반균형 이론은 시장에 대한 설명을 생산요소의 초기 부존에 대한 직·간접 교환으로 단순화함으로써 스미스 이후 경제활동의 상품 분리에 대한 전통적인 표현을 크게 축소하였다. 이 가정은 시장 참가자들의 모든 상호 의존성을 제거하기 위해 필수적이다. 미래에 이용할 수 있는 재화를 또 다른 재화로 간주하여 시장의 보이지 않는 손에 의한 조정에 필수적인 고정점 가설을 미래로 확대할 수 있다. 미래의 어느 시기에 이용 가능한 재화의 가격을 이 재화를 생산하는 미래 실물 자산의 근본 가치라고 부른다.

조는 주조소에 가져온 금속의 화폐화(monétisation)를 통해 이루어지고, 화폐의 파괴는 주화의 마모나 용해에 의해 발생한다.

신용 시스템에서는 은행이 화폐를 창조한다. 그러나 금속화폐든 장부화폐든 어느 경우든 화폐는 신용화폐이다. 화폐는 언제 어디서나 지급 결제 시스템으로 대표되는 사회 전체와 상품 교환의 후보자인 사회 구성원 사이의 상호 부채이다.

따라서 개인이 시장에서 행동할 수 있는 능력을 결정하는 것은 담보로 사용되는 자본의 양과(또는) 그 유동성(양도할 수 있는 금융자산의 경우)이다. 개인이 다음 기간에 m의 화폐 금액을 상환할 수 있으려면, 현금과 교환할 수 있는 부(富), $m/(1+i)$을 보유해야 한다. 여기에서 i는 은행에서 이 화폐 금액을 빌릴 수 있는 이자율이다. 미래 소득 흐름의 현재 가치인 이러한 부를 평가하는 방식은 이를 **자본**으로 정의한다.

은행 빚을 통해 시장에 접근하는 방식은, 판매할 수 있으려면 먼저 구입할 수 있는 능력, 따라서 빚을 질 수 있는 능력이 있어야 함을 상기시켜 준다. 여기에서 부채 계약의 초기 행위에서 중개자는 은행이다. 그러나 지급 결제 시스템의 기능을 살펴보면 알게 되겠지만, 현실에서 경제 주체의 부채는 그 자체로 사회 전체와 계약되어 있다. 따라서 모든 사람이 받아들일 수 있는 지급수단을 얻는 것은 모든 사람에게 빚을 지는 것이다. 화폐가 파괴되는 과정은 화폐가 창조되는 과정의 역순으로, 은행이 자산과 채무 증권을 매각하거나 차입자에게 대출해 주었던 신용을 상환 받는 것을 말한다. 이는 은행이 대차대조표에서 제거되는 자산에 대응하는 대차대조표의 차변의 예금을 상쇄하기 때문이다.

시장경제는 지급 결제 행렬(行列)로 설명될 수 있다(표 1.4). 개인의 지출은 사용처에 따라 행(行)에 기재된다. 열(列)은 개인이 시장 거래에서 거래 상대방으로부터 얻는 수입을 나타낸다. 지급 결제 행렬은 시장 기간, 예를 들어 하루 동안에 일어난 탈중앙화 된 교환의 포괄적인 표현이다.

지출은 탈중앙화 된 방식으로 결정되기 때문에 어느 누구도 수입을 통제할 수 없다. 따라서 개인의 화폐 잔액($s_i = r_i - d_i$)은 통상 제로(0)가 아니다. 개인의 화폐 잔액은 사회에 의해 인정되지 않은 순 채무와 순 채권을 정의한다. 실제로 화폐 제약인 잔액의 결제는 지급 결제 시스템의 세 번째 기본 준칙이 작동하는 지점이다. 이 단계가 끝나야만 사회를 위한 가치가 창출되었다고 인정할 수 있다. 우리는 이를 지급 결제가 완결되었다고 말한다.

4.3. 잔액 결제 원칙: 지급 결제의 완결성

화폐경제에서 두 재화가 어떻게 교환되는지 명확히 이해할 필요가 있다. 재화 B와 재화 B′를 소유하고 있는 두 사람이 자신의 재화를 교환하길 원한다고 하자. 가치의 자연주의적 이론에서는 두 재화가 희소 효용의 관점에서 공통의 가치를 갖는 것으로 판단되면 직접 교환할 수 있으며, 이는 교환이 일어나기 이전에 균형가격의 발견, 즉 가격의 자기-초월(p. 32)로 알려진 가상의 절차를 통해 두 교환자에게 드러난다. 균형가격을 통한 상품 조정의 논리에 따르면, 우리는 가치가 상품경제 전체에서 균형가격의 완전한 시스템을 형성한 결과라는 것을 보았다. 이 경우 교환을 실현하기 위해 서로 생산물을 교환하는 것, 즉 물물교환을 원칙적으로 막을 수 있는 것은 아무것도 없다.[15] 그러나 물물교환을 가능하게 하는 것은 물물교환 그 자체가 아니라 모든 교환에 고정점을 결정하여 균형가격을 형성하는 것이다. 두 교환자 사이에 생산물을 교환하는 양자 간 거래에는 가치의 일반적인 등가, 즉 B-B′ 거래가 포함된다.

화폐경제에서 화폐를 대가로 재화를 판매하거나 구매하는 것은 교환이 아니다. 교환에서는 구매와 판매가 **동시에** 이루어진다. 화폐는 재화

---

[15]. 이것을 가로막는 것이 거래 비용이다(각각이 교환하길 원하는 재화에 대한 가능한 거래 상대방을 알기 위한 정보, 운반과 보험, 품질검사 등). 그렇기 때문에 상업적 중개자가 필요하다. 그러나 균형가격을 발견하는 문제와 교환 대상의 운송 문제를 구분하는 것이 중요하다.

의 가치와 동등한 가치를 갖고 있기 때문에 재화를 구매하지 않는다. 화폐는 다른 재화를 구매할 수 있는 힘 또는 재화 B의 생산에 필요한 지출을 위해 계약했던 채무를 갚을 수 있는 힘을 제공함으로써 이전에 존재하지 않는 가치를 재화에 부여한다. 교환에서 등가는 B-M-B′이며, 여기에서 M은 재화 B와 재화 B′에 공통의 가치를 부여하는 화폐의 양이다.[16]

그러나 교환이 지급 결제 행렬에 포함된 각각의 거래에 의해 유효한 것으로 인정된다고 주장하는 것은 어불성설이다. 전체 지급 결제 행렬과 연관된 거래 잔액의 결제, 즉 당일의 마감 시간에 잔액을 결제하거나 유효한 것으로 인정된 채권과 채무의 형태로 이연을 통해 채권과 채무의 금융 구조를 구성하는 거래 잔액의 결제에서 지급 결제가 완결되는 것으로 간주할 수 있다. 지급 결제의 완결성만이 교환에서 등가를 증명하므로, 사회적으로 유효한 것으로 인정된 가치가 생산되었음을 증명한다. 따라서 현물이든 화폐든 양자 간 교환은 그 자체로 가치가 실현되는 것은 아니다. 가치는 순수 경제 이론에서는 균형가격 시스템을 통해서, 그리고 화폐경제 이론에서는 지급 결제의 완결성을 통해 사회 전체의 후원 하에서만 실현된다.

화폐가 실체적 관점이 아니라 관계적 관점에서 가치의 기초라는 것은 사회제도인 지급 결제 시스템을 보면 쉽게 알 수 있다. 지급 결제를 기록하는 회계 시스템에서 경제주체는 시장 기간 동안 획득한, 양(+)이든 음(-)이든, 부(富)의 크기로 존재하는 것이 아니라 청산 및 결제 절차라는 이름으로 전체 화폐 공간 수준에서 당일이 마감될 때 계정의 동시 결산을 통해서만 존재한다. 따라서 이러한 청산-결제 절차가 어떤 형태로 이루어지는지 알아볼 필요가 있다.

화폐가 만장일치로 수용되는 궁극적인 유동성의 형태로만 존재하는 가설적인 시스템인 순수한 금속 시스템(예: 완전한 금본위제)에서 화폐화

---

16. 지급 결제 시스템 이론은 마르크스가 『자본』 1권 1장에서 상품 유통에서 화폐의 필수적인 중개 역할에 관해 정교화한 것과 완전히 일치한다.

표 1.2. 금속에 의한 화폐화 준칙

주조 차익이 없는 금속 화폐 창조			
금속 보유자		주조소	
미주조 금속 -100 주조된 화폐 +100		금속 자산 +100	주조된 화폐 +100
주조 차익이 발생하는 금속 화폐 창조			
금속 보유자		주조소	
미주조 금속 -100 주조된 화폐 +95 조세 +5		금속 자산 +100	주조된 화폐 +95 주조 차익 +5

준칙은 〈표 1.2〉를 따른다. 잔액은 자동으로 결제된다. 실제로 지출보다 수입이 많은 교환 참가자는 시장 기간 동안 즉시 유동성 부(富)를 획득한다. 수입보다 지출이 많은 개인들은 같은 기간 동안 유동성 부의 손실을 보게 되어 그들의 화폐 자산이 줄어든다. 지출보다 수입이 많은 개인들은 화폐 자산이 늘어난다. 이러한 지급 결제 시스템을 이용하는 화폐 공간, 따라서 전체 사회의 수준에서 총지출은 금속 보유량에 의해 제한된다. 따라서 화폐 제약은 가장 경직적인 형태로 직접적으로 작용한다. 금속의 무게로 계산 단위를 정의할 경우 경제활동은 화폐화 된 금속의 양에 의해 제한된다. 제2부에서 살펴보겠지만, 화폐화 될 수 있는 금속의 부족은 제3자에게 양도할 수 있는 부채, 즉 장부화폐(monnaie scripturale)를 알지 못했던 고대 경제를 괴롭혔다.

화폐 발행이 신용을 대가로 또는 금융 증권의 화폐화를 통해, 소위 자본-화폐화 준칙(표 1.3)을 통해 이루어질 때, 지급 결제의 완결성은 훨씬 더 복잡하다. 먼저, 화폐화 준칙의 과정이 매우 다르다. 순수한 금속 시스템에서는 지하에서 채굴해 이미 존재하는 금속인 사전에 존재하는 부를

표 1.3. 은행화폐의 창조

당좌대월 선불에 의한 화폐의 창조			
차입자		은행	
은행 당좌계정 +100	차입 +100	대출금 +100	행위자 당좌계정 +100
금융 증권의 매도/매입에 의한 화폐의 창조			
증권의 매도자		은행	
금융 증권 -100 은행 당좌계정 +100		증권 포트폴리오 +100	행위자 당좌계정 +100

기반으로 화폐를 창조한다. 반대로, 제3자에게 양도할 수 있는 것으로 간주되는 부채의 발행을 통해 이루어지는 장부화폐화 준칙(monnayage scriptural)은 이러한 부채가 **최종적으로**(*in fine*) 결제될 수 있는 경우에만 유효한 것으로 인정된다. 부채의 발행자가 부채를 상환할 수 있는 가치를 획득했을 때에만 이러한 부채가 결제될 것이다. 따라서 화폐는 예상되는 미래 부를 기반으로 창조된다. 더욱이, 지급수단으로 다양한 기호가 발행되고, 잔액은 반드시 시장 기간 내에 궁극적인 유동성으로 결제되는 것이 아니라 이월된다. 이러한 이월은 다소 복잡한 금융자산의 구조를 구성하는 금융 거래를 통해 이루어진다. 그럼에도 불구하고 교환의 등가성 제약은 채권과 채무 구조의 시점 간 지불 능력, 따라서 채권과 채무를 뒷받침하는 자산의 가치, 즉 유동성으로 교환할 수 있는 능력의 형태로 계속해서 적용된다. 여기에서 우리는 자본의 화폐경제로 들어가게 된다. 자본의 화폐경제는 자본주의의 두 가지 근간 가운데 하나이며, 다른 하나는 생산수단의 사적 전유를 통한 노동과 자본의 분리이다. 자본의 화폐경제가 이 책의 전개에서 핵심을 이루고 있다.

이제 화폐가 신용을 대가로 발행된 다양한 은행 기호의 모습을 보일

표 1.4. 지급 결제 행렬

지출 \ 수입		행위자						총계	잔액
		1	2	……	i	……	n		
행위자	1	0	d_{12}	……	d_{1i}	……	d_{1n}	d_1	s_1
	2	d_{21}	0	……	d_{2i}	……	d_{2n}	d_2	s_2
	⋮	⋮	⋮		⋮		⋮	⋮	⋮
	i	d_{i1}	d_{i2}	……	0	……	d_{in}	d_i	s_i
	⋮	⋮	⋮		⋮		⋮	⋮	⋮
	n	d_{n1}	d_{n2}	……	d_{ni}	……	0	d_n	s_n
총계		r_1	r_2	……	r_i	……	r_n	V	0

주: d_{ij}는 j(j = 1, …, n)의 i에 대한 화폐 지출이고, i의 총수입은 r_i이다. d_{ij}는 i의 j(j = 1, …, n)에 대한 화폐 지출이고, i의 총지출은 d_i이다. r_i의 합 = d_i의 합 = 지급 결제 시스템을 관통하는 화폐 가치의 흐름 V. 잔액 s_i = r_i-d_i은 행위자들에 따라 양(+) 또는 음(-)이다. 잔액은 화폐로 결제되거나 채권과 채무의 형태로 이월된다. 잔액의 대수적 합은 0이다: $\sum s_i = 0$.

때, 매일 매일의 결제가 어떻게 이루어지는지, 따라서 지급 결제의 완결성이 어떻게 달성되는지 살펴볼 차례이다. 앞에서 살펴본 화폐 이론에서는 화폐가 주어진 화폐 공간에서 하나임을 보여 주었다. 따라서 모든 경제주체의 상품을 유통시키는 은행이 발행한 화폐 기호는 지급 결제가 완결되기 위해 결제되어야 하는 은행 간 잔액이다. 실제로 은행 지급 결제를 통해 실현되는 경제주체 간의 거래는 예금계좌의 소유자를 변경하기도 하고 은행 간 채권과 채무를 발생시키기도 한다. 다양한 은행 표시(marques)를 가진 지급 결제 기호를 통해 장부화폐가 유통되고 있다고 말할 수 있다. 따라서 지급 결제가 완결되기 위해서는 모든 사람이 수용하는 단일 형태의 궁극적인 유동성이 있어야 하며, 은행 잔고가 그 장부에서 결제되는 사회 전체의 권력을 부여받은 화폐 기관이 존재해야 한다. 현대 화폐경제에서 이와 같은 기관이 중앙은행이다. 지급 결제의 완

표 1.5. A에서 B로 한 재화의 판매를 위한 은행 간 지급 결제 시스템에 의한 장부화폐의 유통

비은행 중개상의 지급 결제 수준			
중개상 X가 A에게 수표를 전달하다 재화 -100 은행 당좌계정 A +100		중개상 Y가 B에게 수표를 전달하다 재화 +100 은행 당좌계정 B -100	
A은행		B은행	
B에 대한 채권 +100	X의 당좌계정 +100		X의 당좌계정 -100 A에 대한 채무 +100

은행 간 결제 수준					
A은행		중앙은행	B은행		
중앙은행 지급준비 계정: +100	중앙은행 X의 지급준비 계정: +100	A의 지급준비금: +100 B의 지급준비금: -100	중앙은행 지급준비 계정: -100	중앙은행 X의 지급준비 계정: -100	

결성은 위계화된 과정이며, 이 과정의 상위 단계는 은행 지급준비금으로 알려진, 중앙은행에서 발행하고 은행이 보유하는 유동성의 형태로 은행 간 잔액을 결제하는 단계이다(표 1.5).

은행 간 잔액의 결제는 당일의 마감 시간에 다자간 청산 이후 차액으로 이루어질 수 있다. 전자 기술 덕분에 실시간 총액 결제, 즉 하루 종일 지속적으로 결제가 이루어질 수도 있다. 이를 위해서는 은행에 현금 유동성이 공급되어야 하므로 일중 신용이 필요하다.

중앙은행은 지급 결제의 위계에서 우월한 지위를 바탕으로 단기금융시장에 개입하여 매일 은행의 지급준비금을 조절함으로써 지급 결제 시스템을 관리한다(그림 1.1, p. 65). 지급 결제 시스템을 관리하는 데는 세

가지 기술을 이용할 수 있다. 여기에는 은행 대출 재할인, 단기금융시장에서 우량 금융 증권 매입, 우월한 유동성을 대가로 은행들이 보유한 채권을 할인된 가격에 일시적으로 매입하는 «환매조건부매매» 운영이 있다. 이러한 이유로 중앙은행이 유동성을 제공하는 공개시장운영에서 매일의 금리가 단기금융시장 금리의 기준 금리로 간주된다. 실제로 중앙은행은 지급 결제 시스템에서 핵심적인 역할을 수행하면서 은행 유동성에 나타나는 긴장과 화폐경제 전체에 영향을 미치는 불균형의 심각성에 대한 정보를 수집한다.

4.4. 물물교환의 환상에 대한 재론

화폐 시스템의 역사적 진화(제2부)와 화폐 위기(제3부)를 검토하면서 〈그림 1.1〉의 위계화된 시스템이 항상 존재했던 것은 아니며, 화폐 위기가 발생할 때 이것이 파괴될 수 있음을 보게 될 것이다. 이러한 상황에서는 지배적인 화폐 규범에 만족하지 못하는 행위자 그룹인 «화폐적 왕위를 요구하는 사람들»(Orléan, 2011, p. 167)이 자신들의 이해관계에 더 부합하는 대안 상품 공간에서 유효한 새로운 화폐적 지시 대상을 만드는 분절화 된 시스템이 존재한다. 이러한 새로운 지시 대상은 결제 목적으로 공식 유동성을 대체하는 재화일 수 있다. 여기에서 피상적인 관찰자들은 이러한 현상을 물물교환으로의 회귀로 잘못 이해한다.

예를 들어, 1990년대 러시아에서 유동성이 부족해진 기업들은 기업 간 청산 협약 하에 다른 기업의 자산이나 부채를 대가로 자사의 자산을 매각해야 했다(Ould Ahmed, 2003). 따라서 이것은 현물 지급이다. 이러한 현물 지급은 교환 가능한 통화의 영역을 벗어난 국제무역에서 드물지 않게 일어난다. 그럼에도 불구하고 일부 자산이 다른 자산들과 교환되는 지급수단의 역할을 하기 때문에 이러한 교환은 여전히 화폐적이다. 그렇지 않다고 간주하면 지급 원칙과 지급 결제 양식을 혼동하는 것

그림 1.1. 지급 결제의 위계적 조직

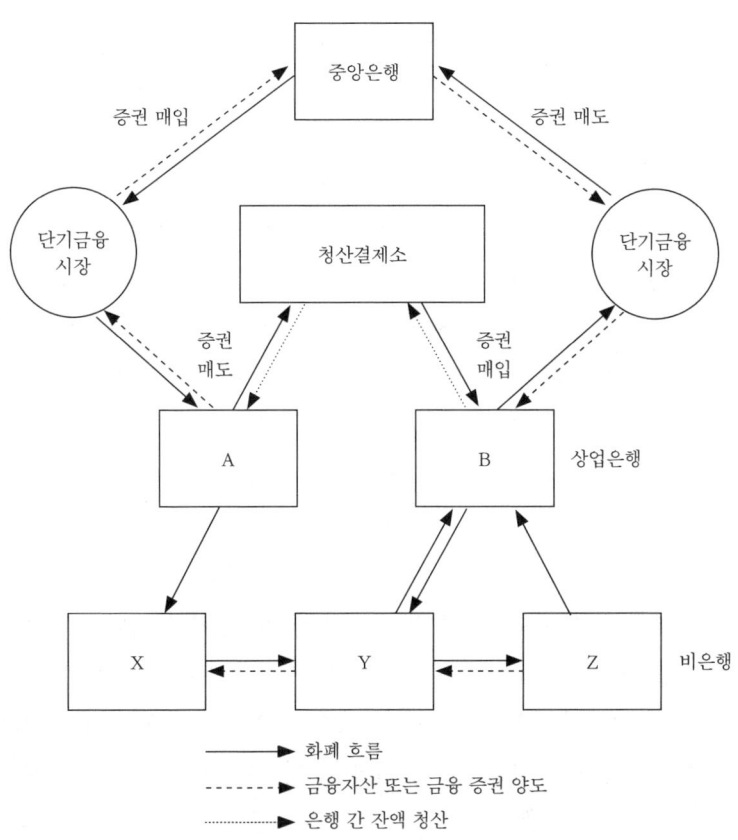

이다. 모든 경우에서 화폐는 가치라는 통분 가능성 원칙으로 상품 교환에 선행한다. 이는 경제 행위자들이 특정 지급 결제 양식에서 모든 사람이 인정하는 화폐 단위로 계정에 입력된 자산을 사용하여 부채를 청산할 수 있도록 해 준다. 이러한 지급 행위가 부채를 변제하는 것으로 인정되면, 교환은 의심할 여지 없이 화폐적 성격을 띠게 된다.

단일한 통분 가능성 원칙이 부재할 경우 보다 모호한 상황에 놓이게 된다. 화폐적 분절화는 계산 단위, 따라서 측정 공간 그 자체에 영향을 미치기 때문에 단일한 통분 가능성 원칙이 없으면 화폐적 분절화는 더 심해진다. 그럼에도 불구하고 행위자 X와 행위자 Y가 상품 M의 양도가 채무 변제 능력을 가진다고 상호 합의하는 경우에만, X는 Y에게 M을 지급할 수 있다. Y는 X로부터 M을 수용함으로써 X의 채무 변제를 인정한다. 그 결과, X와 Y 간의 채무 관계는 종결된다.

그러나 Y는 M으로 무엇을 할 것인가? M이 Y에게 사용가치가 있다면, X의 채무 결제는 Y에서 거래가 종결된다. 그렇지 않은 경우, Y는 제3자에게 M을 사용하는 것을 모색해야 한다. 화폐로 사용되는 상품 M은 행위자 Z가 사용가치로 상품 M을 인정할 때까지 유통 사슬에서 그 채무 변제 능력을 모색해야 한다. 불확실성이 거래의 사슬을 따라 M을 소유한 사람을 짓누르고 있다(Ould Ahmed, 2008).

다수의 부분적 등가물이 포함된 그러한 지급 결제 시스템은 취약할 수밖에 없다. 우리는 이것을 분절화 된 상품 질서라고 불렀다(Aglietta et Orléan, 1982). 교환의 각 참가자는 자신의 재화를 가치의 표현으로 만들려고 한다. 이것이 우리가 〈상자 1.1〉에서 설명했던 화폐의 발생 모델에서 발견한 것이다(p. 51). 수용할 수 있는 지급수단은 교환의 후보자들이 갖고 있는 어떤 대상에도 집중될 수 있다. 이러한 분절화 된 화폐 질서는 유난히 불안정하다. 이런 이유로 우리는 훨씬 더 견고한 제도적 틀로 특정 지급수단을 둘러싼 행위자들의 집중화를 공고히 해야 한다고 강조했다. 우리는 또한 이러한 제도화의 관건은 경제적 충격에 직면하여 지속적이고 안정적인 궁극적 유동성을 형성하는 것임을 보여 주었다.

5. 유동성과 화폐에 대한 신뢰

유동성은 만장일치로 수용되는 중앙은행이 발행한 부채이기 때문에 절대적 부이다. 화폐와 다른 부의 형태 사이에는 정도의 차이가 아니라 본성의 차이가 존재한다. 실제로 유동성을 보유하고 있다면, 시장의 제약을 받지 않고 즉시 지급수단을 확보할 수 있다. 반대로 다른 형태의 부를 보유하고 있다면, 시장에서 상대적으로 다소 수월하게 그리고 임의로 판매해야 한다. 부동산과 같은 실물 자산은 유동성이 거의 없다. 이러한 자산을 매각하려면 재산권을 이전하기 위해 번거롭고 비용이 많이 드는 법적 절차가 필요하다. 또한 이러한 실물 자산의 판매는 차입이 가능한 매수자를 전제로 하므로 매수자의 지급 능력에 달려 있다. 금융자산의 유동성 정도는 자본 손실 없이 금융자산을 매도할 수 있는 능력에 따라 결정된다. 금융자산의 유동성 정도는 기본적으로 거래 가능한 증권이 많고, 깊이가 깊으며(장중 개별 매수 또는 매도 주문의 변동에 가격이 크게 민감하지 않음), 충격에 잘 견디는(가격 변동을 완충하는 시장 조성자가 있음) 유통시장이라는 조직화된 시장의 존재 여부에 따라 달라진다. 따라서 금융자산은 거래할 수 있는 유통시장의 효율성 정도에 따라 높거나 낮은 유동성을 갖는다. 반대로 중앙은행이 발행하는 화폐는 유동성이 무한하다. 따라서 유동성을 보유한다는 것은 시장에서 절대적인 자율성을 확보할 수 있는 능력을 갖추는 것을 의미한다. 돈에 대한 욕망은 사회 전체에 대한 권력을 표현하기 때문에 유동성은 어떤 효용 관념에도 구속되지 않는 무한한 욕망을 불러일으킨다.

5.1. 화폐의 양가성: 화폐 질서의 치명적 약점

지금부터는 화폐의 양가성이라는 역설을 명확히 이해할 차례이다(Aglietta et Orléan, 1982). 화폐는 상품 사회의 탁월한 사회적 매개체이다. 그러나 이러한 사회적 관계는 유동성으로 대상화된다. 따라서 유동성은 모든 사람의 욕망의 대상이다. 상품 세계에서 «현금»의 소유는 자유를 부여한다. 상품경제가 온전히 작동하려면 화폐는 공공재여야 한다. 화폐는 우리가 방금 검토한 지급 결제 시스템을 구성하는 준칙들의 통일이다. 하지만 지급 결제의 완결성은 지급 결제 시스템의 중심축이 유동성이며, 이는 그 자체로 전유에 대한 모든 사적 욕망의 대상이라는 것을 보여 준다. 공공재로서 화폐와 화폐의 사적 전유의 잠재성 사이의 이러한 모순, 즉 화폐의 양가성은 다양한 형태의 부를 화폐로 전환하려는 엄청난 요구로 이어질 수 있다. 뒤에서 우리는 화폐 위기를 촉발시키는 힘들(forces)을 검토할 것이다. 화폐 위기는 금융자산과 그에 상응하는 부채의 구조에 대한 사람들의 이해가 옳고 그름에 관계없이 집단 심리 속에서 그것이 견고하지 않다고 여겨질 때 발생한다. 그렇기 때문에 상품경제의 생존 가능성은 상품 사회 구성원과 사회 전체 간의 파악하기 어려운 관계인 화폐에 대한 신뢰에 의존한다.

유동성과 관련된 태도의 문제가 근본적인 이유를 이해할 필요가 있다. 효용가치의 자연주의적 이론에 따르면, 어떤 대상에 대한 욕망은 그 대상을 더 많이 가지면 가질수록 한계효용이 감소한다. 이러한 형태의 효용함수는 단일 균형가격 시스템의 존재를 보여 주기 위해 필수적이다. 하지만 부로서의 유동성에 대한 수요는 한계효용이 감소하는 특성을 갖고 있지 않다. 이것이 바로 순수 경제 이론이 화폐를 절대적으로 무력화해야 하는 이유이다. 유동성의 소유는 사회에 대한 권력을 창출한다는 점을 감안할 때, 유동성에 대한 욕망은 무한하다. 따라서 유동성 수요에 대한 외부 효과가 존재한다. 다른 사람들이 유동성을 원하기 때문에 나는 이 유동성을 원한다. 우리는 불확실한 상황에서 개별 수요함수들을 분리할 수 없다는 사실을 확인할 수 있다. 따라서 화폐 수요의 동기가 되는 유동성에 대한 선호는 유난히 불안정하다. 실제로 미 연준은 1982년 금융 자유화 이후 기준 금리를 조정하는 관련 지표로 유동성에 대한 선호를 고려하는 것을 중단했다. 이것이 바로 화폐의 양가성의 의미이다. 역사가 충분히 보여 주는 것처럼(제3부), 화폐는 위기 시에는 취약한 경제 조정 원칙이다.

화폐에 대한 신뢰는 집단적 태도이며, 따라서 화폐의 양가성을 부식(腐

蝕)시키는 힘을 물리치는 암묵적인 제도이다. 화폐를 신뢰한다는 것은 지급 결제 시스템 준칙의 효율성이 화폐 질서에 의해 지배되는 경제의 각 참가자에게 제공하는 장기적인 이점을 인정하는 것이다. 이것은 화폐를 공공재로 인정하고, 유동성에 대한 사적 전유를 억제하는 것을 의미한다. 따라서 화폐를 신뢰한다는 것은 화폐 질서를 정당한 것으로 인정하는 것이다. 화폐 질서는 전체적으로 공공재이기 때문에 정치적인 성격을 띤다. 따라서 이것은 집단에 대한 신뢰의 문제이다. 집단에 대한 신뢰는 기본적으로 궁극적인 유동성을 발행하고 규제하는 기관의 정당성을 인정하는 윤리적 규범이다. 그렇다면 이러한 규범은 어떻게 작동하는가?

5.2. 신뢰의 기초와 그 형태들

신뢰는 불확실한 수익률에 대한 예측을 의무의 준수와 불이행 사이의 선택으로 대체하기 때문에 약속과 관련된 모든 관계에서 불확실성을 줄여 준다. 개인이 자신이 알지 못하는 리스크를 통제할 수 있는 결정을 다른 사람들이 내릴 것이라는 확신을 가지고 행동한다면, 경제 환경의 복잡성을 크게 줄일 수 있다. 화폐적 용어로 자유롭게 체결된 계약은 어느 누구도 의도적으로 변경할 수 없는 기준으로 간주되기 때문에, 신뢰는 다양한 가능성 사이의 불확정성을 줄여 준다. 따라서 화폐 준칙을 준수하는 것은 비용과 편익의 문제가 아니다. 오히려 그것은 사회 준칙의 내면화에 관한 것이다.

철학자 게오르크 지멜(Georg Simmel)은 경제학자들뿐만 아니라 경제 주체들이 철저하게 은폐하고 있는 화폐에 대한 신뢰라는 개념에 내재된 이론적 함정을 분명히 강조했다. 경제학자들은 경제활동을 계속하려면 신뢰가 필요하다고 주장하는 데 그치고 있다! 우리는 신뢰라는 개념을 통해 화폐의 발생 과정에 참여하는 개별 주체도 모르는 사이에 스스로 화폐를 발생시키는 모방 과정의 신비를 다루기 때문에 이것은 놀라운 일이 아니다. 이미 살펴본 바와 같이 모방 과정은 추상적이다. 그러나 모방 모델의 추상성을 지나치게 강조하면 신용화폐의 «자의성(arbitraire)»이 돈(argent)에 대한 욕망의 힘을 불러일으켜 지급 결제 시스템의 안정성과 지급 결제 제약 조건에 대한 수용을 위협할 수 있다.

지멜(1978)에게 신뢰의 토대는 화폐의 경제적 결정을 훨씬 넘어서는 것이다. 신용화폐에서 문제가 되는 것은 자유로운 화폐 질서에 대한 믿음이다. 화폐는 근대 문명의 상징, 즉 그 정신, 형태, 그리고 사상의 상징이다. 화폐 질서에는 도덕적 기반이 존재한다. 화폐 질서의 미덕은 자유로운 개인들로 구성된 경쟁 사회에서 발생하는 긴장, 좌절, 그리고 대립을 억제하는 능력에 있다. 결국 화폐 질서의 미덕은 자의적인 권력의 출현, 즉 화폐 규율을 장악하여 지대를 만들어 내고 궁극적으로는 자유주의 사회 그 자체를 파괴할 수 있는 금융적 힘의 분출을 막는 것이다.

화폐의 정당성에 대한 이러한 도덕적 관념은 19세기 마지막 수십 년 동안 독일 화폐 교리에 지대한 영향을 미친 오스트리아학파 전체가 공유하고 있다. 오스트리아학파 경제학자들에게 화폐는 경제의 중추이며, 그 정당성은 도덕성에 의해 내면화되어야 한다. 이것이 이 경제학자들이 화폐의 중립성 주장에 격렬하게 반대한 이유이다. 루트비히 폰 미제스(Ludwig von Mises)는 화폐 수량 이론을 이단으로 보았고, 프리드리히 하이에크(Friedrich Hayek)는 통화량의 변화가 상대가격을 변화시키지 않는다고 주장하는 것은 잘못된 것이라고 지적했다. 그럼에도 불구하고 이 경제학자들은 화폐에 대한 어떤 정치적 정당성도 인정하지 않았다. 오스트리아학파는 18세기 후반의 이마누엘 칸트(Emmanuel Kant)와 요한 고틀리프 피히테(Johann Gottlieb Fichte)로 거슬러 올라가는 게르만 철학 사상에 그 뿌리를 두고 있다. 오스트리아학파는 오늘날 독일 질서자유주의로 이어지고 있다. 이러한 철학적 흐름에서 한 사회를 결속시키는 가장 강력한 힘은 도덕 계율로 내면화된 힘이다. 이러한 도덕 계율은 개인의 믿음에 통합되고 역사 속에서 형성된 문화로, 통일된 국민의 상징으로 다시 활성화되기 때문에 화폐경제의 유대(紐帶)이다. 하이에크와 함께 화폐에 대한 이러한 도덕적 견해는 자유 은행 원칙, 즉 중앙은행 폐지를 주장하면서 공적 화폐 기관에 대한 급진적인 비판으로 이어졌다. 이러한 관점에서는 화폐의 정당성이 모두에게 받아들여질 때, 화폐적 위계는 폐지될 수 있다. 우월한 형태의 화폐는 반드시 필요하지만, 위계적으로 은행들보다 상위에 있으면서 은행들에게 준칙을 부과하는 중앙은행에 의해 관리될 필요는 없다. 은행이 도덕적이라면, 유동성 욕망의 과잉은 스스로 제어될 수 있다. 우리가 해야 할 일은 모두가 인정하는 우월한 형태의 유동성이 출현하도록 장려하는 것으로 충분하다. 물론 우월한 행태의 유동성은 바로 금이다. 흑자 은행의 적자 은행에 대한 태환 요구는 금으로 결제될 것이다. 하지만 이것으로 충분한가? 자유 은행 시스템은 실현 가능한가?

이런 관점에서 지멜은 자유 은행 시스템의 실현 가능성에 대해 회의적이었지만, 케인스와는 다른 의미에서 회의적이었다. 케인스는 20세기 시민으로서 자유로운 화폐 질서가 유동성을 통한 부의 무한한 축적을 목표로 하는 집중된 금융적 힘과 새로운 집단적 힘에 의한 사회적 목표의 추진력이라는 두 가지 유형의 절대적인 사회 세력의 등장과 양립할 수 있을지에 대해 의구심을 갖고 있었다. 케인스는 화폐 질서를 보호하려면 화폐만으로는 달성할 수 없고, 국가의 규제를 통해서 이루어진다고 생각했다.

지멜은 고전 시대 자본주의의 사람이었다. 그는 화폐의 보편화로 인해 기술 문명이 발전하는 것을 목도했다. 개인은 신용이라는 객관적인 제약에 점점 더 의존하는 반면, 개인의 주관적인 세계는 전통적인 장벽을 허물고 있다. 화폐적 추상화는 주관적인 것과 개별적인 것을 부정하기 때문에 가능하다. 화폐는 개인이 비인격적인 수단을 통해 자신의 목적을 실현할 수 있게 해 준다. 그러나 이는 욕망의 형성에 있어 개별적인 것과 보편적인 것, 가능성의 주관성과 제약의 객관성 사이에 돌이킬 수 없는 긴장을 야기하며, 여기서 지멜이 카를 멩거(Carl Menger) 및 오스트리아 학파와 공유했던 윤리적 신뢰라는 아주 매력적인 개념이 탄생하게 된다.

화폐가 자의적 콩방시옹으로 나타나지 않으려면, 그래서 변덕스럽고 당파적인 권력에 휘둘리기 쉬운 콩방시옹으로 되지 않으려면, 화폐 질서는 본질적으로 윤리적이어야 한다. 사회를 하나로 통합하는 것은 비용과 편익의 합리적인 계산을 훨씬 뛰어넘는 공유된 추론에 대한 접근을 제공하는 도덕적 판단이다. 도덕률의 수행 능력이란 무엇인가? 도덕률은 행위자들 간의 전략적 상호작용에서 비롯되는 끝없는 미러링 효과를 피하는 의무이다(나는 내가 행동할 것에 대해 당신이 생각하는 것을 내가 어떻게 생각하는가에 따라 행동한다). 이것이 작동하려면, 세 가지 조건이 충족되어야 한다. 첫째, 화폐 준칙에는 그것이 명시한 상황에서 취해야 하는 행동 지침에 대한 요구 사항이 포함되어야 한다. 둘째, 경제주체는 준칙에 명시된 상황 가운데 한 상황에 직면하고 있다는 것을 확인했을 때, 준칙을 따라야 한다는 강박감을 느껴야 한다. 셋째, 경제주체는 화폐 준칙을 따를 때 만족을 느끼고, 화폐 준칙을 따르지 않을 때 불만족을 느껴야 한다.

허버트 프랑켈(Herbert Frankel, 1977)은 신뢰의 기반에 대한 두 가지 견해, 즉 지멜로부터 유래한 윤리적 기반과 케인스로부터 유래한 정치적 기반을 조화시키려고 시도했다. 현대 저자로서 프랑켈은 사회변동의 운영자로서 금융 구조의 가공할 전환에 관심을 집중하였다. 부채의 일반화된 증가는 억제할 수 없는 것처럼 보이며, 공공 재정이 압도적인 중요성을 갖게 되었다. 이것은 중요한 문제를 제기한다. 중앙은행의 궁극적인 화폐 창출을 통해 공공 부채를 무한히 늘려 자금을 끝없이 조달할 수 있는가? 민간 부채와 공공 부채의 결제에 적용되는 원칙이 따로 존재하는가? 따라서 정치적 차원은 피할 수 없는 문제이다. 우리는 개인과 국가 간의 관계에서 상호작용하는 화폐의 도덕적 차원과 국가적 차원을 연관시킬 수 있다. 이를 위해 동원해야 하는 것이 바로 주권 개념이다.

공동 저작인 『주권 화폐』에서, 우리는 화폐에 대한 신뢰의 문제를 세 가지 위계화된 형태로 구조화하였다(Aglietta et Orléan [ed.], 1982). 가장 높은 수준의 형태는 **윤리적 신뢰**(*confiance éthique*)이다. 윤리적 신뢰는 화폐 질서를 일련의 시민의 권리와 의무로 만든다. 윤리적 신뢰는 또한 지급 결제 시스템의 무결성을 책임지는 공적 기관에 대한 **위계적 신뢰**(*confiance hiérarchique*)가 확립되는 민주적 주권을 나타낸다. 위계적 신뢰는 개인행동에서 화폐 준칙 준수의 중요성을 확고히 한다. 준칙 준수로 인한 조정의 단순화는 일상의 신용 관계의 뒤얽힘에서 발생하는 약속이 관리되는 **방법적 신뢰**(*confiance methodique*) 또는 일상적 신뢰(*confiance routinière*)에서 나타난다. 방법적 신뢰는 반복에 기초한다.

그러나 이러한 신뢰 형태 사이의 위계 구조를 제대로 이해하려면 부채의 개념에 대해 더 깊이 파고들어 주권과의 깊은 연관성을 파악해야 한다.

제2장 _ 부채의 논리와 주권의 형태들

우리는 1장에서 화폐는 개인과 집단 간의 관계이고, 모든 화폐는 일종의 부채라는 것을 알 수 있었다. 이것은 모든 부채가 동질적인 특성을 갖는 것은 아니라는 것을 의미한다. 1장에서 우리는 준칙 시스템으로서 화폐를 분석하면서, 지급 결제의 수평적 차원이 어떻게 사적 부채를 결제할 수 있는지 살펴보았다. 그러나 우리는 화폐에 대한 신뢰를 정의하려고 할 때, 윤리적 신뢰의 관점에서 식별한 «사회 전체»에 속하는 수직적 차원을 은폐할 수 없다는 것도 알 수 있었다. «화폐가 사회 전체를 표상한다»는 주장은 부채의 어떤 논리에 해당하는가? 2007년 한 공동 저작 서문에서 브뤼노 테레(Bruno Théret, 2007)는 1998년 『주권 화폐』에서 제시된 명제, 즉 한 사회의 구성원과 주권적 힘으로 간주되는 해당 사회 전체의 관계를 정의하는 **삶의 부채**(dette de vie)라는 명제를 재검토했다. 이러한 입장이 일부 인류학자들로부터 신랄한 비판을 받았다는 점에서, 이 가설이 화폐 이론에서 얼마나 필수적인지 재확인하는 것은 중요하다.[1]

---

1. 예를 들어 A. Caillé(2002), p. 242-254.

1. 수직적 부채: 삶의 부채, 출계의 부채, 사회적 부채

삶의 부채는 시간의 흐름 속에서 새겨진다. 국가가 없는 신분 사회에서 삶의 부채는 출계(filiation)[2]의 부채(혈통을 통해 전달되는 부채)이고, 개인의 법적 평등을 가정하는 국가가 있는 사회에서 삶의 부채는 시민권의 부채이다. 어느 경우든 삶의 부채는 집단의 속성에 대응되는 것으로, 주권에 대한 «사회 전체»의 부채이다. 개인의 수준에서 삶의 부채는 태어날 때부터 존재한다. 삶의 부채는 공동의 세습재산을 대가로 주권자와 관계를 맺는다. 공동의 세습재산이 없으면, 사회에서의 삶은 그야말로 불가능하게 된다. 따라서 삶의 부채는 세대 간 출계를 통해 유산으로 이전된다. 삶의 부채는 한 방향으로만 이동하기 때문에 양도할 수 없다. 삶의 부채를 물려 준 세대에게 이 부채를 갚는 것은 불가능하다. 어느 경우든 사회의 (물질적, 문화적, 인지적) 부는 과거 세대로부터 물려받은 현 세대가 삶의 부채를 인정함으로써 유지되고 축적되며, 다음 세대로 이전된다.

삶의 부채는 그 상대방이 사회의 영속성에 대한 신뢰를 낳는 단일 방향의 사회적 시간을 생산하는 세대 간 집단이기 때문에 양도할 수 없다. 삶의 부채는 개인의 일생 동안 신에게 제사를 드리는 것, 조상에게 제물을 바치는 것, 국가에 세금을 내는 것, 가족의 형태에서는 유산으로 또는 사회화된 형태에서는 연금으로 다음 세대에 부를 이전하는 것과 같이 주권의 유형에 따라 달라지는 형태로만 인정될 수 있다. 따라서 수직적 부채는 시간의 경과에 따른 사회의 영속성과 관련이 있다.

삶의 부채는 양도할 수 없는 그 본성 때문에 화폐와 주권 사이의 관

---

2. 출계란 부모와 자식 간의 관계 또는 조상과 자손 간의 관계를 추적하여 혈통을 따지고 개인을 그 혈통에 따라 형성된 친족 집단의 일원으로 귀속시키는 것을 말한다. 혈족은 부모와 자식 간의 관계와 형제자매의 관계를 포함하여 혈연관계를 맺고 있는 사람을 가리키며, 혼인에 의해 나와 관련된 사람을 말한다. 친족이란 혈연관계와 인척 관계에 의해 결합된 하나의 사회집단이다: 옮긴이.

계를 매개한다. 삶의 부채는 죽음이라는 절대 주권자에게 충성을 맹세하기 때문에 적절하게 명명되었다고 할 수 있다. 모든 인간 존재(être humains)는 죽음을 최고의 권력으로 인정하기 때문에, 죽음은 삶의 부채에 대한 절대적 채권자이다. 정치적 주권자는 그 구성원의 죽어야 할 운명에 직면하여 사회의 불멸을 대표하는 존재이다.

수직적 부채는 대갚음(réciprocité)을 기반으로 하는 수평적 부채와 대비되는 개념이다. 수평적 부채는 양도할 수 있기 때문에 증여와 맞-증여의 형태로 또는 지급 결제 시스템을 통해 상품의 형태로 사회 내부의 제3자에게 이전할 수 있다. 교환의 구별은 양도할 수 있는 것과 양도할 수 없는 것 간의 대비보다 덜 근본적이다. 더욱이 증여와 맞-증여는 언제나 흥정(marchandage)으로 전환될 가능성이 있다.

삶의 부채는 윤리적 신뢰의 상징적 원천을 더 잘 이해할 수 있게 해 준다. «사회 전체»는 개인이 삶의 조건을 유지할 수 있도록 보호하고 사회를 영속시키는 생산적 힘을 발휘하는 관계들의 시스템이다. 계약 관계인 수평적 부채와 달리, 삶의 부채는 죽음에 대비되는 개념으로 고안된 일종의 협약으로, 주권적 권위(authorité souveraine)의 토대이다. 이러한 협약은 역사를 초월한다. 이 협약은 삶의 부채의 상환을 명령할 권한을 가진 정치 또는 종교 기관의 권력을 종속시키고 정당화하는 권위로 간주된다. 이것은 근본적인 문제이다. 죽음의 신(Mort)과 신성한 것(Sacré) 사이의 관계에 대한 믿음이 깨진 소위 현대의 세속 사회에서도 주권은 여전히 그것이 정당화하는 공공 제도보다 우위에 있다. 앞으로 살펴보겠지만, 주권은 국가를 정당화하는 헌법 질서의 형태를 취한다. 개인은 주권자가 신이든, 화폐든, 국가든 관계없이 상징의 형태로 주권자와 이러한 관계를 경험한다. 이것은 화폐 질서에 대한 우리의 이해에 매우 중요한 결과를 낳는다. 화폐는 주권으로부터 나오기 때문에 국가의 창조물이 아니다. 하지만 화폐는 국가와 긴밀한 유기적 관계를 맺고 있다.

윤리적 신뢰의 원천인 상징은 합리적 기준을 따르지 않는다. 이러한 측면에서 상징은 언어의 기표와 대비된다. 상징은 감정적으로 충만한 이미지의 발원지(發源地)로, 개인과 비교하여 집단의 이타성(alterité)을 입증하기 위해 지속적으로 재구성되어야 하는 유비(類比)의 장이며, 은유적 대체의 장이다. 그래서 우리는 화폐의 양가성에 대한 보다 깊은 통찰력을 얻을 수 있다. 지급 결제 시스템의 수평적 차원에서 화폐 제약은 등가의 형식논리를 필요로 한다. 반면 《사회 전체》와의 관계가 절대적 유동성의 형태를 취하는 수직적 차원에서 필요한 것은 상징의 유추적 논리이다. 절대적 유동성을 축적할 때, 우리는 집단의 일부를 소유한다는 감정을 상징적으로 느낀다. 터무니없이 과도하게 절대적 유동성을 추구하는 논리는 정치 기관과 종교 기관이 제작하여 거행하는 의례를 통해 주권과 일정한 거리를 둘 때에만 통제할 수 있다. 유동성에 대한 절대적 욕망과 비교하여 화폐 교리라고도 하는 화폐 의식(儀式)은 억압(refoulement)의 원칙으로 작동한다. 그러나 앞으로 보게 되겠지만, 위기가 닥치면 화폐 의식의 약화는 억압되었던 모든 것을 표면으로 되돌려 놓는다. 원초적 장면(scène originelle)의 모방적 추구, 절대적 부에 대한 광적인 추구가 재연(再演)된다.

2. 자본주의와 경제 이론에서 수직적 부채

현대 경제 이론에서는 수직적 부채의 문제를 어떻게 취급하고 있는가? 대부분의 모델에서는 수직적 부채의 문제를 전혀 다루지 않는다. 단순히 개인은 죽지 않고 무한히 산다고 가정한다! 삶의 부채는 필멸과 불멸의 대립에서 유래한 것이기 때문에, 개인은 죽지 않고 영원히 산다고 가정하면 수직적 부채의 문제는 제거된다. 죽지 않는 개인은 무한으로 계약을 맺을 수 있다. 따라서 수평적 부채만이 존재한다. 집단의 축소 불가능성을 묵과할 수 있다. 다시 말해서, 암묵적인 계약의 난마(亂麻)에서 집단의 축소 불가능성을 해소할 수 있다. 경제정책의 효과를 다루기 위해 가장 일반적으로 사용되는 모델은 오로지 대표적인 개인, 합리적 기대, 그리고 무한의 시간을 가진 모델이다. 다양한 실증적 응용에서 이 모델에 현실적인 모습을 부여하기 위해 어떤 이론적 정당화도 없이 집단의 메아리를 《마찰》이라는 이름으로 해소해 버린다. 이러한 모델은 집단이 존재하지 않는다는 기본적인 가정 위에 구축되었기 때문에 우리는 개념적으로 불합리한 혼합물에 이르게 된다. 이것이 바로 순수 경제 이론가들이 거시경제학의 미시경제학적 기초라고 부르는 것이다. 미시경제학에는 개인 이외에 다른 어떤 주권도 존재하지 않는다. 이 모델이 금융 위기와 서구 경제에서 장기간 지속된 금융 위기의 파급 영향을 예측할 수 없었을 뿐만 아니라 분석조차 할 수 없었다는 것은 놀라운 일이 아니다.

더욱 흥미로운 것은 소위 중첩 세대 모델이다. 이 모델은 개인이 죽는다는 것을 인식하고 세대 사이의 경제적 관계를 분석한다. 활동 세대가 은퇴 세대에게 진 빚을 상환할 때쯤이면 은퇴 세대는 생존해 있지 않기 때문에 이 부채를 결코 상환할 수 없다. 따라서 연속되는 세대 간 사적 채권으로는 저축을 이전하는 것이 불가능하다. 사적 금융 관계의 단절로 인해 세대 사이의 상호 연결이 이루어지지 않는다. 따라서 결함이 있는 계약 관계를 보완하기 위해서는 비계약적 실체가 반드시 필요하다. 이에 대한 《기술적》 해결책은 유동성이다. 젊은 세대는 현재 소비를 위한 생산물 이외의 잉여생산물을 화폐를 받고 판매한다. 젊은 세대가 은퇴 세대가 되었을 때, 이 화폐를 가지고 자신이 필요한 재화를 구입한다. 따라서 화폐는 사회의 불멸을 보장하는 세대 간의 관계이다. 그러나 사회가 개인보다 앞서 존재하고, 따라서 계약을 맺을 수 있는 개인의 기회보다 앞서 존재한다는 가설을 거부하는 계약에만 기초한 경제에서, 이러한 만장일치, 따라서 비계약적인 인정의 본질은 무엇인가? 한 세대가 화폐를 수용한다고 할지라도, 장래 세대가 이 화폐를 수용할 것이라고 얼마나 확신할 수 있는가? 활동 세대가 은퇴 세대가 되었을 때, 다음 세대가 이 화폐를 수용하지 않을 것이라고 예상한다면, 세대 사이에 자급자족경제가 형성될 것이다.

모든 세대가 빚을 지는 주권적 권위가 존재한다면, 상황은 동일하지 않다. 사회가 지속될 수 있도록 공적 서비스를 제공하는 이러한 권위를 국가라고 부르기로 하자. 성인 개인은 화폐로 세금을 납부하는 형태로 이 부채를 상환한다. 그래서 모든 세대의 화폐 수용이 보장된다. 하지만 극단적 자유주의 이론가들은 집단을 전제하는 이러한 해결책을 거부한다. 그러면 한 가지 가능성만이 남게 된다. 즉, 세대 간에 화폐가 항상 받아들여질 것이라는 무한한 믿음의 사슬이 존재한다는 것을 인정하는 것이다. 그러나 이러한 믿음의 사슬에 대한 인정은 계약적인 것과 전혀 관계가 없다. 믿음의 사슬은 자유주의적 사고로는 용납할 수 없는 상품 사회 전체이다.

따라서 중첩 세대 모델은 이러한 단계를 밟는 것을 거부한다. 중첩 세대 모델은 기술적인 해결책이 있다고 주장한다. 화폐에 대한 무한의 시간에 걸친 수용은 믿음의 자기-실현에 의해 정당화되는 균형이다. 다시 한 번 자기-준거의 논리가 호출된다. 화폐에 대한 욕망은 개인보다 위계적으로 우월한 사회적 실체에 대한 준거 없이 만장일치로 공유된다. 화폐는 수용되기 때문에 수용된다! 이와 관련된 시간은 반사적인(réflexif) 속성을 가진 반사실적 시간이다. «내일 교환에서 화폐가 수용될 것이라는 것을 알고 있다면, 오늘 화폐를 수용하는 것이 나에게 이익이 된다.» 모든 것이 괜찮아 보인다. 하지만 화폐의 수용이 스스로 인정하는 것이라면, 화폐에 대한 거부도 마찬가지로 스스로 거부하는 것이다. 비화폐적 균형도 마찬가지로 가능하다. 단순히 자기-준거적 논리의 존재를 주장하는 것만으로는 화폐가 없는 균형보다 화폐적 균형이 실현될 수 있는 이유에 대해 말해 주지 않는다. 실제로 자기-준거의 논리는 장-피에르 뒤피(Jean-Pierre Duppy)가 자기-초월이라고 부르는 핵심을 간과하고 있다. 중첩 세대 모델의 화폐적 균형인 «해(解)»에서 화폐는 t_0 시점에 외부에서 투하되어 불쑥 나타나야 한다. 화폐가 가치의 기초인 집단적 귀속의 제도라는 사실을 받아들이기를 거부한다면 이것은 참으로 터무니없는 가설이다.

그러나 이러한 결함에도 불구하고 중첩 세대 모델에는 화폐와 죽음과의 관계인 기본적 현실이 은연중에 반영되어 있다. 개인은 죽기 때문에 화폐는 필수적이다. 죽음은 인간 주체와 사회 사이에 거리를 설정한다. 이러한 일정한 거리는 개인보다 집단의 우위를 주장하는 가치 위계의 토대이다. 반면 중첩 세대 모델은 죽음을 단순히 기술적 제약의 형태로 대수롭지 않게 취급하는 데 그치고 있다. 개인들은 죽기 때문에 그들의 상상에서조차 시장에 동시에 존재할 수 없다. 중첩 세대 모델은 화폐에 대한 순전히 도구적인 접근으로 귀결된다. 따라서 중첩 세대 모델은 자연주의적 가치 이론에 아무런 새로운 기여도 하지 않는다. 이 모델은 전적으로 사회의 다른 분야로부터 경제를 완전히 자율화하려는 규범적인 프로젝트 내에 머물러 있다.

경제에 대한 이론 모델을 제쳐두고 우리의 경제를 이해하는 데 있어 훨씬 더 중요한 문제인 이른바 태고(archaïques)[3] 사회와 비교하여 자본주의의 근대성에 주목해 보자. 태고 사회에서 제물, 희생 제의, 사회-우주적 순환을 나타내는 의식은 삶을 지속시키는 집단적 힘의 증거이다. 살아 있는 사람들은 신과 조상, 즉 주권적 힘에게 자신들의 삶을 지속할 수 있게 해 주는 집단적 조건에 대해 대가를 지불해야 할 의무가 있다. 그러나 일련의 상환으로는 주권을 구성하고 사회적 관계를 공고히 하는 원초적 부채를 결코 완전히 갚지는 못한다. 인간과 초인(간)(suprahumain) 사이의 가치의 위계는 사회에 존재 기반을 제공하고 사회 통합을 유지한다.

---

3. archaïques은 '원시의 모습을 간직한'이 보다 적합한 표현으로 생각되나 여기에서는 '태고'로 번역하였다: 옮긴이.

이러한 초월에 기초한 질서와 비교하여 자본주의는 가치의 역전을 야기한다. 우리는 삶의 부채가 계속해서 화폐에 대한 개념화의 토대가 된다고 생각하지만, 근대성은 삶의 부채를 인정하지 않는다. 집단에 대한 부채 원칙의 통일성은 경제적 성격의 사적 부채와 정치적 성격의 사회적 부채로 분리된다. 사회적 부채는 더 이상 사회의 주권적 힘에 대한 살아 있는 사람들의 부채로 보이지 않고, 반대로 권리의 주체인 개인에 대한 국가의 부채인 것처럼 보인다. 개인은 사회적 권리의 담지자이고, 따라서 국가에 대한 채권자이다.

　이러한 변화의 이유는 가치의 위계에서 수 세기에 걸친 혁명 때문이다. 전통 사회에서 총체성은 그 사회의 재생산 원칙 안에 존재한다. 전통 사회에서 우선하는 가치는 집단이고, 개인은 집단에 종속되어 있다. 현대 사회에서 궁극적인 가치는 법적 실체로서 인격체(personne humaine)이다. 그러나 궁극적인 가치의 기반이 되는 권위, 즉 인간 존재라는 보편적 공동체에는 그 정당성을 인정하는 주권적 기관(institution souveraine)이 존재하지 않는다. 그럼에도 불구하고 이러한 권위는 국가라는 영토 공간에 정치권력의 형태로 존재한다. 헌법 질서 속에서 정치권력의 정당성을 확립하는 것은 인격체의 존엄과 행복이라는 더 높은 가치이다. 그러나 사적 부채가 유통되는 공간과 사회적 부채를 표상하는 권리가 인정되는 공간은 서로 일치하지 않는다.

　현대 화폐는 경제 논리와 정치 논리가 교차하는 지점에서 주요 매개체 역할을 한다. 현대 화폐는 지급 결제 시스템에서 사적 행위자의 내기(paris)에 대한 사회의 판단을 확인한다. 현대 화폐는 또한 사회에 대한 소속의 한 형태로서 시민권의 정치적 가치라는 성격을 지닌 이전(移轉)과 과세의 매개체이다. 이 두 논리의 분리는 충돌을 일으켜 화폐 기관에 특별한 지위를 부여한다. 한편으로 이 화폐 기관은 정치적 권위와 결합되어 있지만, 정치적 권위와 병합되지는 않는다. 다른 한편으로 이 화폐 기관은 유동성 욕망을 제어하기 위해 민간 금융과 위계적 거리를 설정해야 한다. 이러한 특별한 지위는 중앙은행의 독립성이라는 지위를 통해 법적으로 인정되었다. 그러나 법적 지위는 결코 정당성을 확고하게 하지 않는다. 중첩 세대 모델의 답변, 즉 균형이라는 답변은 현실적인 정합성이 떨어진다. 여기에서 우리는 윤리적 신뢰의 필요성과 그 상징적 근원을 다시 발견한다. 윤리적 신뢰의 상징적 근원은 사회 구성원들과 «사회 전체» 간에 불투명함(opacité)을 만들어 내는 미덕을 갖고 있다. 이러한 불투명성은 유동성에 대한 욕망이 야기하는 자기-준거의 파괴적 힘을 막을 수 있는 유일한 전략으로 집단과 거리를 두도록 한다. 케인스의 천재성은 화폐의 양가성에서 정치적 교훈을 이끌어 냈다는 것이다.

3. 인류학 논쟁에서 삶의 부채

정치철학으로의 외도(外道)는 집단에 대한 개인의 관계에 의미를 부여하는 삶의 부채라는 개념을 제공했다. 우리가 내린 핵심적인 결론을 상기해 보자. 삶의 부채는 양도할 수 없는 그 본성 때문에 화폐와 주권 사이의 관계를 매개하는 역할을 한다. **주권자는 사회 불멸의 대표자이다.** 모든 인간 존재는 죽음을 최고의 권력으로 인식하기 때문에 주권자는 삶의 부채에 대한 절대적 채권자이다. 상품 세계에서 주권자에 대한 삶의 부채(수직적 부채)는 등가 시스템에 포함된 사적 부채와 구별되는 동시에 대비되는 개념이다. 화폐는 삶의 부채와 사적 부채라는 두 종류의 부채를 매개하는 역할을 하는 제도이다.

인류학에서 삶의 부채의 본성에 대한 논쟁은 활발하고 심지어 격렬하기까지 했다. 마르셀 모스(Marcel Mauss, 1973)의 «『증여론』»에 대한 근본적인 독해를 통해 알랭 카이에(Alain Caillé)가 삶의 부채에 대해 신랄한 비판을 하게 된 이유는 무엇인가? 그 이유는 클로드 레비스트로스

(Claude Lévi-Strauss, 1947)가 친족 관계의 기본 구조에 관한 유명한 연구에서 40년 동안 행사한 압도적인 영향력 때문이었다. 레비스트로스는 근친상간 금지를 인류의 기본 규범으로 설정함으로써 결혼 동맹을 통한 여성의 교환을 사회의 구조를 결정하는 관계로 삼았다. 레비스트로스에게 여성의 교환은 증여와 맞-증여라는 보편적 원칙이 유래하는 논리적으로 가장 중요한 관계이다. 그의 결혼 동맹론은 수평적 부채와 대비되는 수직적 부채를 가진 출계론과 완전히 상반되는 이론이다. 아네트 와이너(Annette Weiner, 1992)는 사회적 관계가 만들어 내는 부채의 이중성을 재정립했다.

민족지학의 연구에 따르면, 알려진 모든 인간 사회는 양도할 수 있는 재화와 양도할 수 없는 재화를 구분한다. 양도할 수 있는 재화는 교환의 대상이고, 양도할 수 없는 재화는 세대 사이의 이전의 대상이다.[4] 아네트 와이너는 모스 자신이 두 가지 유형의 재화를 구분했다고 강조했다. 일부 재화는 증여와 맞-증여, 즉 주고, 받고, 답례하는 의무의 매개체였다. 다른 재화는 모든 교환관계로부터 벗어나 있었다. 마르셀 모스는 교환에만 관심이 있었기 때문에 이러한 구분을 더 이상 명확히 하지 않았다.

아네트 와이너가 관찰한 멜라네시아 사회의 맥락에서 보면 이러한 양도할 수 없는 재화는 종족(lignée)을 벗어나지 않는다. 양도할 수 없는 재화는 출계 집단에게 정체성, 조상, 세습재산 등을 제공한다. 양도할 수 있는 재화는 유통된다. 양도할 수 없는 재화는 수직적 재화로서 대대로 이어져 내려오는 친족(parenté)의 사회적 관계를 구성하는 반면, 양도할 수 있는 재화(결혼 교환에서 여성을 포함)는 교환관계의 수평 축에 위치한다. 교환과 연속성을 확인하는 관계는 개인들이 살아가는 사회적 관계를 형성한다. 이와 관련한 최근 연구에서 아네트 와이너는 19세기 말 루이스 헨리 모건(Lewis Henry Morgan)이 수행한 친족 관계에 관한 인류학적 연

---

4. 이 인류학적 논쟁에 대해서는 Jean-Pierre Warnier(2009)를 참조하라.

구의 기원으로 되돌아갔다(Trautman, 1987). 이것은 출계와 결혼 동맹이 사회적 관계의 일부임을 의미한다. 각 개인은 자신과 출계 관계로 맺어진 사람들에게 삶의 부채를 지게 된다. 삶의 부채는 수직적 부채로, 주체가 집단에 진 빚이다. 만약 이 집단이 주권에 의해 통합된 더 큰 사회구조에 편입된다면, **주권자에게 삶의 부채를 빚지게 된다.** 삶의 부채는 문화적, 사회적 세습재산에 대한 대응물로, 주체들의 출생 시 항상 이미 존재한다. 어떤 사회도 그 안에 새겨진 개인의 삶의 성취를 통해 유지하고 발전시켜야 하는 이러한 세습재산에 기초하지 않고는 지속될 수 없다. 삶의 부채 또는 출계의 부채는 한 방향으로만 이동하고 양도할 수 없는 재화이기 때문에 결코 상환할 수 없다. 삶의 부채는 해당 사회 고유의 신성한 의례를 통해서만 상환할 수 있으며 다음 세대로 양도된다. 따라서 시간의 화살을 구성하는 것이 삶의 부채이다. 삶의 부채는 사회-우주적 순환에서 태고 사회, 즉 국가가 없는 사회를 망라한다. 출계에 의해 새겨진 삶의 부채에 의해 이러한 사회와 별도의 정치적 힘에 주권을 집중시키는 사회들이 구별된다.

이제 두 가지 교환 논리, 즉 증여와 맞-증여의 논리와 상품 등가의 논리를 비교할 차례이다. 스테판 브레통(Stéphane Breton)에 따르면, 증여와 맞-증여는 조합(주의)적 급부(prestations corporatives)의 한 형태이다(Breton, 2002). 증여와 맞-증여의 논리에서 화폐는 지위에 따라 사회적 가치를 형성한다. 화폐가 바로 사회적 관계의 기호이다. 그러나 기의적 행위는 그 특성의 다중성을 제거하지 않는다. 오히려 기의적 행위는 사람들의 사회적 속성을 지니고 있다. 맹목적 숭배(fétichisme)는 상징의 실체(hypostase)에 내재되어 있다. 사회적 관계가 인물의 위신 뒤에 은폐되어 있을 때, 화폐는 개인의 신비로운 형태를 취한다. 증여와 맞-증여는 증여하는 인물의 명성 뒤에 가려져 있다. 이로부터 부채는 개인 간에 자유롭게 합의된 관계가 아님을 알 수 있다. 오히려 부채는 존재론적이며, 증여하는 의무의 구성 요소이다.

오늘날 지배적인 논리이기도 한 두 번째 논리는 1장에서 상세히 설명한 등가의 논리이다. 화폐는 등가에 의해 사회적 가치를 확립한다. 등가 교환은 사회적 행위가 공통의 측정 기준에 의해 평가의 대상이 되는 통분 가능한 동질적인 공간의 존재를 전제로 한다. 이러한 동질화 과정은 마르크스가 폭로한 물신숭배의 기원을 이루는 것으로 사회적 관계가 사물 간의 관계의 형태를 취한다.

4. 윤리적 신뢰의 우선성과 화폐의 정당성

1장의 마지막 부분에서 우리는 상품 사회에 존재하는 신뢰의 위계적으로 조직된 세 가지 형태를 정의했다. 첫 번째 형태는 사적 부채 계약의 상호성에 대한 방법적 또는 반복적 신뢰이고, 두 번째 형태는 화폐를 발행하는 기관(오늘날 중앙은행)의 권위에 대한 위계적 신뢰이고, 세 번째 형태는 시민의 관점에서 화폐 질서 전체의 응집력을 주장하는 윤리적 신뢰이다. 반면 시장의 자기-준거가 약화되면서 사회적 힘의 응집력이 상실되는 것을 막스 베버는 «세계의 탈주술화»라는 주제로 잘 이해하고 있었다. 유동성에 대한 개인적 욕구의 분출과 밀접하게 관련된 화폐의 도구화에 맞서기 위해서는 화폐가 국가화 됨에 따라 화폐에 부여되는 국가의 정치적 자율성이라는 현대의 집단적 가치가 효과적일 수 있다.

지급 결제 시스템에서 위계적 신뢰는 은행 부채의 결제와 관련된 중앙은행의 우월한 지위에 기반을 두고 있다. 상업은행은 연쇄적인 미결제 리스크로부터 지급 결제 시스템을 보호하기 위한 중앙은행의 보증을 통해 집단적으로 편익을 누리기 때문에 중앙은행의 하위에 위치하고 있다. 이것이 이른바 최종 대부자 기능의 기원이다. 이 기능은 다른 경제의 행위자들보다 은행이 상대적으로 혜택을 받는 공적 보험이라고 할 수 있다. 그 대가로 은행은 고객의 개인예금을 법정 최고 한도까지 보장할 의무가 있다. 이러한 방식으로 위계적 신뢰는 방법적 신뢰를 보완하고, 금융 긴장 국면에서는 방법적 신뢰를 대체한다.

사적 부채의 장부에서 방법적 신뢰의 본질적인 차원은 이것이 안전성을 제공한다는 것이다. 방법적 신뢰는 교환을 성공적으로 마무리하여 사적 부채를 결제하는 행위의 반복에서 나온다. 이러한 형태의 신뢰는 동일한 거래 상대방 간의 반복적인 상거래 관계로 형성된 시장 관행에 내재되어 있다. 방법적 신뢰는 약속의 존중, 취약한 상황에서 손실 분담과 집단적 지원을 촉진하는 공동체 의식, 리스크 노출을 제한하는 규제의 수용(포지션 한도와 마진 콜) 등과 같은 다양한 양식으로 운영된다. 요컨대 이 모든 것들은 최대한의 투명성과 완전한 경쟁이라는 자유주의적 억견과 반대된다. 이러한 모든 관행은 동일한 논리에 기반을 두고 있다. 즉, 준칙을 발표하는 권위의 존재를 은폐하는 객관화된 준칙에 대한 신뢰이다. 준칙의 객관화는 준칙을 일정한 거리의 안전한 곳에 두고, 그것이 자연스러운 현실이라고 인식하도록 한다. 따라서 방법적 신뢰는 거래의 규칙성을 기반으로 하며, 안전하다고 간주할 수 있는 행위와 관계의 반복에서 비롯되는 《탈불신(déméfiance)》이라는 새로운 용어로 규정할 수 있다. 실제로 이러한 신뢰의 수준은 순전히 절차적이다. 이것은 타인에 대한 어떤 도덕적 태도도 전달하지 않는다.

현대사회에서는 인격체의 존엄과 행복이 우선하는 도덕적 가치로 권장된다. 이러한 인권에 대한 주장은 좋든 나쁘든 시장경제의 자율화와 함께 발전해 왔다. 시장 논리에서 인격체는 어떤 존재론적 기반도 없기 때문이다. 인격체는 끊임없이 연기된 미래의 행복을 추구하는 미래의 투영물로 여겨진다. 사회의 탈주술화는 여기에서 비롯된다. 행복의 추구는 개인의 이성에 내면화되어야 하는 의무이므로 윤리적 태도이다. 그러나 주체를 해방시키려는 프로젝트는 미래의 불확실성으로 인해 위협을 받고 있으며, 이는 유동성에 대한 광적인 추구를 통해 자기-준거의 맹종을 유발한다. 인간의 생명을 최고의 가치로 여기는 윤리적 신뢰는 죽음과의 싸움에서 우위를 주장함으로써 자기-준거의 공백을 피할 수 있다. 오늘날 불확실한 미래의 어느 시점에서 문명을 붕괴시킬 수 있는 기후변화의 위협은 향후 수십 년 동안 바닥을 향한 시장 경쟁을 저지할 수 있는 윤리적 자각의 매개체가 될 수 있다. 이러한 맹목적이고 말로 표현할 수 없는 지점에서 태고 사회와 현대사회가 서로 만나게 된다. 윤리적 신뢰를 더 깊이 이해하기 위해 화폐의 정당성과 주권의 형태 사이의 관계에 대해 살펴볼 차례가 되었다.

5. 주권 원칙과 화폐의 정당성

화폐와 관련된 주권의 표상에 신뢰의 개념화를 적용하려면 어떻게 해야 하는가? 주권은 역사적으로 다양한 형태를 취해 왔지만, «사회 전체» 내에서 주권자는 언제나 필멸과 불멸 사이의 완전히 분리된 공백에 위치해 있다. 주권의 형태에는 자연과 불가분의 관계에 있는 신성한 것, 조상, 신의 초월, 왕권신수설에 기초한 절대군주, 국민의 문화를 통합하는 조국의 상징체계, 국가의 헌법 질서와 같은 것들이 있다. 어떤 경우든 사회를 규제할 수 있는 권한을 가진 제도를 만들어 내는 것은 사회 구성원의 집합과 비교하여 사회(사회는 개인의 총합도 아니고 개인 간 관계의 시스템도 아니다)가 다르다는 것을 보여 준다. 화폐는 이 제도들 가운데 가장 두드러진 제도이다.

신성한 것의 논리에서 등가 논리로의 인간 사회의 대전환은 신성한 것과 점점 더 거리를 둠으로써 이루어진다(그림 2.1). 이 과정은 정치와 시민사회의 자율화를 의미한다. 자율화의 물질적 기반은 수메르 시대 이래로 도시의 건설이었고, 그것의 형식적인 표현은 문자와 수의 발명이

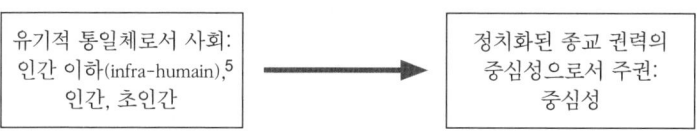

그림 2.1. 정치의 자율화

었다. 데이비드 그레이버(Daivd Graeber, 2012)에 따르면, 기원전 2500년 이후 메소포타미아에서 인구 집중 경향은 시장의 근간인 노예제도를 촉발시켰다. 시장은 처음부터 폭력을 발산했다. 노예제도는 궁극적인 폭력이다. 실제로 노예제도는 인간관계에서 모든 윤리를 제거한다. 마르크스가 보여 준 것처럼, 시장의 폭력에 대응하여 나중에 도입된 사회적 권리가 없었을 때 임금노동자는 노예와 크게 다르지 않았다. 자본가에게 노예제와 임노동제 간의 선택은 단지 비용과 이윤의 문제일 뿐이다. 게다가, 서구의 다국적기업들은 여전히 많은 개발도상국에서 노예제를 선택하고 있다. 강제 아동노동을 노예제 이외에 다른 이름으로 부를 수 있을까? 수메르 시대에 인구 집결과 도시화를 통한 정주화 경향은 전쟁을 목적으로 군사력을 집중시킨 국가의 발전을 촉진시켰다. 이것은 여성의 신체를 포함한 상품으로 거래할 수 있는 재화의 발달과 동시에 일어났다.

물론 이러한 상품 관행은 이미 필수 구성 요소가 정의되어 있는 순수 경제 이론에 부합하지 않는다. 순수 경제 이론은 상품 관행이나 상품 관행의 지나침과는 거리가 멀다. 오히려 상품 관행이나 상품 관행의 지나침은 화폐경제의 관점에서 아주 잘 해석된다. 윤리적으로 계몽된 국가의 힘만이 이러한 상품 관행의 지나침을 억제할 수 있다. 제2부에서 우리는 어떤 조건에서 민주주의가 이러한 윤리를 낳을 수 있는지 검토할 예정이다.

정치제도와 이것에서 나온 노동 분업을 통해 주권은 사회를 지배하는 별도의 권위가 된다. 중심의 단일자, 즉 주권은 사회 활동의 다양성과 대

---

5. 진화적 발달에서 인간 이하의 그룹: 옮긴이.

조를 이루지만 추상화라는 정치 논리를 통해 사회 활동을 다시 장악한다. 우리와 타인을 구분하기 위해 지역을 획정하고, 국경을 방어하고, 측정 기준을 설정하고, 주체를 식별하며, 확립된 계산 단위에 기초하여 대상을 계산하는 것이 필요하다. 그런 의미에서 등가의 논리는 정치적인 것에 내재되어 있다.

개인 사이에 이루어지던 조합(주의)적 급부는 사라지는 것이 아니라 그 성격이 변화한다. 조합(주의)적 급부는 국가의 «주체»에 대한 국가의 의무, 즉 사회보장 지출의 대가로 국가에 대한 납세의무(제국에서는 조공)의 형태를 취한다. 화폐는 사회적 부채에 내재된 지급 결제의 매개체이다. 부의 유통은 두 가지 서로 다른 움직임에 따라 진행된다. 하나는 주권 권력의 중심으로 향하는 운동이고, 다른 하나는 그 중심에서 멀어지는 운동이다. 이에 따라 사회적 분화 과정은 화폐로 평가되는 크기에 기초하여 계층화되는 형태를 취한다. 예를 들어, 고대 로마의 인구조사에서는 모든 것이 단일 기준으로 가치가 매겨졌고, 부에서 명성과 명예에 이르기까지 모든 것이 통분 가능하게 되어 교환할 수 있게 되었다. 지위는 단순화된 척도인 화폐 단위를 통해 집계된 부의 격차에 불과했다.[6]

모든 부는 유동성으로 태환할 수 있는 능력을 통해서만 가치가 있기 때문에, 화폐는 부의 중요한 식별자로 나타난다. 그러나 국민의 의지에 따라 사회에 권력을 행사하는 별도의 정치 질서가 존재할 때 무엇 때문에 화폐가 주권적이라고 선언할 수 있는가? 화폐의 역사적 궤적과 정치 레짐의 전환 간의 상호작용에 대해서는 제2부에서 다룰 것이다. 그러나 제1부를 마무리하기 위해서는 화폐에 대한 윤리적 신뢰의 의미를 조금 더 검토할 필요가 있다. 현대 민주주의 사회에서 화폐 질서와 정치 질서는 어떤 관계인가? 화폐에 대한 신뢰는 정치적으로 생산되는가?

우선 정치 논리와 화폐 논리 사이에는 일종의 상동성이 존재한다는

---

6. 이 부분에 대해서는 Jean Andreau(1998), p. 213-250을 참조하라.

그림 2.2 민주주의 사회에서 화폐에 대한 신뢰의 근원

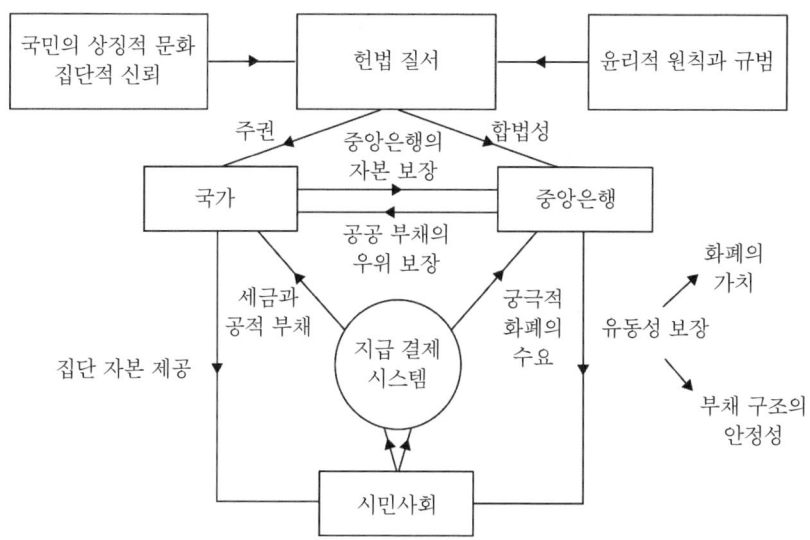

사실에 주목해 보자. 두 논리는 모두 기준을 정의하고 보장한다. 즉, 화폐 질서에는 가치 기준이 단일한 반면, 정치 질서에는 다양한 측정 기준이 존재한다. 두 논리는 사회에서 개인의 지위를 식별한다. 화폐 질서에서 개인의 지위는 부의 분배의 측면에서 식별된다. 정치 질서에서 개인의 지위는 학위의 체계화를 통한 지식의 측면에서 식별된다. 두 논리는 또한 주권의 공간을 한정한다. 주권의 공간은 동일한 상위의 유동성과 관련된 지급수단의 유통 공간이기도 하고, 합법적 폭력의 독점이 지배하는 영토 공간과 일치하기도 하며, 집단에 참여할 사람과 배제할 사람을 결정하는 시민권의 법적 공간이기도 하다.

보다 근본적으로, 화폐 질서와 정치 질서는 사회 통합이라는 동일한 목표를 공유한다. 화폐 질서에서 사회 통합은 상품 교환 주체가 화폐 준칙을 수용하는 것을 의미하고, 정치 질서에서 사회 통합은 시민이 법을 준수하는 것을 의미한다. 현대 세계에서 정도의 차이는 있지만 사회 통합은

화폐 기관과 정책 당국이 추구하는 안정, 공정 그리고 성장의 실현 정도에 따라 달라진다고 가정해 보자. 사회 통합을 달성하기 위해 화폐 기관과 정책 당국은 이 세 가지 목표를 포괄하는 주권이라는 공동의 원칙, 즉 헌법 질서 아래 함께 협력해야 한다. 이러한 관점에서 〈그림 2.2〉는 정치 질서와 화폐 질서 간의 관계가 어떻게 구성되어 있는지를 보여 준다.

헌법 질서는 동일한 공동체의 구성원들이 서로를 같은 국가의 시민으로 인정할 수 있도록 가치를 통합하고 공식화한다. 앞에서 보았던 것처럼, 헌법 질서는 이미지, 축하, 기념을 통해, 보다 일반화하자면 인간 경험의 구조(언어, 종교, 정치, 신화, 예술, 법, 정치 및 법 제도 등)를 통해 우리가 국민의 문화라고 부르는 귀속 방식을 구체화하는 상징에 기반을 두고 있다. 이러한 문화는 역사에 깊이 뿌리를 두고 있다. 헌법은 이러한 집단적 가치의 보고를 시민들이 (그것을) 제정한 국민의 구성원으로서 받아들이는 원칙과 규범으로 공식화한다. 이것이 바로 주권의 원칙이다.

헌법 질서는 공적인 힘으로서 국가의 권위와 주권에 관여하는 공공 기관으로서 중앙은행의 지위를 확립한다. 따라서 중앙은행의 부채는 합법적으로, 만장일치로 수용되는 우월한 유동성이 될 수 있다. 공권력 조직 내에서 중앙은행의 법적 독립이 보장되더라도 국가와 중앙은행 간의 관계는 주권이라는 공동의 원칙에 의존하기 때문에 유기적이다. 중앙은행의 임무는 국가가 책임지는 합목적성의 일부이다. 국가는 중앙은행의 자본을 보증하고, 중앙은행은 집단적 부의 대응물인 수직적 부채로서 공공 부채의 우위를 보장한다. 이것은 유동성에 집착하는 금융시장이 더 이상 다양한 유형의 부채에 대해 차별화된 평가를 할 수 없는 스트레스 상황에서 중앙은행이 합법적으로 공공 부채를 시장에서 회수할 수 있도록 한다. 국가는 주권의 **필요불가결한**(sine qua non) 부채를 화폐화 할 수 있는 궁극적인 능력을 갖고 있기 때문에, 파산하지 않는 주권 국가의 공공 부채는 채무불이행으로부터 안전하다.

결국 국가는 공공서비스를 생산하는 집단 자본을 제공하며 시간이 경과함에 따라 국가의 결속력을 책임지는 보증인이 된다. 공공 부채는 세금의 흐름을 통해 상환되며, 세금의 정당성은 공유재의 인정에 기반을 두고 있다. 파산하지 않는 국가에서 국가가 공유재를 생산하기 위해 빚을 지고, 이연된 세금을 통해 자금을 조달하기로 결정할 때 공공 부채는 세대 간 이전으로부터 발생한다.

공공 부채는 결제 잔액의 이월을 통해 궁극적인 유동성에 접근할 수 있는 가장 안전한 방법을 제공하기 때문에 지급 결제 시스템의 중심축이다. 따라서 화폐에 대한 신뢰의 형태는 매우 위계적이다. 윤리적 신뢰는 헌법 질서에 의해 부여된 중앙은행의 합법성으로부터 나온다. 지급 결제 시스템의 중심축인 위계적 신뢰는 국가와 중앙은행 간의 유기적 관계, 즉 안정, 공정 그리고 성장이라는 공통의 궁극목적을 가진 것으로 알려진 관계에 의해 강화된다. 금융에 대한 내부의 방법적 신뢰의 토대가 되는 것은 가정된 내재적 효율성이 아니라 이러한 제도적 기반이며, 이러한 제도적 기반만이 방법적 신뢰의 토대가 된다.

[상자 2.1] 화폐를 가르치다

화폐는 경제학자들에게조차 수수께끼이다. 최근 화폐에 관한 수많은 출판물을 보면 오늘날 경제학 교과서에서 사용하는 표준적인 정의로는 화폐의 복잡성을 모두 이해하는 데 충분하지 않다는 것을 보여 준다. 경제학 교과서의 정의에 따르면, 물물교환의 제약을 뛰어넘어 시장의 도약을 촉진시키기 위해 교환의 발전과 함께 화폐가 발명되었다. 그러나 우리는 역사 연구를 통해 화폐의 기원이 이보다 훨씬 더 거슬러 올라간다는 것을 알 수 있다. 화폐는 교환의 사회질서에 선행하며, 교환의 사회질서를 결정짓는다. 표준적인 접근은 화폐에 대한 순전히 경제학적인 관점을 지지하고 계산 단위, 교환의 매개, 그리고 가치 저장이라는 세 가지 기능으로 단순화한다. 그러나 화폐는 단순한 경제적 수단 이상의 것이다. 화폐에 관한 연구는 인문학이나 사회과학 등 다른 학문 분야의 연구를 통해 더욱 풍부해질 가치가 있다. 화폐에 관한 제도주의적 접근에서는 다음의 여덟 가지 사항을 바탕으로 경제학적 접근 방식을 넘어선다.

물물교환의 우화 및 물물교환 대 화폐 간의 대립 깨기

화폐는 물물교환의 문제를 극복하기 위해 고안된 인간의 발명품이 아니다. 화폐는 욕망의 이중적 일치의 문제를 극복하기 위한 단순한 교환의 매개체가 아니다. 화폐는 시장에 우선한다. 논리적으로 화폐는 시장보다 더 근본적인 사회적 관계로서 시장 관계 이전에 존재한다. «물물교환»이라는 단어는 의미론적 혼동으로 가득 차 있다. 물물교환이라는 단어의 가장 일반적인 사용은 상품 교환과는 아무런 관련이 없다. 물물교환이라는 단어는 상호부조, 즉 가족, 우정, 또는 이웃 관계로 연결된 서로 아는 사람들 간의 재화와 서비스의 상호 교환을 지칭하는 데 사용된다. 이는 상품경제 이론에서는 전혀 다루지 않는 일종의 비공식적인 증여 및 맞-증여이다. 그 정반대편에서, 우리는 서로의 필요와 욕망을 알지 못하고 물물교환만으로 모든 사람의 욕망을 충족시킬 수 있는 완전히 탈중앙화된 교환 시스템에 도달한 개인들의 사회인 물물교환 사회의 개념을 접하게 된다. 인류학자들은 그러한 사회는 결코 발견된 적이 없다고 말한다. … «물물교환»이라는 용어의 세 번째 의미는 화폐가 교환을 조정하는 방식으로 이미 존재하는 상품경제에서 사용되는 것이다. 여기에서 물물교환은 거래 수단이 공식 화폐도 아니고, 잘 정의된 준칙에 따라 공식 화폐로 교환할 수 있는 지급수단도 아닌 일종의 화폐적 교환이다. 현실에서 이러한 물물교환은 일부 우월한 결제 수단과의 공식적인 태환 관계에 의해 조정되지 않은 복수의 지급수단을 받아들이는 분절화 된 화폐 시스템에서의 교환과 관련이 있다.

화폐, «사회 전체»에 속하는 관계

화폐는 경제적 수단이기 이전에 사회적 관계이다. 화폐는 개인을 사회 전체와 지속적인 방식으로 연결하는 제도이다. 화폐는 개인과 집단 간의 관계를 설정한다. 화폐는 국가가 없는 사회에서 출계의 부채를 통해서든 국가가 있는 사회에서 시민권의 부채를 통해서든 사회의 모든 구성원이 «사회 전체»의 주권에 지고 있는 삶의 부채를 드러낸다.

증가하는 화폐 매체의 탈물질화

역사에서 화폐적인 것의 통일성은 화폐의 형태가 사회질서와 공동체에 속한다는 것을 의미하는 (그것의) 근본적인 성격은 변하지 않고 시간이 지남에 따라 비물질화 되는 과정에서 진화해 왔다는 것을 가르쳐 준다. 오랫동안 필수재와 장신구로 지원되던 전통 화폐와 우리가 고대 화폐(paléomonnaies)라고 부를 수 있는 것은 처음에는 주권자가 발행한 금속화폐로 대체되었고, 그다음에는 종이 화폐로 대체되었다. 종이 화폐 이후에는 은행의 계정에 기록되는 장부화폐가 등장했고, 그 다음에는 전자화폐와 가상 화폐가 출현했다. 이러한 중요한 화폐 혁신은 물질적 기반과의 단절이 확대되었음에도 불구하고 사용자 사이에서 신뢰를 불러일으키는 데 성공했다. 따라서 신뢰가 화폐적 과정의 중심에 자리하고 있다.

신뢰, 정당성 그리고 주권

제도로서 화폐는 화폐를 사용하는 사람들의 신뢰에 기초한다. 화폐는 사용자의 눈에는 정당한 것이어야 한다. 주권자 또는 국가는 세금 절차를 통해 화폐 사용을 부과(및 과세)하여 화폐의 제도적 확립에서 적극적인 역할을 할 수 있다. 주권 당국이 의무 납세를 하는 데 계산 단위 X만 사용할 수 있다고 선언함으로써 행위자에게 이 계산 단위를 획득하도록 의무화하여 계산 단위 X의 유통을 촉진시킨다.

따라서 하나의 계산 단위만 강제통용력을 갖는다는 사실은 존 메이너드 케인스가 1930년 『화폐론』의 첫 페이지에서 이를 예견한 바와 같이 화폐유통의 초석이 된다. 화폐는 언어와 같은 방식으로 작동한다. 화폐는 단일 계산 단위로 평가되고 불변의 측정 기준을 구현함으로써 가치와 부채를 통약 가능하게 만든다.

그러나 과세와 법적 과정의 폭력만으로는 충분하지 않다. 공식 계산 단위를 사용하여 세금이나 관세를 납부하도록 강제해도 경제주체들은 공식 계산 단위가 더 이상 정당하지 않다고 생각할 수 있다. 그러한 예는 경제주체들이 더 이상 국가화폐를 신뢰하지 못하여 다른 나라의 통화나 대안적인 화폐 기호를 선호하는 달러라이제이션이 발생하거나 초인플레이션 하에 있는 나라들에서 발견할 수 있다.

위계화된 세 가지 신뢰 형태

우리는 상품 사회에서 세 가지 위계화된 형태의 신뢰를 식별할 수 있다. 방법적 또는 반복적 신뢰는 적절한 조건에서 교환의 실현과 부채의 결제를 보장하는 행동이 시간의 경과에 따라 반복되는 것에 의존한다. 방법적 신뢰는 위계적 신뢰에 의해 보완된다. 위계적 신뢰는 은행 시스템의 안정성을 유지하고, 지급 결제 시스템의 지속성을 보장하는 중앙은행이나 화폐 당국의 능력을 의미한다. 마지막으로, 윤리적 신뢰는 주권 사회의 헌법적 화폐 질서에 근거한 가치와 원칙의 일관성이나 정당성에 관한 것이다. 이 세 가지 신뢰의 기둥 가운데 하나의 신뢰가 침식되면, 모든 체계가 와해될 수 있고, 심지어는 붕괴될 수 있다. 이것은 화폐 위기를 의미하며, 이는 종종 정치 위기로 이어진다.

헌법 질서

화폐에 대한 신뢰를 구축하는 것은 필수적이지만, 언제나 깨지기 쉽고, 복잡하다. 화폐에 대한 신뢰는 단순히 선언될 수 없다. 이를 이해하려면 화폐가 사회적 귀속 관계를 형성한다는 초기 가설로 돌아가야 한다. 이러한 관계는 개인들이 자신들을 통합하고 운명 공동체를 인도하는 가치, 원칙 및 규범을 보장할 주권 기관에 부여하는 신뢰를 기반으로 확립된다. 따라서 신뢰는 화폐적인 것의 본질적인 부분이다. 신뢰는 정치적, 헌법적 질서가 법의 힘을 가진 법적 형태를 제공하는 가치와 문화적 상징의 공동체에 그 뿌리를 두고 견고해진다. 보다 넓은 차원에서, 생산 시스템이 화폐가 반대급부로 제공되는 재화와 서비스를 효과적으로, 그리고 공정하게 공급하고 배분할 수 있을 때, 그만큼 더 기존 화폐 기호에 대한 신뢰가 높아진다.

화폐화 준칙, 화폐 창출과 유동성

시장을 구성하고 조직하는 지급 결제 시스템의 무결성은 세 가지 주요 원칙의 유기적 결합에 기초한다. 우선, 부와 부채를 평가할 수 있는 공통 계산 단위의 존재이다. 둘째, 지급수단에 대한 접근을 조직하는 화폐화 준칙의 존재이다. 이 준칙은 지급 결제 시스템에 따라 서로 다른 형태를 가지고 있다. 현대 경제에서 화폐는 생산 자금을 조달할 목적으로 은행으로부터 승인 받은 신용거래로 나타난다. 은행 기능은 배타적인 특성을 갖는다는 점에 주목해야 한다. 은행은 **무**에서(*ex nihilo*), 즉 사전에 자원이나 준비금 없이 화폐를 창조할 수 있는 능력을 갖고 있다. 그렇지만 은행의 화폐 창조 능력은 무제한적이지 않다. 이것은 차입자로부터 상환을 받아야 할 필요성(따라서 차입자에 대한 위험 평가의 중요성이 나온다)과 은행 업무에 경계를 부과하는 건전성 규제 모두에 영향을 받는다. 세 번째 원칙은 잔액 결제의 원칙이다. 은행 경제에서 신용거래의 중개를 통해 창출된 화폐는 다양한 은행 브랜드를 가진 지급 기호를 통해 유통된다. 은행은 서로 다른 은행 고객 간의 교환에 따라 총액이 달라지는 상호 부채를 축적한다. 이렇게 복잡하게 뒤얽힌 거래의 매듭을 풀기 위해서는 은행 간 잔액의 결제가 가능해야 한다. 모든 부채 관계를 평가하고 소멸시킬 수 있는 수단을 갖추는 것이 필수적이다. 이를 위해서는 만장일치로 수용되는 궁극적인 유동성의 단일한 형태가 존재해야 한다. 오늘날 이러한 절대적 유동성의 공급은 중앙은행의 독점적인 특권이다. 따라서 지급 결제 시스템은 필연적으로 위계적일 수밖에 없다.

화폐와 공유재

화폐는 공유재이다. 이러한 화폐의 공유재로서의 기능을 상실하거나 특정 행위자에게만 화폐가 전유된다면, 헌법상의 화폐 질서는 훼손되고 사회는 더욱 불안정해질 것이다. 오늘날 은행화폐는 실물경제에 자금을 조달하는 그 주요 목적으로부터 벗어나 있다. 필립 터너(Philip Turner)와 국제결제은행의 연구에 따르면, 은행신용의 15퍼센트만이 실물 부문에 투자되고 있다. 유럽에서 유로화는 그 불완전성과 이와 관련된 긴축정책으로 인해 공동 목표와 공동 번영을 구현하는 데 아직 성공하지 못했다. 따라서 사용자들 간에 공유하고 있는 윤리적, 공동체적 기반 원칙과 연결하여 화폐를 공통적인 것으로 재사용하는 것을 목표로 하는 지역화 된 화폐 이니셔티브의 출현은 놀라운 일이 아니다. 여기에서 탄소 화폐의 예를 들 수 있다. 탄소 화폐는 화폐를 에너지 이행이라는 주요 과제와 연결함으로써 공유재를 위해 화폐를 복원하는 또 다른, 보다 글로벌한 수단이다.

제2부

화폐의 역사적 궤적

제1부에서 화폐는 역사 전체에 걸쳐 전적으로 사회적인(social total) 현상임을 살펴보았다. 인류학자들이 한 사회의 경제라고 부를 수 있는 것을 식별할 수 있는 곳이면 어디든지, 화폐는 이미 거기에 존재한다. 화폐는 보편적이고 초역사적이기 때문에 화폐의 진화에 대한 설명을 불가능한 작업인 것처럼 보이게 한다. 우리는 화폐에 관한 총체적인 역사를 제출할 수 있는가? 의심할 여지 없이 이것은 여러 학문 분야의 집단 프로젝트를 통해서 가능하다. 물론 화폐에 관한 총체적인 역사를 제출하는 것이 제2부와 그 이후에서 서술하려는 목표는 아니다. 제2부에서는 정치경제학의 도구를 이용하여 제1부에서 정의한 기본 개념, 즉 이 책의 제목을 구성하는 화폐와 부채 간의 관계 그리고 화폐와 주권 간의 관계를 더 깊이 이해하는 것을 목표로 한다.

이러한 개념을 설명할 때, 우리는 화폐를 가치의 기초로 제시한 제1부에서의 이론적 정교화를 기초로 삼을 것이다. 우리는 가치의 자연주의적 이론에서 가장 유명한 화폐 이론가 가운데 한 사람인 프랭크 한(Frank Hahn)[1]의 권위를 내세울 수 있다. 프랭크 한(1982)은 가치 이론의 아포리아가 화폐 현상의 보편성과 지속성을 설명하는 데 무력하다고 주장했다(Hahn, 1982). 이러한 비판에 공명하여 제1부에서는 화폐에 기초한 대안적 가치 이론을 제안했다. 이를 바탕으로 제2부에서는 화폐의 역사적 궤적에 대한 분석이 가능하다는 것을 보여 주고자 한다. 게다가 미래를 위한 토대를 마련하려면 매우 오랜 기간의 역사를 검토해야 한다는 생각이다. 화폐화 준칙의 새롭게 부상하는 형태를 알 수 있게 해 주는 화폐의

---

1. "그렇게 뛰어난 애로-드브뢰 경제 모델에 화폐가 들어갈 자리가 없다는 점은 황당하고 혼란스럽기 그지없다"라고 평가하기도 했다(Hahn, 1987, 1). J. Ingham (2019), *Money*, Polity[방현철·변제호 옮김(2022), 『머니: 화폐 이데올로기·역사·정치』, 이콘, p. 45]: 옮긴이.

변태(變態)에 대한 이해를 돕는 방법이 존재하는가? 이를 위해서는 어떤 방법론을 채택해야 하는가?

형식적인 역사 모델을 경계하다

총체적인 역사의 주창자들에 따르면, 세 가지 결함을 피해야 한다. 그것은 각각 이상적인 유형, 역사 결정론 그리고 제도주의이다.[2] 첫 번째는 모든 것은 단일하고, 모든 진화는 우발적이며, 그 다양성이 문화적인 요인만을 통해서 설명될 수 있다는 역사 전반에 걸친 증식 과정에 대한 설명으로 이어진다. 반면 두 번째는 존재하고 변화하는 모든 것은 보이지 않는 합리성이 있기 때문에 일어난 일 이외는 일어날 수 없다고 가정한다. 마지막으로 제도주의는 제도를 변화의 주요 생성자이자 역사의 작용을 이해하는 유일한 수단으로 만든다.

어떤 공식적인 모델도 한 현상을 이해하는 데 처음부터 끝까지 이용할 수 없다는 것을 인정해야 한다. 가장 좋은 방법은 연구 분야에 대한, 여기서는 화폐 조직에 대한 이론적 전제로부터 추세를 확립할 수 있는 진화론적인 가정을 채택하는 것이다. 순수 경제 균형 모델에서 우리가 접했던 유형의 규범적인 모든 일탈을 피하기 위해서는 공식 화폐 준칙이 그것을 실현하는 사회적 관행과 분리할 수 없다는 것을 인정해야 한다. 사회적 관행은 시대와 역사에 따라 매우 다양하다. 이것을 인식함으로써 우리는 17세기부터 영국의 자유주의 학파가 정식화한 서양 지향주의, 즉 균형 이론을 낳은 자연 질서 개념과 금본위 레짐에서 자연 질서 지향주의의 역사적 변영이 역사의 종말은 아니라는 것을 방어할 수 있다.

이러한 정신에 입각해서 우리는 화폐에 대한 역사 연구의 길잡이가 될 세 가지 이론적 특징을 제시했다. 첫째, 화폐는 언어, 즉 회계의 언어와

---

2. 세계 역사에 관한 P. Beaujard, L. Berger et P. Norel(2009)의 집단 저작물의 서론을 보라.

유사하다. 둘째, 화폐는 시스템, 즉 화폐와 기술을 연결시키는 지급 결제 시스템이다. 셋째, 화폐는 해당 주권 공간에서 화폐에 공통의 정당성을 부여하는 주권 원칙을 통해 우뚝 솟아오르게 된다. 이러한 결과에 기초하여 우리는 화폐 분야에서 매우 오랜 기간에 걸쳐 시간의 화살의 방향을 정하기 위해 세 가지 가설을 세울 것이다.
- 화폐화 준칙에서 추상화의 진전
- 지급 결제 시스템에서 기술혁신
- 주권 원칙의 진화에 대응한 화폐에 대한 신뢰 형태의 변모

이 세 가정이 역사적 토대와 역사적 궤적 사이에서 우리가 탐색할 상호 관계이다. 우리는 다음의 두 장에서 이 작업을 수행할 예정이다. 3장에서는 농경 국가의 탄생에서 금본위 화폐 질서에 이르기까지 매우 장기간의 역사에 할애할 것이다. 앞서 2장에서 우리는 국가 없는 사회에서 측정 공간을 통일하는 등가 원칙이 확립되지 않았음을 살펴보았다. 국가 없는 사회에서 화폐의 사용은 사람들의 신분에 따라 차별화되어 있고, 세대 간 관계(삶의 부채)는 사회를 그들이 속한 그룹에 따라 계층화하는 출계의 원칙에 해당한다. 따라서 역사라는 개념 자체는 주권 원칙의 자율화로 인해, 신성한 것과 브로델(F. Braudel)의 의미에서 물질문명으로부터 (일정한) 거리를 두었던 사회에서는 (우리가) 접하는 의미를 갖지 않는다. 4장에서는 20세기의 격변과 새로운 화폐 형태의 출현에 대해 다룰 예정이다.

그러나 역사적 대전환은 변동(mutation)이 일어나는 위기 없이는 발생하지 않는다. 화폐 위기는 무엇보다 화폐의 주권과의 관계를 포함하여 화폐의 본성을 드러내는 특권적인 순간이다. 이와 관련하여 우리는 브뤼노 테레(Bruno Théret, 2007)가 편집한 공동 저작인 『위기에서 본성이 드러나는 화폐』(2권)를 참조할 수 있다. 이 책에서는 일관된 관점에서 아주 먼 옛날부터 현대에 이르기까지 수많은 화폐 위기를 다루고 있다. 제2부에서 우리는 화폐의 궤적에 중대한 변동을 가져온 위기만을 언급할 것이

다. 제3부에서는 화폐 위기의 논리와 화폐 위기를 저지하기 위해 다양한 시기에 수행된 조절, 이른바 화폐 정책을 연구할 것이다. 화폐의 궤적은 공간과 시간을 동시에 넘나든다. 부채의 급증에 의해 형성된 상호 의존은 소위 자본주의라는 일반화된 상품 세계에서 주권 공간을 벗어나서, 종종 갈등적이고 불확실한 방식으로 주권 공간을 서로 연결한다. 페르낭 브로델(Fernand Braudel, 1985)이 《세계의 시간》이라고 부른 자본시장을 통한 상호 의존은 국제 화폐의 수수께끼라는 문제를 제기한다. 실제로 모든 화폐는 주권 원칙에 기초하고 있지만, 지구 전체의 주권은 존재하지 않는다. 제2부에서 우리가 접하게 될 국제 화폐의 문제는 제4부에서 구체적으로 다루게 될 것이다.

제3장 _ 고대 제국에서 금본위제까지

1. 고대

1.1. 중앙 집중화 된 주권의 기초: 농경 제국의 화폐와 국가

신석기시대(기원전 4000-3000)[1] 말에 메소포타미아와 이집트에서는 인간이 살기에 불리한 기후변화로 크게 축소된 비옥한 공간에 인구가 밀집하게 되었다. 그 결과, 티그리스강과 유프라테스강 사이의 좁은 지역의 바깥쪽으로, 그리고 나일 평원을 따라 사막화가 발생했다. 데이비드 그레이버(David Graeber, 2012)에 따르면, 많은 유목민들이 평야로 내려와 정착하면서 토지의 점유를 위한 전쟁이 일어났다. 인간 집단이 전쟁을 목적으로 자원을 중앙으로 집중화하여 소위 《국가》라는 집단 조직 형태가 생겨났다. 국가 간의 전쟁은 제국의 형태로 주권이 통일될 때까지 계속되었다.

중앙으로 집중화된 정치 질서의 주권은 글과 법을 통해 사회적 소속 관계를 통일하고 성문화한 것으로 나타났다(기원전 3550-3000년의 수메르와 기원전 3000-2700년의 고대 이집트 제국). 같은 시기에 등가에 의해 사회적으로 유효한 측정의 원칙과 재산의 목록화와 관련된 회계의 발명도

---

[1] 신석기시대는 1기, 2기, 3기로 나뉘는데, 신석기 3기는 기원전 4500년 전에 시작하였고, 청동기시대는 기원전 3500년경에 등장하여 신석기 문화를 대체하였다: 옮긴이.

이루어진 것으로 보인다. 이른바 가치라는 사회적 소속 관계가 확립되었다(Glassner, 2002). 사회적 소속 관계는 결코 사전에 형성된 시장으로부터 유래하지 않았다. 반대로, 사회적 소속 관계는 가치의 화폐 이론에 따라 시장의 도약을 가능하게 만들었다. 공적 가치화(valorisation) 시스템에 기초하여 공적인 것의 틈새에서 확대된 것은 사적인 것이다. 역사와 사회과학의 과학적 방법에 무지한 많은 경제학자들이 생각하는 것처럼, 상품 관계의 불완전함 속에서 형성된 것은 화폐를 포함한 공적인 것이 아니다.

알려진 최초의 계산 단위는 메소포타미아의 셰켈(shekel)과 이집트의 샤트(shat)였다. 이 계산 단위들은 기원전 3000년부터 메소포타미아에서 중앙정부(궁전)의 힘을 과시하는 회계 기록으로 덮인 작은 평판 위에서 발견되었다. 회계장부는 궁전의 고관들에 의해 관리되었다. 고관들은 제국의 위신이라는 이름으로 농촌공동체의 공납 기여분과 재분배를 결정했다. 우리는 1장에서 계산 단위는 화폐를 가치라는 수의 언어로 나타낸다는 것을 살펴보았다. 계산 단위는 주권에 의해 정당화되기 때문에, 이러한 크기는 사회에 소속되어 있다는 공유된 의미를 만들어 낸다.

메소포타미아와 이집트, 두 제국 모두 60진법에 기초한 수(數) 체계를 채택하여 사용했다. 금이 풍부한 이집트에서 샤트는 순금 7.5그램에 해당하였다. 샤트의 배수는 데벤(deben)(90그램의 순금 = 12샤트)이었다 (Daumas, 1987). 신왕국(Nouvel Empire; 기원전 1550-1230)[2]에서는 제국 간의 교역을 위해 금을 비축했기 때문에 은이 화폐본위로서 출현했다. 19왕조에서는 새로운 계산 단위인 키테(kite)(데벤의 10분의 1)가 등장했다. 데벤과 그 하위 계산 단위는 아마도 교환 수단으로도 사용되었을 것이다. 재화의 가격과 관련하여, '노예(직조공)의 하루 노동시간은 2샤트와 등가이고, 2샤트는 암소 가치의 1/4과 등가'라는 등식은 노동의 가치가 매우 높다는 것을 보여 준다. 그래서 교환관계에 대해서는 어느 정도

---

2. 이집트 신왕국은 이집트 제국이라고 불린다. 고대 이집트의 역사에서 기원전 16세기부터 기원전 11세기까지의 시기를 말하며, 18왕조, 19왕조, 20왕조를 포함한다: 옮긴이.

알고 있지만, 당시의 파피루스가 보존되어 있지 않기 때문에 생활비의 변동에 대해서는 알려진 바가 전혀 없다.

교환의 발전과 지급 결제 시스템

기원전 제1천년기 이집트에서는 1데벤과 1키테의 은 막대기와 은고리가 지급수단으로 사용되었다. 구리 조각과 함께 거래 수단으로 은고리의 사용은 일찍이 신왕국에서 나타났다. 이러한 다양화는 그 자체로 교환이 좀 더 폭넓고 덜 부유한 계층으로 확대된 교환의 다각화에 대응하는 것으로 추정할 수 있다. 거래 때마다 무게를 측정해야 하는 금속 조각이나 이러한 금속으로 만든 고리로 지불이 이루어졌다. 프톨레마이오스 시대[3] 이전에는 법적 가치를 정의하는 이러한 금속에 화폐적 표시가 존재하지 않았기 때문이다(Menu, 2001).

모리스 실버(Morris Silver, 1995)는 기원전 18세기에 메소포타미아에서 당국이 보증하는 화폐적 표시가 있는 은 금속이 유통되었을 것으로 추정하고 있다. 그럼에도 불구하고 기원전 제1천년기 이전에 주조되고 검인된 귀금속이 존재했는지는 여전히 불분명하다. 게다가 조르주 르 라이더(Georges Le Rider, 2001)는 신바빌로니아 시대(기원전 609-539)와 신아시리아 시대(기원전 704-612)에 금괴 조각으로 절단된 가공되지 않은 금속이 사적 거래에서 지급수단으로 사용되었다는 것을 보여 준다. 주로

---

3. 프톨레마이오스 왕조는 기원전 305년부터 기원전 30년까지 이집트를 다스린 헬레니즘 계열의 왕가를 말한다. 파라오를 칭했고 기존 이집트의 전통과 연속성이 있기 때문에, 이집트 제32왕조라고도 불린다. 알렉산더 대왕의 부하 장군이자 그의 계승자인 프톨레마이오스는 기원전 323년 알렉산더가 죽은 후 이집트의 총독으로 임명되었는데, 기원전 305년에 이르러 스스로 "프톨레마이오스 1세 소테르"로 칭하고 이집트의 왕이 되었다. 이집트인들은 즉시 그를 독립 이집트 왕국의 파라오로 인정하였고, 그의 후손들이 기원전 30년 로마 공화정에 의해 멸망할 때까지 약 300년간 이집트의 통치자로 군림했다. 남자 통치자들은 모두 프톨레마이오스로 칭했고 여자 통치자들은 클레오파트라, 아르시노에, 베레니체로 불렸다. 통상 그들의 이름 뒤에 붙이는 숫자는 현대 역사 연구가들이 편의상 붙이는 것으로, 당대의 그리스 계열 왕가는 이름 뒤에 붙이는 별칭으로 구분했다: 옮긴이.

은이 화폐를 위한 금속으로 사용되었고, 부수적으로 구리가 이용되었다. 앞에서 살펴본 바와 같이, 이집트에서만 풍부했던 금은 제국 간의 공식적인 교역에만 사용되었다.

봉인된 자루에서는 절단된 은괴만 발견되었다. 이러한 보물이 발견된 보관소는 궁전의 부유한 고위 관리들이 쌓아 두었을 것이다. 주권의 표시가 없는 이러한 화폐 금속의 존재는 화폐의 창조, 다시 말해서 은괴의 절단이 다양한 기원을 갖고 있음을 나타낸다. 여기에는 궁전뿐만 아니라 신전 그리고 아마도 상인도 포함된다. 실제로 이 작은 평판에는 기원전 제2천년기 초부터 봉인된 은 자루가 지급수단으로 사용되었다고 나와 있지만 은이 주조되었다는 언급은 없다. 소규모 거래에서 지급수단으로 쓰였던 은고리가 발견되었다. 그러나 아카드제국[4]에 대해 언급한 텍스트에서는 어떤 화폐적 표시도 찾을 수 없다. 은고리는 거래할 때 무게를 측정하였다. 장-자크 글레스너(Jean-Jacques Glassner)와 다른 고고학자들에 따르면, 이러한 지급수단은 우르[5]의 왕릉에서 발견되었으며, 일찍이 기원전 제3천년기 중반으로 거슬러 올라간다.

이러한 구조가 흥미로운 이유는 화폐본위의 존재를 입증해 주는 검인에 의해 교환 수단의 중량이나 순도가 **선험적으로** 인증되지 않았기 때문이다. 황제의 친족들, 숭배 받는 신전, 또는 카파도키아의 아시리아 교역이나 기원전 7세기와 6세기에 페니키아인들이 중개한 제국 간의 교역에서 평판이 좋은 상인들만이 발행자가 될 수 있었다.

기원전 제2천년기 초부터 카파도키아의 아시리아 상인들은 지급수단 외에도 신용을 발전시켰다. 상인길드는 가족 기업들로 구성된 기관이었다. 점토로 만든 작은 평판은 이자가 붙는 대출 관행과 무기명 어음(소지인 지급어음)의 사용을 증명하는 신용거래의 존재를 보여 준다(Veenhof,

---

4. 수메르 북부의 고대 도시인 아카드를 중심으로 성장한 고대 제국으로, 정확한 시기는 기원전 2350년 무렵부터 기원전 2150년 무렵까지 200여 년으로 추정된다: 옮긴이.
5. 메소포타미아 지역 남부에서 수메르 문명 시기에 세워진 도시이다. 유프라테스강과 티그리스강이 페르시아만으로 흘러 들어가는 하구에 위치하였다: 옮긴이.

1997).

고대 중국으로의 짧은 외도

중국의 전통은 많이 달랐던 것 같다. 프랑수아 티에리(François Thierry, 2001)는 고대 상(商) 왕조[6]시대로 거슬러 올라가 아무런 글자도 없는 삽 모양의 «원시(primitires)» 화폐의 존재를 언급한다. 춘추시대인 기원전 7세기 말과 6세기 초에 다양한 화폐들이 등장했다. 이러한 화폐들은 전국시대의 주권자나 상인에 의해 발행되었다. 서아시아나 이집트의 전통과 달리 황하 유역의 국가에서 발행된 중국 화폐는 처음 등장했을 때부터 신용화폐였다. 교환에서 구매력은 가치를 나타내는 주화 자체의 무게와 관련이 없었다. 바로 이런 이유로 중국은 세계 최초로 지폐를 발행한 나라이다.

가장 오래된(기원전 2700) 주화에는 아무런 내용도 기재되어 있지 않았다. 그 이후 상징적인 형상으로 덮인 주화가 출현했다. 상징적인 형상 가운데 무엇보다 용은 황제의 위엄, 다산 그리고 창조적인 에너지의 상징이었다. 그러나 황제의 형상에 군주의 이름과 화폐화 연도가 새겨진 주화는 633년이 되어서야 나타났다(Ament, 1988). 이 주화는 구멍이 있는 원형 평판으로 규격화되어 끈으로 연결할 수 있었다.

1.2. 리디아에서 화폐 주조의 발명

주권자가 표시된 최초 주화가 만들어진 정확한 시기에 대해서는 논란이 있지만, 그 장소에 대해서는 논란의 여지가 없다. 그러한 주화는 에게해 동쪽 경사면의 소아시아에 위치한 리디아의 수도인 사르디스에서 처음 등장했다.[7] 이 주화의 발명자는 리디아의 마지막 두 왕인 알리아테스

---

6. 상(商, 기원전 1600년경-1046년경) 왕조는 역사적으로 실제로 존재했다고 여겨지는 최초의 중국 왕조이다. 반경(盤庚)이 옮긴 마지막 도읍이 은(殷)이기 때문에, 은나라라고도 부른다: 옮긴이.
7. 서부 아나톨리아(소아시아)에 위치한 역사상의 한 지방으로, 현재는 튀르키예의 이즈미

(기원전 610-560)와 크로이소스(기원전 560-546)이다(Picard, 1978).

주화는 고대 리디아강을 따라 떠내려 온 광석에 있는 호박금(금과 은의 천연 합금)으로 주조되었다. 주화는 무게와 그것이 속한 도량형 그룹에 따라 그 뒷면에 1-3개의 검인이 새겨져 있었다. 이러한 화폐는 강제통용력(cours légal)을 가졌다는 의미의 **도키마**(*dokima*)였다. 무게를 재고, 품질을 확인하는 것이 금지되어 있었다. 따라서 이 화폐는 신용화폐였다. 강제통용력은 리디아뿐만 아니라 리디아 왕국의 영향력 아래 있는 모든 밀레토스[8] 도시에서도 적용되었다. 따라서 이것은 리디아와 소아시아의 화폐 표준이 제정되었다는 것을 의미한다. 이 화폐의 등장 연대와 관련하여 고고학자들 사이에서 지배적인 견해는 화폐화의 시작이 알리아테스 통치 기간인 기원전 580-575년경에 이루어졌다는 것이다. 적어도 이 화폐는 기원전 550년경에 등장한 최초의 그리스 화폐보다 먼저 출현했다.

주화와 추상화의 진전

화폐 주조는 인류 역사의 혁신에서 엄청난 발전이다. 주화의 앞면은 매우 다양했다. 주화의 앞면은 온갖 종류의 신화적 상징으로 대표되는 수많은 화폐 유형을 포함하고 있었다. 하지만 주화의 뒷면은 검인만으로 표준화되어 있었다. 검인은 무게의 측정과 완전히 분리되어 수치의 측정을 공증했다. 이러한 수치의 측정은 소위 가치 관계라는 주화 간의 순수한 양적 관계를 확립했다. 이러한 양적 관계는 주권자에 의해 직권

르주, 마니사주에 해당한다. 그 전통적인 수도는 사르디스였지만 리디아 왕국은 한때 서아나톨리아 전체를 확보하기도 했다. 리디아는 후에 로마의 속주가 되었다: 옮긴이.

8. 아나톨리아 서부 해안에 있던 고대 그리스 이오니아의 도시 이름으로, 현재는 튀르키예에 속하는 지역이다. 청동기 시대부터 사람이 살았던 것으로 보이며, 기원전 6세기경 이오니아인들이 건너가 도시를 세웠다. 당시 그리스 동쪽에서 가장 큰 도시였으며, 나중에 리디아와 경쟁하였고 결국 리디아에 굴복한 것으로 추정된다. 키루스 2세의 페르시아제국이 성립한 이후에는 페르시아에 복속되었고, 기원전 502년 이오니아 반란이 일어났을 때 반란의 중심 도시였다. 그리스-페르시아 전쟁에서 그리스가 승리한 후 밀레토스는 아테네의 델로스동맹에 속해 있었다. 기원전 334년 알렉산더 대왕의 정복 이후 완전히 페르시아에서 벗어났다: 옮긴이.

으로 결정되었고, 화폐를 주조하는 공공기관에 가져온 금속으로 주화를 주조하는 화폐 주조소에서 표시되었다.

주권적 힘에 의해 인증된 화폐 기호는 일반적 수용성을 가지고 익명으로 유통된다. 강제통용력의 발명은 화폐개혁을 가능하게 했기 때문에 처음부터 정치 변혁을 포함하고 있다. 화폐가 도키마로 유지되는 한, 즉 그 사용자들이 만장일치로 받아들이는 한, 가치의 물리적 기반인 금속의 무게나 품질 그리고 주화의 명목 가치 사이의 단절은 이러한 관계를 변경하는 주권적 행위를 가능하게 하기 때문이다. 우리는 화폐 정책이라는 기술이 처음부터 신뢰의 기술이라는 것을 알고 있다(Servet, 1984). 기호(주화에 새겨진 가치의 양)와 의미하는 것(주화의 무게나 함량)을 분리함으로써 도키마 화폐는 순수한 사회적 논리로 가치를 도입한다. 주권적 힘에 대한 위계적 신뢰는 명목 가치를 유지하면서 주화에 포함된 금속의 무게를 낮추는 것을 가능하게 한다. 그래서 화폐개혁은 부채의 가치를 즉시 변경할 수 있었다.

잘 알려진 것과 같이 최초의 화폐개혁은 기원전 527년 아테네에서 히피아스에 의해 이루어졌다(Finley, 1975). 페르시아제국과의 전쟁에서 아테네의 재원을 늘리기 위해 아테네 참주 히피아스는 모든 법정화폐를 몰수했고, 화폐 주조소에 가져오는 금속의 공식 가격을 낮추었으며, 새로운 유형의 화폐를 주조해 그 주화를 유통시켰다. 이것은 뒤에서 화폐의 쌍곡선이라고 명명되는 것으로 이어지는 매우 오랜 관행의 첫 번째 단계였다. 이 시점부터 화폐의 관리는 오늘날과 마찬가지로 국가 재정 정책의 강력한 수단이 되었다.

그러나 최초의 화폐개혁은 기원전 527년 아테네에서 히피아스가 시행한 것으로 알려져 있지만, 플루타르코스(Plutarchos)에 따르면 최초의 화폐개혁을 수행한 사람은 솔론이었다. 솔론은 기원전 6세기가 끝나기 전 아테네에서 가난한 농민들이 지주들에게 진 빚을 덜어 주기 위해 화폐개혁을 단행하였다. 솔론은 드라크마(drachma)를 30퍼센트 평가절하 하여 부채의 가치를 그만큼 줄였을 것이다. 솔론의 화폐개혁 이전에 70드라크마의 가치가 있던 미나(mina) 은화는 화폐개혁 이후 100드라크마의 가치와 등가가 되었다. 전쟁 수행이 목적이었던 히피아스의 화폐개혁과 비교하여, 솔론의 개혁은 화폐 정책의 분배적, 사회적 역할을 강조한다. 솔론의 개혁은 순수 경제 개념에 내재된 중립성 가설과는 상반된다. 아리스토텔레스의 생각에 따르면, **도키마** 화폐의 확립으로 사회적 관계를 재구성할 수 있었고, 이를 통해 고대 그리스 농촌공동체의 위기를 극복할 수 있었다. 헬레니즘 세계를 민주주의에 기반한 자유롭고 상업이 발달한 창조적인 도시의 시대로 만든 것은 바로 이 개혁이었다(Gernet, 1968).

주화는 주조 차익을 통한 재정 정책의 직접적인 수단이기도 하다. 도키마 화폐의 발명은 처음부터 정치 주권의 전환과 연관되어 있었다. 대제국들과 대립하고 있던 소아시아 왕국들과 그리스의 도시들은 농경 자원이 거의 없는 작은 영토를 가진 국가들이었다. 리디아의 주권자들은 화폐를 주조함으로써 이중의 문제, 즉 정치적 문제와 재정적 문제를 해결하려고 노력했다. 이 국가들은 아케메네스 페르시아제국의 위협으로부터 독립을 유지하기 위해 점점 더 막대한 군사비를 지출해야 함에도 불구하고, 대규모로 농경 공납을 징수할 수 없었기 때문이다. 화폐 발행의 독점은 왕국의 집단 정체성을 강화하였고, 주조 차익을 통해 왕국을 수호하기 위해 동원된 용병에게 줄 급여 재원을 마련하려는 역량을 중앙으로 집중시켰다. 1장에서 회계적으로 기술한 것처럼(표 1.2), 화폐 주조소는 국가를 대신하여 금속을 화폐로 바꾸려는 사람들로부터 세금 부채를 징수한다. 국가는 세금 부과 대상인 모든 화폐 보유자의 거래 상대방이 된다. 금속을 채굴하는 사람들을 제외하면, 금속을 제공하는 다른 기여자는 외국 무역을 중개하는 상인들이었다. 중개상들은 가공하지 않은 금속이나 외국 화폐를 대금으로 받을 때, 왕국 내에서 사용하기 위해서는 그것들을 법정화폐로 태환해야 했다. 따라서 주조 차익은 법정화폐가 확립된 정치 공간 내에서 가공하지 않은 금속에 대한 법정화폐의 프리미엄이다.

아케메네스 페르시아제국[9]에서 화폐화 준칙에 관한 여담

기원전 546년 리디아의 왕 크로이소스(기원전 560-546)는 페르시아의 왕 키루스에게 패배했다. 아케메네스 페르시아제국은 소아시아 전체에 대해 권위를 행사하면서 그리스를 위협했다. 리디아 정복 이후 초기의 페르시아 황제들은 키루스(기원전 546-530), 캄비세스(기원전 530-522), 그리고 가장 중요한 다리우스(기원전 522-486)였다. 페르시아제국은 유프라테스강을 사이에 두고 동쪽과 서쪽의 두 지역으로 나뉘어 있었다. 화폐적 측면에서 동쪽 지역은 과거의 관행과 비교하여 변화된 것이 없었다. 서쪽 화폐가 동쪽에 들어왔을 때, 서쪽 화폐는 측정을 하고 무게를 재어야 하는 금속 조각으로 취급되었다. 따라서 페르시아인들은 지역 화폐를 포함해 그들이 정복한 공동체의 내정과 관련하여 공동체의 자율성을 존중하였다. 페르시아제국의 서쪽 지역에서는 다리우스가 크로이소스에 이어 두 번째로 화폐화 준칙을 세워서 화폐 역사에서 중요한 역할을 했다. 다리우스는 다릭(daric) 금화와 시글로스(siglos) 은화를 만들었다. 다릭 금화는 페르시아제국 전역에서 유통된 반면, 시글로스 은화는 지방 화폐로 머물렀다. 다릭 금화에는 왕관을 쓰고 높은 곳에 앉아 있는 궁수 모습을 한 왕의 형상이 새겨져 있었다. 이 화폐는 활을 쏘는 왕의 모습에 따라 네 가지 종류의 주화가 존재했다.

페르시아제국의 화폐 시스템은 양본위제였다. 이집트 20왕조(기원전 1200년대)에서는 금과 은의 비율이 1:2였지만, 페르시아인들은 1:13/3으로 고정된 비율을 선택했다! 그리스에서는 금과 은의 비율이 변동했지만, 페르시아에서는 이 비율이 2백 년 동안 고정되어 있었다. 이렇게 금과 은 비율이 안정되게 유지된 것은 다릭과 시글로스가 상대적으로 분

---
9. 일반적으로 아케메네스 왕조의 페르시아(기원전 550-330)를 페르시아제국이라고 부른다: 옮긴이.

리되어 유통된 결과이다. 다릭과 시글로스의 상대적으로 독립된 유통은 화폐적 변환을 중요하지 않게 만들었다. 역사를 통해서 서로를 계승한 많은 제국들과 마찬가지로, 페르시아인들 사이에서 주권은 포용적이었다. 주권은 페르시아제국이 지배하는[10] 공동체의 정부에 많은 자치권을 부여했다. 상대적으로 자율적인 화폐 공간은 공통의 정치 단위 하에서 이러한 행정적 탈중앙화에 대응한다. 이러한 상대적인 분할은 수 세기 동안 제국을 지속 가능하게 했던 효율적인 조절 방식이었다.

다릭은 광활한 페르시아제국뿐만 아니라 외국에서도 매우 광범위하게 수용되었다. 지중해 지역에서 다릭의 무게와 질은 다른 금화의 무게와 질보다 우수했다. 다릭의 명성은 페르시아제국 대왕의 주권을 상징하는 것이었다. 실제로 다릭은 소아시아의 국고, 그리스와 시칠리아의 성소, 개인 금고 등 화폐 학자들이 화폐를 발견한 곳 어디서나 발견되었다. 다릭은 페르시아제국 대왕의 영향력 하에 있는 정치인들과 외국 대사들의 충성을 확보하기 위해 대왕의 은사(恩賜)를 전하는 수단으로도 사용되었다. 여기에서 화폐의 정치적 기능이 지배적이었지만, 상인들은 높은 가치를 인정받는 화폐로 «국제» 거래를 수행함으로써 이득을 얻기도 했다. 어떻게 보면 다릭은 오늘날 달러에 해당하는 최초의 기축통화였다.

1.3. 헬레니즘 시스템의 번영과 쇠퇴

인간 사회에서 교환 수단으로 대상화된 신용화폐의 중요성은 아무리 강조해도 지나치지 않다. 국가의 중심부에 놓여 있는 사회의 주권에 대한 믿음인 위계적 신뢰는 주조화폐의 조건 없는 수용을 통해 교환에서 시험된다.

화폐화 준칙의 발명은 엄청난 정치적 영향을 미쳤다. 아주 오랜 기간

---

10. J. Burbank et F. Cooper(2010)의 선구적인 연구를 참조하라.

에 걸쳐 가장 중요한 것은 국가가 사회적 부채를 상환함으로써 사회를 통합하는 화폐 추상화의 진전이었다. 화폐 발행의 독점은 사회의 집단 정체성을 강화하였다. 주권적 권력에 허용된 화폐에 대한 전횡의 유혹과 집단 정체성이라는 공유재의 이름으로 이러한 권력을 정당화하는 것 사이의 모순이 서구 문명의 역사를 관통해 왔다. 2장에서 제시한 신뢰 이론에 따르면, 화폐 질서는 위계적 신뢰가 윤리적 신뢰에 종속되어 있는 정치 질서와 밀접하게 연관되어 있다. **대립된 추론**에 의해 화폐의 무질서는 언제 어디서나 정치적 무질서이자 사회적 무질서이다. 기원전 5세기의 아테네에서 페리클레스(Perikles)의 황금시대와 펠로폰네소스전쟁 이후의 쇠퇴는 이 명제를 놀랍게도 아주 잘 설명해 준다.

  고대 그리스의 도시-국가들은 다양한 유형의 화폐를 주조했다. 고대 그리스의 도시-국가의 화폐 유형은 계산 단위와 주화의 가치를 결정하는 검인의 수(척도의 하위 단위)에 따라 정의되었다. 그리스 도시들은 기원전 477년부터 페르시아제국과 대립하면서 델로스동맹을 결성했다. 이를 통해 대부분의 그리스 도시들이 아테네의 정치 시스템과 화폐 시스템에 참여했다. 지배했던 지역의 권력에 상당한 자치권을 부여했던 페르시아제국과 달리, 아테네의 제국주의는 중앙집권적이었다(Picard, 2008). 아테네는 종속 관계에 있는 동맹국들에게 아테네의 측정 표준을 강제했다. 금-은 본위에 기초한 화폐동맹이 이루어졌으며, 아테네의 재산이었던 라우리온(Laurion) 은광 덕분에 은이 지배적인 화폐 금속이었다. 화폐의 중심에는 아테네의 수호자인 올빼미가 새겨진 유명한 **4드라큼**(*tétradrachme*) **은화**(99퍼센트의 은 함량을 보유)가 있었다. 이 아테네의 경화(numéraire)는 모든 동맹 도시들에서 강제통용력을 갖는 **도키몬**(*dokimon*)이었다. 더욱이 페르시아제국의 다릭 금화와 경쟁하는 4드라큼 은화는 지중해 지역 전체에서 국제무역의 화폐로 유통되었다. 아테네의 정치적 영향력 하에 있지 않은 지역에서도 4드라큼 은화의 시세는 그 가치가 금속의 무게를 능가할 정도였다.

그러나 화폐 논리는 국제무역이 아니라 아테네 내부에서 추구되었음이 틀림없다. 화폐는 정치 시스템의 필수적인 부분을 이룬다. 화폐의 보증인은 상품 교환이 아니라 법이다. 아테네 정치 헌법에서 화폐는 법치주의의 제도로서 시민들 간의 교환관계의 통일성을 보장한다. 화폐가 불러일으키는 신뢰 덕분에, 아테네는 법에 의해 정해진 화폐의 시세가 시민들에게 수용되는 한, 화폐개혁을 할 수 있었다. 상인들은 언제나 주화의 공식 가치와 주화가 함유하고 있는 금속의 상업적 가치를 비교할 기회가 있었기 때문에, 아테네의 정치적 견고성은 공식 주조를 기반으로 한 것이었다.

화폐화 준칙의 통일성으로 인해 관세를 부과하고 상인들을 통제할 수 있었다. 기원전 5세기, 아테네에서는 주조에 대해 약 5퍼센트의 세금(주조 차익)이 부과된 것으로 보인다. 대외무역을 통해 벌어들인 모든 금속을 정화(espèces)로 변환할 때 발생하는 환차익이 주조 차익에 추가되었다. 아테네 행정 당국의 책임 하에 환시세가 매겨졌다. 환시세는 아테네가 외국의 주화(pièces)를 어떤 비율로 받아들여야 하는지를 결정했다. 이렇게 하여 아테네 화폐는 대외무역 적자에 대한 지속적인 결제 수단이 되었는데, 이러한 수단은 다른 도시들이 아테네에 바친 조공으로부터 나온 것이다.

이에 따라 외환의 기능은 다양하고 고도로 발달했다. 외환의 기능은 상인을 위한 지급수단, 이전 거래의 기반 그리고 민간 부의 이전 수단을 동시에 제공했다. 마지막으로 외환의 기능은 다양한 화폐 유형들과 다양한 사용 금속들을 중재하는 것이었다. 요컨대 단일한 화폐를 가진 화폐 공간의 조직이나 화폐의 국제적 역할 모두에서 아테네 시스템은 유로존에 비해 전혀 부족한 것이 없었다. 하지만 아테네 시스템은 정치적 리더십을 발휘할 수 있다는 엄청난 장점을 갖고 있었다. 그럼에도 불구하고 아테네 시스템은 1장의 말미에서 우리가 화폐의 양가성이라고 불렀던 것으로부터 자유로울 수 없었다. 화폐 질서는 중상주의적 자본주와 국제금융 자본주의의 도약을 촉진하지만, 부에 대한 개인적 욕망이라는 파괴적인 힘에 의해 부식된다. 아리스토텔레스는 이러한 모순을 가장 우려했다.

아리스토텔레스의 이론과 펠로폰네소스 전쟁의 시련

아리스토텔레스는 화폐의 양가성에 대해 매우 우려했다. 그는 아테네에서 화폐가 유지하는 사회적 관계의 힘이 화폐의 형태로 부를 개인적으로 독점하는 것에 의해 위협받는다는 것을 알고 있었다. 아리스토텔레스는 이러한 화폐의 어두운 면, 즉 개인 보물처럼 만족할 줄 모르는 축적을 이재학(理財學)[11]이라고 불렀다. 그가 주장한 것처럼, 화폐는 순수한 법이며, 순수한 법이어야 한다. 이재학은 공공재에 대한 개인적 탐욕을 촉발시키면서 법의 권위를 타락시켰다. 아리스토텔레스에 따르면, 도시는 상호 연대의 네트워크이다. 상호 교환은 상호 연대의 기본적인 연결 고리이며, 시민들을 서로 적대하도록 자극하는 독점의 수단이 되어서는 안 된다. 그러나 대부 업무가 과세를 피하기 위해 은밀하게 이루어질 때 해상무역을 위한 자금 조달은 화폐적 치부의 원천인 대부 업무를 조장하였다.

아리스토텔레스에게 가치의 측정이라는 보편적 기준의 역할은 모든 형태의 서비스를 «공정 가격»으로 평가하는 것, 즉 공공재에 대한 각 시민의 기여도를 평가하는 것이다. «공정 가격»만이 사회 통합을 유지한다. 따라서 공정 가격을 교란시키는 시장에서 가격의 변화에 맞서는 것이 필요하다. 왜냐하면 시민들과 도시의 상호적 부채는 시장의 변덕에 의해 결정되어서는 안 되고, 토대가 되는 주권(souveraineté fondatrice)의 보호 아래 정치적 역할과 지위에 의해 결정되어야 하기 때문이다. 정치적인 것은 시민의 삶을 지도해야 한다. 이것은 모든 자의적 권력을 경계

---

11. Aristote, *Éthique à Nicomaque*, IV, 1119b.

하는 것을 의미한다. 여기에서 우리는 프라이부르크학파가 정립한 질서 자유주의의 아주 오래전 흔적을 확인할 수 있다. 주권은 도시를 설립한 원칙에 부합해야 하는 법에 영감을 주기 때문에 모든 것 위에 있다.

정치 질서에서 **도키마** 화폐는 공공 재정과 불가분의 관계에 있다. 정치적 권위가 약화되는 결정적인 순간에 국가 부채의 통제되지 않는 확대는 영향력 있는 사적 이익을 해치기 때문에 수용되기 어려운 화폐개혁으로 이어질 수 있다. 아테네의 정치 질서가 악화되어 금융 위기와 관련 화폐 위기를 유발한다. 고대 시대에는 이례적이고 장기적인 군비 지출, 군사적 패배와 금속 자원을 채굴했던 영토의 상실, 도시 간의 내전으로 인해 화폐 문제가 발생할 수 있었다. 이 모든 경우에 국가의 긴급한 필요에 비해 금속의 부족이 발생할 수 있다. 그러나 국가에 대한 신뢰가 훼손되지 않는 한, 개인 자신의 부를 보존하기 위해 피난처를 찾는 것만으로는 자기-유지적, 즉 자기-준거적 화폐 위기는 문제가 되지 않는다. 하지만 이 재학의 영향으로 순수한 화폐 위기가 발생할 수 있다. 이러한 위기는 사적 부로서 유동성을 축적함으로써 유동성 부족을 초래한다.

기원전 5세기 말 아테네의 대 위기는 아테네의 주권을 위협했던 헤게모니 전쟁이라고 할 수 있는 장기간의 펠로폰네소스전쟁(기원전 431-404)으로 인해 발생했다.[12] 이 전쟁은 스파르타가 이끄는 과두정치 레짐과 아테네가 주도하는 델로스동맹의 민주정치 레짐 간의 대결이었다. 기원전 431년부터 421년까지의 소모전의 첫 번째 단계에서 양 진영은 모두 손실을 입었다. 휴전 이후, 기원전 415년에서 413년 사이에 아테네의 시라쿠사 원정으로 펠로폰네소스전쟁이 재개되었지만 실패로 끝났다. 시라쿠사 원정 실패 이후, 기원전 413년부터 404년까지 지속된 전쟁은 마지막 단계에 접어들어 스파르타 군대가 아티카를 점령한 후 아테네의 최종 패배로 끝났다. 그 결과, 라우리온 광산의 상실과 곡물 운송로를

---

12. 아테네의 화폐 위기에 관해서는 Catherine Grandjean(2007), p. 85-102를 참조하라.

차단하는 해상봉쇄가 발생했다. 시라쿠사 원정에서의 패배로 델로스동맹의 상황은 더욱 악화되었다. 아테네는 세 가지 특별 세금을 이용하여 예비군을 동원해야 했다. 동맹국들은 조공을 바치는 것을 꺼렸다. 라우리온 은광의 상실로 은 부족에 직면한 페리클레스는 곡물과 전략 물자를 수입하기 위해 아크로폴리스에서 금 제물을 동원하기로 결정했다. 이러한 동원 덕분에 기원전 411년과 407년 사이에 아테네는 재건되었다.

그러나 기원전 406년 아테네는 함대의 전멸이라는 결정적 패배를 맞았다. 이 패배는 재정 부담과 결합되어 아테네의 정치적 통합을 무너뜨렸다. 아테네의 지주들은 스파르타의 지도자 리산드로스와 타협하여 과두정치 체제를 구축하려고 했다. 화폐 위기는 이러한 정치적 분열의 일부이다. 축장으로 인해 주조된 은화가 사라진 이후, 동화를 주조하여 4드라큼 은화와 동일한 유형으로 수용하도록 시도했다(Jessop Price, 1968). 식료품의 부족과 결합된 이러한 제한된 화폐개혁은 물가 상승을 촉발하여 신뢰를 약화시켰다.

기원전 404년 3월 아테네 민주국가는 항복해야만 했고, 스파르타 지도자 리산드로스의 동의하에 반대 세력이 쿠데타를 일으켰다. 이 시기는 스파르타의 후견 아래 아테네를 점령한 주둔군의 보호를 받는 30인 참주의 시대였다. 이것은 민주주의 제도를 파괴한 공포 통치였다. 그러나 그들의 끔찍한 폭정은 반란을 촉발시켰다. 30인의 참주가 정권을 잡은 지 얼마 지나지 않아 바로 권력에서 쫓겨나면서, 정치적 위기를 해결할 수 있는 길이 열렸다. 민주주의가 회복되면서 아테네는 스파르타와 페르시아 사이의 대립을 이용한 노련한 외교 전략을 펼칠 수 있었다. 아테네인들은 펠로폰네소스동맹을 무너뜨리는 데 성공했다. 페르시아와 동맹국이 된 아테네는 라우리온 은광을 되찾았고, 기원전 394년에 재개된 전쟁에 자금을 조달할 수 있었다. 기원전 377년까지 아테네는 제2차 델로스동맹을 결성할 수 있을 정도로 회복되었다. 제2차 델로스동맹은 제1차 델로스동맹 이후 1세기 만이었고, 펠로폰네소스전쟁 패배 이후 반세기 만이었다.

한편, 아테네는 동화(銅貨)를 통합하여 화폐 시스템을 진화시킬 수 있는 기회를 잡지 못했다. 반대로 아테네는 동 주화를 탈화폐화 하고 유통에서 회수하는 디플레이션적 선택을 했다. 다행히도 경제는 매우 빠르게 회복되었고 오랜 공공 부채의 위기를 피할 수 있었지만, 농민, 수공업자, 그리고 소상인은 그렇지 못했다. 시민의 일체성을 회복하는 데 승리한 보수주의가 도시 주권의 원천으로 복귀했다. 동화의 혁신은 필리포스 2세와 대왕으로 알려진 알렉산더 3세에 의해 마케도니아에서 훨씬 나중에 나타났다. 기원전 322년, 알렉산더의 정복 이후 동화는 프톨레마이오스의 이집트를 포함해 헬레니즘 제국 전역으로 퍼져 나갔다. 이후 동화는 금, 은, 동으로 이루어진 로마공화정의 삼 금속 시스템의 중심축이 되었다.

1.4. 로마공화정에서 정치 갈등과 빚

화폐에 대한 신뢰는 상인들의 특별한 이해관계에 직면한 국가 건설에서 필수적인 차원이라는 점을 상기할 필요가 있다. 화폐에 대한 신뢰가 존재하기 위해서는 화폐에 대한 인식이 시스템화 되어야 한다. 화폐에 대한 신뢰는 국가의 보호 아래 공통의 소속감을 표현해야 한다. 신뢰와 불신은 변증법적인 관계에 있기 때문에 이는 자명하지 않다.

로마 시대에 화폐 시스템은 위계화된 형태로 나타났다. 주조된 화폐에 기재된 계산 단위가 중심축 역할을 했다. 기원전 3세기 포에니전쟁 당시에는 아스(as) 동화가, 로마공화정에서는 세스테르티우스(*sestertius*) 동화(=4아스)가, 로마제국에서는 세스테르티우스 은화와 데나리우스(*denarius*) 은화(=4세스테르티우스)가 중심적인 계산 단위였다.

귀금속 공급이 부족했던 시기에는 사용자들에 의해 공식적인 위계가 도전 받을 수 있었다. 사용자들은 몇몇 주화를 평가절상 하거나 평가절하 하여 화폐 당국과 갈등을 빚었다. 화폐 당국은 유통 중인 몇몇 주화를 회수 또는 재주조하거나, 심지어 계산 단위를 변경하는 화폐개혁을 통해 타협을 모색했다. 예를 들어, 서기 64년에 네로(Nero)는 아우레우스(aureus) 금화의 무게를 1/42리브르(7.8그램)에서 1/45리브르(7.4그램)로, 데나리우스 은화의 무게를 1/84리브르(3.86그램)에서 1/96리브르(3.38그램)로 낮추었고, 데나리우스 은화의 순도도 98퍼센트에서 93퍼센트로 낮추었다. 이 개혁을 통해 은화로 만든 정화를 늘릴 수 있었다. 화폐 부족에 대한 두려움 때문에 이 주화의 금속 가치가 떨어졌음에도 불구하고 화폐개혁을 받아들일 수 있었다. 이전에도 화폐가 부족하면 일상의 지불을 심각하게 마비시키고, 부채를 갚지 못해 금융 위기가 발생한 사례가 있었기 때문이다.[13]

제2차 포에니전쟁(기원전 218-201)에서 금융 위기

티트-리브(Tite-Live)[14]에 따르면, 제2차 포에니전쟁 초기에 화폐 기준은 아스 리브랄(as libral) 동화였고, 기원전 217년에는 세미 리브랄(semi-libral)이 화폐 기준이 되었다. 연속적인 평가절하가 빠르게 이루어지면서 기원전 211년에는 아스 온시알(as oncial, 1/12리브르)이 화폐 기준이 되었다. 이러한 평가절하는 한니발이 로마의 존재 그 자체를 위협하자 그에 따른 대규모 군비 지출로 인해 발생했다. 재정 적자가 3백만 세스테르티우스를 넘어섰다. 이것은 나중에 유럽의 역사에서 크게 증가하게 될 전쟁 물자의 동원에 기인한 공공 부채 위기의 전형적인 사례이다. 이에 대처하기 위해 로마는 민간의 은을 차입하고 많은 수의 지급을 중단하였으며, 이로 인해 강제 부채가 발생하여 자금 공급자에게 전가되었다. 또한 로마는 공공건물과 군함의 임대, 로마 시민들의 개인 보물에 대한 징발, 공유재산의 매각 등 이례적인 조치를 취했다. 로마가 위태롭게 되자, 로마에

---

13. 로마 시대의 화폐 위기와 화폐개혁은 Jean Andreau(2000)의 비교 역사적 접근법을 참조하라.
14. Tite-Live, 7, 27, 3-4.

귀금속을 반입하는 열풍이 불었다. 이 금액은 전쟁이 끝난 후 세 차례에 걸쳐 상환되었고, 세 번째에는 토지를 양도하는 형태로 상환되었다.

기원전 214년에는 국가의 채무와 채권을 관리하고 상환금을 기록하기 위해 삼두정치 체제가 만들어졌다. 기원전 207년부터는 메타우르스가 하스드루발에 승리한 덕분에 분위기가 바뀌었고, 민간사업이 활기를 되찾으면서 세수가 회복되었다. 전쟁은 6년 더 지속되었지만, 국가의 재정은 개선되었고 당국은 채무를 상환할 수 있었다.

기원전 1세기의 정치 위기에서 채권자와 채무자 간의 갈등

금융거래에는 사법(私法)의 법규가 적용되었다. 그러나 동맹국, 즉 이탈리아의 비로마 시민에게는 로마법, 특히 이자부 대출에 관한 규정이 적용되지 않았다. 사적 계약을 등록하는 사무소가 없었기 때문에 로마법을 회피하는 것이 가능했다. 이러한 허점은 과도한 위험 감수, 계약 내용이 모호한 거래와 과도한 부채를 조장했고, 그 결과 민간 부채 위기가 반복되었다. 민간 부채 위기임에도 불구하고 이것은 지급 결제 시스템을 교란시킬 가능성이 있었기 때문에 국가의 개입을 필요로 했다. 여기서 우리는 1장에서 분석한 부채, 지급 결제의 완결성 그리고 유동성 간의 밀접한 관계에 대한 사례를 찾을 수 있다.

부채 위기를 억제하기 위해 국가는 다양한 예외적이고 임시적인 수단을 사용하였고, 이러한 수단의 사용은 정치적 선택에 좌우되었다. 극단적인 시나리오는 아무런 조치도 취하지 않는 것, 즉 부채의 조정을 거부하고 문제를 억제하는 것이었다. 이것이 기원전 63년 키케로가 선택했던 방법이다. 이러한 재앙적인 정책과는 별도로 부채 조정 전략을 실행할 수도 있었다. 이 전략은 현대의 기법들과 비교해도 손색이 없었다. 만기 일정을 조정하여 과도한 부채를 줄임으로써 미결제 잔액이나 납입 이자를 낮출 수 있었고, 공공의 통제 하에 채무자의 자산 매각을 주선할 수도 있었으며, 무상이나 무이자 또는 저리 대출 형태로 공적 자금을 제공하여 유동성을 주입할 수도 있었다(Andreau, 2007).

따라서 이러한 해결 방식에는 화폐개혁이 포함되지는 않았지만, 그렇다고 화폐개혁을 배제하지도 않았다(실제로 그러한 개혁은 기원전 91년과 81년에 일어났다). 공권력은 화폐개혁으로까지 가지 않더라도 대부분의 위기에서 더 많은 화폐를 유통시키는 선택을 했다. 따라서 그들은 대차대조표의 확장(양적 완화 정책)으로 알려진 정책을 시행했다. 이 때문에 오늘날 중앙은행의 «대담성»에 대한 화폐 중립주의자들의 분노의 외침은 다소 우스꽝스러울 정도이다.

최악의 위기는 기원전 64년에서 62년 사이의 «카틸리나의 음모»로, 키케로는 과도한 부채를 관리하기 위해 어떤 조치를 취하는 것도 거부했다. 그는 기원전 63년에 집정관이 되어 위기의 중심에 있었다. 키케로는 기원전 64년 7월 선거에서 여론을 동원하기 위해 위기를 극도로 과장했다. 카틸리나는 기원전 63년 집정관 선거에서 키케로와 맞붙었다. 선거 유세에서 카틸리나는 지지자들에게 부채로 인한 빈곤과 국가의 공직으로부터 받는 수입으로 혜택을 누리는 소수의 집권 지배 집단의 부유함 간의 차이를 강조했다. 카틸리나는 원로원에서 부채를 탕감하는 법안을 통과시키는 데 찬성했다. 게다가 기원전 86년 위기 때 부채의 3/4이 탕감되었다. 하지만 기원전 64년 무렵 일부 로마 평민들은 여전히 막대한 빚을 지고 있었다.

키케로는 부채 감면에 매우 적대적인 정치 선전으로 기원전 63년 집정관이 되었다. 카틸리나는 기원전 62년 집정관 선거에서 또다시 패배했고, 평민들과 엘리트 출신 청년들을 포함한 지지자들과 함께 폭력적인 행동에 들어갔다. 기원전 62년 10월, 키케로는 비상사태를 선포하여 집정관에게 이례적으로 특별한 권력을 부여하였다. 키케로와 카틸리나 양 진영 모두 내전을 위해 군대를 동원하였다. 내전의 위협과 결부된 막대한 부채로 인해 지불이 동결되었다. 절대적인 유동성을 추구하는 축장으로 인해 화폐가 사라졌다. 키케로는 귀금속의 수출을 금지하였다. 키케로와 그의 추종자들은 기원전 62년 1월 토스카나에서 정규군에게 패하고 학살당했다.

우리에게 흥미로운 교훈은 부채가 봉기를 유발할 수 있다는 것이다. 도시뿐만 아니라 지방의 평민 채무자들과 젊은 엘리트층 채무자들의 이해관계가 결합되었다. 높은 정치적 지위를 쟁취하는 데는 매우 비싼 대가를 치러야 했는데, 이는 극심한 세대 간 불평등으로 이어졌기 때문이다. 빚을 지고 있는 원로원 의원들은, 정도의 차이는 있지만, 채권자들에게 상환하기 위해 그들의 대부분의 재산(토지, 노예, 부동산, 귀금속)을 매도해야 했다. 재산의 대규모 매각으로 디플레이션이 발생했다.

쇠퇴하는 로마공화정에서 돈의 논리

로마공화정은 상속자들의 사회가 되었다(Veyne,[15] 1976). 정치가 사회적 인정을 받을 수 있는 유일한 길이었기 때문에 로마공화정은 정치사회이기도 했다. 원로원 의원이 되기 위해서는 상당한 재산을 상속받아야 했다. 재산을 낭비한 원로원 의원은 지도층으로부터 제명되었다. 오로지 돈에 기초한 금권정치 논리와 세습에 기반한 귀족주의 원리가 충돌을 빚었다. 이러한 사회는 신분 상승을 불가능하게 만들었고, 불가피하게 경직화 되었다.

돈에 접근할 수 있는 방법으로는 두 가지가 있었다. 하나는 개인 사업을 통해 돈을 벌거나 잃는 것이고, 다른 하나는 귀족 가문이 여러 세대에 걸쳐 제공한 서비스에 대한 대가로 국가가 보장하는 것이다. 예를 들어, 세습 귀족으로 태어난 카틸리나는 국가가 자신의 세습재산을 보증해 줘야 한다고 생각했고, 키케로를 찬탈자로 취급했다. 따라서 국가는 두 범주의 사회적 가치 사이에서 정치적 조절(régulation)을 해야 했다. 상충하는 이해관계의 소용돌이에 휘말린 카틸리나는 정치적 조절을 할 수 없었고, 훗날

---

15. 로마 사회와 공화주의 과두제의 작동 방식에 대한 분석은 Paul Veyne(1976)의 훌륭한 저작을 참고하라.

우월한 주권으로부터 나온 황제가 이러한 정치적 조절을 하였다.

부채와 기원전 1세기의 디플레이션적 화폐 위기 간의 밀접한 관계를 고려할 때, 지급 결제의 위기를 일으킨 것은 축장이었다. **유동성을 찾기 위해 미친 듯이 찾아 헤매다 보니 유동성이 사라졌다.** 물론, 아리스토텔레스가 그토록 우려했던 이러한 역학 관계는 권력을 가진 채권자들이 추진하는 화폐 정책으로 인해 화폐 공급이 경직될수록 더욱더 치명적이었다. 이 위기는 유로존의 틀에서 현대 그리스 위기와 매우 흡사했다!

기원전 49년에서 47년 사이에 채무자와 채권자 간의 새로운 극심한 긴장의 결과, 카이사르와 폼페이우스 간에 내전이 발생했다. 토지의 가격이 하락했고, 경화(硬貨)가 사라졌다. 그러나 집정관 자리에 있던 카이사르는 키케로처럼 대처하지 않았다. 카이사르는 채무자들이 몰수당하지 않고 그들의 채무를 갚을 수 있도록 전쟁 이전의 가치로 재산의 가치를 평가했다. 더욱이 카이사르는 채무의 일부를 탕감했고, 어느 누구도 60,000세스테르티우스 이상의 현금을 보유하지 못하도록 했다. 결국 그는 원로원과 성소들의 보물을 징발하여 금화와 은화를 주조하도록 했다. 하지만 이렇게 현명한 정책조차 심각한 사회적 무질서를 막지는 못했다.

막강한 힘을 가진 제국에서 후기 제국으로

로마제국은 중앙집권화 되고 통일된 주권 원칙을 특징으로 했다. 이 주권 원칙이 화폐 레짐에 미친 영향은 강력했다. **로마제국은 부채를 지지 않았고, 외국 화폐를 인정하지도 않았다.** 이러한 상황에서 폭력적인 금융 위기가 사라졌다. 더욱이 서기 1세기 내내 로마제국은 안정과 도약의 시기를 보냈다. 그러나 2세기부터 완만한 동시에 장기적으로 지속된 화폐의 가치 하락을 겪었다(Carrié, 2000).

화폐 가치 하락의 주된 이유는 제국의 확장이었다. 정복한 지역을 평정하고, 먼 거리의 국경을 방어하는 데는 새로 정복한 지역에서 징수하는 공물을 능가하는 군사, 병참 및 토지 개간 비용이 필요했다. 노예의 부족은 농업 생산성을 떨어뜨렸다. 로마제국의 공공 재정은 190년대 콤모두스 황제 치하에서 전쟁의 성격이 방어적이 되면서 심각하게 악화되었다. 공공 재정의 악화는 돌이킬 수 없는 화폐 가치 하락을 초래했고, 데나리우스의 은 순도가 95퍼센트에서 65퍼센트로 감소했다. 데나리우스 은화의 가격은 두 배가 되었지만, 평가절하 되지 않았던 아우레우스 금화와 세스테르티우스 동화는 가격의 변화 없이 일정하게 유지되었다. 215년 카라칼라 황제는 은의 순도가 50퍼센트 미만인 5그램의 주화 안토니니아누스(antoninianus)를 도입하였다. 238년까지 안정적이었던 이 새로운 화폐는 이후 무게와 순도 모두 점진적으로 평가절하 되었다. 이 화폐는 250년부터 주조가 중단되고 274년에 완전히 사라진 데나리우스 은화를 대체하였다.

안토니니아누스 은화가 도입된 초기에 이 화폐는 로마제국의 국경 지역에 있는 주조소에서만 주조되었고, 군사작전을 위해 재원을 조달해야 하는 지방에서만 유통되었다. 따라서 로마제국의 화폐유통은 분할되었다. 로마제국이 화폐유통을 분할한 것은 유통되는 화폐 공급량을 늘리려는 의도였다. 그러나 공공 재정이 악화되는 상황에서 이 화폐의 금속 함량을 떨어뜨리지 않고 화폐 공급량을 늘리는 것은 불가능했다. 아우구스투스가 설정한 금/은/동의 화폐적 위계는 250년경까지 변하지 않고 유지되었다(Callu, 1969). 258년까지 금화와 은화는 25/1의 평가를 유지하기 위해 함께 절하되었다. 이후 은화인 안토니니아누스의 가치 폭락으로 인해 화폐적 위계가 붕괴되었다. 274년 아우렐리우스 황제는 화폐 개혁을 단행하여 로마에서 대-인플레이션 위기(274-361)를 촉발시켰다. 이에 대해서는 화폐 위기에 대해 할애하고 있는 제3부에서 분석할 예정이다.

흥미로운 점은 215년에서 274년 사이에 놀라울 만큼 물가가 안정되었다는 점이다. 금속 간의 화폐적 위계가 준수되는 한, 화폐의 평가절하에 대한 인식은 더뎠던 것처럼 보인다. 더욱이 신·구 주화 간의 유통의 분할은 로마제국의 심장부에 대한 신뢰의 붕괴를 억제하였다.

2. 중세에서 화폐의 발명

5세기에 로마제국이 멸망한 이후, 서양에서 화폐경제는 급격하게 쇠퇴하여 4세기 로마의 대-인플레이션에서 일어났던 과정이 계속 이어졌다. 모든 화폐 주조에 대한 불신은 주권의 붕괴를 동반했다. 중세 초기에는 금괴나 고대 로마의 주화를 무게로 교환하는 미발달된 교환 형태로 퇴보했다. 가치의 사회적 공간은 파편화되었다. 무게 측정 형태로의 쇠퇴는 윤리적 신뢰의 상실을 말해 준다.

도시경제가 소멸되고 주요 운송로가 파괴되면서 약간의 직접적인 교환을 제외하고는 상품경제가 사라졌다. 야만적인 자연으로 돌아가, 옛 로마 수비대 출신의 무장 도적떼 무리가 배회하는 광활한 공간에 흩어져 있던 수도원들이 화폐를 발행할 수 있는, 동로마제국이 물려준 유산의 유일한 보관소가 되었다. 실제로 사회적 소속이 민족적 기준에 따라 정의되는 한, 화폐 주조 작업장은 수도원에 국한되었다. 이러한 작업장들은 품질 관리나 외국환 조절을 위한 장치 없이 여기저기 흩어져 있었다.

2.1. 주권의 어려운 재정립

따라서 주권과 화폐 대장(臺帳)에서 가톨릭교회는 동로마제국이 물려준 유산의 연속성을 대표한다. 그러나 프랑크족 왕들의 등장은 민족적 기준에 따라 구성원의 소속이 정의되는 씨족 정부 형태의 우위를 가져왔다. 물론, 프랑크족 왕들이 계속해서 로마의 재정 원칙을 적용함에 따라 부동산 거래는 여전히 금속화폐(수sou)로 정의된 채로 남아 있었다. 그러나 이것은 메로빙거왕조의 토지 귀족에게만 해당되었다.

천 년 무렵, 유산된 제국 주권의 복원과 복잡하게 뒤얽힌 위계의 확립

프랑크족 왕들과 가톨릭교회 간의 관계는 평화로운 것과는 거리가 멀었다. 샤를 마르텔(Charles Martel)을 시작으로 프랑크족 왕들은 상습적으로 교회의 재산을 몰수했다. 프랑크족 왕들은 몰수한 교회 재산을 매각하여 그들의 위엄과 신망을 안전하게 보장하는 군대를 동원하는 재원으로 사용했다. 몰수한 재산을 돌려주기 위해 가톨릭교회와 협상이 진행되었다. 그 결과, 경계선을 정의하기 위한 타협에 어렵게 도달했다. 이렇게 도달한 것이 사회적 관계와 주권의 상징인 **영지**(領地) 모델이었다. 봉건영주들은 몰수한 가톨릭교회의 토지를 계속해서 보유했지만, 가톨릭교회의 우선적인 소유를 인정하여 가톨릭교회에 재정적으로 기부를 했다(Duby, 1973).

새로운 주권 원칙의 발명이 사회관계 전체에 얼마나 중요한지는 분명하다. 수 세기 동안 가톨릭교회와 군주 국가 간에 동맹을 맺도록 한 것은 **복잡하게 뒤얽힌 위계적 주권 원칙이다.**[16] 세속의 질서에서는 왕이 주권자이고, 성(sacré)의 질서에서는 가톨릭교회가 주권자이다. 이 두 가지 주권 양식은 가톨릭교회의 현저한 우위 하에서 복잡하게 뒤얽히게 된다. 주권 원칙에서 **복잡하게 뒤얽힌 위계**는 신뢰 형태의 위계를 야기한다. 윤리적 신뢰는 가톨릭교회가 가르치는 하느님의 계명에서 유래하고, 위계적 신뢰는 국가의 권위에서 나온다. 기독교 세계의 도덕적 가르침은 율법에 영감을 불어넣고, 세속 주권자의 행동을 지도한다. 적어도 기독교 세계의 도덕적 가르침은 당위라는 의무이다. 가톨릭교회에 대한 왕

---

16. 복잡하게 뒤얽힌 위계는 서방 기독교에 고유한 것이 아니다. 수 세기 동안 유라시아 제국 사회에서 이러한 위계가 발견된다. 그에 대한 저명한 한 명의 이론가가 루이 뒤몽(Louis Dumont, 1983)이다. 그는 위계적 사회에서의 주권 원리와 상품 개인주의(individualisme marchand)가 지배하는 사회에서의 주권 원리를 비교한다.

의 충성을 나타내는 상징적 형태는 대관식이며, 이를 통해 왕을 사회질서에서 신적 질서의 중재자로 만든다. 왕은 대관식에 대한 보답으로 교황청(Saint-Siege)을 보호할 것을 약속한다. 이것이 760년 페팽(Pépin)을 시작으로 서방 기독교[17]라 불리는 것의 탄생이다. 800년에 샤를마뉴(Charlemagne)[18]는 제국의 왕관을 받았고, 수 세기 동안 지속되어 온 씨족들 간의 반목을 종식시키고 무역을 재개함으로써 사회질서를 복원하였다. 주권자는 세금 수입을 얻는 시장 창출에 대한 독점을 공포한다. 길드라는 조합에 관한 규칙(code)이 윤곽을 드러낸다.

그러나 로마제국의 재건을 목표로 하는 카롤링거 왕조의 복고는 실패로 끝났다. 카롤링거 왕조는 화폐 주조에 대한 국가의 독점을 재확립하여 사회적 실체(corps social)의 위계에 화폐적 형태를 부여하였다. 수(sou) 금화의 주조는 황제의 배타적 특권이었고, 은화의 주조는 영주들에게 위임되었다. 그럼에도 불구하고 카롤링거 제국은 천년이 되기 훨씬 전에 분할되면서, 영지는 다시 자치적(自治的)이게 되었다. 9세기와 10세기에 화폐의 유통 공간은 축소되었고, 봉건영주들의 대립은 끊임없는 전쟁의 참화 속에서 악화되었다. 비잔틴제국 및 이슬람제국과의 장거리 무역에서는 금화 거래가 계속 이루어졌다.

---

17. 라틴식 전례를 따르는 로마가톨릭교회와 여기에서 갈라져 나온 성공회, 루터교, 장로교 등의 개신교를 포함한 기독교 교파를 총칭해서 부르는 이름이다: 옮긴이.
18. 732년 이베리아반도에 있던 이슬람 세력이 피레네산맥을 넘어왔고, 서유럽 기독교 세계는 위기에 빠지게 되었다. 이슬람의 공격을 프랑크 왕국의 궁재였던 샤를 마르텔이 막아냈다. 로마 교황은 이러한 샤를 마르텔을 "기독교 세계의 보호자"라고 했다. 교황이 무력을 지닌 프랑크 왕국에 호의를 보인 것이다. 교황과 프랑크 왕국의 유대는 샤를 마르텔의 아들인 페팽 단신왕에 이르러 더 강화되었다. 751년 페팽은 교황에게 특사를 보내서 실제로 통치하지 않는 사람이 왕으로 불릴 자격이 있는지 의견을 물었다. 교황은 이 기회를 놓치지 않고 왕권을 가진 자보다는 실권을 가진 자가 왕으로 불릴 자격이 있다고 답했다. 이 답변을 받자마자 페팽은 프랑크 왕국의 왕을 폐하고 자신이 왕에 오름으로써 카롤링거 왕조를 열었다. 바로 이 페팽의 아들이 샤를마뉴다. 샤를마뉴는 스페인 북부에서부터 독일 동부와 폴란드에 이르는 광대한 영역을 정복했다. 그리고 800년 12월 25일 로마의 성 베드로 성당에서 교황 레오 3세에 의해 서로마 황제 칭호를 받고 대관식을 치렀다: 옮긴이.

가톨릭교회는 정치적 경쟁자들을 폭력으로부터 보호할 수 있는 도덕적 권위를 갖춘 유일한 기관이었다. 가톨릭교회는 복잡하게 얽힌 주권 원칙에 제도적 기반을 마련한 중대한 개혁을 통해 화폐유통을 활성화하기 위한 정치적 토대를 확립하였다. 먼저, 가톨릭교회는 전쟁 중인 제후들에게 신의 휴전[19]을 받아들이도록 하고, 교회력[20]을 확립하여 사회적 시간을 구조화하는 데 성공하였다. 이후 이러한 토대를 바탕으로 교황은 유럽의 운명에 결정적인 그레고리우스 개혁[21]을 선포하였다. 교회의 직위를 판매하는 것을 금지함으로써 성스러운 것(Sacré)이 시장의 경계 밖에 놓이게 되었다. 수도원, 군주, 영주, 그리고 자유도시가 교황청에 정액 지대를 납부하도록 규정하는 교회법이 제정되었다.

지대의 지급은 화폐의 유통에 다시 활력을 불어넣었다. 가톨릭교회는 로마 교황의 재정(財政)을 위해 초영토적인 네트워크를 조직했지만 화폐를 창조하지는 않았기 때문에 납세자의 지역 화폐를 이용하였는데, 이것이 환(換)시장을 발전시키는 계기가 되었다. 교황청의 환전상들이 상인-은행가로 자리를 옮기면서 유럽 전역에 걸쳐 가톨릭교회가 소유한 막대한 토지 재산의 정액 지대를 로마로 끌어 모았다(Dupuy, 1992). 이런 식으

---

19. 최초의 평화 공의회로 알려진 989년 샤루 공의회로부터 출발한 신의 평화운동(la paix de Dieu)은 임시 전투 중지와 그리스도교적 전쟁 도덕률을 갖춘 신의 휴전 운동(la treve de Dieu)으로 발전하였다. 신의 평화운동은 교황 그레고리우스 7세의 개혁과 더불어 11세기 서유럽에서 전개된 가장 중요한 사회운동 중의 하나로 손꼽힌다. 신의 평화운동에 관한 기존의 연구들은 반(反)영주제적 혹은 반(反)봉건적 운동으로 평가하는 경향이 강하였으나 베르너나 바르텔레미와 같은 학자들은 신의 평화운동을 카롤링거의 전통에서 이어져 내려오는 교회의 현실 방안으로 설명한다: 옮긴이.
20. 교회력은 기독교 교파마다 차이가 있으나, 기독교의 중요 절기인 부활절과 성탄절을 기준으로 구성되며, 일반적으로 사용되는 양력인 그레고리우스력의 한 해의 시작과 달리 성탄 4주 전인 대림절을 한 해의 시작으로 본다: 옮긴이.
21. 그레고리우스 개혁은 교황 그레고리우스 7세가 추진한 일련의 개혁과 11세기 로마 교황청에서 전국적인 규모로 기독교 성직자들의 기강 확립과 세속으로부터의 독립 문제를 처리한 사건을 일컫는다. 개혁의 이름은 교황 그레고리우스 7세(1073-1085)의 이름에서 따온 것으로 보이나, 그레고리우스 7세 본인은 자신이 주창한 개혁에 자신의 이름을 붙이는 것을 직접적으로 거부하였으며, 자신의 교황명과 같은 그레고리우스 대교황을 영광스럽게 생각하여 그의 이름을 차용하였다: 옮긴이.

로 교황청은 자원을 집중시켰고, 성지에 대한 권위를 재확립하기 위해 지출을 통해 이를 화폐 회로에 재투입했다. 이로 인해 로마와 전 유럽의 영토 사이에 엄청난 금융 흐름이 발생했다. 길드에 관한 규칙이 만들어졌고, 도시와 합의한 자치권이 선포되었으며, 정기시(定期市)가 조직되었다. 11세기 말 십자군 전쟁이 시작되면서 기독교 세계의 모든 공간으로 확대된 정기시 네트워크는 자본주의가 뿌리를 내릴 수 있는 밑거름이 되었다.

이러한 새로운 주권의 개념화는 고대와의 완전한 단절을 의미했다. 정치는 더 이상 사회적 지위의 핵심적인 원천도 아니었고 행동을 정당화하는 원칙도 아니었다. 기독교는 세속의 삶에서 개인의 구원을 궁극적인 목적으로 하는 신(Dieu)의 형상을 닮은 인간 존재의 관념을 확립했다. 이러한 영적 목표는 정치적인 것이 아니라 가톨릭교회에 의해 정당화되었다. 이에 상응하여 기독교는 노예제도를 부도덕한 것으로 규정하고 자유로운 개인 간의 노동계약에 가치를 부여했다. 자본주의가 될 것을 구성하는 이중 분리의 윤리적 토대는 가톨릭교회에 의해 정교화 되었으며, 교회법에 적합한 법률적 형태를 받아들였다. 수 세기 동안의 구원에 대한 열망과 막스 베버가 《자본주의 정신》이라고 부른 것 사이의 만남은 중세에 민간 부문의 금융 혁신을 위한 길을 닦았다.

대관식이 프랑스의 왕을 신으로부터 부여 받은 왕권으로 인정했기 때문에 수 세기 동안 프랑스의 왕은 백성들과 동맹 협정을 맺었다. 어떤 의미에서 왕의 인격은 이중적이었다. 왕은 한편으로 반드시 죽는 인격체이고, 다른 한편으로 왕위 계승의 세습으로 표현되는 주권이다. "이제 옛 왕은 죽었다. 새로운 왕이여 만세!" 11세기부터 금융은 왕권을 확고히 하는 데 결정적인 역할을 했다. 왕과 가톨릭교회와의 동맹은 1095년에 시작된 제1차 십자군 원정을 통해 강화되었다. 십자군 원정은 영주들과 왕들의 재정적 필요를 크게 증가시켰다. 영주들에 대해 왕권을 중앙으로 집중시키려는 전쟁도 공권력의 만족할 줄 모르는 욕구를 부채질하였다. 유럽의 한쪽 끝에서 다른 쪽 끝으로의 금융적 조정은 정기시 네트워크를 만든 이탈리아 상인-은행가의 전유물이 되었다.

중세 후기의 화폐 혁신으로 인해 화폐의 제도화, 즉 가치 조절의 추상화가 비약적으로 발전했다. 두 가지 중대한 화폐 혁신이 이루어졌다. 하나는 추상적 계산 단위라는 공공 부문에서의 혁신이었고, 다른 하나는 환어음의 발명이라는 민간 부문에서의 혁신이었다. 이 두 요소의 유기적 결합으로 16세기 들어 페루에서 포토시 은광이 발견될 때까지 자본주의 발전의 첫 번째 단계를 조절했던 이원론적 국제 화폐 시스템이 확립되었다.

2.2. 이원적 시스템의 발명과 발전(13-15세기)

우리가 앞으로 분석하게 될 장부화폐의 발전에도 불구하고, 유럽 경제는 소액 지급 결제와 부채의 결제를 위해 금속화폐에 크게 의존했다. 그러나 동양과의 구조적인 무역수지 적자를 충당하기 위해 유럽에서 귀금속이 유출되었다. 더 큰 문제는 십자군 전쟁 비용이었다. 하지만 유럽의 광산들은 유럽에서 유출된 금속과 유럽 영주들 간의 계속되는 전쟁으로 인한 손실을 메울 만큼 충분한 금속을 생산하지 못했다. 14세기 말, 금속의 부족이 절정에 달하면서 귀금속 가격의 급등, 상품 가격의 하락, 금속 함량의 감가상각으로 인한 유통 화폐의 평가절하 등 15세기의 대-디플레이션이 시작되었다.

귀금속의 부족은 때로는 잠재적으로, 때로는 극심하게 발생하여 군주들이 정화(espèces monétaires)의 양을 유지함으로써 서로에 대한 주권을 주장하고자 하는 화폐 혁신을 자극했다. 이는 어떤 금속 기반과도 분리하여 부채를 정의하는 추상적 계산 단위의 발명으로 이어졌다. 가장 유명한 추상적 계산 단위는 프랑스의 리브르 투르누아(livre tournois), 영국의 파운드 그리고 스페인의 마라베디(maravédis)였다. 이 발명 이후, 금속화폐는 계산 단위로 정의되었으며, 이는 유럽의 군주국들에서 화폐 시스템의 중심축이 되었다. 따라서 이러한 화폐 시스템은 추상적 계산 단위와 금속 결제 수단으로 이루어진 이원적 시스템이 되었다. 그래서 1266년 제3차 십자군 원정에서 포로로 잡혔다가 거액의 몸값을 지불하고 풀려난 루이 9세는 에퀴 금화와 그로스 은화를 주조했다. 루이 9세는 주권적으로 부채를 표현하는 리브르 투르누아로 주화의 가치를 정하였다. 주화에는 어떤 숫자도 적혀 있지 않았다. 이렇게 하여 루이 9세는 그의 후계자들에게 유통 중인 주화의 무게나 순도를 바꾸지 않고도 화폐 변경을 선언할 기회를 제공했다.

화폐 공급량의 구매력은 화폐 변경의 이득을 상쇄시킬 만큼 물가가 오르지 않는 한 그 구조를 바꾸지 않고도 전반적으로 증가할 수 있었다. 루이 9세가 에퀴 금화를 20퍼센트 올리기로(리브르 투르누아는 하락) 결정했을 때, 모든 종류의 주화가 상대 가치에 따라 계산화폐의 새로운 정의에 맞추어 정렬되었다.

수 세기 동안 화폐 변경은 채무자이자 채권자인 국가의 재정적 이해관계에 따라 (대부분) 계산 단위를 평가절하 하거나 (예외적으로) 평가절상하는 왕의 정책 수단이었다(Bloch, 1953). 프랑스에서 이원적 시스템은 프랑스 대혁명 때까지 지속되었다. 이 정책은 디플레이션 환경에서 효과적이었다. 15세기 디플레이션 기간 동안 이 정책은 상인길드와 일반 대중의 지지를 받았다. 이 정책은 더 큰 구매력을 가진 지급수단을 재화에 주입함으로써 지출을 늘릴 수 있었다. 이를 통해 상품 가격을 유지하고 디플레이션적 힘을 둔화시켰다. 반대로 16세기 들어 아메리카 대륙으로부터 화폐화 할 수 있는 금속이 유입되면서 계산화폐의 가치 하락은 화폐 팽창의 인플레이션 효과를 증폭시켰다. 리브르 투르누아의 평가절하는 화폐의 조절과 국가의 재정상의 필요 사이의 모순을 말해 주었고, 이는 심각한 사회적 갈등의 쟁점이 되었다.

화폐적 추상화의 거대 쌍곡선에서 이원적 시스템

이원적 시스템은 프랑스에서는 500년 동안 그리고 영국에서는 450년 동안 지속된 화폐 조직이다. 이원적 시스템은 수 세기에 걸친 화폐적 추상화 과정의 일부이다. 화폐적 추상화의 궤적은 화폐화 된 금속의 무게 측면에서 계산 단위의 되돌릴 수 없고 일반화된 평가절하의 패턴을 보이는데, 결국 20세기에 들어서 계산 단위는 금속과 완전히 무관하게 된다. 계산 단위는 스스로를 정의한다. 계산 단위는 부채를 발행하는 기관의 부채의 단위이며, 화폐는 오로지 신용화폐일 뿐이다.

먼저 우리는 이러한 궤적이 양적인 진화의 법칙을 따르는지 살펴볼 것이다. 그런 다음 화폐적 추상화의 주요한 질적 단계에 대해 논의할 예정이다. 이것들은 화폐의 사회적 발명이 다른 무엇보다도 주권적 힘의 편이라는 것을 보여 준다. 이것들은 또한 (화폐의) 사회적 발명이 극심한 변경의 단계와 안정의 단계를 번갈아 가며 진행하는 과정이라는 것을 보여 준다. 주화에 대해 수집된 정보 덕분에 금화 또는 은화의 순도와 무게를 정확하게 측정할 수 있게 되었으며, 계산 단위를 은으로 정의할 때 금과 은의 비율을 고려하여 정의된 계산 단위와 동일한 가격의 순금의 무게를 계산할 수 있게 되었다. 명령 화폐(cours forcé)의 경우, 관례에 따라 계산 단위의 금속 함량은 자유 시장에서 순금 1킬로그램 가격의 역수라고 가정하고 있다. 카이유(Cailleux, 1980)는 〈표 3.1〉에서 화폐 역사가들의 연구를 요약 및 단순화 하여 보여 주고 있다.

〈표 3.1〉은 지난 2,500년 동안 계산 단위가 지수함수보다 빠르게 절하하였음을 시사한다. 계산 단위의 절하율은 시간이 지남에 따라 증가한다. 카이유는 이러한 절하율 데이터를 지수-쌍곡선 유형의 법칙에 적용할 수 있음을 보여 준다. 즉, $p=a/(b-e^{\alpha t})$이다. 여기에서 p는 금의 가격이고 t는 시간이다.

이러한 법칙은 금의 가격과 그 증가율이 유한한 시간에 무한으로 향하는 경향이 있다는 점에서 흥미롭다. 하지만 그 과정은 규칙적이지 않기 때문에 과거에 추정된 함수의 매개변수로부터 화폐경제가 붕괴되는 미래 날짜를 계산하는 것은 불가능하다. 실제로 가속적 절하의 시기는 화

표 3.1. 고대에서 샤를마뉴까지 그리고 샤를마뉴에서 프랑까지

시대	계산 단위[1]	순금함량(mg)	순금1kg당가격[2]
크로이소스 (-560)	리브라(무게) (Livre pondérale)	450,000	0.022
술라 (-87)	20 아스리브랄(as libral)	218,800	0.046
카이사르 (-45)	20 아우레우스(aireis)	162,700	0.061
아우구스투스 (0)	20 아우레우스	156,000	0.064
네로 (52)	20 아우레우스	145,000	0.069
디오클레티아누스 (295)	20 아우레우스)	109,000	0.092
콘스탄티누스 1세 (312)	20 솔리두스(Solidus)	90,000	0.111
살리카 법 (620)	20 솔리두스	76,000	0.132
샤를마뉴 (805)	리브르 (Livre)	24,000	0.42
루이 9세 (1266)	리브르 투르누아(Livre tournois)	8,270	1.20
필리프 4세 (1311)	리브르 투르누아	4,200	2.38
루이 11세 (1480)	리브르 투르누아	2,040	4.90
앙리 4세 (1600)	리브르 투르누아	1,080	9.26
루이 13세 (1640)	리브르 투르누아	621	16.1
루이 14세 (1700)	리브르 투르누아	400	25.0
루이 16세 (1789)	리브르 투르누아	300	33.3
나폴레옹 (1803)	프랑(Franc)	290	34.2
푸앵카레 (1928)	프랑	58.9	170
달라디에 (1938)	프랑	24.75	404
피네 (1958)	프랑	1.88	5,320
지스카르 (1972)	상팀(Centime)	1.08	9,290
바르 (1979)	상팀	0.23	43,000

1) 계산 단위 간의 명목적 일치: 20아우레우스 - 20솔리두스 - 1리브르
1리브르 투르누아 - 1프랑 = 100상팀
2) 프랑의 명목적 연속성은 1960년 새 프랑(구 100프랑)의 발명으로 단절되었고, 이것은 1963년에 프랑이 되었다.
자료: P. Cailleux (1980), p. 253.

폐적 안정의 시기에 의해 중단된다. 즉, 질서의 시기와 무질서의 시기가 번갈아 나타난다. 질서의 시기에는 화폐에 대한 열광이 중단되고 만기일이 연장된다. 그러나 제3부에서 보게 될 초인플레이션으로 악화된 화폐 위기는 화폐가 국지적으로 파괴될 수 있으므로 화폐 주권에게는 돌이킬 수 없다는 것을 가르쳐 준다.

잘 알려진 안정화 시기로는 우선 아우레우스(aureus)를 만들어 금본위

에 기초한 개혁을 주도한 카이사르의 시기를 예로 들 수 있다. 네로의 통치 하에서 아우레우스의 절하는 10퍼센트에 그쳤고, 215년 카라칼라의 통치 하에서는 20퍼센트에 불과했기 때문에 화폐적 안정이 2세기 이상 지속되었다. 그러나 우리가 앞에서 살펴본 것처럼, 3세기의 경제적 위기는 지방에서 화폐경제의 쇠퇴 및 로마제국 전역에서 무역의 위축과 함께 화폐의 급속한 변조(altération)를 동반했다. 5장에서 로마의 대-인플레이션에 대해 논의하면서 검토하게 될 디오클레티아누스(295)[22]와 콘스탄티누스(312)의 개혁은 분절화 되기 시작한 로마제국의 화폐 단위를 재건하려고 한 것이었다. 그러나 이러한 안정화 시기는 오래가지 못했다. 금속의 부족과 서로마제국의 붕괴는 중세 초기에 서유럽의 영토 분할로 이어졌다. 따라서 수(sou)의 원형인 솔리두스(solidus)[23]의 허울뿐인 안정성은 더 이상 유통되지 않는 계산 단위의 안정성으로, 시간이 지남에 따라 희미해지는 까마득한 주권의 상징이었다.

루이 9세에서 루이 16세에 이르기까지 화폐의 변경은 왕이 갖고 있는 정책의 핵심 도구였다. 이러한 정책에는 공적 채무자이자 재정적 채권자인 국가의 이해관계에 따라 계산 단위를 평가절하 또는 평가절상 하는 것이 포함된다. 이러한 시스템은 고대 시대보다 훨씬 더 빠른 평가절하

---

22. 기원전 211년 제2차 포에니전쟁 중 로마 원로원에 의해 발행되기 시작한 데나리우스는 이후 로마의 영토가 넓어지면서 우수한 은화로 교역을 비롯해 돈이 사용되는 모든 분야에서 인기 있는 화폐가 되었다. 아우구스투스에 의해 순도 100퍼센트의 화폐가 되었고, 네로 황제의 개혁으로 순도가 92퍼센트로 낮아졌으나 한동안 기존의 상업적 지위는 계속 유지되었다. 그러나 3세기의 위기로 인한 혼란으로 순도가 무려 5퍼센트까지 떨어졌다. 디오클레티아누스 황제가 개혁을 단행했으나 오히려 아르겐테우스라고 불린 새 화폐는 곧 사라졌고, 결국 디오클레티아누스 황제의 가격 통제령의 원인이 되었다. 디오클레티아누스 황제가 물러난 이후의 혼란을 수습하고 황제가 된 콘스탄티누스 대제는 개혁을 단행해, 솔리두스 금화로 데나리우스 은화를 대신한다: 옮긴이.
23. 솔리두스는 로마제국에서 통용되었던 금화이다. 기존의 아우레우스 금화를 대체하여 콘스탄티누스 1세 시대에 도입된 이후 1000여 년간 사용되었다. 금 함유량은 4.48그램, 순도는 95.8퍼센트이다. 이 금화를 제국 동쪽의 그리스어권에서는 '돈'이라는 뜻의 노미스마라고 불렀고, 동로마제국 시기에는 솔리두스와 노미스마가 같은 뜻으로 쓰였다: 옮긴이.

표 3.2. 5세기 동안의 화폐 변경: 프랑스와 영국

	프랑스			영국		
측정 시기와 그 당시 재임 왕	리브르 투르누아 에서 순금(mg)	리브르 투르누아 의 잔여 가치(%)	측정 시기와 그 당시 재임 왕	파운드에서 순금(mg)	파운드의 잔여 가치(%)
루이 9세 (1266년)	8,270	100	에드워드 1세 (1278년)	25,000	100
필리프 4세 (1311년)	4,200	50.7	에드워드 3세 (1350년)	17,400	84.8
루이 11세 (1480년)	2,040	24.6	헨리 7세 (1489년)	15,470	75.5
앙리 4세 (1600년)	1,080	13.1	헨리 8세 (1535년)	9,200	44.9
루이 13세 (1640년)	621	7.5	엘리자베스 1세 (1560년)	7,750	37.8

출처: P. Cailleux (1980), p. 254.

를 가능하게 만들었다.

이원적 시스템 내에서조차 계산 단위의 평가절하 강도는 윤리적 신뢰를 좌우하는 주권의 행사 방식에 따라 크게 달랐다. 프랑스 군주제는 신권에 의한 절대왕권으로, 왕실은 재정 문제에 대해 많은 자의성을 부여하여 화폐의 도구화를 선호했다(Bloch, 1953). 반면 영국에서는 1215년 대헌장(Magna Carta)이 공포되면서 상인과 민간 금융가의 정치권력이 의회를 통해 자신의 존재를 드러냈다. 평가절하는 엘리자베스 1세의 집권과 함께 사실상 중단되었다(표 3.2). 프랑스와 영국의 대비는 순전히 도구적인 방식으로 화폐 정책을 사용할 수 있는 국가권력의 능력을 제한하는 윤리적 신뢰의 결정적 역할을 분명히 보여 주고 있다. 화폐가 가치의 규범으로 자리매김하기 위해서는 만장일치로 수용되어야 한다. 그런데 역사가들은 15세기 말부터 이 화폐 변경에 대한 인식이 변화하는 것에 주목한다. 그때까지 화폐 변경은 화폐 시스템의 중심으로 명확하게 표현된 계산화폐와 비교하여 정의되었다. 그 이후에는 금속화폐와 비교하여 화폐 변경이 표시되었고, 따라서 계산 단위의 평가절하로 식별되었다. 동시에 매우 불안정한 시기 동안에는 리브르 투르누아에 대한 불신이 나타났다. 계약서를 작성하기 위해 민간 계산 단위와 같은 대체 기준을 찾으려는 시도가 발생했다. 이로 인해 왕의 금지에도 불구하고 민간 계산 단위가 사용되었다. 이렇게 리브르 투르누아에 대한 신뢰가 불신으로 완전히 역전된 이유는 무엇인가?

이원적 시스템의 번영과 쇠퇴

계산 단위의 명목상 변경은 계산 단위(리브르 투르누아)가 약화됨에 따라 주화의 유통을 강화할 수 있었다. 왕권이 에퀴 금화를 20퍼센트 올리기로 결정했을 때, 모든 종류의 주화는 주화의 상대 가치에 따라 계산화폐의 새로운 정의에 맞춰 정렬되었다. 그러니 주화의 싱대 가치는 주화의 표시 가치(공시 가치)와 금속의 거래 가격 간의 왜곡으로 인해 악화가 양화를 축출하는 문제를 야기했다. 이러한 «법칙»은 금융업자 토머스 그레셤(Thomas Gresham)이 언급하기 2세기 전인 14세기에 철학자 오렘(Oresme)에 의해 공식화되었다! 하지만 계산 단위의 추상화로 인해 화폐 공급(masse monetaire)과 왕국의 필요를 일치시키는 전반적인 문제를 지급 결제 수단의 구조 문제와 분리할 수 있었다(Thomas, 1977).

계산 단위의 절하기와 안정기가 번갈아 나타난 것은 아마도 1000년 이후 유럽 역사의 패턴을 형성한 장기 주기에서 찾을 수 있다. 경기 침체, 물가하락 그리고 지급 결제 수단의 부족 국면에 뒤이어 경기 확장, 물가 상승 그리고 화폐의 풍족 국면이 이어졌다. 십자군 원정의 최종 실패 이후, 14세기와 15세기는 기후 냉각, 1348년부터 1349년까지의 대 흑사병으로 인한 인구 재앙, 백년전쟁 등과 같은 심각하고 지속적인 사회적 병폐로 인해 악화된 끔찍한 디플레이션의 시기였다. 계산화폐의 평가절하는 디플레이션에 맞서 싸울 수 있는 유일한 수단이었다. 더욱이 계산 단위를 평가절상 하려는 일부 군주들의 일시적인 유혹은 일반 대중과 길드의 저항에 봉착했다. 반면 16세기 들어 화폐화 할 수 있는 금속이 아메리카 대륙으로부터 유입되면서 계산화폐의 절하는 화폐 범람에 따른 인플레이션 효과를 증폭시켰다. 결국 인플레이션의 원인에 관한 논쟁에서 경제학자이자 철학자인 장 보댕(Jean Bodin)[24]과 영주(領主)이자 경제학자인 장 드 말레스트루아(Jean de Malestroict) 모두 옳았다. 그들은 인플레이션의 원인에 대한 강조점이 달랐을 뿐이다. 화폐 수량론의 지지자인 장 보댕은 인플레이션을 세비야에서 화폐화 되어 유럽 전역으로 흘러 들어간, 포토시에서 대량으로 유입된 은 탓으로 돌렸다. 왕의 고문이자 영주인 말레스트루아는 여전히 남아 있는 낡은 이원적 시스템의 견지에서 추론하여 인플레이션의 원인으로 리브르 투르누아의 평가절하를 강조했다. 실제로 이러한 평가절하는 첨예한 사회적 갈등의 문제가 되었다.

실제로, 1492년 크리스토퍼 콜럼버스의 신대륙 발견 이후 스페인으로 쏟아져 들어온 은은 세비야에서 화폐화 되어 유럽 전역으로 퍼져 나갔다 (표 3.3). 화폐의 유통이 엄청나게 늘어나면서 강력한 인플레이션을 부채질하였다. 이에 따른 금융 무질서는 소위 르네상스 시대의 거대한 사회적 전환을 동반하였다.

이것을 이해하기 위해 이원적 시스템과 계산화폐와 지급 결제 수단이 결합된 현대 신용화폐 시스템을 비교해 보자. 현대 신용화폐 시스템에서 계산 단위의 가치가 하락하면, 명목 가치를 가진 채권자와 유동성 보유자는 모두 손실을 보는 처지에 있는 반면, 이원적 시스템에서 채권자는

---

24. 보댕은 분권적 봉건 체제로부터 통일적인 근대국가로의 전환을 추동한 주권의 본질과 그 효력의 원천이 무엇인지 보여 주고 있다. 무엇보다 흥미로운 것은, 공동체 구성원 전체의 계약을 통해 주권을 형성하는 사회계약론의 방식과 다르게 주권을 형성해 나가는 보댕의 '방법'이다. 왕권신수설은 주권이 초월적 신에게서 유래했다고 보는 반면, 사회계약론은 계약 당사자들의 합의와 동의에 의해 주권이 만들어졌다고 본다. 보댕은 주권의 신적 기원도, 신민과 주권자의 계약도 주권의 실제 효력을 현실적으로 완벽히 보장해 줄 수 없다고 보았다. 보댕은 주권을 절대적 입법권으로 정의하고, 나아가 그 절대성을 역사적 현실 속에서 논증함으로써 주권론을 통해 주권을 형성하고 있다(오향미, 「장 보댕의 주권론」, 『국제정치논총』, 2013, p. 12): 옮긴이.

표 3.3. 전 세계 귀금속의 생산량과 세비야로의 유입량

(단위: 기간 평균 톤)

기간	전 세계 생산량(1)		세비야 유입량(2)		(2)/(1) (%)	
	금	은	금	은	금	은
1495~1544 (A)	330	475	60	265	0.18	0.56
1550~1600 (B)	380	17,890	95	7,125	0.25	0.40
증가율 ((B-A)/A)	15%	410%	62%	2,618%		

손실을 보고, 축장자는 이익을 보는 상반되는 처지에 있었다. 실제로 물가 상승이 계산 단위의 변경률에 미치지 못하는 한, 정화의 구매력은 증가하는 반면 채권의 구매력은 등가의 금속을 기준으로 감소했다. 자본주의의 비약적인 발전의 원천인 민간 신용이 점점 더 발전함에 따라 계산화폐에 대한 불신은 저축의 생산적 사용을 가로막는 장애물이 되었다. 이런 이유로 절대군주는 간혹 리브르 투르누아의 가치를 높이기 위해 계산 단위를 정반대로 변경하기도 했다. 이것은 계산 단위에 대한 신뢰를 회복하려는 시도였다. 그러나 이러한 산발적인 노력은 궁여지책에 불과했다. 민간사업의 번창을 위해서는 장기적 안정, 즉 화폐 시스템의 전환이 필요했다. 이러한 전환이 프랑스보다 영국에서 훨씬 일찍 일어났다는 사실은 《고전》 시대에 영국의 우위와 무관하지 않다.

2.3. 지급 결제 기술의 혁명

고대 시대에는 소매용 주화의 발명으로 상품 교환이 확대되었다. 화폐와 상거래 발전 사이의 인과관계는 경제학자들의 우화에서 말하는 것과 정반대였다. 소매용 주화는 교환의 자연스러운 확대에서 유래한 것이 아니라 화폐를 사회적 추상으로 수용하도록 한 주권의 표시로부터 나왔다. 금속은 금속에 새겨진 기호에 의해 지급수단으로 장려된다. 금속은 공통의 수용에 의해 촉진되는 교환을 통해 대상에 상품의 지위를 부여

한다. 교환이 일어나기 이전의 효용가치가 교환을 결정하는 것이 아니라 교환이 경제적 가치를 결정한다.

고대 시대를 통틀어 화폐의 추상화는 금속에 새겨진 주권의 표시라는 추상화를 넘어서지 않았다. 순수하게 이상적인 계산 단위가 없으면 장부 화폐가 존재할 가능성도 없으므로 은행이 존재할 수도 없고, 서명에 의한 송금도 불가능했다. 화폐 변경의 가장 흥미로운 부분은 화폐 시스템의 변화와 지급 결제 형태의 발명 간의 관계이다. 이런 점에서 13세기는 그 유례를 찾을 수 없다. 환어음(lettre de change)은 자본주의의 발명에 다름 아니다.

환어음은 13세기에 이탈리아 상인-은행가들에 의해 유통되기 시작한 민간 화폐 발명품이었다. 십자군 전쟁으로 인해 군주들과 교황청은 유럽의 한쪽 끝에서 다른 쪽 끝으로 당시로서는 막대한 규모의 지급 결제 수단을 이전해야 했다. 국가 공간에 대한 지배권을 확립하려는 왕들의 노력으로 봉건제가 붕괴되었고, 대수도원들은 돌이킬 수 없이 쇠퇴하였으며, 교황의 권위는 현저하게 약화되었다. 근동 지역과의 무역 재개는 다수의 상인 도시의 발전으로 이어졌고, 이들 중 다수는 영주들로부터 정치적 독립을 얻었다.

화폐적 측면에서 보면, 로마공화정에서와 같이 양도할 수 없는 개인 부채뿐만 아니라 자율적인 민간 화폐는 추상적 계산 단위로 표현되어야 존재할 수 있었다. 로마법의 견지에서 보면, 이 개인 부채는 개인적인 약속이었다. 이 개인 부채는 다른 사람들이 그들의 지불 약속을 변제할 수 있는 화폐 기호와 동일하게 취급할 수 없었다. 부채의 이전(移轉)은 이원적 시스템의 도입을 통해 가능하게 되었다. 계산 단위가 주권의 화폐 표시와 분리되고 상인 공동체가 추상적인 계산 단위를 만들 수 있게 되면서, 환어음은 금속 지급 결제 수단에 대하여 자율성을 획득했다.

상인-은행가와 환어음

환어음은 13세기 제노바에서 시작된 화폐 수단으로, 14세기 들어 장거리 무역의 발전과 더불어 눈부시게 빠른 발전을 이루었고(Roover, 1953), 15세기 들어 유럽 전역에서 민간 국제 지급수단이 되었다. 환어음은 다양한 장소에서 사용할 수 있는 자금이 필요했던 유럽 내 무역에 적합했다. 13세기에서 15세기까지 3세기 동안 환어음은 유럽 차원에서 동질적인 민간은행 네트워크를 구축하면서 공적 화폐 공간의 분열을 극복하였다. 따라서 환어음은 글로벌 자본 흐름을 통해 서로 다른 화폐 공간을 연결하는 첫 번째 국제 금융자본주의 시기의 매개 수단이었다.

환어음은 다양한 장소, 시간, 그리고 계산 단위를 통합한다. 환어음은 정화 없이 신용과 환(change)을 결합한다. 실제로 환어음을 이용한 환전(change par lettre)은 장소 A에서 한 어음 증서에 대해 화폐를 제공하고, 장소 B에서 이 증서를 제시해 화폐의 전달을 일으킨다. 이는 현장에 있는 화폐를 현장에 존재하지 않는 화폐로 바꾸는 계약이다. 따라서 환은 어떤 계산화폐를 다른 계산화폐로 환산하는 것이다. 결국 환어음을 이용한 환전은 신용 행위와 불가분하게 관련되어 있다. 어음 증서의 발행과 제시를 갈라놓는 시간이 어음 지불 기간이다. 네 사람의 경제주체가 이러한 증서에 의해 연결되어 있다. 장소 A에서 화폐의 수여인(또는 환의 임대인)은 자신에게 환어음을 건네주는 임차인(또는 어음 발행인)에게 화폐 A(금속화폐)의 총액을 전달한다. 이 임차인(또는 어음 발행인)은 장소 B에서 자신이 선택한 거래 상대방인 경제 대리인(지불인 또는 지급인) 앞으로 환어음을 발행한다. 수취인은 우편으로 수여인의 환어음을 받아서 자신이 사용하는 화폐로 약정된 금액의 지불을 확인한 후 환어음을 수용하는 지불인에게 전달한다. 상인에서 교황청의 대리인에 이르기까지 모든 경제 대리인이 수여인과 수취인이 될 수 있다. 중개인(임차인과 지불인)은 시간이 지남에 따라 신용 계약의 반복을 기반으로, 즉 상호적 신뢰(confiance réciproque)에 의해 연결된 거래 상대방(제휴 은행) 네트워크의

그림 3.1. 환어음의 원리

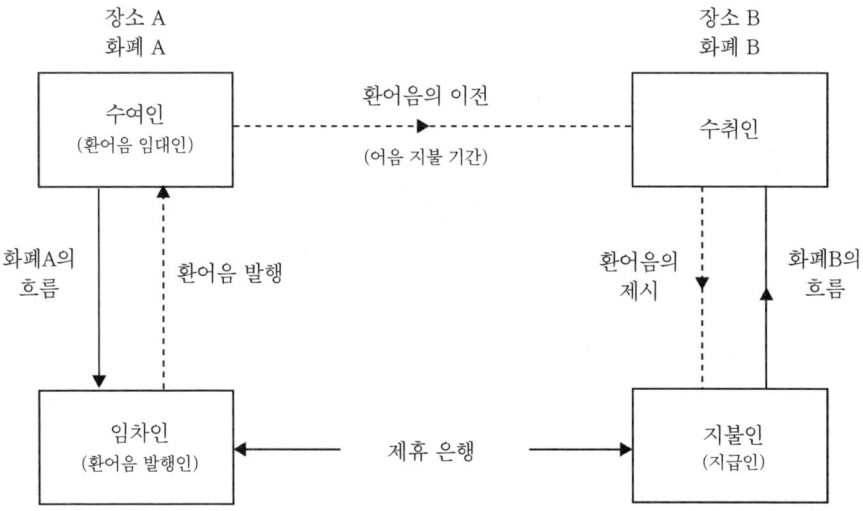

일원인 은행가들이다. 다시 말해서, 중개인들은 방법적 신뢰로 연결되어 있다(그림 3.1).

따라서 환어음은 18세기부터 발전한 은행화폐와 상반되는 관계를 표현한다. 지급 지시서인 환어음은 지급을 실행할 담당자에게 직접 전달된다. 환어음은 원칙적으로 양도할 수 있는 신용 수단이 아니다. 그러나 환어음은 상인의 국제 공동체에서 유통됨으로써 양도할 수 있는 신용 수단이 되었다. 환어음은 처음에는 실무적으로, 그다음에는 법적으로 사전 의무를 증명하는 것으로 받아들여지면서 그 자체로 금융 수단이 되었다. 환어음은 15세기 말에 이르러서야 법적 지위를 획득했다.

환어음에 약정된 지급은 임차인의 화폐 공간이 아닌 다른 화폐 공간에 위치한 장소에서 이루어져야 하므로 환어음은 은행 간의 환전 수단이었다. 따라서 환어음의 사용은 그 도약을 가능하게 한 원거리 무역과 연결되어 있다. 원거리 무역이 충분히 활발하고 다양화되었을 때, 무역 회사들은 몇몇 도시에서 처분 가능한 자금을 보유하고, 다른 도시에서 지불을 할 수 있다. 이것이 은행가들 간의 제휴 관계의 기원이다. 이렇게 만들어진 상호 의존성이 다자간으로 확대되면서 환어음 청산에 문제가 발생한다. 상인-은행가들에 의한 이러한 청산 조직은 금속화폐로 결제할 필요성과 왕이 결정하는 공식 변경의 자의성에서 벗어날 수 있는 방법이다. 환어음을 청산하기 위해 상인-은행가 동업조합은 민간 계산 단위를 발명하였고, 이 계산 단위를 이용하여 인수한 환어음을 평가하고 순포지션을 계산했다. 제휴 관계가 이곳저곳 충분히 조밀하고 안정적이지 않은 한, 청산은 정기적으로 이루어졌다. 즉, 청산은 정기시 네트워크를 통해서 이루어졌다. 이것은 다양한 품질의 환어음에 대한 평가, 다양한 계산 단위로 작성된 지급 결제 수단 간의 환전, 재정 거래, 청산 차액의 다음 정기시까지의 지불 이연 또는 금속화폐로의 결제 등이 이루어진 최초의 화폐에 관한 국제시장 조직이었다.

환어음을 이용한 환전 조직과 국제금융의 도약

환어음을 이용한 환전은 고도로 구조화된 조직이었다. 일 년 내내 운영되는 환전소와 특정 날짜에 열리는 환 정기시가 있었다. 환전 화폐는 지역의 계산 단위와 결합될 수도 있고 정부가 공포한 화폐 변경을 벗어나려는 공통의 이해관계를 가진 은행가들 간의 합의에 따라 파생된 특정 계산 단위가 될 수도 있었다. 리옹의 중앙 정기시에서 사용한 금 정화로 정의된 에퀴 드 마르크(écu de marc)와 같은 경우가 후자에 해당한다. 중요한 점은 이 시스템이 중개인 역할을 하는 상인-은행가들의 체계적인 **부를 보장했다는 점**이며, 이는 환어음을 이용한 환전이 계속 존재할 수 있었던 이유이기도 하다. 고객들이 양방향으로 환어음을 발행하여 발생하는 전후 거래에서 수익이 발생했다. 수익은 불확실한 것(Pretium)에 비해 확실한 것(Res du change)의 우월성에 뿌리를 둔 것이기 때문에 구조적이었다. 불확실한 것보다 확실한 것이 우월하다는 것이 환어음 네트워크에 각인되었기 때문에 수익은 체계적이었다. 수익은 다양한 곳에서 화

폐의 희소함과 넉넉함을 결정하는 금융 조건에 따라 가변적이었지만, 언제나 양(+)이었다.[25]

이제 차익 거래가 왜 수익을 상쇄하지 못했는지 그리고 왜 위험 부담 행위 없이도 수익이 체계적일 수 있었는지 이해할 차례이다. 그 이유는 환어음을 이용한 환전과 정화의 환전 간의 유기적 결합 및 사적 관행과 공식 준칙 간의 유기적 결합에서 찾을 수 있다. 은행가들이 이용하는 환어음을 이용한 환전 시세의 체계적인 차이는 정화의 법정가격에 포함된 주조 차익을 기반으로 한 것이었다. 정화가 주조된 나라에서 정화의 법정가격은 항상 정화에 포함된 금속의 상업적 가치보다 높았다. 대립 추론에 의해, 외국의 정화는 그것이 주조되지 않은 지역에서는 상업적 가치로 유통되었다. 그래서 각각의 정화는 그 정화가 주조된 장소에서는 다른 정화에 비해 높은 가치를 가졌다. 정화들의 법정가격을 기준으로 계산된 비율을 환의 법정 평가(pair du change)라고 부른다면, 은행가의 체계적인 수익은 환어음을 이용한 환전 가격과 외국환의 법정 평가 간의 체계적인 차이, 즉 주조 차익으로부터 발생하는 왜곡으로 인한 차이에서 나온다(상자 3.1).

2.4. 이원적 시스템의 구조적 위기와 자본주의로의 전환

화폐와 금융의 관점에서 볼 때, 우리는 페르낭 브로델(F. Braudel, 1979)이 그의 중요한 연구에서 내린 결론에 전적으로 동의한다. 자본주의는 13세기에서 16세기 사이에 유럽에서 탄생했다. 그 첫 번째 단계는 완전히 국제적이었을 뿐만 아니라 상업적이었고 금융적이었다. 이탈리아 자치도시(제노바, 피렌체, 베네치아)와 북유럽(안트베르펜, 암스테르담, 그리고 한자동맹의 항구들) 사이의 환어음 네트워크가 주요한 금융 유통로였

---

25. 중개자의 체계적인 환 이득의 존재에 대한 자세한 설명은 다음을 참고하라. M.-T. Boyer-Xambeau, G. Deleplace et L. Gillard(1986), p. 179-184.

다. 하나는 리옹을 주요 금융 중심지로 하여 프랑스를 횡단했던 경로이고, 다른 하나는 신성로마제국(밀라노, 바이에른(주), 라인-루르 지방) 영토를 통과하여 프랑스를 우회했던 경로이다. 장거리 무역, 십자군 전쟁, 그리고 군주가 영토를 통일하여 국가를 형성하고 봉건영주들을 예속시키기 위해 벌인 전쟁에 필요한 자금은 거대 민간 금융 가문의 권력을 강화시켰다.

민간 금융 권력은 군주의 주권적 힘의 권력과는 근본적으로 다르다. 물론 민간 금융 권력은 공식 화폐 준칙에 의해 확립된 공적 가치 공간이 제공하는 공유재에 대한 위계적 신뢰에 기초한다. 그러나 민간 금융 권력은 공적 권위의 통제를 벗어나 방법적 신뢰에 의해 조절되는 부채 유통의 확장을 통해 군주의 주권적 힘의 권력으로부터 자신을 분리하고 우회한다. 우리는 16세기 하반기 동안 화폐금속 생산의 원산지나 규모가 바뀔 때까지 이러한 두 가지 화폐의 구성 요소가 어떻게 연결되었는지 살펴보았다. 이제는 이러한 시스템이 구조적 위기에 빠진 이유를 이해할 차례이다.

포토시에서 가져온 은이 세비야로 대량 유입되어 유럽 전역으로 흘러 들어갔을 때, 인플레이션이 디플레이션을 대체하였다. 군주들이 주도한 계산화폐의 평가절하는 화폐가 풍부해져서 발생한 인플레이션의 효과를 증폭시켰다. 계산 단위의 변경은 그것이 퍼뜨리는 분배 효과 때문에 상인길드의 반감에 직면했다. 이러한 효과는 자본주의의 지속적인 발전에 악영향을 미쳤다. 화폐 변경으로 인해 채권을 계산 단위로 표시하는 대부자와 금속화폐로 현금을 보유하는 축장자가 서로 대립적인 입장에 서게 되었기 때문이다. 계산 단위가 평가절하 되면, 화폐 변경은 대부자보다 축장자에게 유리하게 작용했다. 결과적으로 민간 신용이 발전함에 따라 인플레이션이 발생하는 상황에서 화폐 변경으로 인해 촉발된 계산화폐에 대한 불신은 저축의 생산적 동원에 걸림돌이 되었다(Thomas, 1977).

16세기 후반기부터 군주들은 자본주의를 영토화하여 국민-국가를 공

> **[상자 3.1] 상인-은행가의 구조적인 치부**
>
> 리옹과 제노바의 대환전소를 고려해 보자.
> 리옹에서 1솔 투르누아 = a제노바 수
> 제노바에서 1솔 투르누아 = a'제노바 수, 여기에서 a' < a
> 이것은 다음과 같은 사실에서 기인한다.
> 리옹에서 1에퀴 드 마르크 = m제노바 수
> 제노바에서 1에퀴 드 마르크 = n제노바 수, 여기에서 m > n
> 리옹에서 1에퀴 드 마르크 = p 솔 투르누아
> 제노바에서 1에퀴 드 마르크 = q 솔 투르누아, 여기에서 p < q
> 따라서 우리는 다음을 얻는다. 리옹에서 a=m/p > 제노바에서 a' = n/q
> 상인-은행가의 리옹과 제노바 간의 왕복에 따른 수익은
> 제노바에서 에퀴 드 마르크로 (m-n)/n 또는 솔 투르누아로 (p-q)/p이다.
> 국제무역 동학에서 환 변동이 이러한 구조적 치부에 추가된다.

고히 하려고 했다. 르네상스의 기술 혁신이 매뉴팩처 자본주의 시대를 열었기 때문이다. 매뉴팩처 자본주의는 이전의 사회적 균형을 전복시키는 부의 형태를 발전시키는 것이었다. 토지 소유에 의한 부와 환 중개에 의한 금융 부 대신 노동의 예속을 통한 생산적 축적이 부의 기반이 되었다.

하지만 산업 활동과 관련된 자본축적 형태는 과거와 전혀 다른 형태를 취한다. 자본은 비유동적인 형태로 장기간에 걸쳐 투자되어야 하며, 대규모의 저축이 집중되어야 한다. 국가가 매뉴팩처 업자 또는 매뉴팩처 기업의 촉진자가 될 때, 국가는 부의 비생산적인 축장, 토지의 불모화와 귀족계급에 의한 지대의 탈취 그리고 지속적인 화폐 불안정에 맞서 싸워야 한다. 국가는 부르주아계급의 도약을 장려해야 한다. 매뉴팩처 국가는 통일된 국가화폐가 필요했기 때문에 화폐의 이원론 폐지, 외국 정화의 유통 금지, 환율 안정을 임무로 하는 은행, 그리고 중상주의 교리 채

택을 통한 귀금속의 국내 유치 등이 필요했다.

이러한 격변은 1627년 스페인 합스부르크 왕가의 파산으로 이탈리아 상인-은행가들의 권력을 무너뜨렸고, 1631년 제노바 은행들의 파산으로 이어졌다. 보다 근본적으로 이 격변은 자본주의 유럽을 조절했던 기독교 세계의 국제 질서를 소멸시켰다. 이러한 대변화는 가톨릭교회와 국가를 연결하는 복잡하게 뒤얽힌 위계의 주권 원칙과 신흥 매뉴팩처 부르주아에게 싹트기 시작한 과학적 합리성의 잠재력을 동원해 자본축적의 새로운 공간을 제공할 수 있는 국가 주권 사이의 불협화음으로 이어져 끔찍한 정치적 위기를 초래했다.

스페인과 독립 전쟁 중이던 1609년 네덜란드에서 암스테르담은행이 설립되었다(Gillard, 2005). 그 이후 한 세기 동안 폭력적 혁명으로 인한 정치적 격변, 화폐적 혼란 그리고 경제적 피해를 경험한 다음, 1689년 윌리엄 3세에게 영국의 왕위를 양도하는 오렌지 가문의 평화혁명에 이르게 되었다. 오렌지 가문은 왕, 의회, 국민 간의 관계를 성문화한 권리장전(*Bill of Rights*)을 공포하고, 징세에 대한 의회의 통제를 확립했다.

17세기 마지막 10년 동안 영국 경제는 루이 14세(1689-1697 재위)의 헤게모니적 야망에 대항하는 대동맹 전쟁에 필요한 자금을 조달하기 위한 공공 지출, 농산물 가격의 급등, 수입(輸入) 감소 등으로 급격히 악화되었다. 공공 재정의 위기는 화폐 위기이기도 했다.

유럽에서 전쟁은 규모가 달라졌다. 국가의 전쟁 지출액이 세 배나 증가했고, 공공 부채가 국가 수입의 35퍼센트에 달했다. 골드스미스 은행가들(orfèvres)로부터 조달하는 단기자금은 국가의 필요에 비해 절대적으로 부족하게 되었다. 1693년 장기공채를 발행하여 자금을 유치하려는 시도가 실패한 이후, 새로운 유형의 기관인 잉글랜드은행을 설립하려는 계획이 1694년 7월 의회에서 가결되었다. 이 프로젝트는 새롭게 부상한 부르주아계급 1,300명이 주주로 참여하는 주식회사라는 법적 형태를 취했다. 이들은 120만 파운드 상당의 증권에 공동으로 출자했다. 잉글랜드은행은 이렇게 조달한 출자금을 전액 국가에 대출해 주었다. 그 대신 공공 재정에 대해 감시할 권리를 의회에 부여하면서 절대왕정은 입헌군주제가 되었다.

1690년대의 화폐 위기는 극도로 폭력적이었다. 이 화폐 위기는 본질적으로 경제적이고 재정적일 뿐만 아니라 무엇보다도 이데올로기적 성격을 갖고 있었다. 두 가지 화폐 교리가 충돌했다. 이러한 위기는 제3부에서 자세히 살펴볼 것이다. 화폐 위기로부터 탈출하기 위한 공개 논쟁은 극적인 전환점을 맞았다. 화폐 위기로부터 탈출하기 위한 방법으로 한편에서는 모든 금속 주화를 재주조하고 디플레이션을 실시하여 주화의 금속 함유량을 높임으로써 만연한 불신을 종식시켜야 한다고 주장한 반면, 다른 한편에서는 파운드의 평가절하를 통해 이원적 시스템을 지속하자고 주장했다.

철학자 존 로크(John Locke)와 당시 재무장관이던 윌리엄 론디스(William Lowndes)라는 대립되는 두 주인공의 주장은 당대에 충돌하던 사회 계급의 이해를 대변했다. 윌리엄 론디스는 봉건귀족과 골드스미스 은행가의 보수적인 이해를 대변하는 토리당의 지지를 받았다. 이들은 금융자본주의의 구질서를 대표했다. 반대로, 신흥 부르주아의 이해를 대변하는 휘그당은 존 로크에게 윌리엄 론디스의 주장을 반박해 달라고 요청했다(Desmedt, 2007). 1695년 존 로크는 화폐개혁에 관한 당면한 문제를 훨씬 뛰어넘어 **자연화폐 질서**라는 새로운 개념을 정치 영역에 도입한 한 권의 책을 출간했다. 이 책은 상품 교환의 질서 있는 발전을 가능하게 하는 자연 본위 개념의 이면에서 나타난 객관적 가치에 관한 전체 이론이라고 할 수 있다. 로크는 화폐적 무질서를 악화(惡貨)의 존재로 인한 불균형으로 해석했다. 따라서 주화를 자연 본위에 부합하게 조정하고 모든 가격의 디플레이션적 조정을 수용하기 위해 주화를 재주조할 필요가 있다고 주장했다.

화폐 교리의 관점에서, 위기를 둘러싼 논쟁은 화폐가 왕의 자의성으로부터 벗어나 자연 질서를 따라야 한다는 생각으로 이어졌다. 전환된 것은 주권 그 자체의 원천이었다. 로크에 따르면, 정치권력은 성스러운 것(sacré)의 준거에 기초하는 것이 아니라 다수의 동의에 기초해야 한다. 따라서 화폐의 가치는 가치 있는 것으로 인정되어야 한다는 암묵적 합의로부터 나온다. 이러한 관점은 이 책 제1부에서 제안한 화폐에 대한 이론적 정의와 일치한다. "화폐는 사회 구성원들이 사회에 제공했다고 사회가 판단한 것을 화폐를 통해서 사회가 그 구성원들 각자에게 되돌려주는 것이다." 이러한 관점에서 주권자의 역할은 화폐본위를 보존하면서 개인들을 사회에 통합시키는 사회적 인정의 논리를 보장하는 것이다.

역사의 술수 중 하나는 당면한 시급한 문제를 해결하기 위한 임시방편적 개혁이 당대의 어떤 정부도 고려하거나 상상조차 하지 못했던 결과인, 역사의 흐름과 결과를 바꾸는 분기(分岐)로 이어질 수 있다는 것이다. 1695년 11월 20일에 제정된 **재주조법**(Recoinage Act)은 은의 탈화폐화를 통해 영국의 화폐 시스템을 금본위에 올려놓음으로써 자본주의의 황금기로 이어지는 새로운 시대를 열었다.

3. 영국의 개혁에서 국제 금본위로

이 책의 제1부에서는 일반적으로 수용 가능한 화폐의 영속성을 확고히 하는 화폐의 정당성이 주권 원칙에서 비롯된 신뢰의 기반에 달려 있다는 것을 보여 주었다. 그런데 17세기 네덜란드에서 시작되어 영국혁명에 의해 불가역적으로 증폭된 경제적, 사회적 전환은 앞서 분석한 소위 기독교 질서라는 주권 원칙의 급진적인 전환을 의미했다. 실제로 위험에 처했던 것은 세계관의 변화였다. 신이 부여한 왕권을 가진 주권의 보호 아래 군주와 귀족의 오랜 동맹은 자연 질서에 대한 관념을 정치적으로 구현할 수 있는 새로운 주권 형태로 대체되는 중이었다. 계몽주의 운동은 시민권 원칙의 도덕적, 법적 기반을 정의하기 위해 신성한 것과 세속적인 것 사이에 복잡하게 얽힌 위계에 대한 믿음을 약화시켰다. 프랑스혁명은 국민-국가(État-nation)의 발전을 촉진함으로써 역사를 가속화했다.

국민-국가의 주권은 무엇에 토대를 두고 있는가? 국민-국가의 주권은 화폐 질서에 어떤 영향을 미치는가? 영국의 자연 질서 관념과 프랑스의 일반의지 관념이 오랫동안 대립했다. 19세기에 미국은 예외적으로 자국에서 전개된 자본주의의 발전에 걸맞은 화폐 시스템을 만들지 못한 채 정치 무대에 뛰어들었다.

먼저 우리는 다음과 같이 자문할 것이다. 국민-국가에 부합하는 주권의 이상적인 유형은 무엇인가? 그런 다음 우리는 다음과 같은 질문을 할 것이다. 주권의 이상적인 유형에 부합하는 화폐는 어떤 것인가? 이것은 중앙은행이라는 새로운 화폐 기관의 출현으로 이어질 것이다. 우리는 이 분야에서 미국의 후진성을 강조하고, 이를 미국의 주권을 둘러싼 갈등과 연관 지을 것이다. 마지막으로, 우리는 국가 간 관계가 자본주의 고전 시대의 특징인 금본위라는 국제 화폐 질서로 진화했음을 보게 될 것이다.

3.1. 시민사회에서 주권 원칙

시민사회에서 주권은 무엇에 기초하고 있는가? 우리는 2장에서 주권이 사회의 구성원은 죽지만 사회 자체는 영원하다는 가정에 근거한다고 주장했다. 불멸과 필멸 사이의 존재론적 대립은 사회의 구성원을 하나로 통합하는 집단적 믿음의 원천이다. 기독교 세계와 마찬가지로, 고대 사회에서도 통합의 원칙과 사회적 관계를 지배하는 정치적 권위 사이의 이러한 구별은 성스러운 것의 우위를 통해 표현되었다. 신법(神法)은 정치적 권위를 가진 자에게 그 정당성을 부여한다.

르네상스에서 계몽주의에 이르는 세계관의 혁명은 신성한 법에 대한 믿음의 포기이다. 권력의 절대주의를 무너뜨리기 위해 신법을 부정하는 것은 정치철학에 엄청난 도전이었다. 국민이 그 구성원이 준수해야 하는 법을 제정하기 때문에, 주권은 자기-준거적이 된다. 국가라는 관념이 형성되는 것은 바로 상징적 공백에 근거한다. 필요하게 되는 원칙은 민주주의, 즉 국민의 주권(souveraineté du peuple)이다. 사회적 관계의 다양성에 직면하여 하나(Un)의 입장을 취하고, 사회 통합을 유지하는 것은 바로 국민이다.

민주주의는 "국민이 …에 대한 권력을 갖는다"는 것을 의미한다. 무엇에 대한 지배력을 가지고 있는가? 자기 자신에 대한 지배력을 가지고 있다. 즉, 국민이 국민에게 명령한다. 이것이 바로 자기-준거의 형태이다. 집단의 토대가 되는 믿음은 비어 있다. 이러한 공백을 채워서 이 딜레마를 벗어나는 것은 정치철학의 몫이 된다. 2장에서 우리는 그 해결책을 미리 예상했는데, 그 해결책은 헌법 질서이다. 국민은 제헌의회를 구성해 결집한다. 제헌의회는 법을 표결하고 공포하는 의회가 아니다. 제헌의회는 공권력 조직을 지배하는 공식적인 원칙을 수립하고, 지도자의 책임을 결정하며, 자의적인 권력의 확산을 방지하기 위해 법적 장벽을 세운다. 국민이 제헌의회에 통합된 것처럼 보이기 위해 자기 자신 위에 스스로를 투사하는 논리가 **자기-초월**이다. 이것은 이미 1장에서 시장을 통한 미래의 조정에서 살펴본 과정이다. 그러나 이러한 국민의 일체성은 집단적 결정을 도출하는 절차의 직접적인 결과는 아니다. 이러한 절차는 다수결 준칙이지만, 그 자체로는 소수에 대한 다수의 독재를 막지 못한다. 절차적 논리는 자기-초월에 내재한 통합의 원칙을 약화시킨다. 제헌의회에 모인 국민들은 보다 근본적인 방식으로 자신을 넘어서 자신을 투사해야 한다. 헌법 질서에는 다수결 준칙이 사회의 다른 구성 요소에 대한 다수의 억압으로 변질되는 것을 막는 견제와 균형이 포함되어야 한다. 물론 여기에는 법질서(ordre judiciaire)의 독립과 미디어 정보 권력의 독립이 포함된다. 그러나 이는 형식적인 해결책일 뿐이다. 우리는 그 이상의 것이 필요하다. 더불어 사는 삶의 조건인 공유재를 분명히 제시하고, 헌법 질서의 형식적 원칙에 영감을 주는 윤리적 토대가 필요하다. 이러한 윤리적 토대만이 화폐에 대한 신뢰의 지속성을 보장할 수 있다.

이러한 윤리적 토대는 국민의 문화 속에 뿌리를 두고 있기 때문에 유일한 해법을 제공하지 않는다. 그래서 민주주의 사회는 다양한 주권 원칙을 내세운다. 그렇기 때문에 제4부에서 볼 수 있듯이 유럽의 통합은 당장은 불가능하다.

단일 주권: 자연 질서 대 일반의지

영국의 정치철학은 토머스 홉스(Thomas Hobbes)와 존 로크의 두 가지 민주주의 질서에 대한 관점을 만들어 냈다. 홉스에게 사회는 만인에 의한 만인의 폭력에 의해 위협 받는다. 이것은 국민이 국가에 일체성을 부여하는 토대가 되는 협정을 통해 죽음을 모면하는 문제이다. 홉스에게 국가는 일반화된 폭력의 파괴적인 힘을 억제할 수 있는 절대권력을 위임 받은 리바이어던이다.

국가에 대한 홉스의 견해는 지지를 얻지 못했다. 왜냐하면 홉스가 전제하고 있는 «자연 상태»는 싹트기 시작한 자유주의의 토대가 되는 개념인 자연 질서 관념과 대립적이었기 때문이다. 로크는 홉스의 모델이 포함하고 있는 전제정치로의 일탈의 위험 때문에 그것을 거부했다. 실제로 로크에게 «자연 상태»는 개인들이 평등하고, 이성적이며, 자유로운 상태이다. 체화된 도덕적 규범이 이성과 함께 공존한다. 실제로, 이성은 합리성을 넘어서는 것이다. 합리성은 이해관계의 계산에 지나지 않는 반면, 이성은 «사회 전체»에 대한 책임의 인식이다. 그러나 이러한 자연 상태는 공유 자원에 대한 배타적인 전유의 욕망으로 인해 변질되고, 이는 돈에 대한 욕망으로 인해 더욱 악화된다. 소유(propriété)는 개인을 서로 대립하도록 부추기고 불평등과 갈등을 조장한다. 물론, 자유주의 국가는 자기-초월의 산물이다. 소유적 개인(individus propriétaires)은 소유권의 보호와 동일시되는 주권 원칙을 자유주의 국가에 위임함으로써 일체성을 형성한다. 소유권은 법의 원천이다. 이러한 정치적 전통은 데이비드 흄(David Hume)과 애덤 스미스에 의해 채택되어 자연 질서로 이어진다. 자유주의 국가는 자연에 기반을 둔 소유의 원칙에 따라 세계시장에 개방되어 있다. 소유의 원칙은 중상주의에 반대하는 자유무역주의 교리를 장려하고, 마침내 1844년 법들을 통해 영국에서 중상주의를 넘어서게 된다. 그러나 로크에 따르면 소유적 개인의 관념에는 또 다른 측면이 존재한다. 도덕적 규범은 개인의 구원을 위해 일을 하고 저축하는 것이다. 신성(神聖)은 여전히 존재하지만 세상 밖에 있으며, 신은 의무를 지시하는 개인의 행동에 피난처를 제공한다. 그러므로 개인의 주권은 국민의 주권이 아니다.

장-자크 루소(Jean-Jacques Rousseau)는 인간 개인이 자연 상태의 도덕적 존재라는 가설을 거부한다는 점에서 자신을 자연법과 근본적으로 차별화한다. 그러나 그는 주권국가가 국민을 대표하여 국민을 대신한다는 홉스의 해결책에 동의하지 않는다. 루소는 인간의 발달을 진화 과정, 즉 언어의 구조화를 통한 매우 오랜 동질화 과정이라고 생각한다. 루소에게 의미를 지배하는 상징과 제도의 발명은 사회의 토대가 되는 과정이다. 이러한 집단적 추론의 틀을 통해 윤리적 규범을 형성할 수 있다. 결국 루소는 홉스나 로크와 구별되는 주권 원칙으로서 일반의지라는 개념에 이르게 된다(Mairet, 1997). 그러나 루소는 민주주의 제도에서 국민의 의지를 표현하는 문제에 대한 해결책을 제시하지 못했다. 국민의 의지를 국가주권(souveraineté nationale)으로 치환하는 것은 프랑스혁명의 몫이 될 것이다. 국가는 제헌의회를 통해 국민을 전형화하기 때문에 통일체이다. 따라서 헌법 질서는 국가의 질서이다. 헌법 질서는 국민-국가가 되는 국가권력의 기초를 형성한다. 국민의 주권은 공화주의 원칙에 응축되어 있다.

독일의 전통은 요한 고틀리프 피히테(Johann Gottlieb Fichte)에서 독일 연방공화국의 건국이념인 질서 자유주의에 이르기까지 또 다른 해법을 제공한다. 피히테는 1807년 『독일 국민에게 고함』에서 주권이 국민의 불멸에 뿌리를 두고 있다는 루소의 주장에 충실했다. 피히테에게 국민은 여러 세대에 걸쳐 윤리를 전승하는 집단이기 때문이다. 국민의 일체성은 개인이 세대를 통해 전승하는 하나의 윤리이기 때문에, 국가는 이러한 윤리의 지배를 받는다. 이러한 윤리는 법의 원천이기 때문에 국가에 부과하는 일반의지를 표현한다(Fichte, 1980). 신성한 것에 대한 언급을 피하면서 우리는 어떤 의미에서 루이 뒤몽(Louis Dumont)에게 소중한, 복잡하게 뒤얽힌 위계를 다시 발견한다. 국가는 윤리와 상징의 실체로서 일반의지를 표현한다. 국가는 윤리적 규범의 집행을 위한 정치권력인 국가권력을 망라한다.

　피히테는 이론적 진전에도 불구하고, 독일의 정치적 통일에 영감을 주지 못했다. 독일의 정치적 통일은 『독일 국민에게 고함』 이후 60여 년 뒤인 1871년 프로이센이 무력과 비스마르크의 의지에 의해 빌헬름 제국을 통일하면서 중앙집권적 제국의 형태로 이루어졌다. 독일제국은 제1차 세계대전 직전까지 비약적으로 발전했다. 제1차 세계대전에서 비롯된 비극으로 산산조각 난 독일은 국가 전체주의에 기댄 히틀러라는 인물의 카리스마적 주권의 희생자가 되었다. 이것은 국가의 영혼을 잃어버린 종말론적 심연으로 뛰어든 것이었다. 역사학자 요하네스 빌름스(Johannes Willms, 2005)는 «독일병»이라고 부르는 이 질병에 대한 훌륭한 설명을 통해 오늘날까지 독일 국민이 간직하고 있는 가치를 조명한다. 피히테에 따르면, 그것은 프랑스처럼 민주적 주권(souveraineté démocratique)과 같은 선택 과정을 통해 일반의지에 의해 동질화된 국가가 아니라 문화를 통해 동질화된 국민의 일체성의 문제이기 때문이다(Aglietta et Brand, 2013).

　이와 같이 난파되어 심해에 가라앉은 것과 같은 상황에서 철학자, 정치학자, 경제학자, 법학자들로 이루어진 프라이부르크학파는 1차 세계대전 이후 국민 주권의 윤리적 토대를 재검토했다. 이러한 재검토로부터 1930년대에 탄생한 교리가 질서 자유주의이다. 공동체주의에 뿌리를 둔 문화적 가치를 통해 형성된 이 학파는 전체주의로의 회귀라는 일탈을 저지하기 위해 질서 자유주의를 초석으로 하여 나치즘 이후의 정치 시스템을 구축하고자 했다. 이 학파는 독일 중산층의 공동체주의적 가치와 경제적 자유주의를 조화시킬 수 있는 법적, 정치적 질서를 확립하는 것을 목표로 했으며, 이는 정치적 전체주의가 이와 같은 가치를 장악하는 것을 막는 장벽으로 작용해야 했다. 파브리스 페신과 크리스토프 스트라셀(F. Pesin et C. Strassel, 2006)이 상기시킨 것처럼, 질서 자유주의 원칙의 정치적 채택은 루트비히 에르하르트(Ludwig Erhard)의 작품으로, 그는 기독민주당이 이를 수용하도록 했다. 에르하르트는 아데나워(Adenauer) 정부에서 경제장관으로 시작하여 이후 연방 수상에 이르기까지 정치가로서 오랜 경력을 쌓으며 질서 자유주의 이데올로기를 독일 경제정책의 확고부동한 교리로 만들었다. 질서 자유주의는 정치제도와 경제조직 사이에 불가분의 관계를 설정한다. 질서 자유주의는 경제 조절에 대해 국가의 주권적 행동을 권장하는 케인스의 혼합경제와도 무관할 뿐만 아니라 시장 만능과 주권 기능에 있어서 국가의 후퇴를 주장하는 대처-레이건의 극단적 자유주의(ultraliberalisme)와도 무관하다.

무엇보다 질서 자유주의에는 독일 중산층의 도덕적 염원을 법률(règles de Droit) 속에 성문화한 《질서》가 존재한다. 1948년 독일 기본법으로 제정된 이러한 법적 규범(normes juridique)은 주권을 형성하여 국가권력 위에 존재한다. 법적 규범은 의회에서 다수파의 교체와 관계없이 유지되도록 되어 있다. 법적 규범은 가장 견고한 도덕적 가치의 변화를 통해서만 바뀔 수 있다. 따라서 독일에서 법치주의(État de droit)의 개념은 다른 나라에서보다 훨씬 더 강력한 의미를 갖는다.

법질서(ordre juridique)는 정치적 다수뿐만 아니라 민간 대리인, 독점

기업, 카르텔(기업 연합), 압력단체가 국가를 장악함으로써 생겨나는 모든 자의적 권력을 저지한다. 그러나 국가는 결코 최소한의 경제적 역할만을 하지 않는다. 질서 자유주의는 시장의 자율 조절에 대해 비관적인 관점을 갖고 있다. 순수하고 완전한 경쟁이 《법적 제한》에 의해 저지되지 않는다면, 그것이 경제가 지향하는 자연 상태라는 가정을 질서 자유주의는 거부한다. 반대로 법적 준칙(règle juridique)은 국가와 시장 사이의 상호작용을 동시에 유도하여 자의적인 개입으로 인한 왜곡을 방지하고 시장의 자발적인 작용이 필연적으로 지배력의 형성으로 이어질 수 있는 시장의 내생적인 힘을 방지해야 한다. 따라서 국가는 가격 시스템의 왜곡을 피하기 위해서만 시장 메커니즘에 개입해야 한다. 그러나 국가는 경제정책을 통해 시장의 제도적 틀 내에서 조치를 취해야 한다. 이러한 조치가 자의적인 권력으로 표류하는 위험을 감수하지 않으려면 그것을 독립적인 당국에 맡겨야 한다.

따라서 질서 자유주의는 진정한 경제 헌법을 제정하며, 그 핵심은 화폐이다. 화폐는 가장 일반적인 신뢰 관계를 형성하기 때문에 국가의 유대(ciment)와도 같다. 화폐는 예금자의 이해관계, 재산의 보존, 그리고 중소기업에 대한 지원 정책을 담당하는 주 정부의 자율성을 보호한다. 따라서 화폐의 안정은 정치를 넘어 사회질서에 필수적이다.

단일한 불가분의 주권을 위한 아메리카의 도전: 연방 주권

미국에서 주권 원칙의 발전은 이질적인 영토 연합 집단이 독립 전쟁을 통해 식민화의 굴레에서 벗어난 조건과 떼려야 뗄 수 없다. 물론, 모든 국가는 전쟁의 산물이다. 그러나 미국의 독립 전쟁은 정치권력을 부여하는 제도를 강력히 요구하는 집단적 소속 의식에서 비롯된 것이 아니라는 점에서 흥미롭다. 미국의 독립 전쟁은 1764년 영국의 화폐 관련 법인 **통화조례**(Currency Act)로 인해 촉발되었다. 통화조례는 파운드화로 세금을 내도록 하기 위해 법적 가치가 있는 병용 화폐의 발행을 금지했다. 벤

저민 프랭클린(Benjamin Franklin)은 무역의 마비와 아메리카 식민지들의 영국 왕실에 대한 적대감 등 통화조례의 유해성을 제시했다. 그는 식민 모국으로부터 독립이 불가피하다고 판단했다. 혁명이 시작되었다. 1774년 대륙의회(Continental Congress)는 **통화조례와 다른 참을 수 없는 법**[26]들의 철회를 요구했다.

그러나 정치혁명이 최우선 목표였다. 이 목표를 달성하자마자, 대륙의회는 1785년 7월 6일 달러를 공식 화폐로 채택했다. 1786년 헌법 초안은 양원제의 입법부, 연방 대통령으로 대표되는 행정부 그리고 대법원으로 삼권을 정의했다. 1787년 필라델피아에서 열린 헌법 회의(Constitutional Convention)[27]에서 독립 전쟁 동안 발행되어 세금으로 받은 대륙 달러(Continental Dollars)를 흡수할 수 있는 연방 과세권이 제정되었다. 헌법 회의는 주 정부가 자신의 고유한 부채를 발행하는 것을 금지하고 금화나 은화를 부채 상환을 위한 유일한 법정화폐로 간주하는 조항을 공포했다.

---

26. 참을 수 없는 법은 식민 모국인 영국이 강제법 혹은 처벌법으로 부른 법률들로서 매사추세츠 정부법, 보스턴 항구법, 숙영법 등을 포함하고 있다. 이들 법은 1744년에 걸쳐 영국 의회를 통과한 법이었는데, 당시 식민지 미국의 국가(주)들, 특히 매사추세츠에 심각한 고통을 준 일련의 법들을 지칭한다(『미국의 정부와 정치 2』, 오름, 2020, p. 29): 옮긴이.

27. 일반적으로 "제헌(制憲)의회"는 이름 그대로 국민의 대표들이 모여서 헌법을 만드는 의회를 말한다. 민주주의를 구현하는 헌법을 보유한 거의 모든 국가는 형식적이든 실질적이든 민의를 수렴하여 헌법을 만드는 과정을 거치는 것이 일반적이고, 대체로 그 과정은 국민의 대표들이 모여서 회의를 진행하는 방식을 채택한다. 이때 제헌의회는 문자 그대로 헌법 제정을 담당한 최초의 의회를 의미한다. 즉, 제헌의회는 국민이 선발한 대표들이 의회를 구성한 후 토론 등을 통해서 헌법을 제정하는 의회이며, 헌법을 제정한 이후 해산하기도 하고 지속되기도 한다. 1787년 미국의 필라델피아 헌법 회의는 미국이 영국으로부터 독립한 이후 각 주의 대표들이 모여서 헌법을 제정하기 위해 토론을 벌인 회의이지만, 1948년의 한국 제헌국회나 2005년의 이라크의 제헌의회처럼 국민의 직접선거에 의해서 선출된 대표들로 구성된 "의회"는 아니었다. 당시 필라델피아 헌법 회의는 단지 헌법의 제정을 위해서 각 주에서 선발된 대표들이 모여 헌법 제정을 위해 토론하고 논쟁을 벌인 장소였다. 따라서 국민의 직접선거에 의해서 구성된 "의회"가 아니라 헌법 제정을 위한 일회성 "회의"였다는 면에서 제헌의회와는 구별된다(미국정치연구회, 『미국 정부와 정치 2』, 오름, 2020, p. 38 참조): 옮긴이.

이것은 세금을 부과할 수 있는 권한을 확립하였기 때문에 주권적 행위였다. 하지만 결정적인 문제가 남아 있었다. 독립 전쟁과 뒤이은 혼란으로부터 물려받은 유산인 유가증권 잔액을 평가절하 된 가치로 새로운 유가증권을 발행하여 자금을 조달할 것인가, 아니면 액면가 그대로 발행하여 조달할 것인가? 각 주는 서로 아주 다른 금융 상황에 처해 있었다. 금융 시스템이 미비한 농업 주(州)들은 전액 금속 가치로 부채를 감당할 능력이 없었다. 전쟁 부채를 상호부조하지 않으면 화폐적 분절화, 따라서 정치적 분절화가 일어날 가능성이 높아졌다. 의회에서는 의견 대립이 격렬했다. 논쟁은 정치적 연방주의와 국가연합의 두 진영으로 나뉘어 대립했다. 국가연합 지지자들은 부채를 연방 정부로 이전하는 것에 대해 강력하게 반대했다. 그들이 반대하는 논거는 설득력이 없지 않았다. 만약 이 부채가 액면 가치에 연방 정부로 이전된다면, 어려운 상황에 처한 투자자들로부터 헐값에 부채 증권을 매입했던 투기꾼들이 보상을 받게 될 것이다. 일부 주는 다른 주보다 더 많은 부담을 덜게 되고, 의회와 주(州)의 권력은 약화되는 반면, 중앙 행정 권력은 강화될 것이다. 이러한 견해를 가장 열렬히 옹호한 사람은 바로 남부 주를 대변한 제임스 매디슨(James Madison; 1751-1836)이었다. 그는 부채의 중앙 집중화로 인해 각 주들이 냉담하고 책임 없는 권력의 통제 하에 놓이게 될 것을 두려워했다. 더욱이 그는 부채를 상호부조 하도록 하는 것은 너그러운 주가 지불 능력이 없는 주를 돕도록 강요할 것이며, 이는 신생 공화국에 위협 요인이 될 것이라고 주장했다.

   연방주의자들은 균일한 화폐화 준칙을 확립하기 위해 각 주(州)의 화폐 주조 권한을 박탈하기를 원했다. 그들은 또한 화폐의 통일이 공공 부채의 통합과 함께 일어난다고 생각했다.[28] 연방 국가의 기초가 되

---

28. 따라서 해밀턴은 공적 부채 상환과 세금 납부에서 재정과 화폐 간에 밀접한 관계가 있다고 보았다. 그는 복본위 시스템에서 금속 단위 간에 교환 비율이 고정되어 있는 단일한 화폐 기준이 연방 국가의 시민들을 통합하는 사회적 관계라고 생각했다.

는 것은 균일한 조건에서 부채를 인정하는 것이다. 알렉산더 해밀턴(Alexander Hamilton)은 통합 증권시장의 효율성을 지지하면서 식민지 국가들이[29] 전쟁을 수행하고 독립을 쟁취하려는 공동의 목적을 위해 부채를 발행했다고 부연했다.

알렉산더 해밀턴은 1790년 재무장관으로 임명된 직후, 신뢰할 수 있는 세금 수입을 기반으로 새로운 채권을 발행하여 각 주의 부채를 중앙으로 집중화할 것을 제안했다. 그는 일종의 국가 부채를 형성하는 것이 투자자들을 유치하고 연방을 위한 매우 강력한 사회적 관계를 구축할 것이라고 주장했다(Wright, 2008). 해밀턴은 뉴욕과 보스턴의 금융 세력과 거리를 두기 위해 포토맥 강가에 새로 건설된 워싱턴이라는 신도시에 연방 수도의 위치를 양보하는 대신 자신의 의견을 관철시켰다. 각 주의 부채가 중앙으로 집중화되었으며, 연방 세금으로 이 부채의 상환을 위한 자금을 조달했다. 이와 함께 해밀턴은 공채를 보유한 사람이 주주가 될 수 있는 국가은행인 미국연합은행의 설립을 제안했다.[30] 이 제안은 남과 북의 대립의 깊이를 확인하는 혹독한 비판에 직면했다. 그럼에도 불구하고 1791년 국가은행 설립에 관한 법안이 20년 계약으로 채택되었다. 결국 1792년 의회는 **화폐 주조법**(*Coinage Act*)을 통해 양본위 시스템 하에

---

29. 연방헌법 제정 이후 미합중국의 일개 주(州)로 편입되기 전의 개별 나라들은 사실상 독립국가의 지위를 갖고 있었지만, 1776년 독립선언 이후 미합중국이라는 공동체에 소속되어 공동의 관심사를 논의하고 필요한 조치들을 상호 조정할 수 있었다: 옮긴이.

30. 해밀턴의 생각은 1791년 제1미국연합은행(The Bank of the United States) 설립으로 실현되었다. 연방 정부로부터 영업을 허가받은 '국법은행'인 미국연합은행은 탄생부터 논란에 휩싸였다. '연방(federal) 정부와 주(state) 정부 가운데 어느 쪽이 더 큰 권한을 가져야 하는지'를 둘러싸고 치열한 논쟁이 전개되었기 때문이다. 더욱이 미국연합은행의 소유·지배권은 거의 민간의 부자들(연방 정부의 지분은 20% 내외에 불과)에게 있었다. 반연방주의자들 시각에서 미국연합은행은 연방 정부와 부유층에게 금융 권력을 몰아주는 '괴물'이 될 수 있었다. 결국 미국연합은행 설립을 허용하되 영업 기간은 20년으로 제한해서 1811년에 폐쇄했다. 그러나 다음 해인 1812년 영국과의 전쟁이 발발하면서 '중앙은행이 있다면 전비를 좀 더 용이하게 조달할 수 있었을 것'이라는 여론이 다시 확산되었다. 1816년, 제2미국연합은행이 설립된다: 옮긴이.

서 금속의 고정 장치를 마련했다.³¹ 토지를 담보로 하지도 않고 지역을 기반으로 하지도 않는 은행 시스템이 구축되었다.

주권 원칙의 형성과 관련하여 이러한 경험에서 어떤 교훈을 얻을 수 있는가? 우리가 모순을 명백히 드러내고 이를 극복할 수 있는 공론의 장에서 토론하는 진화 과정에 있다는 것은 분명하다. 전쟁으로 인해 등장한 집단적인 것은 긴급한 토론을 통해 변화하고 제도화되며, 그 해결책은 국가권력을 창출하는 데 도움이 된다. 예산 통합은 국가연합보다 우월한 연방 국가를 만들고, 영토 전체에서 시민 활동의 힘과 효율성을 높이기 때문에 그렇게 인정된다. 여기서 우리는 2장에서 주권의 구성 요소로 살펴본 수직적 부채로서 공공 부채의 결정적인 중요성을 다시 발견한다.

알렉스 드 토크빌(Alexis de Tocqueville)에 따르면, 식민지 억압에 맞서 무기를 들게 한 원동력이자 미국 국민의 고유한 일체성을 구성하는 것은 바로 시민 평등이며, 이는 롤스(Rawls)의 정교화 이후 현대 세계에서 발견하게 될 정의의 원칙을 확인하는 것이다. 정의의 원칙은 자연 질서를 구성하는 소유권을 훨씬 뛰어넘는 것이다. 미국 전역을 관통하는 사회 발전을 제도적으로 성문화한 수정 헌법을 통해 드러나는 미국 헌법의 진화적 성격은 시민 평등이라는 기본 원칙을 심화시키려는 정치 투쟁의 흔적이라고 말할 수 있다.

3.2. 금융의 전환: 은행 원리로부터 중앙은행의 출현에 이르기까지

13세기부터 16세기까지 국제금융의 모든 기술이 발명되었다. 그러나 브로델이 자주 강조했던 것처럼 기본적인 경제 관계, 즉 일상생활의 교환은 사실상 거의 변하지 않았다. 자본주의는 개인 부채가 양도 가능해

---

31. 당시 미연방의 수도였던 필라델피아에 주조국이 세워졌다.

지면서 유럽에서 탄생했고, 이후 국가 내부에서 경제활동을 장악하여 확대되기 훨씬 이전인 16세기에 세계화되었다. 이것이 가능하기 위해서는 주권의 원칙을 전환시켜 개인은 시민이 되어야 했다. 정치적인 것은 항상 경제적인 것에 선행한다. 마르크스(Marx)가 지적한 것처럼, 원시적 축적은 산업혁명보다 몇 세기 앞서 일어났다. 산업혁명은 주권의 전환으로 인한 화폐 혁명을 전제로 한다. 영국에서는 잉글랜드은행의 설립으로 대표되는 이러한 화폐 혁명이 산업혁명보다 거의 한 세기나 앞서 일어났다. 그 중간 단계가 매뉴팩처 자본주의 단계이다.

화폐 혁명은 두 가지 측면을 가지고 있다. 하나는 이원적 시스템의 폐지와 금속에 기초한 계산 단위의 안정성 확립이고, 다른 하나는 은행 원칙에 기초한 지급 결제 시스템의 전환이다.

은행화폐, 환류 법칙 그리고 다자간 청산 시스템

네덜란드는 스페인과의 독립 전쟁으로 초래된 심각한 화폐 위기 이후 1609년 암스테르담은행을 설립하면서 은행 원칙에 대해 탐색하기 시작했다. 독립 전쟁은 금속의 무게로 지급하는 방식으로 회귀할 정도로 당시 유통 중이던 스페인 화폐에 대한 신뢰를 악화시켰다. 상대적 가치가 불확실한 금속성 지급수단이 확산되면서, 이러한 화폐적 혼란은 환전상에게는 이익인 반면, 생산자와 저축자에게는 그렇지 못했다.

1609년 암스테르담 시의회는 환전상의 부당한 대규모 치부를 막기 위해 암스테르담에서 개인 환전을 금지하기로 결정했다. 헤이그 삼부회의 승인을 받은 시 조례는 암스테르담 환은행 한 곳에서만 환전 업무를 중개하도록 중앙으로 집중화했다. 암스테르담 환은행은 예금된 자금에 대한 시의 보증뿐만 아니라 외국환에 대한 독점적 권한으로부터 이익을 누렸다. 외국과의 거래는 이 은행이 관리하는 계좌 간의 이체를 통해 지불해야 했다. 암스테르담은행의 임무는 새로운 화폐인 플로린과 외국 화폐 사이의 환율을 안정시키는 것이었다. 그러나 스페인과의 화폐 전쟁은 자치적인 북부 지방과 스페인의 통제 하에 있는 남부 지방 사이에서 계속되었으며, 이는 일련의 평가절하를 초래했다.

1619년 오라녜나사우(Orange-Nassau) 왕조는 북부 지방에서 권력을 장악하고 스페인과의 전쟁을 재개했다. 정부는 영토의 두 지역에서 화폐화 준칙을 통일시켰지만, 암스테르담은행 이사회는 이에 대한 승인을 거부했다. 암스테르담은행 이사회는 남부 지방의 주화를 금속으로 간주하여 주조되지 않은 금속의 가격으로 그 가치를 장부에 기입했다. 따라서 공식 화폐의 가치가 가장 낮은 상반되는 두 개의 계산 단위가 존재했다. 암스테르담은행의 뱅크플로린(florin banco)에는 공식 플로린에 비해 약 5퍼센트의 은행화폐 프리미엄이 붙었다. 금고에 막대한 양의 금속 예금이 있음에도 불구하고 암스테르담은행은 이러한 이점을 활용하여 계산 단위의 상대 가치를 대칭적으로 조절할 수 있었다. 한편, 대외 거래를 위해 예치한다는 것은 그 은행에 계좌를 가지고 있다는 것을 의미하며, 예치된 자금은 불가침이라는 반대급부가 있었다. 다른 한편, 환어음이 발명된 이후 알게 되었던 것처럼, 계좌 이체의 거래 비용은 금속의 이전에 비해 훨씬 저렴했다. 완전한 것으로 간주되는 암스테르담은행의 예금 상환 능력을 갖춘 뱅크플로린은 정치적 자율성 덕분에 17세기 내내 유럽 지급 결제 시스템의 중심에 있었으나, 미국 독립 전쟁과 이후 프랑스혁명의 격변으로 인해 파괴되었다. 하지만 잉글랜드은행은 이미 오래전부터 금융 혁명의 주체가 되어 유럽에서 우위를 점하고 있었다.

잉글랜드은행의 독창적인 요소는 예금은행이 아니었다는 점이다. 은행권에 대한 보증금은 암스테르담은행과 달리 매우 낮았다(초기에는 3퍼센트). 국가에 대한 대출의 대가로 발행된 잉글랜드은행의 은행권은 환어음을 대신하여 잉글랜드은행 고객들의 국내 및 국제 지급 결제 수단이 되었다. 하지만 잉글랜드은행의 은행권은 1833년이 되어서야 강제통용력을 갖게 되었다. 그러나 잉글랜드은행이 발행하고 공채에 대해 이자가 붙는 증권은 1697년부터 정부에 대한 모든 지급에서 강제통용력을 갖고 있었다. 이것은 잉글랜드은행이 은행 원칙을 도입했기 때문이다. 잉글랜드은행이 민간 부문에 제공한 신용은 자기-준거적이었다. 이것의 신뢰성은 전적으로 새로운 주권 원칙에 따라 설립된 정치제도에 대한 신뢰와 국가의 번영에 대한 전망에 기반을 두고 있었다. 실제로, 국가의 은행으로서 잉글랜드은행은 입헌군주제의 수립과 함께 공공 재정에 대한 의회의 통제로부터 혜택을 누렸다. 정치적인 것, 화폐적인 것 그리고 경제적인 것의 결합이 완성되었다.

따라서 영국에서는 18세기가 되어서야 리스크 분담이라는 은행 원칙과 화폐의 태환성 원칙의 조화가 완전한 효과를 발휘하기 시작했다. 이러한 조화는 **환류 법칙**으로 표현된다. 기존 재화의 판매를 위한 자금 조달을 인증하는 서명이 있는 신용으로 발행된 모든 **진성 어음**(real bills)은 주어진 기간 내에 상환된다. 이러한 신용을 대가로 발행된 화폐는 발행자에게 환류되기 때문에 신용이 상환되면 파괴된다. 따라서 은행들은 이러한 채권 증서가 **진성 어음**이면, 정화 준비금 이외에 이러한 채권 증서에 기반하여 최소한의 위험으로 은행권이나 예금을 발행할 수 있다. 은행권이 지급 결제 수단으로 유통된다. 은행권과 예금은 요구에 따라 기초 화폐인 금속성 현금으로 태환할 수 있다. 은행 논리가 순수한 상태에서 작동한다면(자유 은행), 기초 화폐의 양은 화폐 당국에 의해 제어되지 않는다. 정부는 정화의 매개체로 선택한 금속의 무게에 대한 공식 가격을 선언함으로써 계산 단위를 정의하기만 하면 된다. 태환성은 은행화폐의 유효성을 확인하는 준칙이다. 환류 법칙은 태환성이 경쟁 은행화폐의 발행을 제한하는 과정이다. 이 과정은 정화를 절약하는 동시에 은행권의 품질을 검증한다.

이론적 어려움은 환류 법칙을 설명하는 데 있지 않고, 금융 내에서 은행 원칙의 고유한 특성을 이해하는 데 있다. 이러한 특성은 환류 법칙이 다자간 청산 시스템 내에서 거래 은행 관계의 집중화를 통해 실현된다는 것을 의미한다.[32]

은행은 지급 결제 서비스의 공급과 결합된 양도할 수 없는 신용을 제공하는 기관이다. 은행은 예금자들이 그 질을 평가할 수 없는 특정 정보에 투자한다. 지급 결제 시스템에서 네트워크 효과와 결합된 이러한 비대칭적인 정보 구조는 예금이 계산 단위에 의해 액면가로 평가되어, 기초 화폐에 의해 액면가로 태환될 수 있는 가장 효율적인 관계를 의미한다. 이러한 관계는 예금을 수표로 양도할 수 있게 된 19세기 후반에 큰 발전을 경험했다. 한 은행에서 다른 은행으로 예금을 수표로 이체하여 지불하고 은행 간 포지션을 만들어 낸다. 환류 법칙은 이러한 포지션이 은행 사이에 청산·결제되는 과정이다.

두 은행 사이에 수집한 수표 가치의 잔액에서 발생하는 두 은행 사이의 일일 잔액을 정화로 결제해야 한다면, 환류 법칙은 매우 제한적일 것이다. 이를 충족하기 위해 유동성 준비금을 확보해야 하기 때문에 은행 신용 확대에 걸림돌이 될 수 있다. 그렇기 때문에 은행들은 정화를 절약하기 위해 조합적 협정에서 이점을 찾았다. 이러한 협정은 청산소를 조직함으로써 지급 결제 기술의 비약적인 진전을 가져왔다. 청산소 장부에서 차액의 결제를 통한 은행 간 포지션의 다자간 청산은 1장에서 정식화한 지급 결제의 중앙 집중화 된 행렬이다. 화폐는 경쟁자들 간의 협력을 통해 일관성을 유지하는 집단 조직이기 때문에, 다자간 청산은 화폐의 양가성을 명확하게 보여 준다. 공동의 이점임에도 불구하고, 이러한 협력은 그 이점이 자명하지 않다. 왜냐하면 환류 법칙의 제약 하에 있는 은행들의 상호 의존관계는 단 한 은행의 채무불이행으로 인해 모든 은행을

---

32. 환류 법칙에 대한 부분적인 해석 가운데 하나가 **진성 어음** 이론이다. 진성 어음 이론은 은행들이 발행한 지급 결제 수단이 수용되려면, 은행들이 안전한 담보임을 쉽게 확인할 수 있는 상업어음을 대가로 발행해야 한다고 규정하고 있다. 이 경우 화폐는 발행자에게 환류되어 파괴된다. 그러나 이것은 대출이 공적 정보에 기초하여 이루어졌으며, 양도할 수 있는 증권의 형태를 취할 수도 있음을 의미한다. 따라서 **진성 어음** 이론은 기껏해야 금융 중개 기관이 보유한 채권 증서에 따라 부채의 가치가 달라지는 부채 인정서를 발행하는 금융 중개 기관의 존재를 설명할 뿐이다. 이것은 자본주의에서 은행의 역사적 역할을 어떤 식으로도 설명하지 못한다.

파산으로 이끌 수 있기 때문이다. 이것이 지급 결제의 중앙 집중화와 관련된 시스템 리스크이다. 이러한 모순은 중앙은행이 은행들의 은행이 되는 위계적 구조가 형성되면서 해결되었다. 그럼에도 불구하고 이른바 **자유 은행 학파**는 은행화폐를 액면가로 태환할 수 있는 금속화폐가 존재하고 은행들이 청산소 내에서 그들의 화폐를 태환할 수 없다는 것을 받아들이는 한 환류 법칙을 은행 청산소 내에서 자체 결제되는 것으로 이해하면 충분하다고 주장한다(Selgin, 1988). 은행 간 채권과 채무가 청산되는 회계장부를 가진 화폐 기관이 시스템의 준칙을 수용하는 은행 커뮤니티 내에서 은행들의 은행으로 역할을 한다. 미국의 경험에 따르면, **자유 은행**은 금융 커뮤니티 내에서는 해법이 될 수 있지만, 규모가 큰 대국의 광대하고 이질적인 화폐 공간에서는 적합하지 않다. 규모가 작고 여기저기 흩어져 있는 농업 주(州)의 은행들은 금속화폐가 부족한 시기에 어려움에 처하게 되었다. 이 은행들은 달러화에 대한 자신들의 은행권을 다소 큰 폭으로 할인해야 했고, 수많은 은행들이 파산을 겪어야 했다.

자유 은행 시스템: 공식 금속화폐로 태환 가능한 은행화폐를 가진 지급 결제 시스템

금본위 또는 금·은 양본위 시스템은 그 실체를 계산 단위로 제공한다. 이러한 화폐는 궁극적인 결제 수단이기도 하다. 지급 결제 수단은 은행화폐, 즉 수표를 인출할 수 있는 은행권이나 예금의 형태로 은행이 자체적으로 발행한 부채이다. 앞에서 언급한 것처럼, **자유 은행 이론가들의 아이디어는 환류 법칙을 진부한 진성 어음 이론과 동일시하는 것이다.** 정의상 모든 은행신용이 절대적으로 안전한 보증으로 뒷받침되는 부채라면, 환류는 발행 은행으로 예금이 돌아오거나 은행 간 청산을 통해 언제나 정확하게 이루어질 것이다. 그러나 모든 은행신용은 발행할 때부터 불확실하기 때문에 이렇게 주장하는 것은 궤변이다. 신용이 사전적으로 진성 어음이 될 것임을 보장하는 것은 은행화폐의 태환성이라는 사후적인 화폐 제약이 아니다.

환류 법칙은 모든 은행이 수용하는 화폐로 은행들 사이의 채권과 채무를 청산하고 결제하는 중앙 집중화 된 메커니즘이 존재하는 경우에만 잘 작동한다. 금속화폐가 부족하고 불균등하게 배분되거나 축장되는 상황에서 다른 채무들이 결제되는 상위의 채무를 발행할 수 있는 기관이 없다면 어떤 일이 일어나는가? 미국의 경험은 이와 관련하여 설득력이 있다. 미국의 경험은 환류 법칙에 의해 부과된 제약으로 인해 은행들 사이의 관계가 긴밀한 금융 커뮤니티 내에서 준(pseudo)중앙은행에 해당하는 기관이 등장하게 되었다는 것을 보여 준다. 그러나 이 기관은 이 시스템에 가입하지 않은 은행들을 무시했다.

자유 은행의 채택은 앤드류 잭슨(Andrew Jackson)이 1829년부터 1837년까지 대통령으로 재임한 결과였다.[33] 그는 1832년과 1836년에 제2미국연합은행 인가 기한의 갱신에 거부권을 행사했다. 동부의 금융 세력에 적대적인 선거 캠페인을 통해 서부 농민들의 지지를 얻어 선출된 앤드류 잭슨은 민주당의 포퓰리즘적 관점을 대표했다. 자유 은행 시대는 1838년 뉴욕주 의회에서 통과된 **자유은행법**부터 1863년의 **연방인가은행법**까지 이어진다.

자유 은행의 원칙은 다음과 같다. 은행들은 아무런 제한 없이 은행권과 예금증서를 발행할 수 있다. 금이나 은으로의 보증은 부분적일 뿐이더라도 은행권과 예금증서는 태환 가능해야 한다.[34] 화폐 조절(régulation monétaire)은 발행된 바로 그 장소에서 화폐가 파괴될 수 있는 예금의 환

---

33. 앤드류 잭슨은 1829년부터 1837년까지 재임한 미국의 7대 대통령이었다. 그 자신이 부유한 노예들의 소유주였던 앤드류 잭슨은 민주당 창당을 주도했다. 그는 제2미국연합은행 인가 기간 연장에 대해 거부권을 행사하였고, 자유 은행 시대를 열었다.
34. 화폐 시스템은 형식적으로는 양본위제였다. 그럼에도 불구하고 1834년 화폐주조법에서는 금·은 비율을 1/15에서 1/16으로 변환했다. 이것은 금에 대한 달러화의 가치가 약 6% 평가절하된 것이었다. 더욱이, 반복되는 화폐 부족으로 점철된 자유 은행 시대에 스페인 달러와 같은 외국 주화가 법정화폐의 자격을 갖춘 것으로 수용되었다(Rothbard, 2007).

류 법칙에 의해 내생적으로 이루어지며 은행 간 청산 메커니즘에 의해 보완된다(Le Maux, 2012). 환류 법칙은 은행에 금속 준비금이 부족한 스트레스 시기에는 작동하지 않는다. 이러한 상황에서는 은행의 예금에 대한 인출이 쇄도하고 거래 은행 관계를 통해서 패닉이 확산된다. 이 시스템은 유동성 위기 동안 최종 대부자의 기능을 수행하는 청산소가 존재하는 경우에만 지속 가능할 수 있다. 이런 이유로 청산소는 시스템에 가입한 은행들을 규제해야 한다. 따라서 **자유 은행**은 그 반대로 변해야만, 즉 어떤 상황에서도 수용될 수 있는 은행들 사이의 지급수단을 공급할 수 있는 주체, 다시 말해서 우월한 지위의 은행을 중심으로 한 위계화된 시스템에서만 실현 가능하다.

자유 은행 시스템은 극소수의 주에서만 작동했다. 농업이 중심인 주에서 은행 간 채권과 채무는 전적으로 농업 활동에 의존했기 때문에, 예금 기반이 취약한 은행 사이에 쌍무적으로만 존재했다. 각 은행은 고유의 은행권을 발행했기 때문에, 유동성 부족은 은행권 간에 액면가로 태환성을 유지하는 것을 방해했다. 이로 인해 경기 침체기에는 은행권이 할인되어 거래되었고, 파산이 연달아 일어났을 뿐만 아니라 연간 농업 경기순환에 따라 현금 부족이 발생했다. 가장 효과적인 시스템은 1818년에 설립된 서펄(Suffolk)은행이 청산소 역할을 하면서 뉴잉글랜드 지역에서 확립되었다. 서펄은행은 감독을 수용한 회원 은행에 당좌대월을 제공함으로써 **무**에서 은행 간 유동성을 창출하여 은행 위기 시에도 은행권의 태환성과 지급 결제의 연속성을 보호했다. 또 다른 유명한 시스템으로는 1853년에 설립된 뉴욕청산소협회(New York Clearing House Association)가 있다. 뉴욕청산소협회는 1857년 무시무시한 은행 위기가 발생했을 때 **청산소 대출 증서**(*Clearing House Loan Certificates*)를 발행하여 은행 패닉에 성공적으로 대처했다(Le Maux, 2001).

1857년의 위기는 한편으로 남부 주들과 서부 주들 간에, 다른 한편으로 북동부의 산업 중심의 주들과 금융 중심의 주들 간에 경제적 대립을 악화시킴으로써 남북전쟁의 씨앗을 뿌렸다.

위계적 은행 시스템의 필요와 중앙은행의 도래

따라서 청산소는 지급 결제 시스템에 집단적 합리성을 도입한 중앙 집중화 된 조직이다. 청산소는 주화를 절약하고 수표의 수집 비용을 줄이는 메커니즘에 그치지 않고, 자신에게 준비금을 예치한 회원 은행을 위해 결제 증서를 발급한다. 태환이 중단되는 위기가 발생했을 때, 미국의 청산소는 중앙은행의 역할을 했다. 청산소 결제 증서의 양도는 청산소 회원 은행 간의 결제나 마찬가지였다. 이러한 결제 화폐의 우수한 품질은 청산소에 회원 은행에 대한 위계적 권위를 부여했다. 이것이 바로 정점이 잘린 원뿔형의 중앙은행이다. 청산소가 중심이 되어 회원 상업은행 간에 지급 결제의 무결성을 유지하려는 이러한 책임은 청산소가 은행에 부과한 구속력 있는 의무에 대해 지급 결제의 취소 불가능성(irrévocabilité)을 보장하도록 했다.

따라서 이 분석은 우리가 지급 결제 시스템을 이론적으로 소개했던 1장의 접근 방식을 심화시킨다. 취소 불가능성은 수표가 인출된 계좌에 충분한 자금이 없거나 지급인의 은행에 적합한 결제 수단이 없는 경우에도 수집된 수표가 수취인에게 지급이 완결되도록 보장한다. 취소 불가능성은 수취인의 계좌에 즉시 기입되는 것을 의미한다. 지급인 은행의 채무 불이행에 대해 지급이 보증된다. 이러한 보증이 작동하려면, 회원 은행들 가운데 한 은행이 당일 마감되는 시간에 청산소에서 순포지션을 결제할 수 없을 때, 청산 및 결제 시스템의 모든 회원 은행이 유동성 리스크를 보장하는 데 집단적으로 동의해야 한다. 따라서 청산소는 은행의 청산소 가입 조건, 자기자본 요건, 지급준비율, 손실 분담 합의, 회원 은행의 금융 상황에 대한 청산소 전문가 위원회의 감독, 제명까지 할 수 있는 위반에 대한 제재 등 매우 엄격한 규제 권한을 갖게 되었다.

따라서 취소 불가능성은 지급 결제 시스템을 모든 것이 서로 연관되어 있는 네트워크로 생각할 수 있게 해 주는 원칙이다. 이러한 원칙 덕분에 은행 중개에 의한 지급 결제는 이전의 형태를 대체했다. 한 세기 동안 화폐 경제의 은행화가 이루어지면서 국가 지급 결제 시스템이 형성되었고 지급 결제 수단의 분열에 종지부를 찍었다. 그러나 자유 은행 이론의 한계가 어디에 있는지는 분명하다. 시장경제의 근간을 이루는 은행들 사이의 관계는 필연적으로 중앙 집중화를 요구한다. 실제로 취소 불가능성 원칙을 구현하기 위한 협력의 필요성은, 경쟁 은행들이 경쟁적 자율성을 은행 간 결제의 공동 준칙에 종속시키는 데 동의하지 않는 한, 경쟁 은행들의 능력을 넘어서는 중앙 집중화를 수반한다. 민간 협력의 한계는 중앙은행의 우위 확립을 통해 극복되었다. 그 기원과 법적 지위가 무엇이든 중앙은행은 지급 결제 시스템에서 은행들의 은행이다. 중앙은행의 법적 지위는 국가마다 다른 시기에 주어진 화폐 공간에서 가치의 운영자가 되기 위한 지급 결제 시스템의 완결성에 대한 논리적 필요에 따라 조정되어 왔다(Aglietta, 1992).

실제로 공공재의 영역에서 정점이 잘린 원뿔형의 집단적 합리성은 효과적이지 못하다. 19세기 후반 미국의 사례는 그 결함을 충분히 보여 주었다. 같은 시기에 잉글랜드은행은 은행 위계의 정점에서 자신의 우월성을 주장했다. 태환을 중단하지 않고 유동성 위기를 극복할 수 있었기 때문에 태환 가능한 화폐 시스템이 강화되었다. 이에 반해, 민간 청산소는 위기 상황에서 회원 은행들의 지급만을 보전하고 다른 은행들을 배제했기 때문에 현금으로 결제해야 하는 부채 포지션에 있는 주변 은행의 위기를 가중시켰다. 따라서 미국 지급 결제 시스템의 취약성은 1907년 공황이 절정에 이를 때까지 장부화폐를 사용하면서 더욱 악화되었을 뿐이다. 지역 청산소가 청산소 대출 증서를 유통시켰음에도 불구하고, 금으로 태환을 요구하는 예금자들의 인출 사태가 전국으로 확대되었다.

반면 미국의 경험은 전국 지급 결제 시스템을 통합하는 데 필요한 취소 불가능성 원칙에 확대 해석을 제공하는 필요불가결한 혁신에 대한 이해를 제공한다. 중앙은행은 만장일치로 수용되는 단일한 결제 수단을 탄력적으로 공급하고, 최종 대부자의 책임을 맡을 수 있다. 제3부에서는 이러한 기능이 시장 금융의 특징인 금융 위기의 파괴적인 영향을 억제하는 데 얼마나 결정적인 역할을 하는지 살펴볼 것이다. 또한 금융 위기 시기에 중앙은행의 역할이 《정상적인》 시기의 화폐 조절과 어떻게 연결되는지 살펴볼 것이다.

3.3. 국제 금본위

이 장(章)의 후반부에서는 고전 시대 자본주의의 화폐제도를 규명하고, 그 논리를 명확히 했다. 유럽 대국들 간에 주권 원칙의 차이에도 불구하고 영국의 우위는 국제무역에서 소유적 개인의 승리로 이어졌다. 이 시기는 첫 번째 금융 지구화가 대규모로 확장된 시기이자 벨 에포크(Belle Époque)의 절정기였다. 우리는 제4부에서 국제 화폐 시스템의 조절에 대해 상세하게 검토할 예정이다. 여기에서는 앞에서 언급한 내용과 국제 화폐 시스템을 연결하는 것으로 그치고자 한다.

국제 금본위는 19세기 마지막 1/3 기간 동안 세계화되었던 자본주의의 윤리적 정당성에 기초한 불문율의 화폐 헌법을 정의한다. 영미권의 자유주의, 프랑스의 국민-국가, 독일제국과 러시아제국 간의 주권의 대립에 대한 과소평가 또는 무지는 국제 관계의 잠재적 갈등에 경고를 울려야 했다. 그러나 베를린 장벽이 무너진 이후의 프랜시스 후쿠야마(Francis Fukuyama)처럼, 벨 에포크 시대의 앵글로색슨 철학자들은 역사의 종말을 재빨리 찬양했다. 그들은 자신들이 전 세계에 전파해야 할 사명이 있는 보편적 가치를 전달하고 있다고 믿었기 때문이다! 그리고 전 세계에 보편적 가치를 전파하는 데 있어 금융보다 더 좋은 수단이 있는가?

장기간의 금-태환은 기축통화로서 파운드화의 지배권을 신성한 것으로 만들었다. 그러나 금본위는 화폐 주권을 강제로 제한한 델로스동맹이나 유로존과 같은 유형의 화폐동맹이 아니었다. 주권국가는 언제나 자신이 준수하던 공통 준칙을 중단하거나 거부할 권리가 있었다. 따라서 국제 시스템은 정치적 영향력을 가진 여러 국가들이 태환성을 유지하는 데 관심을 가질 수 있도록 국제무역에서 충분히 매력적인 이점을 제공해야 한다.

이러한 장점은 국제 지급 결제 시스템에서 찾을 수 있었는데, 그 보편적인 지급 결제 수단이 바로 파운드화 환어음이었다. 영국 은행들에 대한 외국 은행들의 이러한 유동성 청구권은 일반적으로 금과 동등한 것으로 간주되었기 때문에, 영국 은행들은 자신들의 유동성 부채에 비해 많은 금을 보유할 필요가 없었다. 금본위의 매력 또는 장점은 위기 상황에서는 그렇지 않지만, 평상시에는 실제 금으로 지급 결제를 하지 않고도 균형으로 돌아갈 수 있다는 것이다.

동시대 사람들의 표현에서 **자유로운 화폐 질서와 건전한 화폐**라는 레이블로 표현된 윤리적 신뢰는 태환 준칙이 조작되지 않았으며, 환율의 법정 평가, 즉 화폐금속으로 표시한 공식적인 평가 비율이 자연 관계였다는 믿음을 보여 준다. 금본위는 철학자 게오르크 지멜이 "현대 정신이 가장 완벽하게 표현되는 것은 화폐에서 찾을 수 있다"라고 표현한 도덕률에서 인격체의 주권에 대한 게르만의 개념을 충족시키는 것처럼 보였다. 이것은 자유주의 국가의 주권과 직결되는 것으로, 태환성을 준수하는 것은 원칙적으로 경제정책의 국내 목표보다 우선하는 정언명령이었다.

19세기 말, 금화는 자유와 소유를 찬미하는 부르주아 문명의 상징이었다. 자유로운 개인들 사이의 계약은 개인의 이익과 공익을 조화시키기 위한 사회적 관계였다. 개인의 책임은 계약 준수의 원칙이었다. 법은 계약 위반을 제재하기 위한 사회의 기준이었다. 화폐의 태환성은 사적 지불 약속의 지속성에 기초하여 금융 안전성을 보장하는 것이었다. 그렇기 때문에 신성불가침의 금-태환성은 도덕적인 정언명령이었다. 이것은 국가가 화폐를 도구적으로 이용하여 달성할 수 있는 집단적 선호보다 사적 계약의 가치를 보존하는 것이 더 중요하다는 흔들리지 않는 신뢰를 의미했다. 민주적 주권의 토대인 «자연 질서»에 대한 이러한 공통된 믿음은 의심할 여지 없이 금에 대한 물신숭배의 상징적 속성보다 더 강력한 유대였다. 윤리적 신뢰가 위계적 신뢰를 효과적으로 지배했기 때문에 화폐 정책은 국제 질서의 형식적인 구조에 부합했다. 따라서 이러한 구조와 관련된 화폐 변경은 아무런 장애 없이 이루어질 수 있었으며, 안정적인 국제 화폐 레짐을 형성할 수 있었다.

그러나 이러한 불안감을 없애 주는 관점은 세계경제, 즉 국제금융의 겉모습일 뿐이다. 그 당시에도 마찬가지였다! 이 책의 3부에서 살펴보겠지만, 이러한 소위 축복받은 시대는 지구화의 진전에 있어서 항상 그렇듯이 가공할 금융 위기에 시달렸다. 더욱이 페르낭 브로델이 주장한 것처럼, 산업혁명에 의해 촉발된 사회의 변화는 «자연 질서»라는 관념이 전달하는 소유적 개인의 모습으로 자신을 인식하지 못하는 사회 세력의 출현으로 이어졌고, 이는 이러한 주권 형태의 소위 보편주의를 약화시켰다. 독일, 러시아, 이후 일본 등 자유주의 국가와는 다른 주권을 가진 국민-국가의 부상은 화폐 질서의 영속성에 위협이 되었다. 한편으로는 러시아제국의 내부 균열과 다른 한편으로는 독일제국과 이미 확고히 자리잡은 프랑스 및 영국의 식민 제국 간의 식민지 경쟁, 레닌 식으로 말하면, 제국주의적 식민지 경쟁이 동맹의 상호작용을 통해 자본주의의 황금시대를 풍비박산 내는 대변동을 촉발시켰다.

제4장 _ 격동의 20세기와 21세기의 화폐 출현

제1차 세계대전은 세계 역사를 돌이킬 수 없을 정도로 바꾸어 놓았다. 3장의 핵심 메시지를 파악한 독자라면 주요 화폐 혁신이 사회를 지배하는 주권 원칙의 전환을 동반한다는 것을 이해했을 것이다. 자연적이거나 개인적인 가치의 기초가 없는 화폐는 본질적으로 정치적이기 때문이다. 화폐의 역사를 관통하는 아리아드네의 실타래가 20세기 화폐의 거대한 변화를 해석하는 열쇠를 계속해서 제공한다는 것은 놀라운 일이 아니다.

제1차 세계대전은 주권의 근간인 자연 질서 관념을 무너뜨렸고, 금본위라는 국제 질서도 무너뜨렸다. 그 도덕적 기반이 완전히 사라졌음에도 불구하고, 금본위로 복귀하려는 시도는 1930년대의 대공황을 초래한 경제 및 금융 위기와 제2차 세계대전으로 몰고 갔던 전체주의 국가 등장의 주요 원인이었다.

20세기에 사회질서를 혼란에 빠뜨렸던 경향들 가운데 가장 중요한 것들은 자본주의 내부에서 나왔다. 여기에는 임금노동자(salariat)의 성장, 이를 인정받기 위한 사회적 투쟁 그리고 제2차 세계대전 이후 국민-국가의 주권에 기초한 **임노동 사회**(*sociétés salariales*)를 조절하는 제도의 출현이 포함된다. 임노동 사회의 출현은 사회적 부채와 화폐를 동시에 전환시켰다. 사회적 부채는 정치적인 수준에서 완전히 새로운 아이디어인 **사회 진보**를 촉진시켰다. 화폐는 결국 금속을 기반으로 하는 모든 관계를 단절하고 완전한 **신용화폐**로 거듭나면서 화폐적 추상화의 엄청난 도약을 이루었다.

보편적 요구로서 사회 진보는 유엔의 인권 의제의 일부이다. 평등에 대한 요구로서 사회 진보는 세계적 차원의 힘의 관계를 전복시킨 지렛대이다. 그럼에도 불구하고 20세기에 들어와서 정치적 문제로서 사회 진보는 제2차 세계대전 이후 재분배 정책이 확산된 유럽을 중심으로 한 서구 세계에 국한되어 있었다. 재분배 정책은 소득분배의 전환을 수반했지만 기업의 소유 형태를 뒤엎는 데까지는 이르지 못했다. 사회 진보의 절정에 이르지 못한 첫 번째 시대, 즉 참여가 아닌 재분배에 기반한 사회(프랑스에서 영광의 30년)는 소득 증가와 생산성 향상 간의 단절로 위기에 빠졌다. 이러한 위기는 일반화된 인플레이션의 형태로 화폐에 의해 촉발되었다.

이러한 위기가 해결되는 과정에서 더 이상 소유적 개인의 주권을 표현한다고 주장할 수 없게 된 대신, 인간 개인의 가치에 대한 주권을 포착한다고 주장하는 자유주의 이데올로기가 부활하는 역사적 일탈이 발생했다. 이어서 지구화 된 새로운 금융의 시대가 전 세계의 빈곤 퇴치와 불평등 축소에 기여한다고 주장하는 터무니없는 이데올로기적 사기극이 뒤따랐다. 물론, 시스템적 금융 위기가 이러한 환상에 종지부를 찍었지만, 성장률의 급격한 하락과 불평등의 가공할 증가라는 측면에서 영구적인 폐해를 남겼다.

세 번째 천년이 시작될 무렵, 세계는 금융적, 사회적, 환경적 측면에서 그 규모와 지속 기간 면에서 믿을 수 없을 정도로 엄청난 위기에 처했다. 따라서 이 위기는 인류 발전의 위기로, 사회 진보의 모든 생태적, 사회적 차원을 파악하기 위해 사회 진보의 문제를 심도 있게 다시 생각할 것을 요구한다. 오늘날 이 문제는 지속 가능한 발전과 성장의 질이라는 용어로 표현되고 있다. 이러한 방향으로 나아간다는 것은 경제 관계에서 시장의 위상을 근본적으로 상대화하는 것이며, 18세기에 형성되어 한계에 이르렀지만 오늘날 서구 사회가 여전히 고수하고 있는 정치사상에 대한 시민들의 극도의 무관심을 고발함으로써 주권 원칙을 재구성하는 것을 의미한다.

이것은 확립될 주권 원칙과 그에 따라 수립될 정치조직의 형태에 대해서 예상하는 문제가 아니다. 우리는 지금까지 취했던 접근 방식과는 반대의 방식을 취할 것이다. 새로운 화폐 형태가 출현하고 있다. 이것은 지급 결제 기술에서 과거 발전의 지속을 의미하는가? 아니면 이 새로운 화폐 형태에서 시민들의 경제활동에 대한 영향력을 강화하는 사회적 관계의 맹아를 볼 수 있는가? 이 화폐 형태들이 시민들의 직접적인 주도로 전개된다면, 화폐 단위는 어떤 방식으로 표현될 것이며, 어떤 주권 원칙에 따라 달라질 것인가?

1. 사회적 부채와 국가화폐

자본주의의 가장 기본적인 경향은 임금노동자가 성장함에 따라 다른 생산방식을 제거하는 것이다. 20세기 들어 이러한 과정은 새로운 차원을 맞이했다. 19세기 자본주의 국가들은 부르주아사회에서 서로 상반되는 주권 원칙을 내세우는 국가들이 무자비한 전쟁으로 충돌한 수십 년간의 혼란 끝에 20세기 후반 임노동 사회로 전환되었다.

임노동 사회는 사회적 관계의 기반을 이루는 부채 시스템을 완전히 전환시켰다. 그 결과, 임노동 사회는 금본위에서 통용되던 화폐 준칙을 근본적으로 변화시켰다. 고전 시대에는 대부분의 부채가 사적 부채였던 반면, 임노동 사회에서는 사회적 부채가 지배적이(었)다. 사회적 부채는 생존 수단을 박탈당한 실직 노동자들을 보호해야 할 필요성에서 비롯된 것이었다. 이것이 바로 사회보장 국가(«복지국가»)가 사회 통합의 주요한 제도가 된 이유이다.

이러한 복합적인 제도는 사회권,[1] 임금노동자와 고용주 각각의 집단

---

[1] 사회적 존재로서의 인간이 존엄과 가치를 가지고 인간다운 생활을 향유하기 위하여 국가 공동체로부터 다양한 형태의 사회적 급부와 배려를 제공 받을 수 있는 권리이다: 옮긴이.

이익을 대표하는 조합, 단체교섭 절차 그리고 단체협약에 관한 준칙을 모아서 만든 것이다. 따라서 이것은 본질적으로 정치적이다. 그 결과, 제도적 형태는 나라마다 서로 상이하다. 따라서 영미권의 사회 자유주의, 스칸디나비아의 사회민주주의, 독일의 질서 자유주의 그리고 프랑스의 사회 조합주의는 소득분배와 공공재 생산 측면에서 각기 다른 다양한 자본주의이다. 그러나 이들 모두는 자금 조달 방식에 따라 국가 부채 및 (또는) 사회보장제도의 형태로 사회적 부채가 막대하게 증가했다는 공통점을 갖고 있다.

1.1. 국가화폐, 경제정책 그리고 위계화된 지급 결제 시스템

임금노동자가 다수가 아니고, 시민권은 소유자의 것이며, 공동체나 가족 형태의 연대가 부분적으로 사회보장을 책임지는 부르주아사회와 비교하여, 사회적 부채가 지배적인 국가에서는 화폐 준칙과 화폐에 대한 신뢰 형태가 근본적으로 전환되었다. 국가의 경제정책 목표가 다른 모든 형태의 정당성보다 우선한다는 의미에서 화폐는 완전히 국유화되었다. 가격의 척도인 첫 번째 준칙은 금-태환성에 의해 제공되는 보편적 가치 기준이 아니라 국가 기준에 기초한다.

따라서 첫 번째 변화는 추상화로 도약한 화폐 단위와 관련이 있다. 이 변화는 화폐의 국내 사용에서 금-태환성의 소멸이다. 국가화폐 단위는 무엇인가? 국가화폐 단위는 더 이상 금의 무게와 같지 않다. 국가화폐 단위는 발행 중앙은행의 채무 단위에 붙인 이름(달러, 파운드, 유로 등)이다. 따라서 국가화폐 단위는 순전히 자기-준거적이다. 가치 척도는 순수한 사회적 관계라는 원칙과 완전히 일치한다.

금속 함유량과의 태환 관계를 단절한다는 것은 로크(Locke)가 그토록 소중하게 여겼던 화폐의 《자연》 가치에 대한 믿음을 포기하는 것을 의미한다. 이것은 상상으로만 존재하는 이상적인 경제법칙으로부터 사회 세계(monde social)의 자율성을 주장하는 것을 의미한다. 이것은 사회 준칙, 무엇보다도 화폐 준칙은 전적으로 **사람이 만든** 것이고, 다시 말해서 어떤 초월적인 준거 없이 사회에 의해 확립된 것이라는 것을 인정하는 것을 의미한다. 윤리적 신뢰를 뒷받침하던 귀금속의 상징인 금이라는 종교는 완전히 사라졌다. 역사에서 금이라는 종교는 이미 지나간 시대의 것이다. 화폐의 정당성은 순전히 정치적이다. 그 근간은 민주적 숙의에 있다. 따라서 위계적 신뢰가 핵심적인 역할을 하고, 화폐 정책을 포함한 경제정책으로 표현된다. 도덕 그 자체가 세속(laïque) 질서라는 의미에서 윤리적 신뢰는 사라지지 않았다. 윤리적 신뢰는 적어도 이러한 형태의 주권을 주장하는 국가들에서는 3장에서 논의한 민주적 정당성의 원칙에 기반을 두고 있다. 화폐가 허용하는 부채화(endettement)의 능력 덕분에, 정부가 운용하는 정책이 자의적이거나 당파적인 목표를 추구하지 않는다면 화폐는 정당한 것이다.

화폐가 민주주의 국가의 집단 규범에 부합하는 윤리적 신뢰를 얻으려면 경제정책은 세 가지 원칙을 준수해야 한다. 첫 번째 원칙은 화폐의 구매력과 금융의 안정성이라는 이중의 안정성을 유지하는 **보장의 원칙**이다. 두 번째 원칙은 지속 가능한 완전고용(잠재 성장)을 유지하는 **성장의 원칙**이다. 세 번째 원칙은 국가에서 허용하는 소득분배, 리스크의 분배 및 신용 접근의 수용 가능한 수준을 설정하는 **정의의 원칙**이다.

국가화폐 시스템에서 지급 결제의 위계

국가 지급 결제 시스템은 중앙은행이 발행하는 채무가 은행 간 잔액을 결제하는 궁극적인 수단이기 때문에 중앙은행이 중심이 되는 서로 얽혀 있는 네트워크이다. 이러한 중앙은행 화폐의 우월한 유동성은 신용화폐 시스템에서 계산 단위의 정의와 일치한다. 계산 단위는 중앙은행이 화폐로 인정하는 채무를 측정하는 단위이다. 소위 «법적 제한» 이론가들이 주장하는 것과 달리, 이러한 구조는 3장에서 살펴본 바와 같이 국가가 준칙을 강제한 것이 아니라 은행 논리가 발전하면서 이루어 낸 산물이다. 반면, 중앙은행에 부여된 지폐 발행 독점이야말로 법적 제한이다. 그러나 중앙은행이 지폐의 형태로 발행한 화폐를 직접 보유하는 것은 신용 시스템에서 화폐 기호 위계의 논리적 필연성을 의미하지 않는다. 지급 결제 논리와 지급 결제 시스템의 안정성의 관점에서 볼 때, «현금»이 없는 국가화폐 구조는 완벽하게 가능하다. 시민들이 이것을 받아들일지는 전혀 다른 문제이다. 바로 이 지점에서 우리는 윤리적 신뢰를 다시 만나게 된다.

〈표 4.1〉은 다양한 소매 지급 결제 수단의 특성을 요약하여 보여 주고 있다. 〈표 4.1〉에서 우리는 장부화폐와 전자화폐가 유사한 성격의 특성을 갖고 있다는 점에 주목한다. 이는 지급 결제의 중앙 집중화와 지급수단의 개인화가 고정비용과 체증하는 수익을 가진 구조라는 것을 의미한다. 전자화폐는 기술적 효율성이 더 우수하고(결제일의 축소), 더 풍부한 정보를 전달할 수 있으며, 사용자의 신원 확인에 대한 더 높은 보안으로 인해 장부화폐를 압도할 수 있다. 따라서 미래에는 전자화폐가 장부화폐를 완전히 대체할 수도 있다. 반면, 탈중앙화, 익명성, 자체 보유된 유동성, 주권적 표시로 대표되는 주화와 지폐는 중앙 집중화, 신원 확인, 예치된 유동성, 개인 서명으로 대표되는 조직화된 네트워크에 의존하는 지급 결제 수단과 상반되는 특성을 갖고 있다. 물론, 전자 지갑은 신용화폐의 몇몇 특성을 갖고 있다. 전자 지갑은 여기서 실행되는 지급 결제가 은행 계좌에 개별적으로 연결되어 있지 않기 때문에 두 충전일 사이에 자체적으로 유동성을 보유한다. 따라서 이러한 지급은 어느 정도 탈중앙화되어 있다. 그러나 전자 지갑은 익명이 아니고, 과거 지급 결제 기억(메모리)은 거래할 때마다 삭제되지 않는다. 전자 지갑은 은행 계좌에 연결된 상태로 유지되며, 이 계좌에서 인출되어 충전된다. 전자 지갑은 발권은행에 의해 보증되어야 한다. 따라서 전자 지갑은 절대적 유동성을 창조하는 것이 아니라 중앙은행을 기반으로 하는 위계화된 지급 결제 구조가 제공하는 보안성에 의존한다.

표 4.1. 소액 지급 결제 수단

화폐적 성격	주화와 은행권	장부화폐	전자화폐
유통의 논리와 지급의 매개체	탈중앙화 된, 기계식의 그리고 익명의 (물리적 변위) 영구적(마모되는 경우를 제외하고) 주권 표시. 계산	중앙 집중화 된, 계산식의 그리고 개인화된 (서명의 이체). 일시적 (수표) 서명에 의한 수용.	상호 연결에 의한 중앙 집중화 된, 전자식의 그리고 개인화된 일시적(전기적 자극으로 지시된). 발행자에 보장되는 카드 또는 전자 지갑.
지급과 관련된 정보	매 거래마다 기록이 분산되고 사라진다. 은행권 유통이 결제와 같다.	수표는 일종의 «상품권»이다. 계좌 간의 이동에서 통합되는 메모리. 취소 불가능성은 지급 결제가 보장될 수 있음을 의미하지만, 지불인의 지불 능력은 실시간으로 추적되지 않는다.	이 카드는 일종의 인증된 «상품권»이다. 개인 식별 번호에 의한 서명. 스마트카드는 실시간으로 지불인의 지불 능력을 식별할 수 있다
유동성과 보안성	지급수단이 유동성을 갖고 있음. 낮은 보안성 (도난당하기 쉬움).	지급수단으로부터 분리 (수표≠계좌). 서명 도용을 제외하고 보안성이 보호됨. 은행의 지불불능에 대한 집단 보안(최종 대부자).	카드에 의한 계좌 식별 개인 식별 번호에 의해 보호됨. 최종 대부자를 통한 집단 보안.

지난 30년 동안 전자 자금 이체는 총액 지급 결제에 혁명을 일으켰다. 컴퓨터의 상호 연결, 디지털 정보 저장 용량과 처리 능력의 비약적인 증가, 원격 전송 기술의 혁신으로 인해 금융거래의 반대 거래인 지급 결제의 흐름이 엄청나게 증가했다. 보다 일반적으로 총액 지급 결제는 은행 간 자금 이체 시스템, 금융 증권과 파생 금융 상품 거래 및 결제 시스템, 다중 통화 지급 결제 시스템 등 세 종류를 포함한다. 총액 지급 결제는 〈표 4.1〉에서 살펴본 소액 지급 결제(소매)와 비교하여 거액 지급 결제(도매)를 형성한다. 거액 지급 결제는 모든 경제 거래에 영향을 미치는 판단 오류와 리스크가 집약되어 있기 때문에 시스템 리스크의 본산이다.

보다 정확하게 말해서 거액 지급 결제는 시스템 리스크로 전환 가능성이 높은 리스크를 집중시킨다. 반대로, 거액 지급 결제 시스템은 거액을 신속하고(시간 가치), 안전하게(결제 이행 보증과 함께) 전송할 수 있으면 유동적이다. 넓은 의미에서(*lato sensu*) 이러한 유동성은 다양한 유형의 리스크[2]가 결합되어 위협을 받는다.

신용 리스크는 이미 전달된 지급 지시가 결제 전에 다른 지급에 사용될 때 발생한다. 신용 리스크는 상황의 긴급성에 따라 증가한다. 특히, 일중에 은행 간 포지션에서 발생하는 리스크는 극도로 높은 부채 수준에서 발생할 수 있다. 좁은 의미의 유동성 리스크[3]는 지급 지점과 경제적 또는 금융적 대상의 인도 지점이 분리될 때 발생한다. 반대급부가 양도되었지만, 지급이 아직 이루어지지 않은 경우 순수한 유동성 리스크가 존재한다. 지급 결제의 상호 연결에서 분리로 인해 발생하는 유동성 리스크는 결제의 지연과 결제의 비동기화(또는 다중 통화 지급 결제에서 헤르슈타트Herstatt 리스크[4])라는 두 가지 형태를 취한다.

지급 결제의 안전성은 지급 결제의 완결을 보장하기 위해 이러한 리스크를 감수하는 조직에 따라 상이하다. 지급 결제의 완결을 보장한다는 것은 이미 언급한 바와 같이 수취인에 대한 지급 지시를 취소할 수 없다는 것을 의미한다. 중앙 대리인에 의한 후속 결제도 무조건적이어야 한다. 중앙 대리인이 민간 기관인 지급 결제 시스템에서는 이러한 무조건성이 확립될 수 없다. 실제로 민간 기관은 무조건적으로 수용되는 궁극적인 결제 수단을 무에서 그리고 잠재적으로 무한히 창조할 수 없다. 이런

---

2. 지급 결제 리스크에는 발행 원천과 형태에 따라 신용 리스크, 유동성 리스크, 운영 리스크, 법률 리스크, 시스템 리스크 등이 있다: 옮긴이.
3. 일시적 유동성 리스크가 신용 리스크로 이어지는 특징이 있고 발생 시점에서는 두 리스크의 구분이 매우 모호하다는 점에서 두 가지 리스크를 구분하지 않기도 한다: 옮긴이.
4. 1974년 6월 독일의 금융감독국은 헤르슈타트 은행에 대하여 파산 결정을 내렸는데 이 과정에서 헤르슈타트 은행과 환거래 계약을 체결한 미국 소재 은행들은 헤르슈타트 은행에 독일 마르크화를 이미 지급했음에도 불구하고 매입 통화와 매도 통화의 결제가 동시에 이루어지지 않아 큰 손실을 입었다.

이유로 민간 시스템의 순 잔액이 상위 시스템으로 유입되어 중앙은행 장부에서 결제되는 지급 결제 시스템의 위계가 필연적으로 존재한다.

리스크 수준이 높아짐에 따라 유럽 국가의 통화 당국은 시스템 리스크를 억제하기 위해 각 국가에 취소 불가능한 동시에 무조건적인 다중 통화 거래를 처리할 수 있는 은행 간 총액 지급 결제 시스템을 적어도 하나 이상 구축해 왔다. 중앙은행의 화폐 정책 운용을 담당하는 이러한 우월한 보안 시스템은 화폐 통합 출범 이후 TARGET 1에 이어 TARGET 2 시스템[5]을 통해 상호 연결되었다. 보안을 더욱 강화하기 위해 이러한 특권을 가진 시스템은 최첨단 정보 기술을 사용하여 당일 마감될 때의 차액 결제에서 실시간 총액 결제로 전환할 수 있다.

은행 간 청산이 시작된 이래로 청산소 장부에 있는 각 은행의 순 잔액은 당일 마감될 때 계산되어 결제되었고, 중앙은행은 결제 시 유동성 리스크를 감수했다. 반면 중앙은행은 내재된 신용 리스크를 부담하지 않기 위해 회원사 간 법적 효력을 갖는 손실 분담 계약,[6] 담보를 통해 신용 공여를 제공하기 위한 중앙은행의 보증,[7] 그리고 일일 당좌대월 한도[8]와 같은 엄격한 규제를 구축했다.

---

5. 범유럽실시간총액결제시스템(TARGET: Trans-European Automated Real-time Gross Settlement Express Transfer System). TARGET 시스템은 1991년 1월 유로존 출범에 따른 단일 통화 시스템을 지원하기 위해 구축된 유로존 통합 결제 시스템이다. TARGET 2 시스템은 유럽중앙은행과 유로 지역 17개 회원국 중앙은행이 운영하는 실시간 총액 결제 시스템으로, 기존의 TARGET 시스템을 개선하여 2007년 11월부터 운영 중이다: 옮긴이.
6. 결제 부족 자금 공동 분담제는 담보 증권을 초과하는 결제 불이행이 발생하는 경우 담보로 결제하지 못한 미결제 대금을 나머지 참가 기관이 예치한 담보 증권 비율에 따라 분담하여 결제를 완결하는 제도이다: 옮긴이.
7. 결제 이행용 담보 증권 예치제는 참가 기관이 정한 순 이체 한도의 일정 비율에 해당하는 담보 증권을 중앙은행에 예치하도록 하는 제도이다. 참가 기관의 결제 불이행이 발생하는 경우 이 담보를 처분하거나 담보대출을 실행하여 우선적으로 결제를 완결하게 된다: 옮긴이.
8. 순 이체 한도제는 소액 결제 참가 기관이 당일 중 창출 가능한 미지급 결제 채무의 최대 크기를 제한함으로써 결제 불이행을 예방하고 지급 결제 시스템 전체의 리스크를 한정하는 효과가 있다. 순 이체 한도는 각 차액 결제 참가 기관이 자신의 과거 최대 순 채무액, 향후 대고객 거래 규모의 변화 등을 종합적으로 고려하여 자율적으로 결정한다: 옮긴이.

지급 결제의 완결이 보장된 총액 결제 절차에서 은행 간 지급 결제는 실시간으로 제시되며 지불인이 필요한 유동성을 확보할 수 있다는 것을 확인한 후 승인된다. 이 시스템에서 중앙 대리인의 신용 리스크는 완전히 사라질 수 있다. 그러나 즉각적인 유동성 부족으로 지급 결제가 거부되면, 지급 결제의 동결이 점차 확대될 수 있다. 이를 방지하기 위해 은행들은 충분한 유동성을 보유해야 한다. 중앙은행은 지급 결제를 거부하지 않고 차례로 지급 지시를 최적화하는 고성능 컴퓨터 프로그램과 다양한 양질의 유가증권을 담보로 일중 선지급을 통해 유동성을 공급할 수 있다.

이러한 지급 결제의 중앙 집중화의 궤적에서 지급 결제 실행의 효율성과 그것을 구성하는 시스템의 안정성 사이의 딜레마를 상기할 필요가 있다. 보다 다양한 민간 지급 결제 수단의 발명은 중앙은행의 영향력을 약화시키지 않는다. 오히려 중앙은행의 영향력을 더욱 견고히 한다. 예컨대 지급 결제의 복잡성, 지급 결제 총량의 증가, 지불유예 기간의 축소는 모두 시스템 리스크를 증가시키기 때문이다. 민간의 합의로는 시스템 리스크를 통제할 수 없다. 왜냐하면 시스템 리스크는 화폐에 대한 신뢰의 기반인 무조건적으로 수용되는 화폐 기호로 계산 단위를 정의하는 것을 위협하기 때문이다. 이것이 지급 결제 시스템의 무결성이 기술적인 문제를 훨씬 뛰어넘는 이유이다. 지급 결제 시스템의 무결성은 금융을 **통한 화폐에 의한 경제 조절의 일부이다.**

최근 가상 화폐의 발전이 화폐의 안전성을 위협하는가?

공상과학소설에 열광하는 일부 칼럼니스트들은 전자화폐가 주권에 대한 화폐의 고정이 사라질 정도로 급진적인 혁신을 가져올 것이라고 생각한다. 자산과 부채의 전자적 교환의 일반화는 순수 경제의 꿈, 즉 세계화된 시점 간 균형가격 시스템을 실현할 수 있을 것이다. 그러나 현상에 대한 합리적인 평가에서 이보다 더 동떨어져 있는 것도 없다.

3장에서는 민간 화폐 혁신의 확산이 자본주의 역사에 내재되어 있음을 살펴보았다. 앞에서 살펴본 것처럼 은행을 통해 순환하는 1세대 전자 지급 결제는 화폐의 무결성에 새로운 특성을 제시하지 않는다. 지급 결제의 완결성, 즉 가치 실현을 위한 전제 조건인 지급 결제의 취소 불가능성은 중앙은행의 청산·결제 시스템이 중앙은행에 집중된 결과로 남아 있다.

소매 또는 도매의 개방형 네트워크에서 작동하는 2세대 전자 지급 결제 방식의 출현은 어떻게 될 것인가? 개방형 네트워크[9]는 인터넷 혁명의 산물이다. 2세대 전자 지급 결제 방식의 주요 혁신은 은행이 직접 관여하지 않는 연쇄(체인)에서 지급 결제 서비스를 제공하고 지급 결제를 실행하는 데 있다. 실제로 전자 지갑은 컴퓨터의 하드디스크에 저장할 수 있기 때문에 두 경제주체 A와 B 간의 가치 이전은 A와 B의 은행 계좌를 은행 a 및 b와 연계하지 않고 전자 이체 «e»를 통해 이루어질 수 있다 (Goldfinger, 2000). 흔히 주장하는 것과 달리, 이러한 거래는 «현금»과 동일하지 않다. 거래량이 많으면, 거래 비용은 확실히 더 낮다. 그러나 이러한 거래에는 지폐의 절대적인 익명성과 달리 거래 상대방이 기록할 수 있는 전자 장치가 필요하다. 하지만 탈중앙화 된 거래 장치에서 절대적 유동성이 필요하다는 것은 화폐에 대한 신뢰의 일부이다. 이것이 전자 이체가 무엇보다 종이 기반의 장부화폐를 대체할 수 있는 능력을 가진 이유이다. 금융 중개 기관의 예금은 위험에 처할 수 있다.

전자 이체 수단의 인터넷 발행자(구글, 알리바바, 마이크로소프트 등)가 있다고 가정해 보자. 이 인터넷 발행자는 자신의 네트워크를 통해 전자 지급 결제 수단 «e»를 제공한다. 발행자의 기록 시스템에 있는 개인들의 계좌는 시장의 자산과 부채이다. 이것은 실시간 지급 결제 흐름을 생산한다. 경제주체 X가 경제주체 Y에게 지급하는 것은 컴퓨터에서 금융자

---

[9]. 2세대 개방형 네트워크에 대한 최근 논의는 M. Aglietta, N. Valla(2021), *Le futur de la monnaie*를 참조하라: 옮긴이.

산을 판매하거나 사전 프로그래밍 된 약정, 즉 경제주체 Y가 자신의 전자 지갑에 사전 프로그래밍 된 투자를 하는 것이다. 여기에서 중개자는 경제주체의 계좌를 관리하는 인터넷 플랫폼이다. 중개자는 이체되는 자산 가치의 존재를 보장한다. 중개자는 전산 결제 시스템의 보증인이지만 대출을 하거나 자체적으로 부채를 발행하지 않는다는 점에서 은행이 아니다. 금융 중개 업무를 수행하려면, 네트워크의 성능이 아무리 뛰어날지라도 경제주체들을 연결하는 네트워크를 갖추는 것 이상의 것이 필요하다. 자산을 선별하고 좋은 프로젝트와 나쁜 프로젝트를 구별하려면 전문 정보와 전문 지식이 필요하다(Goodhart, 2000). 이는 신용 행위로 인해 발생하는 정보의 비대칭성은 이체 기술을 통해 제거할 수 없다는 것을 의미한다. 이런 이유로 거대 인터넷 기업들은 금융 중개 기관이 되는 데 큰 관심을 보이지 않을 가능성이 높다. 만약 인터넷 대기업들이 금융 중개 기관이 된다면, 금융 중개 능력과 지급 결제 네트워크의 결합으로 은행의 자격을 갖추게 될 것이다. 그렇게 되면 이러한 인터넷 대기업들은 그들의 은행 활동에 대해 은행처럼 규제를 받게 될 것이다.

보다 근본적으로, 우리는 이 책에서 화폐가 주권에 기초한 사회 시스템임을 보여 주었다. 주권의 현대적 성격은 한 국가 내에서 법정화폐를 일반적이고 영속적으로 수용할 수 있게 한다. 이것이 바로 전자 이체가 신용화폐의 특성을 획득할 수 없는 이유이다. 장래 전자 이체의 발전은 주권 원칙의 전환으로 이어질 가능성이 있다. 3장에서는 주권 원칙의 전환이 역사 전체에 걸쳐 일어났던 것을 살펴보았다. 그러나 신용화폐의 기반을 보장하기 위해서는 주권이 존재해야 한다. 이러한 기반은 보유하고 있는 지급 결제 수단의 규모에 비해 양적으로 적을 수 있다. 반면, 중앙은행이 명목 금리를 통제할 수 있는 기준 금리는 항상 양(+)이어야 하며, 이는 중앙은행이 명목 금리를 통제하기에 충분하다(Woodford, 2000).

화폐 정책의 수행이 전자화폐의 구조에 의해 위협받지 않는다면, 금융 안정성도 위협받지 않을 것인가? 비트코인과 같은 가상 화폐[10]는 특히 불안정하다. 핵심적인 문제는 공식 화폐에 고정되어 있는 화폐 공간과 가상 화폐의 상호작용이다. 가상 화폐와 은행예금 또는 은행권 간에 교환의 흐름이 존재하는가? 교환의 흐름이 존재한다면, 한 방향으로 존재하는가? 양방향으로 존재하는가? 비트코인은 개방형 양방향 가상 화폐이기 때문에 문제가 된다.

전자화폐와 가상 화폐를 혼동해서는 안 된다. 앞에서 언급한 전자 이체 구조에서는 전자화폐와 공식화폐 간의 관계가 유지된다. 전자화폐는 컴퓨터에 저장된 자금이 공식 계산 단위로 표현된다는 점에서 법정화폐에 근거하고 있다. 그러나 비트코인과 같은 가상 화폐 구조에서는 계산 단위 그 자체가 가상적이다. 가상 화폐가 개방형의 양방향 회로인 경우 이는 심각한 문제를 일으킨다. 가상 화폐는 완전히 자기-준거적인 환율 변동에 의해 투기 수단이 된다. 환율을 통제할 수 있는 것은 오로지 발행자뿐이다. 가상 화폐의 발행자가 불투명하고 알려져 있지 않은 경우 불확실성은 최고 수준에 이른다.

더욱이 가상 화폐를 재화와 서비스를 구매하는 데 사용할 수 있다면, 중앙은행은 투기적인 변덕에 대해 어떻게 해야 하는가? 가상 화폐가 기존 화폐로의 변환을 통해 창조되고, 그 반대 교환이 가상 화폐를 파괴한다면, 화폐는 창조되지 않을 것이다. 중앙은행 화폐를 가상 화폐로 변환하면, 중앙은행의 대차대조표가 현저하게 줄어들 정도로 화폐유통속도

---

10. 국제기구 등에서는 비트코인 등 제3자 중개기관의 개입 없이 가치를 이전하는 구조를 가지며, 화폐 또는 지급수단으로 일부 기능한다는 점 등을 고려하여 다양한 용어로 이들을 지칭해 왔다. IMF는 비트코인 등이 실물 없이 가상으로 존재하고 법화와의 교환이 보장되지 않는다는 점을 감안하여 가상 통화(virtual currency)라고 표현하였다(2016년 1월). BIS는 이들이 충분하지는 않지만 일부 화폐적 특성을 지니고 디지털 형태로 표시되는 자산이라는 점 등을 감안하여 디지털 통화(digital currency)로 분류(2015년 11월)하였다. 한편, 일부에서는 비트코인 등이 암호화 기술에 기반하고 있다는 특성을 강조하기 위해 암호 통화(crypto-currency)라는 용어를 사용하였다. 그러나 최근 G20을 비롯한 국제사회는 비트코인 등이 화폐로서의 핵심 특성을 결여하고 있는데다, Currency라는 명칭으로 인해 일반 대중에게 화폐로 오인될 가능성이 있고, 현실에서 주로 투자의 대상이 되고 있다는 점을 감안하여 암호 자산(crypto-assets)이라는 용어를 사용하기 시작하였다: 옮긴이.

표 4.2. 화폐 레짐과 금융 구조

관리된 금융 (1950-1982)	자유화된 금융 (1983-2007)
명목 금리의 경직성: 중심축은 은행 기준 금리	명목 금리의 신축성: 중심축은 의무 준비율
명목 금리는 관성적으로 인플레이션의 변동만을 반영한다.	명목 금리는 인플레이션에 대한 중앙은행의 반응을 예상한다.
실질 금리와 인플레이션의 음의 상관관계	**명목 금리와 인플레이션의 양의 상관관계**
부채는 인플레이션에 의해 가치가 감소한다.	부채의 질은 자산 가격의 변동에 의존한다.
인플레이션 편향이 있는 화폐 레짐	인플레이션이 낮고 안정적인 화폐 레짐
경기순환이 인플레이션의 변화에 의해 조절된다.	**경기순환이 자산 가격의 거품에 의해 조절된다.**

에 영향을 미칠 수 있는가? 이러한 리스크가 현실화된다면, 이를 관리하기 위해 중앙은행은 가상 화폐에 대해 최소 지급준비금을 부과해야 한다. 그리고 가상 화폐가 실물경제에 미치는 피드백 효과는 어떠한가? 사기 리스크 외에도, 중앙은행 화폐량의 예상치 못한 변동이 금리에 미칠 수 있는 영향은 상당할 수 있다(BIS, 2012).

가상 화폐의 피드백 효과는 무엇보다 가상 화폐의 환율 변동을 통한 금융 안정성에서 찾아볼 수 있다. 환율의 자기-준거적 성격은 가상 화폐가 은행 화폐나 중앙은행 화폐로 결제되지 않기 때문에 최종 대부자가 없다는 사실에 의해 강화된다. 그러나 환율이 크게 변동하는 가상 화폐로 자산 거래의 결제가 이루어지면, 지급 결제의 취소 불가능성이 보장되지 않아 리스크는 시스템적이게 될 수 있다(ECB, 2012). 양방향 거래 흐름이 이러한 리스크를 활성화할 만큼 충분히 커지면, 중앙은행은 이러한 구조를 감독하고, 이것들에 지급 결제 시스템의 안전성 준칙을 적용해야 한다.

관리 금융의 인플레이션 성장 정책에서 자유화된 금융의 저인플레이션 정책으로
금융의 전환은 화폐 관리 수단을 변화시켰을 뿐만 아니라 중앙은행의 독립을 촉진하는 이데올로기적, 정치적 조건을 성숙시켜 화폐 주권의 핵심 제도를 근본적으로 변화시켰다.

〈표 4.2〉에서는 금융의 두 가지 유형이 화폐 조절에 미친 영향을 비교하고 있다. 자본주의 경제의 순환적 현상은 동일한 방식으로 조절되지 않는다. 관리 금융에서는 금리가 경직적이다. 재화 시장과 신용 시장의 긴장을 변화시키고 조절하는 것은 인플레이션율이다. 특히, 인플레이션은 부채의 가치를 떨어뜨린다. 유럽에서 영광의 30년 동안 그랬던 것처럼, 사람들이 부정적으로 인식할 정도로 화폐의 구매력을 위협하지 않는 한 인플레이션은 성장에 유리하다. 그러나 이러한 화폐 조절은 경제주체들이 명목 가치의 《진실》에 대해 신뢰하지 않고, 국민소득에서 그들의 몫을 유지하려고 물가 연동 공식을 전파할 때, 인플레이션의 가속화에 취약하다. 자유화된 금융에서는 인플레이션이 안정적이므로 경기순환에 민감하지 않다. 오히려 명목 금리는 신축적이다. 이는 부채의 가치를 취약하게 만든다. 따라서 화폐 구매력의 안정성은 신용 불안정으로 이어지고, 신용 불안정은 경기순환에 영향을 미친다. 금융 위기는 화폐를 통해 자본주의 동학을 관리하기 어렵다는 것을 보여 주는 징후로 인플레이션 압력을 대체한다.

위계화된 금융 시스템에서 중앙은행은 신뢰에 의존하는 기관이다. 〈표 4.2〉는 이러한 시스템이 인플레이션의 변동성 또는 금융 불안정성과 같은 시스템을 약화시키는 힘에 의해 좌지우지 되고 있다는 것을 잘 보여 주고 있다. 우리는 이 책의 3부에서 이러한 이원주의의 근본적인 이유를 검토할 것이다. 두 유형의 화폐 레짐에서 공통적인 것은 위계적 신뢰를 정당화하는 방식을 근본적으로 변화시킨 금속 태환성과의 단절이다.

화폐 정책은 그 목표를 통해 사회 권력과 대항 세력의 균형을 표현하며, 이는 금융을 통해 편향된 방식으로 전달된다. 주요 영향에는 각 국가의 우선하는 사회 목표, 경제적 불균형을 전달하는 금융 구조, 국가와 중앙은행 간의 관계 등 매우 다양한 수준의 정치적 책임이 혼합되어 있다.

표 4.3. 현대의 화폐 원칙

	영미권 케인스주의	독일 질서 자유주의
지배적 원칙	성장(완전고용·) 정의(복지국가)	시민 준칙에 의해 보장되는 안정성 사회적 시장경제
사회적 통합의 전제	자본주의가 시장에 의해 조절되지 않는 사회적 갈등으로 인해 금융이 만성적으로 불안정하다.	시장 시스템이 모든 자의적 권력으로부터 시민사회를 보호하기 위한 공적 준칙에 따라 구성된다면 경제를 조절할 수 있다.
중앙은행의 입장	정책 조합의 필요: 공공 재정과 화폐에 의한 공동 거시경제적 조절. 제한적 재량 정책	화폐는 정치적 영향으로부터 보호되어야 한다. 사회적 파트너 간의 협상에 포함된 화폐 준칙에 대한 중앙은행의 사전 약속
자유화된 금융 구조의 영향	빚의 레버리지와 자산에 대한 투기에 의한 금융 불안정성 리스크 관리	건전성 준칙을 강화하고 위험한 행위를 감독한다. 인플레이션의 영향을 받지 않는 한 화폐적 영향은 없다.

제2차 세계대전 이후 관리 금융 시스템의 맥락에서 등장한 두 가지 화폐 교리는 자유화된 금융 시스템에서도 계속해서 차이를 보이고 있다. 한편에는 영미권의 케인스주의 거시경제적 조절(1980년대에 통화주의로 알려진 짧은 기간을 예외로 하고)이 있고, 다른 한편에는 독일의 질서 자유주의 거시경제적 조절이 있다(표 4.3).

중앙은행의 부상하는 힘

1970년대 대-인플레이션은 예금자들에게 엄청난 충격을 주었으며, 금융 자유화의 길을 닦는 금융 혁신의 시발점이 되었을 뿐만 아니라 화폐 정책에 대한 격렬한 비판을 불러일으켰다. 화폐의 안정, 성장 그리고 정의의 원칙 사이의 균형이 무너졌기 때문에 윤리적 신뢰가 흔들렸다. 1979년 10월, 미국 화폐 정책의 극적인 전환은 어떤 대가를 치르더라도 인플레이션에서 벗어나려는 의지를 반영한 것이었다. 이것은 국민들이 화폐의 안정을 보장한다는 원칙에 더 큰 비중을 둘 준비가 되어 있음을 보여 주었다. 신뢰에 대한 기준의 변화는 일부 나라에서는 제도적 방향 전환을, 다른 나라에서는 제도 개혁을 동반했다. 금속과의 태환의 밧줄을 완전히 끊은 세계에서는 화폐 발행 권한을 스스로 제한하여 화폐 구매력의 미래 전개에 대한 신뢰를 확보해야 한다는 생각이 자리를 잡았다. 이를 위해서는 **중앙은행의 독립성**을 확립하고 유지할 필요가 있었다.

중앙은행의 독립성은 중앙은행이 위탁받은 화폐 주권을 행사할 수 있는 대외적 지위를 보장한다. 중앙은행의 독립성은 중앙은행이 국가 내부를 포함하여 사회에서 교차하고 상충하는 이해관계 사이에서 불편부당한 중재자 역할을 할 수 있게 하는 요소이다. 중앙은행의 독립성은 특정한 정치적 행동을 의미하지 않는다. 중앙은행의 독립성은 행동의 지침이 되는 다양한 화폐 원칙을 수용하는 제한적 재량[11]의 태도를 취하는 것이다. 자연 질서에 대한 믿음이 사라진 세계에서 화폐의 안정성에 대한 신뢰는 서로 다른 기대 사이의 조정 게임에서 비롯되기 때문이다. 이 조정 게임에는 유일한 해가 없고 다수의 균형이 존재한다. 그러나 이것이 비결정성으로 이어진다는 의미는 아니다.

콩방시옹과 같은 집단적 표준의 특성상 사용자들은 관성적으로 표준을 준수한다. 화폐 가치도 마찬가지이다.[12] 경제주체들은 반복적이고 일관된 반대의 징후에 직면하게 되면 화폐의 구매력이 안정적으로 유지된다는 믿음을 포기할 것이다. 이러한 견해를 포기하면, 관찰된 가격 움직임의 의미가 혼란스러워지고 가격의 변화에 대한 기대에 의심을 품게 된다. 따라서 경제 정보는 정보로서 가치가 떨어지고, 불확실성으로 인해 가장 안전한 형태의 유동성을 불안하게 찾게 된다.

따라서 경제주체가 행동 계획을 세울 때, 그들의 기대를 암묵적으로 조

---

11. 제한적 재량에 대해서는 6장을 참조하라: 옮긴이.
12. A. Brender et F. Pisani(1997)는 인플레이션 기대가 매우 관성적이라는 것을 계량경제학적으로 보여 준다.

정하는 초점(point focal)을 고정하는 것은 화폐 정책에 달려 있다. 이는 중앙은행이 제시한 범위 밖의 모든 균형을 제거할 수 있는 틀을 경제주체에게 제공하는 문제이다. 이러한 틀은 갱신된 화폐 원칙인 **신축적 물가 안정 목표제**를 권장한다.[13] 이것의 목표는 단기 화폐 정책의 재량적 조치를 중기 화폐 정책 운용 준칙의 제약 하에 두어 물가 안정을 보장하는 것이다. 이러한 안정성은 중앙은행의 화폐 정책 운용이 경제주체의 신뢰를 얻을 수 있는 미래 인플레이션율의 실현 가능한 범위로 정의된다.

그러나 중앙은행의 독립성은 계산 단위의 통계적 가치를 보장하는 원칙에 중요한 비중을 부여하지만, 배타적일 수는 없다. 성장의 원칙은 금융 불안정으로 위협받고 금융 위기로 완전히 파기되었으며, 정의의 원칙은 30년 이상 사회적 불평등의 심화로 파괴되었다. 따라서 중앙은행은 인플레이션이 가치 척도를 손상시키는 것을 피하는 동시에 금융 불안정이 경제에 막대한 비용을 초래하는 위기를 촉발시키는 것을 방지해야 하는 이중의 책임을 지고 있다.

금융 불안정으로 어려운 시기에 중앙은행이 취하는 조치는 **최종 대부자 교리**[14]에서 영감을 받았다. 이 교리는 19세기에 중앙은행이 은행공황을 방지하기 위해 스스로를 은행들의 은행이라고 주장하면서 형성되었다. 이러한 공황은 은행의 유동성 부족에 대한 두려움 때문에 예금 인출이 쇄도한 결과이다. 은행공황은 또한 은행들이 유동성을 순환시키는 것

---

13. 이 표현은 1997년 벤 버냉키와 프레더릭 미스킨(Ben Bernanke et Frederic Mishkin, 1997)에 의해 도입되었다.
14. 최종 대부자 교리는 1866년의 심각한 금융 위기 이후 『이코노미스트(The Economist)』의 칼럼니스트인 배젓에 의해 처음으로 만들어졌다. 이 위기는 잉글랜드은행의 태도에 의해 악화되었다. 잉글랜드은행은 은행들과 경쟁하면서 궁지에 몰린 금융기관들에 대부하는 것을 거부했다. 배젓은 금융 위기 시에 대부분의 금융기관들이 지불 능력은 있지만 유동성이 부족해지는 것을 보았다. 이것은 국지적 금융의 어려움이 일반화된 위기로 전환되는 유동성 부족이다. 잉글랜드은행은 은행들의 은행으로 행동해야 했다. 잉글랜드은행은 지불 능력은 있지만 유동성이 없는 은행들에 대부해야 했다. 차입자들이 제시하는 담보에 대해 위기 이전의 가치로 평가하여 벌칙 금리로 잉글랜드은행이 창출하는 사전에 양을 정하지 않은 상위의 유동성을 대출했어야 했다.

을 주저함에 따라 발생한 은행 간 시장의 마비에 기인한다. 중앙은행이 단기금융시장의 은행들에게 주권적 방식으로 결정한 조건에 따라 잠재적으로 무제한의 자체 화폐를 제공할 때, 중앙은행은 최종적으로 대부한다. 이러한 조치는 신용 교환이라는 상품 논리를 벗어나는 것이다. 이것은 시스템 리스크를 억제하기 위한 목적으로 추진된다. 은행들이 예상할 수 있는 집단보험을 그들에게 제공하는 한, 최종 대부는 은행들에게 무사태평하게 행동하도록 부추길 수 있기 때문에 양면성을 갖고 있다. 이런 이유로 중앙은행은 의도를 예측할 수 없는 상태를 유지하고, 이런저런 특정 금융기관의 운명이 아닌 전반적인 금융 안전성을 보호하는 데에만 관심을 기울여야 한다. 2008년 글로벌 금융 위기 당시 가장 기본적인 리스크 준칙을 준수하지 않았고, 심지어 중대한 사기를 저지른 은행을 모든 수단을 동원하여 조건 없이 구제해 준 것은 이러한 원칙이 적용되지 않았음을 보여 준다.

2. 지속 가능한 발전을 위한 도전 과제와 새로운 화폐 형태들

현재 세계는 경제 및 금융, 사회 및 정치, 생태 및 기후라는 3차원적 위기에 처해 있다. 이러한 위기의 모든 차원은 복잡하게 뒤얽혀 있다. 위기의 첫 번째 차원은 2008년 금융 위기 폭발 이후 거의 모든 나라에서 GDP 대비 총부채(공적 부채 + 사적 부채)가 계속 증가하면서 성장률이 지속적으로 감소하고 있다는 점이다. 위기의 두 번째 차원은 수요 부족, 소득 불평등 심화, 사회 시스템의 금융적 잠식, 만성적인 불완전고용 그리고 사회적 상향 이동을 촉진하는 교육의 실패로 인해 위기의 첫 번째 차원에 의존한다. 빈곤의 덫이 더욱 깊어지고, 다양한 사회계층에서 삶의 조건에 대한 개선 전망이 희미해지고 있다. 정부가 사회 진보를 다시 정의하고 앞으로 나아갈 길을 제시하지 못함에 따라 정치 담론에 대한 시민들의 불신이 커지고 있다. 환경 파괴는 사회적 불평등을 심화시키고, 민주주의 문명의 불멸성에 대해 의구심을 품도록 하고 있다. 기후변화와 연관된 이러한 전 세계적인 위협은 도전에 대응할 수 있는 현재 형태의 정치 주권의 능력에 의문을 제기하고 있다. 금융의 공격을 받아 위기를 초래한 1990년대와 2000년대의 무질서를 통제할 능력이 없는 정부들에게 형식적인 민주주의가 방패막이 역할을 하지 못했다는 점에서 우려는 더욱 커지고 있다. 최악의 상황은 최소한의 제도화된 협력을 받아들이는 데 필수적인 공유된 주권에 합의하지 못한 국가들의 연합인 유럽에서 일어났다.

그러나 몇 년 전부터 기존 정치제도의 영역 밖에서는 **포용적이고 지속 가능한**(sutenable) 성장과 **지속 가능한**(durable) 발전이라는 용어가 꾸준히 공론화되고 있다. 지속 가능한 성장은 사회적 형평성을 추구하면서 생태적 제약을 통합하는 새로운 형태의 성장이다. 지속 가능한 성장의 이론적 틀은 세대 간 사회 후생의 이론적 틀이다. 세대에 걸쳐 후생이 감소하지 않는다면, 발전 경로는 지속 가능하다. 이러한 논쟁의 중요성은 지난 40년 동안 정치에 대한 금융의 헤게모니를 가능하게 한 경제 이론에서 극단적 자유주의의 득세에 대해 근본적으로 의문을 제기한다는 사실에 있다. 이 이론은 근본적인 이유에서 지속 가능한 발전의 관점에 부합하지 않기 때문이다.

2.1. 사회정의의 원칙이 새로운 주권 원칙의 토대이다

우선, 사회 후생은 개인들의 선호의 총합이 아니다. 실제로 케네스 애로(Kenneth Arrow)의 불가능성 정리는 민주주의 사회의 어떤 사회 선택 절차에서도 이질적인 개인의 선호를 논쟁의 여지가 없는 방법으로 사회 후생 함수에 통합하는 것이 불가능하다는 것을 보여 준다. 따라서 빈곤을 퇴치하고 불평등을 줄이려는 모든 시도는 사회정의의 기준을 기초로 하여 공리주의와는 반대 방향으로 진행되어야 한다. 소위 정통 경제 이론의 공리주의적 토대는 사회정의의 기준을 제공할 수 없으며, 심지어 사회정의를 명시적으로 거부한다. 실제로 실증적 지표의 계산을 통해서만이 아니라 공공의 선택을 정당화하는 원칙의 수준에서도 개인 간 비교가 가능한 방식으로 평등을 정의할 필요가 있다. 여기에서 대의 민주주의는 도움이 되지 않는다. 순전히 절차적이며 실질적이지 못한 다수결 준칙은 공정한 사회적 분배를 확립할 수 없기 때문이다. 대의 민주주의는 자연을 포함한 공유재를 과소평가하고, 시장이 화폐에 접근할 수 없는 사람들을 배제하는 것처럼 정치적으로 과소 대표되는 소수자의 이익을 짓밟는다.

윤리적 원칙만이 자유민주주의 사회가 빠져 있는 아포리아(apories)를 극복할 수 있다. 민주주의가 여전히 기업의 문턱에 머물러 있는 사회적 수준에서, 그리고 지역적 규모에서부터 지구적 규모에 이르기까지 환경적 수준에서 공유재의 심각한 훼손으로 인해 위협을 받고 있는 21세기의 인류 공동체는 윤리적일 수도, 그렇지 않을 수도 있다. 따라서 주권이 공공의 선택에 시민이 직접 참여하는 방향으로 발전할 수 있도록 정치철학의 자원을 재투자해야 한다. 여기에서는 롤스의 사회정의 원칙이 필수 불가결하다(Rawls, 2001).

존 롤스(John Rawls)는 정의를 공정으로 규정하면서 루소가 제기한 사회계약의 문제에 대한 근본적인 해법을 제시한다. 롤스는 공정을 정의의 중심에 놓음으로써 제러미 벤담(Jeremy Bentham)의 공리주의 이론을 제거해 버린다. 인간 존재는 공유재의 의미를 정의하는 도덕적 능력을 갖고 있다. 따라서 이성은 합리성보다 더 높은 차원의 인간 능력이라는 결론에 이르게 된다. 이성은 사회적 평가에서 공적 추론을 실행할 수 있는 자유이기 때문이다. 이러한 자유는 단지 형식적인 것이 아니다. 이러한 자유는 공정으로서의 정의의 원칙이 존중된다면, 누구도 박탈당해서는 안 되는 기본재에 대한 접근을 통해서만 행사될 수 있다.

기본재는 불평등을 측정하는 기준이 되는 실질적 자유를 명확하게 규정한다. 기본재는 개인의 기회를 뒷받침하는 물질적, 교육적, 제도적 자원이다. 기본재는 소득보다 훨씬 더 광범위한 집합을 형성한다. 기본재에는 공중 보건의 질, 초등교육, 기본적인 자유, 사회적 기능에 부여된 권력과 특권에 대한 장벽(특히 돈과 정실 인사)의 부재, 환경재 등이 추가되어야 한다. 따라서 기본재에 대한 접근성의 측면에서 가장 불리한 계층의 상황을 개선하는 불평등만이 공정하다는 결론에 이르게 된다.

이러한 원칙으로는 공정의 관점에서 공공 정책의 질서 있는 순위를 정할 수 없으며, 따라서 본질적으로 도달할 수 없는 후생 측면에서 사회적 최적을 정의하는 것이 불가능하다. 그러나 이 원칙은 어떤 사회적 상황을 불공정하다고 선언하고, 발전의 포용적인 성격에 따라 달라지는 공유된 정의에 대한 합의에 도달할 수 있는 비교 접근 방식의 용어를 정의한다.

개인주의에 기반한 경제 이론은 노동에 대한 단편적인 시각을 가지고 있고, 노동과 자본 간의 분리를 가정하기 때문에 개인 간의 상황 차이에 대해 무관심하며, 이러한 차이는 오로지 개인의 선택에서 비롯된 능력에서 기인하는 것으로 간주된다. 이 견해에 따르면, 시장가격 시스템은 이러한 선택을 고려하여 가장 효율적인 배분을 결정한다.

반대로 평등과 자유가 지속 가능한 발전의 원천이기 때문에 공공재의 생산에서 평등과 자유가 분리될 수 없다고 생각한다면, 루소의 사회계약이 로크와 상충된다는 것을 알 수 있다. 불평등은 개인주의적 개념을 넘어서는 사회적 차원을 가지고 있다.

피에르 로장발롱(Pierre Rosanvallon)에 따르면, 우리가 겪고 있는 사회적 위기의 교차하는 차원들은 개인주의의 위기에서 유래한다. 따라서 주권은 **상호성**(*réciprocité*)과 **공동적인 것**에 기반하여 재구축되어야 한다(Rosanvallon, 2011). 상호성은 해당 도시에서 평등한 참여를 의미한다. 상호성에 대한 기대는 준칙 사용에 있어 실질적인 평등에 대한 요구이기 때문에 실제로 윤리적 개념과 관련이 있다. 따라서 상호성은 시민 주권을 세울 수 있는 시민 공간을 제공한다. 공동적인 것의 의미는 행동하는 국민의 주권이 될 수 있는 것을 명시한다. 상호성은 공론화와 집단적 지식을 통해 도시 공간의 조직에서 구현되어 공간적 분리와 생태계 파괴에 대한 공동의 해결책을 만들어 낸다. 이러한 공공의 선택은 지속 가능한 발전으로 화폐 경로를 전환할 수 있다.

우리는 제2부에서 살펴본 오랜 주권의 전환에서 새로운 단절을 이해할 수 있다. 하늘과 땅 사이의 정치권력의 중재자인 황제의 주권을 기반으로 한 신성한 질서는 기독교에 의해 변환되었다. 가톨릭교회가 정치권력에 대해 자율적인 제도로 스스로를 구성했기 때문에 신성한 질서는 복잡하게 뒤얽힌 위계로 진화했다. 르네상스의 위대한 발견에 수반한 지적 혁명은 신의 초월성을 무너뜨렸고 개인을 민주주의 원칙의 토대로 삼았다. 앞서 살펴본 것처럼 정치 공간이 국민-국가로 분화됨에 따라 민주주의 원칙은 다양한 형태로 전개되었다. 우리는 사회가 금융의 마법에 현혹되어 개인주의가 심화되는 위기를 맞고 있다. 공동적인 것의 의미를 인식하기 위해서는 모든 시장을 찬미하는 개인주의의 만연한 왜곡을 떨쳐 버려야 한다. 그 어느 때보다도 개인은 행동할 수 있어야 한다. 이렇게 하기 위해 개인주의의 족쇄로부터 해방되어 공동적인 것에서 상호성과 집단행동의 힘을 재발견해야 한다.[15]

공정으로서 정의의 원칙에서 공적 추론의 실천으로

세대 간 사회 후생은 소득 불평등을 조정하더라도 개인 소비를 넘어 기본재의 일부이자 많은 무형자본을 소비하는 공공서비스와 자연 자본

---

15. 공동적인 것에 대한 문헌이 점점 늘어나고 있다. 다음 저작들은 언급할 필요가 있다: B. Coriat (éd.), *Le Retour des communs. La crise de l'idéologie propriétaire*, Les Liens qui libèrent, 2015; P. Dardot et C. Laval, *Communs. Essai sur la Révolution au xxie siècle*, La Découverte, 2014; T. Negri et M. Hardt, *Commonwealth*, Belknap Press of Havard University Press, 2010.

에서 파생되는 환경 서비스를 망라한다. 경제적인 것을 사회적인 것에 통합하는 이러한 일차적인 현실은 대표적인 개인의 시점 간 소비를 최적화함으로써 지속 가능한 경로를 연구한다고 주장하는 수많은 경제 모델을 무효화한다. 금융이 지배하는 경제에서 불평등의 억제할 수 없는 심화와 공공재에 대한 폄하가 경제 발전의 지속 불가능성의 본질적 특성이기 때문이다.

공정이라는 정의의 기준에 따라 유도되는 사회의 생산 자원은 후생을 결정하는 국가의 총 사회적 자본의 모든 형태를 회계 장부에 기입해야 한다. 이러한 결정 요인들은 국가의 부에 대한 일반화된 회계의 대상이 되어야 한다. 우리는 이미 1장에서 가치의 척도가 부의 화폐적 회계에서 발견된다는 것을 보았다. 포용적이고 지속 가능한 성장을 추구하는 것은 상품 가치화(valorisation marchandes)를 훨씬 뛰어넘어 가치 원칙의 일반화를 의미한다. 이것은 회계 혁명으로 이어져야 하며, 숫자의 언어인 화폐의 제국을 국가 및 민간 회계로 확장하고, 인적 자원과 무형 자원뿐만 아니라 천연자원을 자본으로 포함하는 회계 형태로 확장해야 한다.

포괄적인 부의 접근 방식에 대한 비판은 가격과 시장가격을 혼동하고 있다. 가격은 사회적 계약에 따른 공유된 가치로, 그 범위는 계약에 직간접적으로 관여하는 참여자 그룹의 규모에 따라 달라진다. 이러한 합의는 공공재, 공유재 또는 시장의 외부 효과인 상호 관계에 관한 것이기 때문에 시장 조직을 벗어나는 경우에도 사회적 가치를 갖게 된다. 사실상 자원이 소비되고, 재화가 생산되며(예를 들어, 저장된 온실가스 양은 생산된 재화임), 서비스가 제공된다(하천의 오염 제거 또는 폐기물의 재활용은 생산된 서비스이다). 이러한 사회적 평가는 가장 일반적인 의미의 정치적 과정, 즉 이해관계자들이 집단적 역량을 한데 모아 합리적 공론화를 거친 결과이다. 이러한 사회적 평가의 정교화는 공정으로서 정의의 원칙에 따른 민주주의의 심화이다. 이러한 가격을 추정하는 것은 후생에 대한 공통된 견해, 즉 추정으로 이어지는 사회적, 자연적 과정에 대한 이해를 전제하며, 이러한 과정에 대한 정량화된 정보를 통해 자본 유형 간의 대체 가능성에 대한 가설을 정교화할 수 있다.

지속 가능한 성장을 지향하는 탈중앙화 된 생산 기반을 조직하려면 이러한 가치 평가 관행을 심화하는 것이 필수적이다. 이는 기업의 거버넌스에도 중대한 영향을 미칠 것이다. 우선, 상호 보완과 협력을 통해 생산성을 달성하는 능력의 보유자들이 생산된 가치의 이해관계자이다. 따라서 이들은 기업을 사회 후생에 기여하는 방향으로 설계하는 전략의 파트너이다. 더욱이 외부 효과가 존재하는 상황에서 기업의 경제적 경계는 더 이상 사기업에 대한 법적 명문화와 일치하지 않는다. 따라서 기업은 다양한 유형의 자본을 출자하는 파트너가 있는 자율적 실체로 인정받아야 한다. 기업은 정치적인 조직인 이사회를 통하여 공동의 이익인 사회적 이익을 결정한다. 이렇게 하여 주권 원칙은 시민사회의 필수적인 부분이 될 것이다. 산업 시스템을 구성하는 일련의 기업들은 공유재를 생산하기 위한 집단적 의사 결정을 내리는 집단 파트너십의 이해관계자이다.

공유된 가치화는 상황에 따라 두 가지 상호 보완적인 왜곡을 극복해야 하는데 이는 시장이 바로잡을 수 없는 문제이다. 우선, 사회적 수익이 사적 수익보다 크기 때문에 시장은 양(+)의 외부 효과를 창출하는 재화와 서비스를 과소 생산한다. 둘째, 사적 비용이 사회적 비용보다 낮기 때문에 시장은 음(-)의 외부 효과를 창출하는 재화와 서비스를 동시에 과잉 생산한다. 사회적 가치에 대한 집단적 합의는 이러한 격차를 줄이고 기업이 지속 가능한 성장 방향으로 행동하도록 장려하는 데 적합한 경제정책 수단을 제공하고 조정하기 위한 전제 조건이다. 상품 관계를 넘어서고 보완하는 이러한 상호 의존성 조직은 특히 경제와 환경 간의 상호 관계와 관련이 있다.

생물 다양성과 기후변화는 공공재로 간주되는 두 가지 주요 환경 분야로, 시장이 제공하는 인센티브에 의해 생산되는 자본 형태로 대체할 수 없다. 그럼에도 불구하고 지속 가능한 발전 정책에서 이들이 제기하는 문제는 서로 판이하게 다르다.

실제로 기후변화는 전 지구적이고 측정 가능한 현상이다. 기후변화가 어떻게 전개될 것인지에 대한 불확실성이 높음에도 불구하고, 축적된 과학적 연구 결과에 따르면 대기의 구성은 지표 온도 상승과 연결될 수 있으며, 그로 인한 피해를 정확하게 정량화하지는 못하더라도 분석할 수 있다. 사전 예방 원칙[16]에 따라 허용 가능한 지표 온도 상승 한계에 대한 합의가 도출될 수 있다. 탄소의 가치화, 온실가스 배출량 증가를 억제하기 위한 투자, 그리고 경제정책의 알려진 도구의 일부인 금융 상품을 기초로 하여 정책을 정의할 수 있다.

물론 생물 다양성은 생태계가 제공하는 서비스의 관점에서도 공공재이다. 그러나 생물 다양성은 그 이질성과 특정 맥락에 의존하기 때문에 분석이 쉽지 않다. 생물 다양성은 단일 공공재라기보다는 오히려 부분적으로 겹치고 서로 상충될 수 있는 공공재의 집합이다. 더욱이, 일부는 재생 가능하지만, 재생 불가능한 경우도 있다. 생물 다양성은 지역적 차원에서 지구적 차원에 이르기까지 중첩되는 일련의 공공재라고 할 수 있다. 따라서 영토는 공유재를 추구하기 위한 주권 행사의 관련 공간이 된다.

2.2. 지역개발과 보완적 지역 화폐의 잠재력[17]

지역은 공정으로서 정의의 원칙에 따라 평등을 추구하는 특권적인 참여의 장소이다. 도시 조직에 의해 구조화된 지역은 탁월한 협력의 장소이다. 실제로, 도시는 집적 효과, 네트워크의 외부 효과 그리고 정보 집

---

16. 사전 예방 원칙은 불확실성을 선제적으로 관리하는 위험 정책으로, 위험의 파급효과가 매우 높고 비가역적일 가능성이 있을 경우 위험의 과학적 증거가 부족하더라도 선제적 예방 조치를 취해야 한다는 것을 의미한다: 옮긴이.
17. 이하의 논의는 다음을 추가적으로 참조할 필요가 있다. M. Aglietta et N. Valla, *Le Future de la monnaie*, Odile Jacob, 2021; M. Aglietta, et al., *La Course à la suprématie monétaire mondiale*, Odile Jacob, 2022: 옮긴이.

약적인 활동에 의해 수익이 체증하는 진원지이다. 그러나 도시는 난개발과 지가 상승으로 인한 사회적 비용의 원천이자 차별과 배제의 원천이기도 하다. 그 결과, 교통 혼잡, 시간 낭비, 육체적·정신적 피로, 공해 등 모든 음(-)의 외부 효과와 함께 막대한 사회적 후생 비용을 초래하는 사회적 혼란이 발생한다. 이런 이유로 삶의 방식의 변화를 유도하는 도시 경제 모델의 변화는 포용과 지속 가능성의 매개체이다.

보완적 지역 화폐의 잠재력

1990년대 후반부터 보완적 지역 화폐가 발전했다. 보완적 지역 화폐는 지역을 재생시키기 위한 시민의 노력에 의해 형성된 사회적 관계를 더욱 공고히 하는 데 기여했다. 2008년 이후 보완적 지역 화폐의 발전이 눈에 띄게 가속화되면서 2013년 현재 전 세계 50개국에서 4,000개 이상의 보완적 지역 화폐가 존재하는 것으로 집계되고 있다. 이 화폐들은 특정 계산 단위로 정의되며, 네트워크 및/또는 한정된 지역에 모인 이해관계자 집단(개인으로서 시민, 협회, 협동조합, 기업, 지자체, 재단 등)의 주도로 개발된다. 이 화폐들은 시민, 소비자, 서비스 제공업자 그리고 기업 간의 거래를 장부에 기입하고 결제하는 데 쓰인다. 이러한 보완적 화폐 시스템은 시간 화폐, 시간 은행, 지역 상업 화폐, 기업 간 청산 계약에 이르기까지 매우 다양하며, 그 형태도 유통 기술에 따라 지폐, 장부화폐 또는 전자화폐(문자 메시지 전송 서비스 또는 스마트카드에 의한 지급)에 이르기까지 다양하다.

보완적 지역 화폐는 국민-국가라는 보다 넓은 주권에 뿌리를 둔 공동적인 것(Commun)의 주권에 의해 생산된 화폐적 발명품이며, 분석된 구체적인 사례에 따르면 세 가지 목표를 추구한다. 보완적 지역 화폐는 지역에 확고하게 뿌리를 내리고 있는 지역 경제에 역동성을 지원하는 것을 목표로 한다. 보완적 지역 화폐는 생태계를 보존하는 생산, 저공해 교통수단, 청정에너지 그리고 폐기물 생산 감소 등 새롭고 환경 친화적인 생산과 소비 관행을 확립하는 것을 목표로 한다. 보완적 지역 화폐는 또한 연대, 상호성, 친밀함, 상호부조 그리고 사회적 차별에 대한 투쟁의 가치에 따라 인간과 자연 그리고 인간과 인간 간의 관계를 증진시키고, 이전에 교환에서 배제되었던 주민들을 교환의 회로에 다시 끌어들이는 역할을 한다. 지역 화폐 제안을 적극적으로 지원하는 지방정부의 목표는 빠른 화폐유통속도를 통해 화폐의 사회적 매개체로서 역할을 강화하여 화폐의 용도를 전환하고, 사적 전유를 통한 축적 의지를 약화시킴으로써 화폐의 양가성에 대항하여 싸우는 것이다. 이러한 화폐 장치에서 화폐는 집단에 봉사하는 공유재로 인식된다. 지역 화폐는 가상 화폐의 목적과는 반대로 개인적 치부의 수단으로 여겨지지 않는다. 이러한 보완적 화폐 장치에서 화폐는 공공재의 본질인 사회윤리에 부합하는 가치를 형성하고 실현하는 원칙과 일치하는 것처럼 보인다.

마지막으로, 보완적 지역 화폐는 시민사회가 해당 도시의 정책 운영에 참여하도록 장려한다. 실제로 이러한 화폐 이니셔티브는 현재 자본주의 사회가 직면한 도전 과제에 대하여 공동체 의식을 발현시켜 개인행동을 변화시키는 것을 지지한다. 이러한 참여는 권력이 행사되는 정치 공간에서 시민을 분리하는 형식적 민주주의의 특징인 책임의 위임과는 구별된다. 따라서 이것은 주권 원칙 전환의 기폭제이다. 시민 개개인이 행동에 나서고 시민권은 지역에서 조직된 정치 공동체의 구성원 자격으로 표현되기 때문에, 이것은 매우 중요한 문제이다. 따라서 행동하는 시민의 진정한 민주주의는, 지역 기반의 지속 가능한 발전 프로젝트에 지역의 정치 엘리트들을 참여시킴으로써 형식적 민주주의를 전환시킬 수 있는 힘을 갖고 있다. 보완적 지역 화폐의 창조는 이러한 프로젝트를 통해 발생하는 경제적 거래를 위한 자금 조달 수단이자 지급수단의 창조이다 (Magnen et Fourel, 2015). 따라서 그 목표는 정치적인 것과의 새로운 관계와 개인 스스로 선택할 수 있는 새로운 행동 방식(권한 부여)을 촉진하는 것이다. 그 목표는 사회적 연대 경제 또는 지속 가능한 발전에 부합하는 참여 민주주의의 밑그림을 구축하는 문제이다.

따라서 이러한 새로운 화폐 형태는 가장 유리한 사회적 공간에서 시민, 기업, 그리고 공공 당국이 협력하여 성장 레짐을 전환하고, 따라서 금세기의 위험을 피하는 수단이다.

지역 화폐와 비트코인: 완전히 대립되는 화폐 논리

보완적 지역 화폐는 종종 비트코인과 비교된다. 21세기 초에 등장한 이 두 가지 화폐 혁신은 화폐와 주권의 관계에 대해 의문을 제기하고, 비트코인의 경우에는 가상 및 네트워크 수준에서, 보완적 지역 화폐의 경우에는 지역 수준에서 화폐를 재사용하려는 사용자의 욕구를 반영한다는 공통점을 갖고 있다. 다른 많은 암호 화폐처럼, 비트코인은 통일적, 주권적, 영토적, 중앙집권적인 전통적 화폐관과 충돌한다. 도리어, 비트코인은 《반보완적 지역 화폐》이다(Dupré et al., 2015).

비트코인은 실체가 없는 화폐적 수단일 뿐이다. 비트코인은 공공재의 개념이 제거되어 있기 때문에 유동성과 영속성을 보장할 수 있는 모든 주권적 권위와 분리되어 있는 민간 화폐 혁신이다. 비트코인은 이것의 사용을 장려하고 이것에 대한 지식을 교환하는 사람들의 네트워크를 통해 가상 공동체라는 환상을 유지한다. 비트코인은 중앙은행이 감독하는 위계화된 은행 시스템이나 지급 결제의 지속성을 보장할 수 있는 청산 시스템에 기반하고 있지 않다. 따라서 완전히 탈중앙화 되어 있는 비트코인은 실물경제에 자금 조달용 선불금을 통해 재화와 서비스 생산에 대한 경제 회로의 요구를 충족시키는 데 필요한 유동성을 제공할 수 없다. 경제활동이 침체될 때, 비트코인은 경기 부양을 위한 공공 정책을 시행할 수 없다. 비트코인의 분배는 본질적으로 매우 불평등하며, 그것은 초기 보유자들(얼리 어답터)에게 유리한 반면, 최근 사용자들에게는 불리하다.[18] 비트코

---

18. 전체의 0.005%인 상위 1,000개의 주소가 전체 비트코인의 약 35%를 보유하고 있으며, 전체의 0.05%인 상위 10,000개가 전체 비트코인의 56%를 보유하고 있다. 이러한 수

인은 그 시세의 초변동성으로 인해 기대를 고정시키고 지급 결제를 영속시키는 데 별로 도움이 되지 않는 화폐적 수단이다.

또한 비트코인은 국제 화폐 레짐이 안고 있는 문제에 대한 해결책을 제공할 수 있다는 구상과는 달리, 세계적 차원의 공공재로서 기능을 수행할 수도 없다. 미리 정해진 비트코인의 공급량은 유동성에 대한 세계적 차원의 수요를 충족시킬 수 없다. 투기성이 매우 강한 비트코인의 특성은 국제 화폐 시스템을 안정시키는 요인이 될 수 없다. 비트코인을 보유하는 것은 공권력이 《공식》 화폐로의 교환성을 보장하지 않기 때문에 더욱 위험하다. 비트코인의 거래 검증을 위한 규약(프로토콜) 자체는 매우 안전하지만, 비트코인 저장 장치의 경우에는 반드시 그렇지는 않다. 비트코인 거래의 익명성(또는 적어도 거래를 추적하기 어렵다는 점)은 사이버 범죄와 돈세탁에 있어 신이 내려준 선물이다. 비트코인에 영감을 준 암호(크립토) 무정부주의자들과 자유주의자들의 논의를 살펴보면, 화폐를 통제해야 하는 주체(국가, 중앙은행 그리고 은행)가 해롭다고 여기는 개입에서 벗어나 스스로 화폐를 소유한다는 환상을 주기 때문에 비트코인은 사용자들에게 매력적이다.

따라서 비트코인은 익명의 가상 《화폐》로서 반주권, 반은행, 반국가, 더 나아가 반공동 화폐라는 그 진정한 본성을 드러낸다. 반대로 지역 화폐는 사회적이며, 법정화폐를 보완하기 때문에 법정화폐의 주권과 모순되지 않으면서도 지역 차원에서 공동적인 것의 주권을 더욱 강화한다. 물론 지역 화폐의 발전은 기존의 화폐 상징 질서에 대한 일종의 화폐 경쟁을 반영한다. 즉, 공식 화폐가 더 이상 집단 후생을 구현하지 못하고, 화폐를 창조하는 은행들이 더 이상 실물경제에 도움이 되지 않으며, 심지어 공식 화폐는 단지 투기의 수단이라고 생각하는 시민들은 지역 화

치는 비트코인 집중도에 대한 대략적인 추정치일 뿐이며, 동일한 투자자가 여러 주소를 보유할 수 있다는 점을 고려하면 실제 집중도는 이보다 더 높을 수 있다. M. Aglietta et N. Villa, *La futur de la mommaie*, 2021, p. 67 참조: 옮긴이.

폐에 관심을 갖는다. 이러한 경제주체들은 «시민» 화폐에 의지하여 화폐를 되찾고, 시민 화폐를 지속 가능한 발전 및 집단행동의 지속 가능성과 관련된 새로운 가치와 결합시키려고 노력한다. 이들은 어느 정도 새로운 화폐 레짐의 토대를 마련하는 데 도움이 된다.

그러나 화폐로서 비트코인은 제도 없는 세상이라는 이데올로기의 투기적 화신(avatar)에 불과한 반면, 은행들은 비트코인을 뒷받침하는 지급 결제 기술에 관심을 갖기 시작했다. 1장에서 우리는 교환을 통해 가치를 실현하는 과정으로서 지급 결제의 완결성이 화폐 시스템의 중심축이라는 것을 살펴보았다. 이러한 완결성을 가능하게 하는 청산·결제는 중앙은행이 보유하고 있는 청산소 계좌에 대한 은행들의 포지션을 기반으로 한다. 중앙청산소가 지급 원장을 보유한다. 비트코인의 기반 기술에 영감을 받은 대형 은행들은 실시간으로 거래를 기록하고, 검증하고, 지속적으로 업데이트하는 컴퓨터 네트워크(블록체인)를 통해 익명으로 청산·결제를 구성하는 구조의 가능성을 모색하기 시작했다. **블록체인**은 주어진 날짜에 누가 얼마만큼의 화폐를 소유하고 있는지에 대한 증빙 자료를 제공하는 역할을 한다.

물론 은행들의 구상은 탈중앙화 된 결제 네트워크 시스템을 누구에게나 확대하는 것이 아니라 은행 클럽 내에서 유지하려는 것이다. 이러한 은행 클럽은 암호화를 통해 중앙은행 없이도 청산·결제 시스템을 구축할 수 있다. 은행들은 이러한 실시간 청산·결제 방식이 거래 비용과 거래시간(지급 결제 지시의 기록과 지급의 최종 검증을 분리하는 시간)을 획기적으로 줄일 수 있다고 생각하기 때문에 이러한 시스템에 투자하고 있다. 일부에서는 이를 통해 연간 200억 달러의 비용을 절감할 수 있을 것으로 예상했다.

하지만 아직 갈 길이 멀다. 은행들은 이 기술이 안전하고 견고하다는 것을 증명하기 위해 엄청난 장애물을 극복해야 한다. 규모의 변화는 어마어마한 도전이다. 비트코인 기술은 생성되는 화폐의 양을 아주 적은 금액으로 엄격하게 제한했다. 비트코인은 지구화 된 금융의 막대한 양의 거래에 어떻게 적응할 것인가? 화폐의 개념 자체에 궁극적인 유동성이 내재되어 있다는 것을 알면서도 부채의 결제와 연결되어 있지 않다면 궁극적인 유동성의 공급은 어떻게 결정될 것인가? 블록체인에서 허용되는 지급 결제 흐름의 인플레이션 효과를 제한하기 위해 시스템을 어떻게 조절할 것인가? 완전한 민간 청산·결제 시스템이 화폐라는 공공재를 생산할 수 있으려면 많은 문제가 해결되어야 한다.

보완적 지역 화폐는 공식 화폐 시스템을 위협하는가?

보완적 지역 화폐를 만들 때, 시민사회 참여자들은 공식 화폐와 단절하지 않으면서도 공동체에 도움이 될 수 있는 공동의 매개체를 모색하고 있다. 보완적 화폐 시스템은 대개의 경우 공식 화폐 시스템의 상징적 지시 대상과 관행을 차용하여 보완 화폐를 창조하고, 수용하고, 조절하고 있을 뿐만 아니라 지역 시장에서의 운영에도 활용하고 있다(Ould Ahmed, 2010). 이러한 화폐를 발행하고 조절하는 준칙이 이를 증명한다. 지역 화폐는 공식 화폐로 교환하여 얻을 수 있다. 이러한 교환은 공식 화폐와 등가로 이루어진다. 이는 법적으로 확립된 등가 비율은 아니지만, 참여자들이 가격을 비교할 수 있는 기준점을 제공하기 때문에 실용적인 측면에서 유용하다. 대부분의 상업적 지역 화폐 시스템은 공식 화폐로 준비금을 구성하고 지역 화폐를 얻고자 하는 가입자들에게 태환해 줄 때 이를 징수한다. 이러한 준비금은 기존 금융기관이나 협동조합 또는 윤리적인 금융기관의 계좌에 예치된다. 프랑스에서 규제하는 이러한 예치금은 언제든지 지역 화폐를 공식 화폐로 태환할 수 있도록 보장한다.

지역 화폐의 구매력은 공식 화폐의 구매력에 의해 뒷받침되기 때문에 통제되지 않은 화폐 발행으로 인한 특정 인플레이션 위험이 존재하지 않는다. 지역 화폐 발행에 상응하는 공식 화폐로 등가의 예치금을 보유하고 있기 때문에 지역 화폐의 발행은 순 화폐 창조로 이어지지 않는다. 지역 화폐의 장점은 화폐의 유통을 촉진한다는 것이다. 상호 신용화폐(시간 은행과 청산소)의 경우 지역 화폐로 당좌대월 가능성은 매우 제한적이다. 어떤 사람들의 채무는 다른 사람들의 채권과 일치한다. 따라서 인플레이션 위험이 존재하지 않는다. 일부 시스템(스위스의 WIR[19] 시스템 또는 공동체 개발은행)은 공식 화폐로 투자 대출을 제공한다는 점에서 예외적이다. 여기에서 위험은 은행화폐의 모든 발행 위험과 다르지 않다.

이러한 메커니즘은 공식 화폐 시스템에 연결되어 있기 때문에 화폐 당국이 적절하게 구조화하기 위해 특정 규제가 필요하지 않다. 이러한 장치의 발전은 아르헨티나 지역 화폐 경험에서처럼 인플레이션과 사기 문제를 일으킨 경험에서 얻은 교훈을 바탕으로 집단 인지 학습을 통해 도움을 받을 수 있다(Ould Ahmed, 2010).

2.3. 지역 화폐를 넘어, 에너지 이행을 위한 화폐적 자금 조달

지구온난화에 대처하는 것과 경기 침체에서 벗어나는 것이 우리 시대의 두 가지 시급한 과제이다. 특히 유럽의 공권력은 이러한 문제를 완전히 별개의 문제인 것처럼 다루고 있다. 지금까지 그들은 두 분야 모두에서 실패했다. 한편으로, 기후변화에 관한 정부 간 패널(IPCC)에 따르면, 지구는 21세기 말까지 지표 온도가 평균 4°C 상승할 것으로 예상되고, 약 6°C의 극단적인 위험에 처할 가능성도 무시할 수 없다. 반면, 선진국의 장기 성장 둔화, 이른바 **장기 침체**는 생산적 투자의 급격한 약화로 인해 발생하고 있다. 국제통화기금(IMF)에 따르면, 실질 가치로 측정한 2014년 말 선진국의 총생산 투자는 2008년 위기 이전의 추세가 계속된다면 도달했을 수준보다 25퍼센트 낮은 수준이다(IMF, 2015). 이러한 빈

---

19. WIR은 경제 회로(economic circuit)를 의미하는 독일어 Wirtschagtsring의 줄임말이며, 1인칭 복수 대명사이기도 한 이 말은 공동체나 연대를 의미하기도 한다. 1934년 스위스에서 대공황 당시 은행신용 부족에 대처하기 위해 만들어진 일종의 협동조합이다: 옮긴이.

표 4.4. 세기적 혁신

혁신 유형	발생	전파/확산	조정 위기	성숙	총 기간
증기기관과 섬유	1792-1774	1794-1834	1834-1843	1844-1861	1762-1861
철도·철강업	1831-1847	1847-1888	1888-1895	1896-1917	1831-1917
대량생산	1882-1908	1908-1937	1937-1949	1950-1973	1882-1973
정보통신	1961-1981	1981-2000	2000-2013	2013-?	1961- ?
환경	1972-2015	2015-?	??	??	1972- ?

자료: J. Schumpeter (1939), D. Landes (1969), M. Aglietta (1976).
혁신 유형 가운데 정보통신과 환경의 분류와 그 시기는 저자 자신의 추정에 의한 것임.

약한 자본축적은 매우 낮은 인플레이션, 원자재 가격의 급격한 하락 그리고 전 세계에 만연한 빚의 일반화된 증가를 동반했다.

특히 유럽에서 정치권력의 잘못된 관리를 상쇄할 수는 없지만, 중앙은행은 대응 조치를 취한 유일한 공적 기관이다. 유통시장에서 주로 공채를 매입하여 대규모로 유동성을 창출하는 중앙은행들의 «비전통적인» 정책은 유효수요를 되살려 성장을 촉진시키는 데 매우 제한적인 성공을 거두었을 뿐이다. 기존 금융자산 매입을 통해 화폐 정책을 전달하는 과정은 직접적으로 새로운 소득을 창출하지 않기 때문이다. 민간 주체의 행동에 미치는 영향의 연쇄는 간접적이고, 위기로 인한 트라우마 이후 불확실하며, 온라인에서 손실을 입기 쉽다.

경제가 직면하고 있는 문제는 경기순환의 침체 국면에서 벗어나는 것과는 전혀 다른 차원의 문제이다. 시스템적 금융 위기는 소위 산업혁명이라는 성장 레짐의 전면적인 변화를 예고하기 때문에 장기간의 침체를 초래한다. 생활 방식을 뒤흔들고 주요 정치적, 제도적 변화를 가져오는 세기적 혁신의 물결이 펼쳐지고 있다. 〈표 4.4〉는 주요한 세기적 혁신을 요약하여 보여 주고 있다. 이러한 혁신은 에너지와 네트워크(교통과 정보)의 혁명이다. 따라서 이러한 혁신은 모든 활동에 걸쳐 확대되어 경제를 재편할 수 있는 잠재력을 갖고 있다.

이러한 산업혁명이 화폐와 금융에 미치는 영향은 근본적이며, 동시에 화폐 시스템의 전환으로 인해 이를 조절하는 수단이 구축되고 있다. 예를 들어, 철도의 대혁명은 막대한 장기 투자로 이어졌다. 이러한 투자는 국가의 약속과 공적 보증을 통해서만 자금을 조달할 수 있었으며, 대규모 지점을 가진 은행으로 은행 원칙의 확대와 주식회사의 법적 인정에 따른 증권시장의 비약적인 발전을 통해서 자금을 조달할 수 있었다. 이러한 새로운 형태의 부채로 인한 시스템 리스크는 중앙은행을 은행들의 은행으로 승격시키는 결과를 가져왔다.

테일러주의에 의한 대량생산과 제3차 산업혁명에 따른 개인 자동차 소유의 비약적인 증가는 세계적 정치 및 금융 위기 이후 20세기 후반에 임노동 사회의 출현과 번영으로 이어졌다. 이러한 사회에서는 생산적 투자를 위한 자금 조달을 촉진하기 위해 금융이 규제되었다. 실질소득 증가는 생산성 증가에 연동되었고, 사회보장 시스템이 확대되었다. 그 결과, 역사상 최대 규모의 산업자본 확장의 물결이 일어났다.

정보통신 기술 혁신의 첫 번째 단계에서는 혁신의 물결이 주로 금융 및 이와 관련된 서비스를 촉진시켰다. 산업 기업들은 금융화 되었고, 그들의 목표와 거버넌스 방식은 소위 《주주 가치》라는 원칙의 지배를 받게 되었다. 그 결과 성장과 생산적 투자의 감소, 생산성 향상 둔화, 중위 실질임금의 정체, 외부 수단을 이용한 기업의 성장, 자본 소유 집중의 증가, 경영진에 대한 급여 수당으로 위장된 어마어마한 비근로소득의 제공, 마지막으로 시장 금융 중개와 이와 관련된 서비스(온갖 종류의 컨설팅 회사와 법률 회사)의 이익 축적 등 엄청난 결과가 나타났다.

정보통신 기술 혁신의 두 번째 단계인 동시에 기후변화의 위협에 따른 에너지 이행이라는 새로운 산업혁명의 지구적 도전 과제는 금융을 경제에 활용하여 세계적 수준에서 대규모 생산적 투자의 새로운 물결에 동참하는 것이다. 이러한 새로운 사회 발전 시대의 기본 원칙은 **공동적인 것의**

촉진이다. 이 원칙은 위에서 언급한 지역 화폐의 혁신을 기반으로 하는 지역적 차원에서, 지구 온난화가 다양한 공간적 규모의 생태계와 경제 간의 상호 의존성을 고려한 지구적 공공재라는 점에서 전 세계로 확장된다.

지금까지 이러한 상호 의존성은 자본주의가 그 가치를 인정하지 않고 파렴치하게 착취해 온 외부 효과였다. 공동적인 것의 주권 아래 상품경제를 넘어 가치 원칙을 확장하려면 화폐 시스템과 금융과의 관계를 새롭게 변화시켜야 한다. 기후 비상사태는 이러한 새로운 대전환을 시작할 수 있는 기회의 창이다.

저탄소 경제로의 이행을 위한 가치화의 부재와 자금 조달의 부족은 상품 논리의 이중의 실패이다. 저탄소 경제로의 이행을 통해 미래에 대한 우리의 관점을 재구성하고 투자 유인을 되살릴 수 있다. 정치적 우선순위를 지속 가능한 성장이라는 목표로 바꾸고 있는 국가에서 투자를 유도하기 위해서는 탄소의 사회적 가치를 정치적으로 설정할 필요가 있다. 또한 가치 실현을 위한 원칙으로서 화폐의 역할 발전과 관련하여 금융 중개를 다시 정의할 필요가 있다. 실제로 새로운 생산적 투자를 통한 온실가스 저감에서 주권국가에 따라 달라지는 보편적인 사회적 가치를 인정한다는 것은 이러한 투자에 자금을 조달하기 위해 발행된 신용 및 금융 증권을 중앙은행이 은행 재융자 시 인수하고 재매입함으로써 탄소 자산으로 전환할 수 있는 기회를 열어 두는 것을 의미한다. 이는 **환경적 외부 효과를 극복할 수 있는 공동적인 것에 대한 화폐적 인정을 의미한다.**

실제로 새로운 에너지원과 대중교통 기반 시설 및 다양한 에너지 효율성의 개선에 대한 혁신적인 생산적 투자는 가장 효율적인 기술을 선택하기 위한 기준 탄소 가격의 부재로 인해 장애물에 직면해 있기 때문이다. 순수 경제 이론가들의 이러한 견해는 완벽하게 효율적인 금융에 대한 무제한 접근을 전제로 한다. 우리는 1부에서 이 가설이 실제로 얼마나 지지할 수 없는 것인지 살펴보았고, 2부의 역사적 분석을 통해 이를 확인했다. 이는 저탄소 투자가 장기적이라는 사실에도 불구하고 수익의 흐름이 시간이 지남에 따라 분산되고 초기 단계에 고정자산(선불 비용)이 집중되는 등 생태적, 기술적 불확실성이 두 배로 커지기 때문이다. 유휴 저축이 풍부하고 생산적 투자가 저조한 현재의 장기 침체 상황에서 공적 보증을 통해 이러한 유휴 저축을 민간 부분의 리스크 감수에 재분배할 수 있는 금융 중개를 조직하는 것은 과거에 대중교통의 발전을 가능하게 했던 금융 조직을 재발견하는 것을 의미한다. 한 세기 반 이전에 어떻게 해야 하는지 알았던 공공 및 민간 투자 조합에 자금을 조달하는 방법을 더 이상 모른다고 하는 것은 어처구니 없는 일이다.

중앙은행이 새로운 소득을 창출하지 않는 유통시장에서 증권 대신 새로운 실물 투자에 대응하는 자산을 매입한다면, 이는 투자로 인해 발생하는 추가 소득 증가와 직접적으로 연결될 수 있다. 이러한 대차대조표 확장 정책이 국제 협약에서 이루어진 약속에 따라 정부가 정한 탄소 감축 목표를 달성하기 위한 저탄소 투자 프로그램과 연결된다면, 이렇게 만들어진 추진력에 의해 촉발된 투자는 저탄소 경제로 생산 구조를 전환하는 성장의 시작이 될 것이다.

에너지 이행에서 투자 자금을 조달하기 위한 화폐적 구상

이 계획의 기초는 이산화탄소로 환산하여 측정된 온실가스[20] 감축량을 기준으로 새로운 범주의 자산에 대한 공적 보증을 제공하는 것을 원칙으로 한다. 이러한 보증을 통해 중앙은행은 독립적인 인증 기관으로부터 사후 인증을 받은 저탄소 투자에 참여하는 기업에 대출을 재융자할 수 있다. 이러한 투자를 한 기업은 인증된 양에 대한 탄소 인증서를 확보하며, 이 인증서의 화폐적 가치는 공권력이 정한 탄소의 사회적 가치에 저

---

20. 온실가스란 적외선 복사열을 흡수하거나 재방출하여 지구에 온실효과를 유발하는 대기 중의 가스 상태 물질을 말한다. 국제적으로 이산화탄소(CO_2), 메탄(CH_4), 아산화질소(N_2O), 수소불화탄소(HFCs), 과불화탄소(PFCs), 육불화황(SF_6), 삼불화질소(NF_3)의 7개 물질을 대표적으로 온실가스로 정하고 있다. 1997년 도쿄의정서에서는 삼불화질소를 제외한 6개 물질을 감축 대상으로 명문화하였다: 옮긴이.

감된 탄소의 양을 곱한 것이다. 기업들은 이러한 인증서를 이용하여 그들의 신용을 상환한다. 이렇게 인증을 받은 신용을 수집한 대출 은행은 중앙은행과 이를 교환할 수 있으며, 중앙은행은 은행에 대한 화폐 준비금을 창조하는 대가로 탄소 인증서를 대차대조표에 인식하여 탄소 자산으로 전환한다.

이 메커니즘이 작동하려면, 공공 기관의 두 가지 약속, 즉 주어진 기간(예를 들어 5년) 동안 사전에 정한 양의 탄소 저감을 보장하고, 탄소의 사회적 가치를 설정하는 것이 필요하다. 이러한 개념적 가치(시장가격이 아님)는 기후변화로 인한 피해의 사회적 비용과 이 피해를 줄이는 경제활동으로 인한 사회적 공동 편익을 인정한다.

이를 바탕으로 적절한 금융 메커니즘을 구축해야 한다. 이 메커니즘의 구심점은 저탄소 프로젝트와 관련된 기술, 부문 및 기간에 따라 배출량 감축을 평가하는 방법론과 저탄소 프로젝트의 유형을 정의하는 독립적인 인증 기관이 되어야 한다. 이 기관은 현장에서 평가 작업을 수행하는 분권화된 기구들을 감독한다(Aglietta et al., 2015).

여기에서 탄소의 사회적 가치를 설정하는 것이 중요한 역할을 한다. 탄소의 사회적 가치는 시간이 지남에 따라 증가하는 인증된 가치의 흐름에 영향을 미침으로써 장기 투자에 대한 할인율의 단점을 보완한다. 화폐 창출은 인증된 투자에 근거하여 **사후에** 일어나고, 인증된 투자의 총 규모는 정부 보증에 의해 사전에 정한 금액을 초과할 수 없기 때문에 과도한 화폐 창출의 위험을 방지한다. 마지막으로 탄소의 사회적 가치는 시장가격이 아니기 때문에 탄소 거품을 방지한다. 오히려 탄소의 사회적 가치의 진행 경로는 정부의 목표와 관련하여 설정된다.

탄소의 사회적 가치는 탄소의 시장가격을 도입하는 것보다 훨씬 우월한 혁신이다. 탄소의 사회적 가치는 높은 탄소의 시장가격처럼 설비자본의 가치를 직접 탈가치화 하지 않으면서 신규 투자에 적용되며 혁신가들을 장려하기 때문이다. 이것은 온실가스 배출량, 온실가스의 대기 중

축적량, 지표 온도의 변동, 그리고 유발된 경제적 피해 사이의 상호작용이 불확실하기 때문에 장기적으로 완전히 불확실한 가치인 피해의 사회적 가치와 탄소 저감 지출의 사회적 비용을 조정하는 가격이 아니다. 오히려 이것은 사전에 정한 배출량을 저감하는 데 드는 한계비용이다. 선택할 가치에 대한 불확실성이 훨씬 낮다.

이를 바탕으로 금융 메커니즘은 다음과 같이 구축할 수 있다. 기업에 자금을 지원한 은행은 대출금을 상환하여 투자에 대한 인증을 회수한다. 이 대출은 인증 절차를 감독하는 기관에서 정의한 기준에 따라 범주별로 분류된다. 인증된 대출 풀은 공공 금융기관이 유동화(증권화)를 목적으로 은행에서 매수한 것으로 구성된다. 그 대가로 다양한 유동화 채권이 발행되며, 그중 후순위 트렌치(tranches juniors)는 해당 기관이 보유한다. 나머지 트렌치는 기관투자가에게 판매된다. 유동화 된 탄소 채권 시장이 형성된다. 중앙은행은 공채를 매입하는 것과 동일한 조건으로 이러한 채권을 매입할 수 있다. 중앙은행은 화폐 정책의 목표에 따라 이 채권을 매입할 수 있다. 또한 중앙은행은 이 채권의 가격이 탄소의 사회적 가치에서 벗어나지 않도록 이 시장에 개입할 수도 있다.

따라서 이 메커니즘은 은행신용을 동원하는 동시에 장기 저축을 저탄소 투자로 전환하여 화폐 혁신과 사회의 전환 간의 관계에 대한 역사적 궤적을 계속 이어 갈 수 있다. 금세기에 이것은 화폐 형태의 진화와 공동적인 것의 주권 확립 사이의 상호 적응을 의미한다.

제3부

위기와 화폐의 조절

제2부에서 살펴보았던 것처럼, 화폐의 역사적 궤적은 잔잔한 흐름과는 거리가 먼 장강에 비유할 수 있다. 정치적 격변을 야기하는 사회의 전환과 더불어 거대한 시스템의 변화가 일어났다. 변하지 않은 것은 경제적 가치를 정의하고 실현하는 시스템으로서 화폐 그 자체이다. 그러나 이러한 사회적 논리의 영속성은 보장되지 않는다. 반복적이기도 하고 특이하기도 한 화폐 위기가 역사를 관통하고 있다. 어떻게 하면 화폐 위기를 피할 수 있는가? 화폐 위기가 사회의 세대 간 영속성을 위험에 빠뜨리는 것을 어떻게 하면 방지할 수 있는가? 제2부에서 살펴보았듯이, 이것이 언제나 가능한 것은 아니다. 일부 화폐 위기는 화폐 시스템의 기반이 되는 주권 질서를 무너뜨린다. 반대로 다른 화폐 위기는 조절 준칙과 방식을 바꾸어 놓지만 기존 화폐 질서의 기반이 되는 주권 원칙에 대한 신뢰를 복원하는 화폐 개혁으로 이어진다. 시간의 깊이와 화폐 사회의 다양성 속에서 화폐 위기를 명료하게 이해하기 위해 우리가 따를 수 있는 길잡이는 무엇인가?

화폐 위기, 신뢰의 위기

제1부에서는 화폐가 가치라는 사회적 소속 관계의 운영자 역할을 할 수 있도록 하는 제도적 구조가 윤리적/위계적/방법적 신뢰의 세 가지 위계화된 수준을 생성한다는 것을 보았다. 이 운영자는 계산 단위에 근거한 평가, 부채의 유통, 그리고 결제를 통한 지급 결제의 완결성이라는 세 가지 준칙에 따라 작동하는 지급 결제 시스템이다. 거래의 사회적 인정을 위한 준칙의 효과성과 견고성으로 인해 신뢰는 재생산된다.

지급 결제 시스템은 사회를 관통하는 긴장과 기능장애를 반영하여 부채의 구조에 전달되며, 이연된 부채의 지급 능력에 의구심을 불러일으킴으로써 지급 결제의 완결성과 관련하여 부채의 구조에 취약성을 유발한다. 이러한 의구심이 일반화된 신뢰의 위기로 전환될 가능성을 시스템 리스크[1]라고 한다. 시스템 리스크는 금융 중개 기관과 금융시장이 자금 조달을 모색하는 경제주체와 저축을 배분하는 경제주체의 행동을 조정하지 못하는 일반화된 실패를 의미한다. 실제로 시스템 리스크는 금융 상황을 개선하려는 개별 주체의 행동이 모든 주체의 전반적인 상황을 악화시키는 조건을 발생시키는 리스크이다. 시스템 위기에서 이러한 리스크가 현실화되면 신뢰에 의존하여 이용 가능한 저축의 동원이 이루어지는 화폐 경로가 마비된다. 따라서 위기의 규모와 정도는 손상되거나 심지어 파괴된 신뢰의 수준에 따라 달라진다.

방법적 신뢰는 관행에 기반을 둔다. 방법적 신뢰는 부채의 갱신과 거래를 종결하는 거래 상대방으로부터 유래한다. 이러한 신뢰는 관례 또는 계산에 의해 재생산되기 때문에 방법적이다. 수입과 지출의 변동 폭과 순서가 과거의 경험 범위 내에 있는 경우에 방법적 신뢰는 수입과 지출의 화폐적 흐름에서 예측 가능한 변동을 수용할 수 있다. 따라서 이것이 방어의 1차 저지선이다. 방법적 신뢰는 자산 가격의 변동을 흡수하여 주권 화폐 기관의 정당성에 의문을 제기하지 않을 정도로 충분히 제한적인 부의 이전을 유발한다.

대규모 충격이나 연속적인 혼란이 발생하여 **모멘텀** 과정이 강화되는 경우 부채의 질을 분석하는 기준(벤치마크)이 작동하지 않게 된다. 그 결과, 부채의 유통과 결제 능력에 혼란이 발생한다. 궁극적인 유동성을 발

---

[1] 시스템 리스크는 금융 사이클의 호황기에 빚(endettement)이 급증하고 금융자산 가격이 상승하여 투기적 거품이 형성되는 등 금융 취약성이 연쇄적으로 파급되고 증폭되는 과정이다. 거품이 터지면, 특정 참여자 사이에서 부채가 과도하게 나타나고, 거래 상대방, 즉 상호 부채의 거미줄을 통해 확산되는 거래 상대방 리스크로 인해 금융 중개자 간의 유동성이 고갈된다. 즉, 은행 간 자금 조달 시장이 마비된다. 리스크가 전파되는 또 다른 경로는 급박한 상환 만기를 지켜야 하는 채무자가 금융 증권을 출혈 투매하는 것이다. 이로 인해 채권 가격의 하락이 시장에서 시장으로 전파된다.

행하는 기관의 정책이 벤치마크를 다시 설정하지 못하면 혼란이 계속된다. 이러한 혼란은 유동성을 찾는 과정에서 한 대상으로 집중되는 전략적 상호작용을 촉발한다. 방법적 신뢰가 위기에 빠지고 유동성에 대한 전염성 있고 집중화된 탐색, 즉 위계적 신뢰에 대한 과잉 가치화를 촉발한다. 따라서 채권자들이 더 이상 자신의 부채 이외에 다른 어떤 형태의 부채도 받아들이지 않는다면, 화폐 당국은 금융 시스템의 마비를 피하기 위해 자신의 부채에 대한 이러한 강박적인 수요를 제어할 수 있는 것이 중요하다.

위계적 신뢰는 화폐 준칙을 유지하거나 변경할 수 있는 권한을 가진 당국과 관련이 있다. 이러한 당국이 화폐유통의 일상적 필요와 비교하여 흔치 않은 유동성 수요에 직면할 때, 다음과 같은 의심이 생긴다. 당국은 이례적인 수요를 충족시킬 수 있는 수단을 갖고 있는가? 당국은 이런 일이 일어나는 원인을 파악하고 있는가? 당국은 정치적 의지를 갖고 있는가? 이 모든 것은 채권자와 채무자의 정치적 영향력뿐만 아니라 국가의 이해관계에 달려 있다. 만약 공공 부채가 존재하고 위기가 전개됨에 따라 그것이 악화된다면, 국가는 채권자들을 불안하게 할 정도로 부채의 화폐화에 의존하려는 경향이 있는가? 또는 최근에 부채의 화폐화에 의존한 적이 있는가? 만약 이러한 의문이 지속되고 증폭되면, 특히 국가가 우월적인 지위를 이용하여 자의적이고 당파적인 것으로 평가되는 정치적 조치를 취한다면, 결국 위계적 신뢰는 훼손될 수 있다.

이런 이유로 정치권력은 모두가 인정하는 주권 원칙, 즉 사회 구성원들이 «공생»의 원천을 인정하는 집단적 가치의 표상에 기초해야 한다. 이러한 가치의 표상과 정치의 일치가 집단적 가치에 정당성을 부여하고, 윤리적 신뢰를 유지시켜 준다. 윤리적 신뢰가 유지되지 않으면 위계적 신뢰가 위기에 처하게 된다. 윤리적 신뢰가 흔들리면 공식 화폐는 더 이상 도키마, 즉 합법적이고 정당한 것이 되지 못한다. 이러한 조건이 충족되지 않으면, 확립된 궁극적인 유동성을 불신하는 화폐 사용자들은 자신의 재산을 보호해 줄 수 있는 다른 부의 매개체를 열렬히 찾게 된다. 이러한 위험한 탐색은 위기를 절정으로 몰고 간다. 가치가 측정되는 공간은 각 행위자가 다른 행위자에 대해 자신의 계산 단위를 주장하기 때문에 동질성을 상실한다(Bejin, 1976). 가격의 일관성이 파괴되고 경제적 시간이 사라진다. 더 이상 프로젝트를 수행할 기회도 없으며, 프로젝트를 착수할 시간도 사라지게 된다. 따라서 기존 재산을 보호하려는 열광적인 탐색의 즉각성만이 중요하게 된다. 이러한 탐색의 결과는 결국 이전의 화폐 공간 외부에 근거를 두고 있는 새로운 공통의 신뢰에 집중되며, 간혹 새로운 측정 단위가 되는 외국 화폐에 집중하기에 이른다. 이것이 바로 공식 화폐 자체가 거부되는 결정적인 순간에 모방이 극단적인 화폐 위기의 일반적인 과정인 이유이다. 5장 후반부에서 우리는 국가화폐에 대한 집단적 거부가 1923년 독일의 초인플레이션에서 절정에 이르렀음을 보게 될 것이다.

따라서 우리는 신뢰의 형태와 상품 교환을 조정하는 시스템으로서 화폐를 구성하는 준칙 사이의 대응 관계를 설명할 수 있다.

신뢰의 형태	지급 결제 시스템의 준칙
방법적	부채의 유통과 리스크의 이전
위계적	청산과 결제
윤리적	계산 단위의 보존

화폐 위기의 위상학: 중앙 집중화와 분절화

화폐는 부채 시스템의 상위에 위치한 부채로, 부채 시스템의 중심축이다. 화폐에 대한 신뢰는 부채의 위계가 준수되는 것을 의미한다. 따라서 궁극적인 부채의 발행자는 채권자와 채무자 간의 잠재적인 대립을 억제하기 위해 다른 부채가 결제되도록 제약을 부과해야 한다.

위기의 징후는 부채 시스템이 적절하게 위계적이지 않을 때 나타나는데 이는 부채의 합법적인 이연과 최종적인 결제가 더 이상 보장되지 않기 때문이다. 이것은 채권자와 채무자 간의 잠재적인 이해관계의 충돌을 불러일으키고, 공개적인 대립으로 전환될 수 있다. 이와 관련하여 두 가지 상반되는 상황이 가능하다. 첫 번째 경우, 채무자는 자신의 프로젝트 선택과 무관한 포괄적인 이유로 지급 능력을 위협하는 대출금 상환 또는 대출 비용에 대해 과도한 제약을 받는다. 두 번째 경우, 채무자의 자금 조달은 자동 화폐 창조를 통해 부채의 갱신이 보장되는 방식이다. 이러한 상황은 채무의 질에 관계없이 채무자가 채무를 결제해야 하는 제약으로부터 자유롭게 한다. 이것은 채무자를 부당하게 보호함으로써 채권자로부터 자본에 대한 권리를 박탈한다. 이러한 이중의 상황에서 두 가지 유형의 화폐 위기에 해당하는 지급 결제 시스템의 두 가지 구조적 기능장애가 발생한다.

구조적 기능장애의 첫 번째 형태는 분절화이다. 화폐가 희소해져 채무의 결제가 마비되고, 결국 파산이 확산되어 자산 가격의 폭락으로 이어진다. 경제주체들의 유동성에 대한 선호는 화폐의 부족을 심화시켜 상황을 악화시킨다. 이것이 바로 디플레이션 위기이다. 금속 본위 시스템은 이러한 유형의 위기에 특히 취약하다. 주화의 재주조, 보다 싼 금속으로의 화폐화 그리고 계산 단위의 변경이 이러한 위험에 대처하는 공공 정책이었지만, 이러한 위험을 완전히 차단할 수는 없었다.

구조적 기능장애의 두 번째 형태는 극단적인 중앙 집중화이다. 부채의 위계가 서로 다른 수준 간의 혼동으로 인해 파괴된다. 중앙은행이 만기 상환할 수 없는 부채를 자동적으로 차환해 주기 때문에 부채의 질에 대한 평가가 모호해진다. 이는 유동성 증가가 결제 제약을 제거한다는 점에서 화폐의 과도한 발행을 초래한다. 저축을 하는 사람들은 자신의 부(富)가 위협을 받고 있다고 느끼기 때문에 자신의 부를 보존하기 위해 이 화폐를 대신할 수 있는 대체재를 찾으려고 노력한다. 대체재를 찾아 이 화폐를 버리고 탈주를 하면 시간이 지남에 따라 계산 단위의 무결성에 대한 의구심을 불러일으키는 인플레이션의 소용돌이를 촉발시킨다. 결국 유동성에 대한 신뢰가 붕괴되어 자산의 보존과 양도에 영향을 미치게 된다. 이것이 초인플레이션으로 악화될 수 있는 인플레이션 위기이다. 인플레이션 위기는 공식 화폐 시스템 외부에서 대안이 될 수 있는 유동성 형태를 추구함에 따라 전략적 상호 의존을 일으킨다. 윤리적 신뢰, 따라서 화폐의 정당성은 정치 레짐의 변화, 심지어 주권 원칙의 재정립을 의미하는 화폐개혁을 통해 복원되어야 한다. 지속 불가능한 공공 부채 부담으로 인한 첨예한 정치적 갈등 상황에서 자기-준거적 신용 계산 단위를 가진 화폐 시스템은 이러한 유형의 위기에 취약하다.

이러한 이론 체계는 앞선 제1부와 제2부의 연장선상에서 화폐 위기의 해석을 위한 매개변수 집합을 제공한다. 이 과정을 보다 깊이 있게 연구하기 위해 5장에서는 화폐 발명의 주요 단계와 제2부에서 강조한 주권 원칙과 관련하여 역사를 특징짓는 위기의 유형을 연구한다. 여기에서는 1873년에서 1896년 사이에 그리고 1929년에서 1938년 사이에 발생한 자본주의 금융 위기와 2008년에 시작된 국제금융 및 화폐 관계와 직접적으로 관련 있는 글로벌 금융 위기는 다루지 않을 것이다. 이 주제는 제4부에서 다룰 예정이다.

6장에서는 고전 시대에서 임노동 사회를 거쳐, 지속 가능한 발전의 대전환이 제기하는 현대의 문제에 이르기까지 자본주의 사회의 화폐 조절에 대해 보다 구체적으로 초점을 맞출 것이다.

제5장 _ 역사에서 화폐 위기

5장에서는 제2부에서 살펴본 경로를 따라 고대의 금속에 기반한 시스템에서, 중세부터 18세기까지의 이원적 시스템, 금본위 시기, 20세기의 인플레이션 기간 그리고 마지막으로 2007년에 시작된 엄청난 규모의 금융 위기에 의해 예고된 디플레이션 위기로의 회귀까지 다양한 위기의 일화를 살펴볼 것이다.

1. 고대 금속 시스템의 위기

제2부에서는 주조된, 따라서 법적으로 인정된 금속화폐가 공공 재정과 불가분의 관계에 있다는 것을 살펴보았다. 국가의 화폐 위기와 재정 위기는 정치적 권위가 약화되는 결정적인 순간과 밀접하게 연관되어 있었다. 그리스 도시국가에서 화폐 문제는 장기간의 이례적인 군비 지출, 금속 자원을 채굴했던 영토의 상실을 초래한 패전(기원전 413년 시라쿠사에서 패배한 이후 아테네의 경우), 그리고 내전으로 인해 발생했다.

화폐 위기는 무엇보다 재정 위기 또는 예산 위기의 결과였다. 그럼에도 불구하고 순수한 화폐 위기, 즉 자기-준거적 위기도 존재할 수 있었다. 순수한 화폐 위기는 유동성 부족에 대한 두려움으로 인한 화폐의 전염성 수요를 통해 촉발되었다. 펠로폰네소스전쟁 동안 이러한 모든 요소가 상호작용했다. 아테네에서는 은화 부족으로 인해 시 정부가 동화를 주조해야 했다. 이러한 구리, 주석, 납의 혼합물은 기원전 5세기 말에 동/은 비율이 약 100:1이었기 때문에 귀금속이 아니었다. 동화는 이미 유통에서 사라진 4드라큼 은화와 동일한 유형으로 주조되었다. 가장 중요한 부분은 싸구려 금속 화폐의 주입으로 인한 물가 상승에도 불구하고, 펠로폰네소스전쟁 중에 동화를 수용할 만큼 아테네 민주주의에 대한 시민들의 신뢰가 충분히 견고했다는 것이다.

이 시기에 동화는 아테네와 적대 관계에 있던 코린토스와 시라쿠사에서도 출현했다. 이 화폐는 실용성이 떨어지는 것으로 판명된 매우 작은 은화를 유용하게 대체함으로써 화폐유통을 개선했다.

3장에서 살펴본 것처럼, 로마공화정(p. 120 참조)에서 로마 정부는 제2차 포에니전쟁 초기에 화폐의 기준이었던 아스리브랄 동화를 급속히 평가절하 했다. 그러나 이것만으로는 충분하지 않아 로마 정부는 민간으로부터 차입하고, 지급을 유예하고, 공공재를 대출에 대한 담보로 이용하고, 보물을 징발해야 했다.

기원전 1세기의 위기는 이전의 위기와 달리 내전의 공포로 화폐가 사라지면서 지급 동결을 초래한 민간 부채의 위기였다. 로마 사회는 여러 면에서 매우 불평등해졌다. 군사 정복 과정에서 부의 집중은 인민(평민)과 지주 및 정치 귀족 사이에 엄청난 불평등을 야기했다. 또한 귀족들 사이에는 불평등과 세대 간의 대립이 존재했는데, 이는 원로원 의원의 선출을 포함한 고위 공직에 접근하는 비용이 극도로 비쌌기 때문이다. 결국 이러한 금권정치 사회는 사업에 성공하여 높은 사회적 지위를 매수하여 갑자기 출세한 사람들과, 조상들의 국가에 대한 봉사의 대가로 주어지는 영구연금을 정당하다고 여기는 상속자들 사이에 치부의 정당성을 놓고 분열되었다. 이러한 에피소드들이 있은 후에 채권자들과 채무자 간의 극심한 대립으로 인해 축장 그 자체가 빚어지면서 지급 결제 위기가 발생했다. 지급 결제의 위기는 부채의 실질 가치를 더욱 증가시켰기 때문에 파괴적인 디플레이션을 초래했다. 디플레이션 문제를 해결하기 위해 부채의 일부를 탕감하고, 화폐를 주조하기 위해 성소에서 보물을 징발하고, 상한액을 넘어서는 유동성 소유를 금지하는 등의 조치가 취해졌다 (Andreau, 2007).

1.1. 후기 로마제국의 대-인플레이션 위기

2세기 말부터 공공 재정이 악화되면서 일부 기존 주화들의 금속 함유율, 즉 정련된 금속의 순도를 낮추고, 215년에는 카라칼라 황제가 새로운 은화인 안토니니아누스를 도입했다는 것을 상기할 필요가 있다. 은화를 도입한 목적은 유통되는 화폐의 양을 늘리는 데 있었다. 258년까지 금속의 함량에 대한 화폐의 가치 하락이 조절된 결과, 로마 화폐의 삼중 금속 구조에서 가치 비율의 위계가 유지되었다. 이것은 재화 가격의 상대적 안정성을 유지하기에 충분했다. 그 이후 안토니니아누스의 가치 하락이 가속화되면서 화폐적 위계 구조가 붕괴되었다.

274년 아우렐리우스 황제는 질서를 회복한다는 명분으로 위기를 촉발한 화폐개혁을 단행했다. 그는 은이 거의 함유되어 있지 않았음에도 불구하고 258년 이전의 금/은 비율로 안토니니아누스를 복원하기로 결정했다. 시장은 재화에 대한 엄청난 명목 인플레이션을 통해 이 주화의 «실질» 가치를 회복했다. 따라서 274년과 295년 사이에 이집트에서는 물가가 48배나 상승했다. 이 상황은 마치 경제주체들이 공식 계산 단위를 거부하고 금에 기초하여 가격을 정하기로 선택한 것과 마찬가지였다. 실제로 상품의 가격과 데나리우스 은화로 나타낸 금의 가격이 동시에 상승했다. 이것은 화폐 준칙의 정당성에 대한 집단적 불신, 따라서 윤리적 신뢰의 위기와 관련된 문제이다.

296년 디오클레티아누스 황제는 신뢰를 회복하기 위해 새로운 화폐개혁에 착수하여 형식적으로 3개의 금속에 기초한 구조를 재확립했다.

그는 5.4그램의 금화인 솔리두스(수sou의 효시)를 주조했고, 데나리우스 은화를 복원했으며, 빌롱스(billons)라 불리는 싸구려 금속으로 만든 화폐로 보완했다. 그러나 솔리두스가 주조되자마자 금은 축장되었다. 데나리우스 은화도 같은 움직임을 보임에 따라 디오클레티아누스 황제는 301년에 솔리두스와 데나리우스의 주조를 중단했다. 빌롱스만이 계속 유통되었고, (현기증을 일으키는) 급격한 가치 하락이 가속화되면서 콘스탄티누스 하에서 인플레이션 위기의 악순환이 심화되었다.

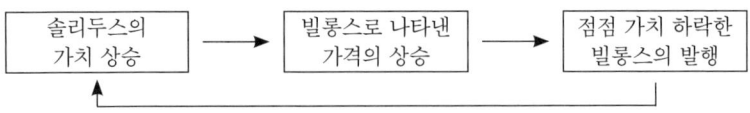

330년과 348년 사이에 빌롱스(보조화폐)의 가격은 6배, 348년과 354년 사이에는 50배 상승했다. 총 57년 동안 명목 인플레이션은 은화의 경우 1에서 1,000으로, 리브르 금화의 경우 6만에서 2,250만으로 올랐다. 이집트의 데나리(*denarii*)로 나타낸 리브르 금화 가치의 상승을 보면, 179년 1,125, 191년 3,000, 280년 50,000, 319년 1,400,000, 400년 3,300,000,000이 되었다.

로마제국은 어떻게 인플레이션의 악순환에서 빠져 나왔는가? 이것은 여러 일들이 일어났기 때문에 가능했다. 디오클레티아누스는 세금을 징수하기 위해 보다 효율적인 조세 시스템을 도입했다. 제국의 군사적 상황이 개선되어 군비 지출을 억제하는 것이 가능하게 되었다. 마지막으로 중요한 것은 콘스탄티누스가 기독교로 개종하고 기독교를 제국의 공식 종교로 선포함으로써 주권 원칙을 변화시켰다는 점이다(Callu, 1969). 이것은 화폐적 측면에서 중대한 결과를 초래했다. 콘스탄티누스는 이교도 사원의 보물을 몰수했고, 금이 매장된 새로운 지층을 채굴하여 이익을 얻었다. 이렇게 해서 그는 금에 기초한 화폐 시스템을 복원할 수 있었다. 솔리두스 금화가 공식 계산 단위가 되었다. 금을 계속 유통시키기 위해 콘스탄티누스는 세금 채무를 금으로 납부하도록 명령했다. 그 결과, 346년에서 388년 사이에 금화(솔리두스)의 유통이 20배 증가했다.

로마제국은 이렇게 오랜 과정 끝에 위계적 신뢰를 회복하는 화폐 발행 준칙을 다시 제도화하는 데 성공했다. 이는 암묵적으로 금을 구리 합금의 저품위 보조화폐의 절하를 평가하는 가격의 기준으로 삼는 개인들의 행동을 인정했기 때문에 가능했다. 효과적인 화폐개혁을 가능하게 한 것은 정치 주권의 변화였지, 화폐개혁이 정치 주권의 변화를 가능하게 한 것은 아니었다.

2. 이원 체제의 화폐 및 금융 위기

고대의 위기는 분리할 수 없는 두 측면, 즉 지급 제약의 사회적 일관성과 돈을 축적하려는 민간 권력 사이의 긴장을 표현하는 화폐의 양가성이 지닌 파괴적인 위험성을 전면에 드러냈다. 이러한 화폐의 양가성은 시간이 지남에 따라 채권과 채무 구조의 형태로 발전한다. 이러한 구조는 채권자와 채무자 간의 상호 의존과 경쟁의 본산이다. 《경쟁》의 축이 우세하면, 지급 결제 시스템이 혼란스럽게 될 수 있다. 우리는 이를 화폐적 영향을 수반하는 금융 위기라고 한다. 기능장애가 악화되어 부채의 결제를 위태롭게 할 경우 화폐에 대한 신뢰가 전반적으로 악화되거나, 심지어 화폐 시스템이 파괴될 수도 있다. 그래서 이것은 그 자체로 화폐 위기이다.

기원전 1세기의 로마의 위기는 화폐적 영향을 수반하는 금융 위기로, 예외적이고 임시적인 정책 수단을 이용하여 기존 화폐 시스템 내에서 쉽게 해결할 수 있었다. 반면 동로마제국의 위기는 그 자체로 화폐 위기였다. 화폐 위기의 해결은 무너진 위계적 신뢰의 재건을 전제로 했다. 13세기 이후의 이원적 시스템에서 국가는 자신이 만든 계산 단위의 변경을 통해 부채의 가치를 수정할 수 있는 강력한 수단을 가지고 있었다. 이러한 화폐정책 수단은, 스페인이 아메리카를 정복할 때까지, 귀금속이 만성적으로 부족했던 14세기 동안에 효과적인 것으로 입증되었다.

디플레이션 위기는 유럽을 황폐화시키고 유럽 인구의 2/5를 전멸시킨 1348-1349년의 대 흑사병이 발생한 14세기 후반에 절정에 이르렀다. 인구 재앙은 농업을 황폐화시킨 기후 냉각과 백년전쟁의 시기와 함께 진행되었다. 이러한 암울한 시대에 디플레이션에 맞서 싸울 수 있는 유일한 방법은 계산화폐의 평가절하뿐이었다. 계산화폐를 평가절하 하면서 군주들은 상인길드와 백성들의 지지를 얻었다. 반대로 평가절상의 시도는 전면적인 반대에 봉착했다.

2.1. 화폐의 풍부와 부족의 교대

민간 금융의 역동성은 민간 금융가들이 자금을 투자했던 장거리 무역과 관련이 있었다. 화폐의 넉넉함(풍부함)과 부족함(희소함)이 번갈아 나타났다는 것을 강조했던 것은 바로 이런 이유이다. 그 대표적인 예로는 15세기 베네치아 상인과 피렌체 은행가 사이의 자본의 유통을 들 수 있다. 선단이 출항을 할 때, 베네치아에서 화폐의 부족이 최고조에 달했다. 정화가 부족하자 배의 무장과 적재물의 구성에 필요한 자금을 조달하기 위해 피렌체 쪽으로 환어음을 발행했다. 환어음의 공급 과잉으로 인해 환어음의 가격이 하락했다. 그 결과, 베네치아의 두카(ducat)에 대해 피렌체의 플로린(florin)이 절상되었다. 반대로 폭풍우와 같은 재난을 만나지 않거나 해적으로부터 습격을 받지 않고 선단이 항구로 무사히 돌아오게 되면, 아시아산 상품들이 베네치아에 대량으로 유입되어 유럽의 도처에서 유통되었다. 상업이 발달한 북유럽의 도시들은 차례로 그들이 구매한 상품에 해당하는 가치를 지불하기 위해 베네치아 쪽으로 환어음을 발행했다. 그 결과, 베네치아의 채무자는 피렌체의 채권자에게 그들의 채무를 결제할 수 있게 되었고, 베네치아의 두카는 피렌체의 플로린에 대해 가치를 회복했다. 게다가 환율에는 이자가 은폐되어 있었다. 피렌체 사람들은 베네치아에 대해 구조적 채권자이기 때문에, 그들의 대출에 대해 은폐된 이자를 받았다. 금융 저널리스트이자 정치 저널리스트인 폴 엔징(Paul Einzig, 1970)에 따르면, 은폐된 이자는 8퍼센트에서 12퍼센트였다. 피렌체 은행가들은 베네치아에서 발행된 채무 증서에 대해 피렌체에서 환어음의 결제 과정을 통해 이자를 받았다.

이러한 주기적 변동은 지속적인 사업 관계를 맺고 있던 두 자유도시 사이에서 발생했으며, 시간이 지남에 따라 서로 상쇄되고 금속화폐의 사용을 절약하는 상당량의 환어음을 발생시켰다. 귀금속의 유출을 막거나 유치하기 위해 계산 단위를 변경하고 주조된 주화의 금속 비중을 조작한 군주와 민간 금융가의 관계는 보다 복잡했다.

실제로 군주들의 화폐 정책은 투명한 것과는 거리가 멀었다. 군주들은 금속의 수출을 저지하고 그들의 영토에서 외국 주화의 유통을 제한하려고 했다. 군주들은 외국 주화 소지자들에게 그것을 주조소로 가져가서 용해하여 상당한 주조 차익을 얻을 수 있는 금속 함량으로 주조하도록 강제했다. 이러한 통제의 강도는 나라에 따라 금속의 상대적인 넉넉함과 부족함에 따라 달라졌다. 따라서 14세기 중반부터 상인들은 금속의 상황을 매개로 다양한 장소에서 금속화폐의 희소함과 풍부함이 장부 환율에 미치는 영향을 알게 되었다. 그러나 장부 환율은 정화의 수출이 제한되는 정도와 금융가들이 두려워하는 장래의 화폐 변경에 대한 예상에 따라 달라졌기 때문에 변동이 매우 심했다.

이제 한 왕국에서 금속화폐 부족이 장기간 지속될 때 나타나는 상반된 영향을 살펴보자. 금속화폐의 부족을 완화하기 위해 정치권력은 금속 수출에 대한 통제를 강화하고, 수입된 외국 주화의 재주조를 통해 주조 차익을 증가시킨다. 따라서 금속의 시장가치는 주조소의 공식적인 매입

가격에 비해 상승한다. 이것은 금속의 유출 수준을 결정하는 격차를 확대한다. 그러나 권력의 의도에 역행하는 첫 번째 도피는 국내 축장이다. 동시에 금속화폐가 희소할 때 지역 계산 단위의 장부 환율은 절하된다. 금속의 부족으로 인해 더 많은 환어음이 발행되고, 이것들의 수출이 금속의 수출에 비해 덜 통제되기 때문에 장부 환율의 하락 폭은 금속의 시장가치 차이보다 더 크다. 장부 환율이 금속의 유출 수준을 실질적으로 돌파하면 외국에서 정화로 지불하는 것이 유리해지기 때문에 통제의 누수가 발생한다. 따라서 국내 축장에 이어 가용한 지급 결제 수단의 양을 축소시키는 요인으로 금속의 수출이 추가된다. 그래서 축장자들이 화폐를 다시 유통시키고 상인들이 외국의 주화를 다시 수입하도록 장려하기 위해 정부는 계산 단위의 평가절하를 선언해야 한다.

따라서 계산 단위의 변경은 자본주의 초기에 화폐 공급을 조절하는 데 있어 조잡하고 난폭하지만 필수불가결한 수단이었다는 결론에 도달하게 된다(Bloch, 1953). 계산 단위의 변경은 형성 과정에 있는 국가 간의 갈등을 격화시키는 단점을 갖고 있었다. 따라서 16세기 들어 프랑스 왕들은 다양한 강도의 통제를 통해 스페인에서 네덜란드로 귀금속을 운송하는 것을 보다 어렵게 하여 리브르 투르누아가 마라베디(스페인 화폐단위)에 비해 평가절하 되는 것을 막으려 했다. 송금 금지 조치로 앤트워프와 암스테르담에서 발행된 청구권의 가격이 상승하여 스페인의 장부 환율이 절하했으며, 결국 마라베디의 평가절하로 이어졌다.

따라서 계산 단위의 변경은 현대의 경쟁적인 평가절상이나 평가절하의 모든 특성을 갖고 있었다. 그러나 그 목표는 실업이나 인플레이션을 수출하는 것이 아니라 귀금속을 국내로 유입시키는 것이었다. 귀금속을 국내로 유입시키기 위한 계산 단위의 변경은 귀금속 축장자들에게 보상을 제공했고, 청구권의 장부 환율에 은폐된 리스크 프리미엄을 증가시켰다. 3장에서 언급한 것처럼, 자본주의가 뿌리를 내리기 시작했을 때, 계산 단위의 변경은 자본주의 발전에 장애물이 되었다.

16세기에 포토시(Potosi)의 은을 실은 선단이 세비야로 입항했을 때 스페인에서는 은화가 풍부해졌다. 금속이 풍부해지면서 스페인의 주조 차익이 감소했고, 이는 외국의 모든 무역 중심지에서 환어음 가격의 하락으로 이어졌다. 그러나 스페인은 외국에 금속을 수출해 조달한 재원을 이용하여 대규모로 상품을 수입했다. 그 결과, 새로운 은을 실은 선단이 도착할 때까지 스페인에서는 환어음 가격이 상승하고 금속은 점점 부족해졌다.

따라서 유럽 내 무역 루트를 통한 금속의 이동으로 인해 스페인에서도 구조적인 무역 적자가 발생했고, 이에 상응하여 북유럽에서는 구조적인 무역 흑자가 발생했다. 선단의 다음 출항에 필요한 수입품의 재원을 조달하기 위해, 환어음은 스페인으로 유입되는 수입품과는 반대 방향으로 향했다. 번갈아 가며 발생하는 이러한 화폐유통에 금융 위기가 접목되었다. 항해의 불확실성, 해적, 그리고 전쟁으로 인한 자본 손실뿐만 아니라, 각국의 금속 수출 금지 또는 예상하지 못한 계산 단위의 변경으로 인해 금융 위기가 발생했다. 이탈리아 상인-은행가들은 2세기 동안 정기시(市)의 회로에서 정기적인 청산을 통해 환어음의 발행과 송금을 중앙 집중화 함으로써 환전 네트워크를 유지할 수 있었다. 그러나 1570년 이후 긴장이 고조되면서 중세 화폐 조직은 사라졌다.

2.2. 이원적 시스템의 구조적 위기

프랑스 왕위를 둘러싼 주권 전쟁(종교전쟁이라고 불림)으로 인해 악화된 인플레이션을 근절하기 위해 1577년 칙령을 통해 이원적 시스템을 폐지했다. 이 칙령으로 에퀴 도솔레이(écu d'or au soleil)가 모든 회계 작성의 계산 단위가 되면서 금속주의적 견해를 다시 떠올리게 했다. 은으로 만든 프랑(franc)에는 액면가가 기재되어 있었다. 두 금속 간의 가치 비율을 충족시키기 위해 1에퀴는 3프랑과 등가였다. 프랑과 에퀴의 보조주화가 주조되었고, 모든 주화에 에퀴의 가치가 새겨져 있어서 리브르 투르누아와의 암묵적인 관계가 유지되었다. 실제로 1프랑은 20수(≡ 20리브르 투르누아)와 등가였고, 따라서 1에퀴는 60수와 등가였다. 이러한 비율은 이전의 등가에 비하여 에퀴의 하락이므로, 리브르 투르누아가 암묵적으로 10퍼센트 상승한 것에 해당한다. 따라서 이것은 공공연한 디플레이션 정책이었다. 화폐 수량 이론에 따라 모든 가격이 비례적으로 떨어질 것이라는 기대를 불러일으켰다.

프랑스 화폐 시스템은 금/은 비율이 $11^{1/3}$에서 $11^{1/2}$ 사이인 양본위 시스템이 되었다. 이 비율은 엄격하게 통제되었다. 그 질이나 법적 가치를 준수하지 못하는 모든 외국 주화는 불법화되었다. 불법화된 주화는 용해되어 그 금속의 무게로 다시 매입되었다. 그 결과, 10개의 외국 주화만이 유통될 수 있었다.

그러나 회계를 동질화하려는 이러한 시도는 성공하지 못했다. 상인들의 회계장부에서 에퀴 드 콩트(écu de compte)가 에퀴 솔레이(écu soleil) 주화와 중첩되어 점차 절하되었다. 혼란이 너무 심하여 «에퀴»라는 단일 이름으로 이원주의가 다시 한 번 도입될 정도였다. 상인들은 명목 가격 상승으로부터 얻는 수익과 금속 에퀴의 손실을 일치시키기 위해 매우 빠르게 대응했다. 1580년대에 들어와 «종교전쟁»이 격화되었다. 프랑스에서 디플레이션은 거지들의 폭동, 스페인의 파산, 앤트워프의 쇠퇴로 인해 더욱 악화되어 심각한 금융 및 상업 위기로 이어졌다. 더욱이 1577년의 개혁으로 환어음 교환 중개자들의 구조적 치부의 결정 요인들이 사라졌다(3장을 보라).

외국 정화를 국내로 유입시키려는 화폐 전쟁의 여건이 마련되었다. 프랑스에서 외국 정화의 시장 시세는 주조소가 매입하는 금속의 가격보다 10퍼센트 내지 15퍼센트 더 높았다. 이에 따라 환어음을 이용한 환전을 관리하고 조절하는 여러 환 거래소에서 금속 주화들 간의 시세 차이의 위계화된 시스템이 붕괴되었다. 이탈리아 주화의 소멸은 이탈리아 상인-은행가를 배제시켰고, 환어음을 이용한 환전은 한 쌍의 환율에 의해 제공되는 어떤 준거도 없이 완전히 가변적이게 되었다. 금융 흐름의 관점에서 볼 때, 리옹의 중심적 역할은 사라졌다. 남은 환어음을 이용한 환전은 프랑스를 우회하여 신성로마제국의 영토인 비장송을 중심으로 이루어졌다.

그러나 위기의 주된 원인은 보다 근원적이었다. 3장에서 살펴본 것처럼, 지배적인 추세는 국가 주권을 주장하는 영역 내에서 금융의 확립이었다. 장거리 무역을 위한 자금 조달과 환차익 거래를 기반으로 부를 축적한 상인-은행가와는 달리 공공 부채를 조달하는 대가로 징세 도급을 기반으로 부를 축적하는 국가-금융가가 등장했다. **국채(rente)의 발전은 금융 자본주의의 원동력이 되었다.** 국가 주권의 틀 안에서 금융가들의 정치적 영향력은 새로운 자본주의의 원동력이 될 것이었다.

1577년의 화폐개혁은 국가 주권이 아직 공고해지지 않았기 때문에 이러한 금융의 전환에 적합한 화폐 시스템을 구축하는 데 이르지 못했다. 프랑스는 물론 영국에서도 매우 오랜 기간 동안 화폐적 혼란이 이어졌고, 합스부르크제국의 스페인 지부가 폐허가 된 이후 스페인은 돌이킬 수 없을 정도로 쇠퇴해 갔다.

3. 국민-국가 여명기의 화폐적 성공과 실패

가톨릭의 반종교개혁 이후 유럽을 뒤흔들었던 종교전쟁과 합스부르크제국의 쇠퇴에서 시작하여 1815년 빈조약으로 유럽 국가들의 협력이 국제적으로 성문화되기까지 유럽은 국민-국가의 형성으로 이어진 정치적 격변에 휘말렸다. 이러한 고통스러운 국민-국가의 준비 과정은 열강들 간의 거의 지속적인 전쟁을 불러일으켰다.

우리는 이미 3장에서 스페인과의 독립 전쟁으로 네덜란드에 강력한 상인 국가(nation marchande)가 세워졌다는 사실을 살펴보았다. 우리는 또한 제국의 속박에서 벗어난 이러한 국가적 해방이 암스테르담은행의 설립과 함께 광범위한 화폐 혁신을 가져왔다는 사실도 살펴보았다. 따라서 이 부분에 대해서는 더 이상 재론하지 않을 것이다. 17세기 대부분의 기간 동안 영국에서 일어난 내전과 실패로 끝난 혁명은 마침내 1688년 왕조의 교체로 절정에 달했고, 이는 유럽에서 동맹 관계를 결정적으로 바꾸어 놓았다. 이러한 주권의 재건을 계기로 영국은 유럽 대륙에서 세력 균형을 추구하는 정책을 지속적으로 추진했다. 우리는 이미 잉글랜드은행의 설립과 금본위의 확립을 통해 영국이 어떻게 세력 균형을 추구하는 수단을 갖게 되었는지를 살펴보았다.

그러나 이러한 과정에서 문제가 없었던 것은 아니었으며, 국제적인 영향과도 무관하지 않았다. 이 과정에서 얻은 가장 중요한 교훈은 국가주권을 장악하는 것과 국가의 수중으로 화폐를 중앙 집중화 하는 것은 밀접한 관련이 있다는 것이다. 국가화폐는 외국의 영향력에 대항하여 스스로를 인정받으려고 노력했고, 이는 다른 나라를 희생시키면서 자신의 국가로 귀금속을 유입시키려는 군주들 사이에 위험한 경쟁으로 이어졌다. 전쟁으로 인해 공공 재정에 막대한 문제가 발생하면서 무역 및 금융 경쟁은 더욱 치열해졌다. 빈번한 전쟁 상황에서 화폐를 통일하고 국가에 자금을 조달해야 하는 이중의 목표는 화폐 위기로 이어졌다. 이 위기는 금속의 부족과 주화의 대폭적인 절하라는 형태로 나타났다. 영국에서는 17세기 말까지, 프랑스에서는 1726년까지 화폐적 혼란이 가장 극심했다.

3.1. 영국의 위기와 화폐개혁

영국의 17세기는 경제적 혼란과 정치적 혁명의 세기였다. 화폐유통은 처참했다. 가장자리가 깎이거나 마모된 주화가 유통되었고, 유통되는 화폐량은 충분하지 못했으며, 외국으로 금속이 지속적으로 유출되었다. 공공 재정은 악화되고 있었고, 공공 부채의 지불 능력은 불확실해졌으며, 새로운 자금 조달 수단을 찾기가 몹시 어려워졌다. 왕권(Couronne)과 골드스미스 은행가들, 즉 민간 금융가 사이의 대립은 17세기의 마지막 10년 동안 루이 14세의 헤게모니적 야망을 억제하기 위한 프랑스와의 대동맹 전쟁(1689-1697)에 필요한 자금 조달로 인해 더욱 악화되었다.

1690년대 초에는 화폐적 분절화가 절정에 달했다. 3장에서 살펴본 것처럼, 결정적인 화폐개혁은 지배계급 사이의 권력 균형을 전환시킨 정치적 격변이 일어난 후에야 이루어졌다. 제임스 2세의 도주와 함께 스튜어트 왕조의 몰락으로 절대왕정의 폐지가 가능해졌다. 오렌지 가문은 왕, 의회, 국민 사이에 헌법 질서(권리장전)를 확립하여 세금 부과에 대한 의회의 통제를 합법화했다.[1]

그러나 화폐 시스템은 분절화 되어 있었다. 계산 단위는 파운드와 그 하위 단위(실링과 펜스)로 표시되었다. 지급 결제 수단은 양본위제였다. 은의 시세는 공식적으로 고정되어 있었지만, 금의 시세는 자유롭게 변동했다. 이것은 화폐적 긴장 상태로 나타났다. 대부분 네덜란드에서 유입된 정화가 국가 정화와 함께 유통되었다. 화폐유통의 악화는 주화가 마모되거나 가장자리가 잘린 것으로 나타났다. 이는 《진짜》 화폐와 《가짜》 화폐 간의 혼동을 야기했다. 위조 화폐는 정화의 부족을 완화하는 데 도움이 되었기 때문에 용인되었다. 그러나 거래할 때마다 결제 화폐를 지정해야만 했기 때문에 거래 비용이 지나치게 높았다. 따라서 상품의 가격을 결정하는 것은 사용되는 화폐에 대한 협상에 달려 있었다. 양질의 주화는 축장되거나 수출되었다. 이론가들이 단일 지급수단에 대한 수렴의 초점(point focal)이 나타난다고 가정한 유명한 사적 화폐의 탐색

---

1. 유럽에서 의회가 탄생한 이유는 국왕이 세금을 부과하기 위해 귀족들의 동의를 얻어내는 과정에서 형성된 것이다. 프랑스에는 의회의 성격을 지닌 삼부회가 있었고, 이는 귀족, 사제, 시민계급으로 구성되었다. 하지만 절대왕정이 강화되면서 1614년의 소집을 마지막으로 삼부회는 소집되지 않았다. 홍태영, 『몽테스키외와 토크빌』, p. 46: 옮긴이.

은 아무것도 이끌어 내지 못했다. 결국, 1693년 화폐개혁 직전에 유통된 1억 3,500만 개의 주화 가운데 1,000만 개는 가장자리가 잘리거나 위조된 주화였다. 1650년 이후 1,000만 개의 주화가 사라졌다. 100만 파운드로 추산되는 300-500만 금 정화와 외국 주화가 존재했다.

17세기 동안 번창했던 롬바르트 거리에서 동업조합의 형태로 조직된 골드스미스 은행가들은 금속의 거래, 정화의 교환, 대출, 예금, 할인과 같은 다양한 영업 활동을 했다. 골드스미스 은행가들의 어음(billets)은 연쇄적인 이서를 통해 런던의 상인들 사이에서 유통되었다. 런던 상인들이 골드스미스 은행가들에게 점점 더 많은 예금을 했기 때문에 골드스미스 은행가들은 왕권의 특권적인 채권자가 되었다. 하지만 그들의 권력과의 관계는 신뢰가 결여되어 있었다. 어떤 의미에서 골드스미스 은행가들은 양가적인 역할을 했다. 그들은 채권을 국가로 이전하는 것에 동의함으로써 유통을 촉진시켰다. 그러나 그들은 양질의 정화를 수출함으로써 유통을 약화시켰다. 결국 왕권은 두 차례에 걸쳐 자의적으로 행동했다. 1640년, 궁지에 몰린 찰스 1세는 런던 타워에 보관된 12만 파운드 상당의 정화를 강압적으로 압류했다. 이로 인해 상인들은 골드스미스 은행가에 맡겼던 예금을 서둘러 회수했다. 그러나 계속되는 전쟁이 국가의 재정적 필요를 계속 팽창시켰다. 1672년, 왕권은 《회계청의 지불 정지》, 즉 부채 상환을 중단할 수밖에 없었다. 이는 할인된 공공 증권의 거래 상대방인 골드스미스 은행가들의 어음에 부정적인 영향을 미쳤다.

이 두 사건은 상인계급이 국가 재정에 대한 통제 권한이 없는 국가에 대출을 거부했기 때문에 정치권력이 자의적으로 국가 부채를 창출하는 것이 불가능하다는 것을 분명히 보여 주었다. 그러나 국가의 통일성의 표현으로 받아들여지는 공공 부채 없이는 화폐에 대해 신뢰를 부여할 수 있는 주권도 존재하지 않는다. 1688년 휘그당과 토리당이 이례적으로 동맹을 형성하여 의회에 대한 적대감으로 모든 대화를 방해했던 제임스 2세를 퇴위시키려는 혁명을 일으켰을 때 주권의 위기는 절정에 달했다. 제임스 2세의 도주 이후 휘그당과 토리당은 오렌지 가문의 윌리엄 3세에게 영국 왕위를 물려줄 것을 촉구했다. 신교도이자 루이 14세의 앙숙이기도 한 이 새로운 주권자는 네덜란드와 함께 대동맹 전쟁에 뛰어들었다. 이때부터 국가의 연간 지출이 200만 파운드에서 600만 파운드로 3배 늘어나면서 전쟁의 규모가 달라졌다. 단기자금 조달이 절대적으로 불충분했던 골드스미스 은행가들은 더 이상 그 비용을 감당할 수 없게 되었다.

새로운 주권이 확립된 덕분에, 1693년과 1694년 사이에 톤틴(tontine),[2] 복권,[3] 그리고 특히 3장에서 정의한 새로운 유형의 은행기관인 잉글랜드은행의 설립이라는 세 단계로 진행하여 국가의 저축을 대규모로 동원하는 대출을 조달할 수 있게 되었다.

고전 시대의 서막을 열고 매뉴팩처에 이어 산업혁명의 길로 들어선 영국 자본주의 변천사는 주권에서 비롯된 기본적인 사회적 관계로서의 화폐 이론에 대한 진정한 교과서적 사례이다. 국가와 국민을 결속시키는 사회 협약을 포함한 주권 원칙에 의해 확립된 국가의 통일성은 민간 은행(1,300명이 120만 파운드를 출자한 회사)의 설립을 통한 공공 부채의 전환을 통해 금융적으로 인정받았다. 화폐에 대한 신뢰는 공공 부채와 연

---

2. 이 채권을 구입한 사람은 우선 한 사람의 생명을 지명할 권리를 구입하는데, 이 지명된 사람이 살아 있는 한 매년 10%의 상환금을 받는다. 이런 방식의 상환은 1700년까지 계속되다가, 그 다음 해부터는 7만 파운드를 살아 있는 사람들 간에 나누어 가진다(이 방식은 이론적으로는 99년 동안 계속되는 것으로 되어 있다). 그러므로 마지막에 살아남은 사람은 죽는 해까지 매년 7만 파운드를 독식하게 되는 것이다! 그러나 이런 톤틴 방식은 너무 낯설어서 결국 자금 모집에 실패했다. 이 방식을 처음 개발한 것은 마자렝의 재정 고문으로 일했던 이탈리아인 로렌조 톤티(Lorenzo Tonti, 1630-95)이다. 그가 개발한 공채 모집 방식은 프랑스 정부가 고려한 적이 있고, 네덜란드의 일부 도시 정부들이 실제로 시행했으며, 런던시도 1674년에 한 번 시행한 적이 있다. 그리고 프랑스 정부가 뒤늦게 1689년에 시행하여 1,400만 리브르를 모집했다. 주경철, 「영국의 재정혁명」, p. 15 참조: 옮긴이.
3. 1694년에 발행된 소위 '백만 로터리(million lottery)'가 그 한 예이다. 10파운드짜리 채권 10만 장이 발행되었는데, 여기에 복권이 첨부되어 1년에 최저 1파운드, 최고 1000파운드씩 16년 동안 받는 것이었다. 이 채권의 상환을 위한 재원으로는 염세와 주세가 이용되었다. 주경철, 「영국의 재정혁명」, p. 15 참조: 옮긴이.

관되어 있기 때문에, 자금 조달 해결책은 화폐개혁의 길을 열었다. 금본위가 확립될 수 있었던 것은 잉글랜드은행이 국가의 은행으로 설립되었기 때문이다.

이제 마지막으로 화폐개혁의 막대한 사회적 비용이었던 최종적 디플레이션 위기를 언급할 차례이다. 영국 경제는 1689년부터 전비 지출, 흉작, 농산물 가격 급등 등으로 인해 급격히 악화되었다. 엉망진창이 된 화폐 시스템과 함께 금속의 수출과 상품 사재기가 동시에 일어났다. 경제 활동이 마비되었다. 1693년부터 은화에 대한 불신이 절정에 달했다. 기니 금화의 가치가 2년 동안 40퍼센트나 상승했고, 1695년에는 암스테르담에서 파운드화 환어음의 가치가 12퍼센트 하락했다. 질서를 회복하기 위해서는 무엇인가를 해야 했다.

3장에서 우리는 사회 계급의 다양한 이해관계를 반영하는 재주조와 평가절하 사이에서 교리적인 동시에 실천적인 공개 논쟁을 살펴보았다. 윌리엄 3세의 입장은 한쪽 편으로 기울어 있었다. 그는 금본위의 불가침성을 지지했기 때문에 로크의 편에 서 있었다. 1695년 11월 22일 재주조법(Recoinage Act)이 의회에서 공포되었다(Desmedt, 2007).

개혁은 부자들, 국채 소유자들 그리고 지주들에게는 유리하게 작용한 반면, 채무자들과 가난한 사람들에게는 불리하게 작용했다. 실제로 국가에 대한 세금 납부나 선불금을 지불하기 위해 5개월 동안 끝부분이 잘려 나간 주화를 런던탑으로 가져올 수 있는 시민들은 그들의 화폐를 액면가로 수용한 덕분에 이득을 얻었다. 덜 부유한 사람들은 골드스미스 은행가들이 제시한 시가에 주화를 처분해야 했다.

재주조는 1699년까지 지속되었으며, 이로 인해 심각한 화폐 기근이 발생했다. 화폐 저량(스톡)의 감소가 엄청났기 때문에, 명목 가치로 1,500만 파운드의 주화 저량(스톡)이 950만 개의 새로운 정화로 대체되었다. 1696년 여름부터 디플레이션이 전국을 휩쓸었다. 그해 하반기에 금리는 20퍼센트까지 상승한 반면, 상품 가격은 30퍼센트나 하락했다. 전국에서 폭동이 일어났다. 개혁의 총비용은 270만 파운드에 달하는 것으로 추산되었는데, 이 가운데 100만 파운드는 극빈층이 부담했다. 은 정화의 유출이 계속되었고, 은의 소멸은 화폐 시스템을 사실상 금본위의 궤도에 올려놓았다.

3.2. 프랑스에서 화폐개혁의 또 다른 실패: 로(Law)의 시스템

프랑스는 1697년 라이스위크(Ryswick) 평화조약과 1701년 스페인 왕위 계승 전쟁 직후의 아주 짧은 기간을 제외하고 1688년부터 1715년까지 거의 지속적으로 전쟁 상태에 있었다. 이 전쟁으로 인해 프랑스는 막대한 자원을 소진했다. 절대군주제를 핑계로 서로 대립하는 토지 부와 상인 부 사이의 갈등이 프랑스 경제를 침식시켰다. 막대한 공공 부채, 아주 적은 세제 수입, 매우 부담스러운 연금 이자 지급 서비스(연 5%의 이자율로), 만성적인 경화(硬貨) 부족 그리고 20퍼센트에 가까운 융자금에 대한 이자로 인해 금융 위기가 고착화되었다.

프랑스에서 조세제도는 봉건적 틀을 유지했다. 간접세는 징세 도급을 통해 징수되었다. 전쟁 자금을 조달하기 위해 1689년에 부과된 인두세를 통한 직접세는 22계급으로 계층화된 개인의 지위에 기초한 것이었다! 전비 지출에 비해 세제 수입이 충분하지 않아 기초 재정 수지 잉여금으로는 이자 지급을 감당할 수 없었다. 따라서 공공 부채를 줄이기 위한 편법적인 조치가 취해지지 않는 한, 공공 부채는 지속 불가능한 궤도 위에 있었다.

왕은 화폐 조작을 통해 재원을 확보하려 했다. 왕은 의회의 통제 없이 정화의 법정가격을 변경할 수 있는 절대 권력을 가졌고, 법정에서 이의를 제기할 가능성도 없었다. 1690년, 국가는 주화에 대한 주조 차익을 증가시키려고 했다. 화폐 주조소는 유통 중인 주화를 회수하여 기존 주화의 가치보다 높은 리브르 투르누아 가치 x로 새 주화를 주조했다. 주조소는 y < x 가격에 이 주화를 유통시키고, 은의 무게 단위당 x - y를 징수하여 이를 국가에 이전했다. 주조 차익은 꾸준히 감소하여 리브르 투르누아의 옛 금속 가치로 돌아갈 것으로 예상되었다. 그러나 이러한 작업은 체계적으로 반복되어야 했기 때문에 전쟁과 로(Law) 시스템의 실패로 인해 리브르 투르누아의 절하가 가속화되었다. 결국 1688년 12월부터 1726년 6월까지 은의 무게 단위당 리브르 투르누아의 가치는 55퍼센트 하락했다.

진성 어음 이론과 스코틀랜드의 자유 은행 경험에서 영감은 얻은 존 로(John Law)는 프랑스의 재정 문제에 대한 해결책은 생산계급의 자본을 담보로 지폐(papier-monnaie)를 발행하는 것이라고 생각했다. 이는 토지 부를 담보로 한 연금의 지급을 위해 공공 부채에 지불하는 이자율을 5퍼센트가 아닌 2퍼센트로 낮추기 위한 것이었다. 2퍼센트의 이자율은 농업 및 산업 생산을 촉진하여 부채 상환 능력을 보장하는 세수(稅收)를 만들어 낼 수입을 창출하기 위한 것이었다.

로는 경제에 대해 매우 근대적인 접근 방식을 가지고 있었다. 그는 프랑스에서 신용으로 화폐를 창조하는 것에 기초하여 자본주의 논리를 도입하고자 했다. 화폐화 준칙은 귀금속의 축적을 통한 과거의 부(富)를 기반으로 하는 것이 아니라 예상되는 미래의 부에 기반해야 한다. 이러한 통찰력 있는 프로젝트를 실현하기 위해 로는 섭정(Regent)[4]과의 합의 하에 태환 가능한 은행권(billets)을 발행하는 은행을 설립했다. 프랑스에서 처음으로 은행이 리브르 투르누아로 표시된 지폐를 발행했다. 이 은행권을 액면가로 유통시키기 위해 세금 수납원에게 법정 가치로 그것을 받도록 했다. 1717년에 연간 4~5천만 리브르 투르누아 상당의 은행권을 발행할 만큼 처음에는 충분한 신뢰가 있었다. 이 은행은 어음의 할인, 환전, 예금과 계좌 관리와 같은 《고전적인》 업무를 했다. 그러나 첫 번째 실수는

---

4. 여기서 섭정은 1715년부터 1723년까지 루이 15세의 섭정이었던 필리프 2세를 가르킨다: 옮긴이.

1718년 12월 이 은행을 국유화하여 왕실 은행으로 전환한 것이다.

로는 루이지애나와의 무역을 증대시키기 위해 무역 회사 형태로 그의 시스템의 두 번째 축을 설립했다. 은행 자체의 주식처럼, 이 무역 회사의 주식도 국가의 은행권(billets d'État)으로 지불할 수 있었다. 로가 설립한 이 회사는 세네갈 회사와 인도 회사의 인수 합병과 담배에 대한 독점권 획득을 통해서 발전했다.

1719년 7월부터 이 회사는 화폐 주조를 관리하고 유일한 세금 수납기관이 되는 권리를 매입한 이후 성격이 바뀌었다. 이 시점에서 로는 《시스템》을 만들었다. 로는 회사 주식을 발행하여 국가 연금 보유자들이 그 대금을 지불하고 회사의 주주가 되는 방식으로 국가 부채 전체를 상환할 것을 제안했다. 이는 영구 채권과 주식 간의 일종의 스와프를 통해 국가는 영구채에 대해 3퍼센트의 이자만을 지불하도록 되어 있었다. 세금 수입 변동분과 회사의 기타 수입은 주주에게 배당금을 지불하는 데 사용될 예정이었다.

이 계획의 실행 가능성은 주가가 2퍼센트의 배당수익률(1주당 주가 대비 배당금의 비율)을 지불할 만큼 안정적으로 유지되어 연금 수입자에게 총 5퍼센트(국가가 지급하는 이자 3퍼센트와 배당금 2퍼센트)의 수익이 남는지에 달려 있었다. 이러한 방식으로 시스템을 조절하기 위해서는 정화, 은행권 그리고 주식의 가격 간에 일관된 비율을 유지할 필요가 있었다.

사실 로는 은행권을 유일한 지급 결제 수단으로 사용하도록 하여 유통에서 정화를 제거하려고 시도했다. 그는 은행권으로 환어음에 대한 지급뿐만 아니라 외국의 금융 중심지에서 은행권의 유통을 장려했다. 그는 또한 원하는 이자율로 공공 부채를 주식과 교환할 수 있도록 주식의 시세를 유지하려고 했다. 그러나 1720년 초부터 주가가 떨어지기 시작했다. 로는 화폐를 발행하여 공공 부채를 대규모로 화폐화 할 수밖에 없었다. 1720년 3월과 5월 사이에 화폐 공급량이 급격히 증가하여 은행권에 대한 신뢰가 떨어졌다. 런던과 암스테르담에서 환율이 하락했다.

정화로의 회귀는 이러한 신뢰의 상실을 보여 주었다. 로 자신이 은행권을 환매하여 화폐 공급량을 줄이려고 했기 때문에 정화로의 회귀가 더욱 심화되었다. 그러나 이 조치는 실패했고, 은행은 액면가로 은행권을 재매입하는 것을 포기해야만 했다. 결국 은행권에 대한 태환을 중단할 수밖에 없었다. 1720년 8월, 이 은행권이 탈화폐화 되었고 금과 은으로 계약서를 작성하고 주화를 유통시키는 자유가 복원되었다. 공공 부채의 비용을 부담하기로 했던 이 무역 회사의 약속은 더 이상 지켜질 수 없었고, 로는 1720년 12월 프랑스를 떠나야 했다.

이 «시스템»의 실패를 어떻게 해석해야 하는가? 로는 공공 부채를 주식으로 전환해 흡수함으로써, 자본시장에서 차입할 수 없어 오랫동안 국가의 재정적 필요로부터 혜택을 누려온 금융 계급의 영향력을 줄이고자 했다. 로는 생산계급의 저축을 투자 재원으로 동원하기 위해서 암스테르담과 런던에 있는 증권시장을 프랑스에 도입하길 원했다. 그는 화폐 기능과 세금 기능을 집중시켜 화폐를 조작하려는 동기를 제거하는 동시에 왕의 이익과 채권자의 이익을 일치시키고자 했다.

로가 계획했던 시스템은 기초가 되는 거시경제 레짐의 지속 불가능성 때문에 실패했다. 목표로 했던 할인율 2퍼센트는 너무 야심 찬 것이었다. 합리적으로 이 무역 회사의 기대 수익률을 고려할 때, 이 회사의 주가는 네덜란드 공화국에서 얻었던 최소 3퍼센트의 금리와 산업혁명 이전에는 유럽의 어느 나라도 추세적으로 유지할 수 없었던 1퍼센트의 성장률로만 유지될 수 있었다. 따라서 주식이 절정에 달했을 때 그것은 너무 과대평가되어 있었다.

그러나 이러한 경제적 추론으로는 문제의 핵심에 도달할 수 없다. 프랑스의 심각한 모순은 주권의 급진적인 변화 없이는 극복될 수 없었다. 경직된 질서에 기반한 사회구조와 프랑스 지배계급의 보수적인 사고방식 때문에 혁명 없이는 시스템의 준칙을 철저하게 변화시키는 것이 불가능했다.

로의 정책은 섭정의 신뢰 이외는 어떤 지지도 받지 못했기 때문에, 로는 이러한 전환을 달성할 수 없었다. 그는 네덜란드와 영국이 새로운 자본주의 부르주아의 이해를 대변할 수 있는 주권을 재건함으로써만 극복할 수 있었던 쇠퇴하는 이원적 시스템 특유의 투기에 직면했다. 금융가들의 파괴적이고 비생산적인 투기는 환(換)이나 금속 정화의 가격을 통한 은행권의 태환을 방해했다. 은행권을 수용하도록 하기 위한 화폐 조작, 일반 경제활동이 아니라 공적 대응물에 기초한 지폐의 발행, 모든 정치적 영향력을 유지했던 금융가와 귀족들의 적대를 피하기에는 너무 낮은 수익 등 로는 금융가들과 싸우기 위해 그가 철폐하고자 했던 바로 그 방법을 사용할 수밖에 없었다. 1726년부터 화폐의 안정성은 회복되었지만, 프랑스의 경제적 후진성은 이제 막 시작된 것이었다.

4. 자본주의 고전 시대의 금융 위기와 중앙은행: 최종 대부자의 등장

앞에서 우리는 반복되는 공공 부채 위기와 화폐적 불안정이 국민-국가 형성과 밀접하게 관련되어 있음을 살펴보았다. 18세기 대부분의 기간 동안 영국에서는 개혁으로 인해 안정이 지속되었다. 그러나 나폴레옹 전쟁(1803-1815)으로 다시 엄청난 불균형이 발생했고, 1694년과 1699년 사이에 확립된 화폐 시스템이 시험대에 올랐다.

1790년대 초 프랑스혁명의 여파로 영국이 가장 중요하게 여겼던 공공재인 유럽에서 권력의 균형이 무너졌다. 전비 지출은 한 세기 전보다 훨씬 더 큰 규모로 증가했다. 금 부족 현상이 다시 나타났지만, 17세기만큼 혼란스럽지는 않았다. 사실 잉글랜드은행은 권위를 확립하고 화폐 시스템에서 중심적인 위치를 차지할 시간이 있었다. 잉글랜드은행의 은행권이 폭넓게 수용되었다. 따라서 영국 정부는 화폐 혁신을 단행했다. 1797년 영국 정부는 잉글랜드은행의 은행권에 대한 신뢰가 유지되길 바라면서 금-태환을 중단했다. 그 결과, 잉글랜드은행은 시스템에 유동성을 공급할 수 있어 과거의 화폐 경색을 피할 수 있었다. 금-태환은 1세기 동안 존재해 왔고, 잉글랜드은행의 권위가 잘 확립되어 있었기 때문에 잉글랜드은행의 은행권에 대한 신뢰를 유지할 수 있었다. 더욱이 금-태환 중단은 영국이 반-프랑스 동맹에 참여한 것이 원인이 되어 초래된 것이기 때문에 국민들은 이것을 이해했다. 금-태환 중단은 1821년까지 지속되었다. 이로 인해 잉글랜드은행의 책임이 변경되었다.

최종 대부자 논쟁이라고 불리는 이러한 새로운 역할은 일찍이 1802년 헨리 손턴(Henry Thornton)에 의해 인식되었다(Thornton, 1939). 그는 은행 패닉의 시기에 건전한 은행에 유동성을 제공해야 하는 잉글랜드은행의 책임을 강조했다. 그러나 그의 충고는 적용되지 않았고, 1790년과 1866년 사이에 영국은 8년 동안 공황 상태에 빠졌다(Bordo, 1990).

1815년 빈조약 이후 유럽에서 정치 질서가 회복되었음에 불구하고 막대한 공공 부채가 남아 있었고, 심각한 경제적 혼란이 지속되었다. 영국의 공공 부채 수준은 GDP의 260퍼센트에 달했다. 이러한 상황에서 금-태환으로의 복귀는 다시 디플레이션의 공포를 떠오르게 했다. 1821년이 되어서야 영국 정부는 금-태환을 복원하기로 결정했다. 영국은 지속 가능한 공공 부채 수준으로 조정하는 데 있어 경쟁 우위를 점하고 있었다. 영국은 18세기 말부터 산업혁명을 시작했기 때문에 유럽에서 무역의 부활에 따른 혜택을 누릴 수 있는 비교 우위를 갖고 있었다. 따라서 영국은 1848년까지 낮지만 지속적인 수준으로 디플레이션을 제한할 수 있었다. 공공 부채를 GDP의 100%로 낮추는 데는 40년 이상이 걸렸다.

1840년대 이후 금융 위기의 패턴은 산업자본주의의 경기순환에 의해 형성되었다. 경기순환의 정점에서 하강 국면으로의 전환은 항상 금융 위기로 변질되었다. 이러한 공황은 일부 주요 금융기관의 파산으로 촉발되었으며, 이로 인해 모든 은행에서 금-태환 수요가 쇄도했다. 잉글랜드은행은 태환의 제약 하에서 자신의 준비금을 보존하려 했고, 이는 공황을 더욱 악화시켰다. 잉글랜드은행이 개입하기로 결정했을 때는 이미 연쇄적인 은행 파산을 막기에는 너무 늦었다. 1844년 은행조례(Peel's Act)에 따라 잉글랜드은행이 두 개의 부서로 분리되었다. 은행권을 발행하는 부서는 유동성 공급을 경직시키는 엄격한 금 보장 범위를 준수해야 했다. 동시에 은행조례는 상업은행의 은행권 발행을 금지함으로써 잉글랜드은행의 권한을 강화했다. 따라서 이러한 개혁은 은행권 발행에 대한 제약을 강화하는 동시에 잉글랜드은행의 은행권 발행에 대한 독점을 런던에서 전국으로 확대했다. 은행 부서는 단기금융시장이 경색된 시기에는 확대할 수 없는 유동부채의 제약 하에서 은행 기능을 수행했다. 이러한 개혁은 은행화폐의 발행을 인플레이션의 원인이라고 주장한 양적 이론(통화학파currency school)의 이데올로기적 승리를 상징했다. 그 결과, 공황의 강도가 훨씬 더 심해졌다. 공황은 1866년 금융 위기와 함께 절정에 도달했다. 이 위기를 관찰하면서 배젓(Bagetot, 1862)은 최종 대부자에 관한 그의 유명한 교리를 정식화했다.

1866년 5월 오버런드 거니(Overend Gurney)사가 파산하면서 1866년 위기가 폭발했다. 이 에피소드는 1864년으로 거슬러 올라가는 세계 면화 가격의 폭락으로 인해 취약해진 금융 상황에서 발전된 위기의 종착점이었다. 그러나 면화 가격의 폭락은 신용의 투기적 확장이 한창일 때 일어났기 때문에 무시되었다. 런던의 재할인소들은 매우 관대하게 이 회사의 어음을 인수했다. 이러한 도취된 분위기에서 오버런드 거니사는 1865년 7월 상장 기업으로 전환하기로 결정했다. 이는 그해 10월 이 회사 주식의 시세 차익이 100퍼센트에 달할 정도로 투기를 부채질했다. 주식회사들이 배당금을 지급할 때 서로 더 높은 가격을 제시하면서, 시장의 모든 주식에 대한 열풍이 더욱 고조되었다. 공매수(空買受)가 단기금융시장의 금리를 끌어 올렸다. 잉글랜드은행은 단기금융시장에 투자하려는 고객들의 자금난으로 인해 은행권을 현금으로 전환하려는 요구에 따라 준비금이 바닥나는 것을 지켜보면서 시장에 끌려다니고 있었다. 잉글랜드은행은 할인율을 3퍼센트에서 7퍼센트로 올리는 치명적인 결정을 내렸다. 이렇게 발생한 금융적 곤경이 재할인소에 자리를 잡았고, 결국 **청산은행**으로 확산되었다. 유동성 부족으로 질식 상태에 빠진 투기는 마지막 폭락이 일어난 1866년 5월에 이르러 완전히 빈사 상태가 되었다.

4.1. 배젓과 최종 대부자 교리

이전의 위기와 마찬가지로 1866년 위기에서도 결단력이 크게 부족했다. 공황의 영향을 어떻게 완화할 것인가? 그 책임은 재무부에 있는가, 아니면 잉글랜드은행에 있는가? 1844년 **은행조례**에 의해 부과된 잉글랜드은행의 할인 규모에 대한 제한을 잠정적으로 중단해야 하는가? 언제, 누구에게 대출해야 하는가? 파산 위험이 없는 건전한 증권회사에 대출해야 하는가? 또는 수용할 수 있는 담보를 제시하는 누구에게나 대출해야 하는가? 그리고 위기 시에 수용할 수 있는 담보물은 무엇인가? 제한 없이 화폐 공급을 늘릴 수 있는가?

이러한 다면적인 논쟁은 잉글랜드은행의 경영진들 사이에서, 런던 시티에서나 정부 내에서 최종적인 결론에 이르지 못한 채 주기적으로 재개되었다. 그러나 산업자본주의의 부상과 함께 금융 활동의 규모와 복잡성은 계속 커져 갔다. 금융 지불 약속이 복잡하게 뒤얽히고 국제적 상호 연결의 영향력이 커지면서 금융 위기는 감당해야 할 손실을 더욱 고통스럽고, 더욱 광범위하며, 그 결과를 더욱 불확실하게 만들었다. 잉글랜드은행의 결정은 금융 시스템에 점점 더 많은 부담을 주었다. 이것이 위기 상황에서 음(-)의 외부 효과의 실제 경험이 자리를 잡은 이유이다. 이것이 바로 1866년 위기의 경험을 공식화한 배젓의 연구가 환영 받은 이유이기도 하다. 나중에 최종 대부자에 대한 고전적인 교리로 알려지게 된 것은 집단적 합리성의 정식화였다. 이것은 예외적인 상황에 직면했을 때 잉글랜드은행의 행동을 안내하기 위한 일련의 원칙의 형태를 취했다. 이러한 교리가 일반적으로 받아들여진 이유는 경쟁자들의 실패가 영향력 있는 금융가들의 건전성에 미치는 피드백 효과로 인해 곤경에 처한 경쟁자들을 돕는 것이 실제로 자신들에게 이익이 된다고 인식했기 때문이다. 따라서 싸워야 할 위험은 무엇보다도 전염이었다. 이를 위해서는 단기금융시장 외부에 유동성 재원을 갖출 필요가 있으며, 수혜자들의 인질이 되지 않도록 업무 수행에 있어 충분한 독립성이 확보되어야 한다.

금융 시스템의 전반적인 안정성과 특정 기관의 장래를 개념적으로 구분할 수 있다면, 따라서 순수하고 효율적인 시장 가설을 포기한다면, 최종 대부자라는 집단적 합리성을 파악하고 설명할 수 있다(Garcia et Plantz, 1988). 최종적으로 대부한다는 것은 경쟁 준칙에서 터무니없이 과도하게 벗어난 운영이기 때문이다. 사실 최종적으로 대부한다는 것은 시스템의 일관성을 유지하기 위한 기본 준칙인 결제 의무의 제약을 잠정적으로 중단하는 것이다(Aglietta, 1992). 최종적으로 대부한다는 것은 경제의 지속 가능성을 위해 시장경제 논리를 잠정적으로 중단하는 것이다. 이것은 사적 지불 약속이 주권적 결정에 의해 중단되고 계약에 의해 이월되지 않는 것이기 때문에 시장 논리를 위반하는 것이다. 동시에 이러한 중단은 건전하지만 지불 약속을 지키지 못한 외부의 영향으로 인해 지불을 이행할 수 없는 다른 민간 지불 약속을 보존하기 때문에 시장은 영속적이게 된다. 이러한 개입은 사회적 비용과 개인의 비용을 분리하기 때문에 도덕적 해이를 수반한다. 이것이 배젓이 더 이상 단순화할 수 없는 예외적인 상황에 적용되는 교리를 제공함으로써 놀라운 성과를 이룬 이유이다.

배젓 교리의 일반 원칙은 다음과 같다. 최종 대부는 화폐 질서, 다시 말해서 평상시 잉글랜드은행이 발행한 은행권의 금-태환성에 대한 흔들리지 않는 신뢰를 위태롭게 할 수 있는 영향을 지속적으로 주어서는 안

된다. 잉글랜드은행이 제공하는 금융 지원은 유동성 위기가 일어나기 전에 이루어져야 하며, 일시적이어야 한다. 이것은 금융 시스템의 전반적인 안정성을 유지하기 위한 목적에서만 제공되어야 하며, 파산한 금융기관을 구제하려는 목적의 지원은 배제되어야 한다. 파산한 금융기관은 새로운 소유주에게 매각하여 자본구성을 재편해야 한다.

이러한 원칙은 실행에 대한 구체적인 지침을 제공한다. 이를 구현하려면 각각의 개별 상황에 대한 적절한 해석과 판단이 필요하다. 공황을 질식시키기 위해서는 모든 건전한 차입자에게 그들이 은행인지 여부에 관계없이 무제한으로 대출할 필요가 있다. 차입자의 질은 그들이 제시할 수 있는 담보의 질에 의해 결정된다. 수용할 수 있는 담보는 평상시에 양질이라고 평가되는 모든 종류의 증권이다. 건전한 채무자들이 시스템 위기 때문에 비유동적이게 된 금융자산 가격의 전반적인 하락에 의해 불이익을 받지 않도록 잉글랜드은행은 위기 이전의 가치로 담보를 수용해야 한다. 더욱이 차입자들이 다른 유동성 재원을 여전히 이용 가능할 때 최종 대부에 의존하지 못하도록 하기 위해 징벌적 금리로 대출되어야 한다. 따라서 징벌적 금리는 잉글랜드은행이 위기 이전의 가치로 담보를 수용하는 데 내재된 잠재적 손실의 위험을 감수하는 것으로 정당화된다. 마지막 장려 조치는 공신력과 관련이 있다. 도덕적 해이를 억제하면서 공공의 신뢰를 강화하기 위해서는 사전에 원칙을 공표하고 철저히 준수해야 한다.

잉글랜드은행은 최종 대부자의 역할을 아주 효과적으로 수행했다. 당시 중앙은행이 없었던 미국에서 일어났던 일과는 극명하게 대조적으로, 영국에서는 1878년, 1890년, 1907년의 주요 금융 위기가 일반화된 공황으로 악화되지 않았다. 1890년 베어링 브라더스(Baring Brothers)의 구제는 배젓의 원칙에 비추어 잉글랜드은행에서 숙련된 솜씨로 대처한 상황 논리의 대표적인 일화였다. 이 회사는 1890년 11월 채무를 불이행한 아르헨티나 채권을 인수한 이후 재무적 곤경에 처했다(Kindleberger, 1978).

베어링사의 재무 상황이 공개되자 잉글랜드은행은 공황을 두려워했다. 그러나 잉글랜드은행의 금 준비금은 부족했으며, 충분한 금 준비금을 확보하기 위한 기준 금리 인상은 부적절한 것으로 판명되었다. 잉글랜드은행은 재무장관과 접촉한 후 준비금을 보강하기 위해 프랑스은행에서 대출을 주선했다. 잉글랜드은행은 시장에 있는 아르헨티나 증권의 총액을 평가하기 위해 잉글랜드은행의 이사진과 런던 시티의 금융가들로 이루어진 전문위원회를 구성했다. 전문가들에 의한 평가에서 베어링사에 8-9백만 파운드의 유동성을 제공한다면 베어링사가 장기적으로 지불 능력이 있는 것으로 결론이 내려지자, 잉글랜드은행은 베어링사가 제시하는 환어음을 할인하기 시작했다. 잉글랜드은행 총재는 잉글랜드은행이 할인하는 베어링사의 어음에 대한 손실을 정부가 분담할 것이라는 재무장관의 약속을 얻어 냈다. 이러한 합의안을 바탕으로 잉글랜드은행 총재는 11개 민간 은행의 소유주들을 만나 베어링사의 지불 약속을 충당하기 위한 보증기금에 기부하도록 설득했다. 잉글랜드은행 총재는 또한 러시아 국가은행으로부터 그들이 베어링사에 예치한 240만 파운드를 인출하지 않을 것이라는 약속을 얻어냈다. 결국 750만 파운드의 기금이 조성되었으며, 이후 1,000만 파운드로 늘어났다. 이는 여론에 깊은 인상을 주었고, 공황을 발생시키지 않고 이 기업을 구조 조정 할 수 있었다. 1890년 11월 25일 자본금 100만 파운드로 새로운 베어링 브라더스사(Baring Brothers and Co)가 설립되었다.

4.2. 미국의 예외와 1913년 연방준비 시스템의 어려운 창설

1838년부터 1863년까지 미국은 자유 은행 레짐 하에 있었다. 그러나 자유 은행 시스템 하에서는 미국 남북전쟁에 필요한 자금을 조달할 수 없었다. 따라서 1862년 의회는 **법정화폐법**(*Legal Tender Act*)을 통과시켜 연방 정부가 총 4.5억 달러까지 그린백(greenback)을 발행할 수 있도록 했고, 이후 1863년에는 **연방인가은행법**(National Bank Act)을 가결시켰다. 남북전쟁이 끝날 무렵 그린백의 가치는 액면가의 50퍼센트 이상 떨어졌고, 이는 축장되어 있던 금에 대한 프리미엄에 반영되었다.[5]

연방인가은행법은 상업은행이 **국법 은행권**(national notes)을 발행할 수 있는 조건을 명확하게 규정했다.[6] 국법 은행권은 1879년까지 금속 법정화폐와 그린백으로 태환할 수 있었다. 국법 은행권 발행을 원하는 은행들은 공채(연방 재무부 채권)를 취득하여 연방 인가 은행의 지위를 선택한 은행들이 발행하는 화폐의 질을 감독하기 위해 재무부 내에 설립된 기관인 **통화감독청**(Controller of the Currency)의 장부상의 국고에 해당 채권을 예치해야 했다. 공채 예탁금은 1900년 이전에 발행된 국법 은행권의 90퍼센트, 그 이후에는 100퍼센트여야 했다.[7]

---

5. 애초에는 남북전쟁으로 인한 재정 압박 하에서 뉴욕의 은행들로부터 대출을 받는 것을 고려하였으나 24-36퍼센트의 이자를 요구하여 포기하고, 미국 정부는 금이나 은으로 태환 가능한 국채(Treasury notes)를 발행하였다. 하지만 태환이 어렵게 되어서 태환을 중지하기도 하였다. 결국 미국 정부는 1862년 역사상 처음으로 금이나 은으로 태환하지 않아도 되는 은행권(notes)을 법정통화로 발행하였다. 그린백으로 알려진 이 은행권은 관세와 공공 부채에 대한 이자 — 관세와 공공 부채에 대한 이자는 금이나 은으로 지불해야 했다 — 를 제외한 모든 것에서 법정통화로 사용 가능했다. 그린백의 소유자들은 시장에서 시장가격으로 금이나 은을 교환할 수 있었다. 애초에 그린백은 금-태환이 불가능한 화폐였는데, 그것에 대한 금-태환은 1879년 1월 1일부터 이루어졌다: 옮긴이.
6. 어느 지역의 연방 인가 은행이든 디자인, 크기, 색채가 동일한 국법 은행권을 발행했다. 각 지폐의 구석에 발행 연방 인가 은행과 임원들의 이름이 적혀 있는 것만 달랐다. 이 지폐는 발행 은행에 가져가면 금화나 은화로 바꿀 수 있었다. 연방 인가 은행이 도산할 경우에는 연방 정부가 지불을 보장했다. 수많은 주법 은행권에 비할 때 국법 은행권은 가치가 보장되는 대단히 힘센 돈이었다. 연방 인가 은행들은 가계와 기업에 대한 예금·대출 업무로 수익을 얻는다는 점에서 일반은행과 다를 바 없었다.
  연방 인가 은행이 아닌 일반은행도 은행권을 발행할 수 있었는데, 그 규모는 납입자본금 범위 내로 한정되었고 은행권의 지불에 대한 준비금으로 일정 금액을 자체 적립하도록 했다. 그러나 일반은행의 은행권 남발은 금융 질서의 교란 원인이 될 뿐 아니라 그린백과 국법 은행권의 유통을 저해할 소지가 많았으므로, 이를 억제하기 위해 일반은행 은행권의 명목 금액에 대해 10%의 세금을 부과했다. 이 조치로 인해 주법 은행 및 일반은행의 은행권 발행은 사실상 중단되었다: 옮긴이.
7. 1900년 이전까지 연방 인가 은행은 통화감독청에 담보로 맡긴 공채의 시장가격의 90%(1900년 이후 100%로 상향 조정)까지만 국법 은행권을 발행할 수 있었다. 따라서 공채의 시장가격이 상승하면 할수록 국법 은행권 발행에 따른 담보 부담이 늘어나 국법 은행

연방인가은행법은 전대미문의 화폐 준칙을 수립했다. 연방 인가 은행은 사전에 약속한 연방 정부 채권 보증액만큼 국법 은행권을 발행할 수 있었는데, 발행 총액은 3억 달러로 제한되었으며, 국법 은행권의 할인은 금지되었다. 국법 은행권에 대한 수요가 계절에 따라 달라지는 내륙의 농업 지역에서는 이러한 엄격한 발행 준칙으로 인해 반복되는 화폐 부족과 함께 계절적인 화폐 순환 주기가 발생했다.

따라서 국법 은행권의 공급은 거의 전적으로 국채 예치금에 의존했다. 국채 가격이 상승함에 따라 은행은 국법 은행권을 발행하는 데 더 많은 비용이 들었다. 은행 할인 메커니즘이 없었기 때문에, 국법 은행권의 발행은 수요에 따라 조정되지 않고 공채의 가격에 따라 변동했다. 화폐 발행과 계절적인 농업 순환 주기 사이의 이러한 단절은 탄력적인 은행 신용을 강력히 요구하는 서부 및 중부의 주와 화폐의 건전성(건전한 화폐)을 지지하는 동부의 금융적 이해 사이에 화폐적 갈등을 심화시켰다. 그러나 남북전쟁에서 승리한 공화당은 급성장하는 산업자본주의의 대의에 전적으로 헌신했다. 대륙 간 철도, 석유 탐사, 철강 시대에 중공업을 진흥시키려는 열망으로 공화당은 권력을 확고히 장악했다. 그들은 저축을 산업자본의 축적으로 유도하기 위해 전쟁 부채를 줄이는 것이 필요하다고 생각했다.

화폐에 대한 신뢰를 회복하기 위해 공화당이 다수인 의회는 1875년 회수법(*Resumption Act*)을 통해 그린백을 액면가로 회수하기로 결정했다. 그린백은 1879년까지 강제통용력을 갖고 있었다. 그러나 화폐의 디플레이션으로 인해 금에 대한 프리미엄은 그린백의 점진적인 회수를 통해 상쇄될 때까지 하락했으며, 그중 80퍼센트만이 연방인가은행법의 준칙에 따라 은행들이 발행한 국법 은행권의 발행으로 상쇄되었다. 1878년 5월 31일 금에 대한 프리미엄이 상쇄되었다. 이때부터 그린백의 총액

권 발행을 기피했다: 옮긴이.

이 최종적으로 3억 4,600만 달러로 동결되었다. 따라서 새로운 그린백의 발행은 금지되었다. 그린백은 점진적으로 회수되어 결국에는 완전히 회수될 것이라는 신뢰가 있었기 때문에, 1879년 1월 1일 금-태환을 도입할 수 있었다. 따라서 **회수법**은 화폐 공급의 지속적인 축소를 초래했다. 산업의 비약적인 발전으로 인한 생산성 증가와 함께 화폐 공급의 지속적인 축소는 19세기 마지막 4반세기(1873-1895) 동안 장기 디플레이션을 초래했다.

이러한 장기간의 디플레이션은 1873년과 1893년에 두 번의 끔찍한 금융 위기로 점철되었다. 1873년 가을, 금 준비금이 극도로 부족해졌다. 심각한 곤경에 처한 내륙의 은행들은 뉴욕의 제휴 은행에서 대규모로 그들의 예금을 인출했다. 뉴욕의 제휴 은행들은 그린백으로 준비금을 인출했다. 은행 간 금리는 8월 4.5퍼센트에서 9월 61퍼센트로 상승한 반면, 주식시장은 20퍼센트 폭락했다. 의회는 긴급히 2,600만 달러의 그린백을 유통시켜야 했고, 그 결과 1874년 1월에 은행 간 금리는 5.5퍼센트로 떨어졌다.

1893년 초 내륙 은행들의 연쇄도산으로 위기가 다시 발생했으며, 4월 연방 재무부의 금속 준비금이 1억 달러로 감소했다. 여기에 은에 대한 논란이 더해졌다. 1873년 **화폐주조법**(*Coinage Act*)은 은의 주조를 금지했다. 의회의 한 위원회의 권고를 토대로 1878년의 한 법은 위기 상황에서 금속 준비금의 부족을 완화하기 위해 법정화폐로 은 보증서의 발행을 허용했다.[8] 그러나 이것이 양본위를 복원시킨 것은 아니었다. 은에 대한 논쟁이 1892년부터 재개되어 1896년 대통령 선거 운동에서 절정에 달했다.[9] 금속 준비금의 감소에 불안을 느낀 외국인 투자자들은 그들의

---

[8]. 1878년 **블랜드-앨리슨법**(*Bland-Allison Act*)은 은의 자유 주조를 복원했고, 연방 정부에게 월간 2-4백만 달러 가치의 은괴를 시장 가격으로 구매하여 은화를 주조하거나 은 보증서를 발행하도록 명령했다.

[9]. 1890년대에 은의 대량 유입은 은화 주조에 있어 은화의 가치를 낮추게 만들었다. 두 진영이 정치적으로 대립했다. 한편에는 국가가 오랜 디플레이션에 빠져 있는 동안에 농민

자산을 금으로 인출하기 시작했다. 연방 재무부의 금 준비금이 4,500만 달러 감소하면서 1893년 6월 뉴욕에서 은행 위기가 발생했다. 뉴욕 은행가의 교황인 J. P. 모건은 금 대출을 협상하기 위해 런던으로 가야 했고, 그래서 그는 미 재무부에 6,500만 달러를 대출할 수 있었다. 이를 통해 금 준비금을 최소 1억 달러 이상으로 늘릴 수 있었다. 모건의 도움으로 미국은 화폐 위기를 극복했다.[10] 다시 성장이 이루어지고 가격이 상승하면서, 1900년에는 공식적으로 금본위를 확립할 수 있었다.

따라서 국법 은행권 발행은 화폐 공급의 비탄력성, 즉 궁극적인 유동성의 공급이 경기순환에서 화폐 수요의 변화로 나타나는 필요에 적응할 수 없다는 골치 아픈 문제를 해결하지 못했다. 대중들의 화폐 부족에 대한 두려움은 국법 은행권에 대한 인출 쇄도를 유발하여 은행 준비금을 고갈시켰다. 또한 국법 은행권의 금속으로의 상환을 요구하기보다는 국법 은행권에 대한 강력한 수요가 있었기 때문에, 은행들은 준비금으로 국법 은행권을 보유했다. 이러한 잠재적인 국법 은행권의 부족으로 양도 가능한 수표 형태의 대체 화폐가 도입되었다. 이것이 바로 병용 화폐 (monnaie parallèle)[11]의 발명이었다. 소지인에게 지불되는 이 유통 수표는 직원에게 급여를 주기 위해 기업에 의해 사용되었다.

들이 그들의 부채를 보다 쉽게 상환할 수 있도록 인플레이션을 유발시키기 위해서 금·은 양본위 시스템을 유지하길 원하는 그린백당에 집결한, 토지에 대한 이해를 대변하는 진영이 있었다. 다른 한편에는 강력한 화폐와 금본위의 제정을 주장하는 동부의 금융적 이해를 대변하는 진영이 있었다. 논쟁의 절정은 그린백당의 대통령 후보인 윌리엄 제이닝 브라이언(W. J. Bryan)이 《아메리카 인민을 금-십자가에 못 박혀 죽게 하지 않겠다》라고 선언한 유명한 연설이었다.

10. 1894년에 정부는 두 차례에 걸친 연방 채권 발행을 통하여 지불준비금의 축적을 시도했으나 시장의 무관심으로 실패했고, 1895년 2월에는 J. P. 모건이 주도하는 연방 채권 인수단과의 협상을 통하여 6,500만 달러 상당의 연방 채권을 주로 유럽 투자가에게 발행하여 지불준비금을 비축하는 데 성공했다. 당시 금속 준비금(지불준비금)의 최저 한도는 1억 달러였다: 옮긴이.

11. 정부에서 발행하지 않고, 지리적으로 제한된 지역에서만 교환되는 지역 보완 화폐 또는 지역 화폐나 보완 화폐가 병용 화폐이다. 병용 화폐는 국가화폐의 보완적 기능을 한다: 옮긴이.

연방인가은행법은 미국 은행 시스템의 분절화에 종지부를 찍는 데 실패했다. 연방인가은행법은 연방 인가 은행이 발행한 은행권은 액면가로 교환해야 한다고 규정했다. 그러나 발행 준칙에는 연방 청산·결제 시스템이 수반되지 않았다. 그렇기 때문에 은행의 분절화가 동부 지역을 넘어 지속되었다. 이러한 금융 상황은 더욱 악화되어 금융시장 자체를 위협하기에 이르렀다.

1907년 위기는 그해 10월 뉴욕의 금융계를 불안정하게 만들었기 때문에 은행의 취약성을 더 이상 견딜 수 없게 만들었다. 산업의 급속한 발전과 함께 민간 증권시장이 발달했다. 새로운 범주의 금융 중개 기관들은 저축을 투자하려는 사람들의 열정을 불러일으켰다. 이 금융 중개 기관[12]들은 규제를 받지 않는 저축은행의 일종인 신탁 회사였다. 신탁 회사는 20세기에 접어들면서 엄청난 팽창의 물결 속에서 그 수와 규모가 크게 증가했다. 1907년 10월 21일, 니커보커(Knikerbocker) 신탁 회사는 뉴욕 소재 은행들에 대해 지불 만기가 된 어음을 결제할 수 없게 되었다.[13] 이것이 뉴욕 소재 은행예금에 대한 인출 쇄도와 지급 중단을 초래했다. 대부분의 다른 신탁 회사와 마찬가지로 니커보커 신탁 회사는 뉴욕청산소협회(NYCHA)의 가입 조건을 거부했기 때문에 그 회원이 아니었다.[14] 따

---

12. 당시의 신탁 회사는 여수신 업무가 가능했기 때문에 발권 기능만 제외하면 은행과 아무런 차이가 없었다. 당시 신탁 회사들은 부동산 등 은행들에게 금지된 부문에 적극 투자함으로써 은행보다 높은 예금 금리를 제시할 수 있었다. 그래서 은행보다 많은 예금을 받아 빠른 속도로 성장해 나갔다: 옮긴이.
13. 1907년 위기에서 신탁의 역할에 대한 연구로는 J. R. Moen et E. W. Tallman(2000)을 참조하라.
14. 뉴욕 청산소는 1903년 신탁 회사들에게도 문호를 개방해 지급 결제 시스템에 참가하도록 했다. 그러나 원활한 지급 결제 업무 수행을 위해서는 최소한의 지급 결제 준비금이 있어야 하기 때문에 기존의 회원 은행들은 신탁 은행들에게 수신액의 10퍼센트(은행들은 25퍼센트)를 시재금(vault cash)으로 보유하도록 요구했다. 하지만 뉴욕 소재 신탁 회사들은 투자 기관인 자신들은 자금 결제 규모가 은행의 7퍼센트 수준에 불과하기 때문에 지급 준비 의무가 불필요하다고 주장하고 1904년 청산소를 일제히 탈퇴했다. 반면, 시카고 지역에서는 신탁 회사들이 은행과 비슷한 지급 준비 의무를 부담하는 데 이의를 제기하지 않고 청산소 회원으로 그대로 남아 있었다: 옮긴이.

라서 니커보커 신탁 회사는 뉴욕청산소협회의 긴급 지원을 받지 못했다. 1907년 10월 24일부터 예금에 대한 인출 쇄도가 모든 신탁 회사와 은행들로 전염되었다.[15] 은행 간 유동성에 대한 수요가 폭증하면서 콜론 금리가 100퍼센트까지 치솟았다. 뉴욕청산소협회는 회원 기관들에게 대출 인증서(loan certificates)[16]를 대량으로 발행했다. 그러나 국내 은행들의 예금에 대한 인출 쇄도는 연쇄도산을 야기했고, 유동성을 크게 위축시켰다. 다시 한 번 금속 준비금이 심각하게 부족한 것으로 드러나면서 J. P. 모건은 재차 금(金) 대출을 협상하기 위해 런던으로 가는 배를 타야 했다.

이번에는 정신적 외상이 엄청났다. 20세기 초, 미국은 세계 제일의 산업 강국으로 자리 잡았다. 하지만 은행 시스템의 극도의 취약성은 미국을 금융적, 화폐적으로 왜소하게 만들었다. 은행 위기 동안 수요에 탄력적으로 대응할 수 있는 유동성을 공급할 수 있는 장치를 만드는 것이 절대적으로 필요했다. 이 장치는 경제주체들의 유동성으로 추정되는 저축을 관리하는 모든 은행과 금융 중개 기관을 포괄할 수 있는 전국적인 장치여야 했다. 더욱이 런던에 대한 금융 의존은 세계 최강을 열망하는 국가에게 굴욕적인 일이었다. 무엇인가를 해야만 했다! 그 결과가 바로 1908년 5월 30일의 올드리치-브릴랜드법(Aldrich-Vreeland Act)이었다. 이 법으로 초당적인 **국가화폐위원회**(National Monetary Commission)가 만

---

15. 이와 같은 연쇄적인 지급불능 사태를 맞아 재무부는 10월 24일에 3,600만 달러의 긴급 자금을 지원했으나 예금 인출 사태와 주가 폭락은 지속되었으며, 10월 25일과 26일에는 J. P. 모건의 주도하에 3,500만 달러의 긴급 자금을 조성하고 또 뉴욕어음교환소가 은행 간의 자금 수요에 충당할 대체 통화로서 대출 인증서를 2억 5,600백만 달러 발행하기로 한 후에야 뉴욕의 예금 인출 사태는 가라앉았다. 그러나 이런 예금 인출 사태의 소식을 뒤늦게 접한 서부 및 중서부에서 예금 인출 사태가 발생하고 이의 파급효과가 뉴욕의 은행들에게까지 미침으로써 결국 뉴욕의 거의 대부분의 은행들이 예금 인출 업무를 중단하게 되는 금융 위기가 발생하게 되었다: 옮긴이.
16. 금융시장이 정상일 때 청산소 회원 은행들이 청산소에 현금을 예치해 놓고 그 자금을 이용해 어음의 차액 결제를 실시하지만, 금융공황의 발생으로 시중의 현금 수요가 너무 커지면 현금은 시재금(vault cash)으로 남겨 둘 필요가 있었다. 그래서 현금 대신 채권을 청산소에 담보물로 예치해 놓고 청산소로부터 받은 예탁 증서를 은행 간 결제의 지급수단으로 활용했다: 옮긴이.

들어졌고, 이 위원회에 "어느 정도의 중앙 집중화를 채택할 것인가?"와 "지부를 가진 단일 중앙은행으로 할 것인가 아니면 지역 은행의 연합으로 할 것인가?"라는 두 가지 질문에 답할 시스템을 제안하는 임무를 부여했다(Le Maux et Scialom, 2007).

이러한 공통의 목표에도 불구하고 미국 독립의 원죄, 즉 오늘날까지 미국 국내 정치에 떠돌고 있는 국가연합과 연방 국가 간의 모순적인 열망이 국가화폐위원회를 분열시켰다.[17] 그 결과, 민주당과 공화당에서 각각 초안을 제출했다. 넬슨 올드리치(Nelson W. Aldrich)가 제안한 공화당의 초안은 고도로 탈중앙화 된 안이었다. 공화당의 초안은 액면가에 상업어음을 재할인하는 대가로 은행권에 대한 수요에 대응하여 화폐를 발행하는 전국지급준비연합(National Reserve Association)을 제안했다. 이 기관은 사법을 따르도록 되어 있었고, 회원 은행이 관리하는 것이었다. 국가의 준비금은 중앙 집중화 되고, 시스템 참여는 신탁 회사를 포함하여 보편적으로 이루어지는 것이었다. 민주당은 연방준비 시스템을 제안했다. 연방준비 시스템은 연방준비이사회(Federal Reserve Board)가 감독하는 연방준비은행(12개의 구역은 연방의 주들과 일치하지 않는다)으로 구성된다. 연방준비 시스템은 공공 기관이 되어야 했다. 연방준비은행들은 회원 은행들이 출자한 자본을 보유한다. 연방준비은행들은 상업어음을 재할인하여 화폐를 발행할 수 있다. 또한 연방준비은행들은 **공개시장**(*open market*) 운영을 수행하고 할인율을 정할 수 있다. 연방준비은행들은 회원 은행의 의무 준비금을 보유하고 관할 지역 내 은행들의 청산 업무를 수행한다. 1912년 선거에서 민주당의 물결 덕분에 민주당 안이 승리했으며, **연방준비법**(*Federal Reserve Act*)이 통과된 후, 1913년 12월 23일 대통령이 서명했다.

---

17. 두 독트린의 대립에 관한 분석에 대해서는 E. Wicker(2005)를 참조하라.

5. 20세기의 초인플레이션 위기

초인플레이션은 공식 화폐의 파괴로 이어지는 극단적인 현상이다. 초인플레이션은 새로운 준칙을 수립하여 국가의 주권을 재건하는 화폐개혁을 통해서만 종지부를 찍을 수 있다. 화폐는 더 이상 지불할 수 없는 경우에만, 그래서 재화에 대한 구매력이 상실되는 경우에만 사라진다. 초인플레이션은 이러한 현상이 특정 국가의 화폐 시스템에서 국지적으로 일어나는 과정이다.

5.1. 초인플레이션의 논리

강조한 바와 같이 모든 화폐 시스템은 화폐의 양가성이라는 제약 하에 있다. 유동성은 시스템을 통합하는 중심인 동시에 무한한 사적 욕망의 대상이다. 이러한 모순은 유동적인 부(富)에 대한 즉각적인 전유 욕망을 억제하는 위계적 신뢰에 의해서만 극복된다. 화폐 위기는 이러한 신뢰가 무너진 상황이다.

화폐 위기가 어떻게 일어날 수 있는지 이해하기 위해서는 화폐 준칙 시스템이 민간 청구권의 유통을 유도하고, 의무의 강도를 조절하며, 자산 탈가치화(devalorisation)의 선택성에 영향을 미치는 이자율 구조를 결정한다는 점을 상기할 필요가 있다. 위기는 시간이 지남에 따라 채권과 채무의 유통 조건을 변화시킨다.

우리는 이러한 위기가 두 가지 유형으로 양극화되는 것을 보았다. 하나는 궁극적인 유동성이 너무 부족해서 사라지는 **분절화 된 화폐 시스템**이다. 이것은 부채의 결제가 문제가 되는 디플레이션 위기이다. 우리는 앞에서 검토한 역사적 에피소드에서 주조된 금속의 부족으로 점철된 여러 사례를 접했다. 다른 하나는 모든 부채가 화폐 창출에 의해 정당한 것으로 인정받는 극단적으로 중앙 집중화 된 화폐 시스템이다. 그 결과, 자산의 질을 차별화하는 것이 불가능해진다. 따라서 초인플레이션은 불안정한 부채 구조에서 발생하는 모든 적자의 중앙 집중화와 자동적인 재생산에 기반하고 있다.

실제로 체계적인 화폐화는 리스크와 손실을 중앙 집중화 한다. 체계적인 화폐화는 이러한 리스크와 손실을 부담해야 하는 경제주체들에게 그것을 노출시키지 않는다. 그럼에도 불구하고 금융 구조의 지속 불가능성이 존재한다. 그러나 금융 구조의 지속 불가능성은 부실 자산의 탈가치화를 통해 표현되는 대신에 화폐의 양가성에 집중된다. 자동적인 화폐화는 유동성의 형태로 부의 보존을 악화시킨다. 경제주체들의 미래의 시계(horizon)를 무한대로 확장하는 대신, 자산을 사적으로 전유할 수 있도록 조정할 목적으로 부채가 유통된다는 사실을 잊으면 생각할 수 있듯이, 즉각적인 부의 보존이 유일한 관심사가 되기 때문에 체계적인 화폐화는 미래의 시계를 파괴한다. 마치 공식 계산 단위에 의한 회계가 그 의미를 상실하는 것과 마찬가지이다. 개인 행위자들은 부의 보존 형태를 열렬히 찾기 시작한다. 그들은 경제 시스템에서 자신의 위치에 따라 다양한 방식으로 부의 보존 형태를 열렬히 찾는다.

첫 번째 전략은 내부 연동이다. 공통의 계산 단위로 가격을 표시하는 대신, 재화와 서비스의 공급자는 수요자로서 과거 거래로부터 그들이 관찰했던 비용을 연동한 가격으로 거래함으로써 그 유효성을 인정받으려고 노력한다. 그러나 초-집중화 된 화폐 시스템에서 모든 사람들은 동일한 조건에 놓여 있다. 따라서 공급자들은 그들이 계산한 것보다 더 높은 비용 증가에 좌절한다. 그들은 예상되는 비용 증가에 가격을 연동하여 그들의 평가를 수정하고자 한다. 하지만 다른 사람들도 같은 문제에 직면해 있기 때문에, 보다 빠른 가격 상승에 따라 공급자들은 동일한 문제 앞에 다시 놓이게 된다. 그래서 자동으로 계속되는 모든 가격 상승의 소용돌이가 일어난다. 중요한 점은 모든 가격 움직임이 실제 생산 조건과 아무런 연관도 없이 단절된다는 것이다. 모든 가격의 움직임은 점점 더 가속화되는 소용돌이의 원인이자 결과가 된다.

두 번째 전략은 국가가 완전히 폐쇄적이지 않다면, 외부에서 가치의 지시 대상을 찾는 것이다. 유동성이 사라지는 것을 피하길 원하는 사람들에게 외국 통화, 다시 말해서 신뢰할 수 있는 모든 기능을 갖춘 화폐가 이상적인 대피처이다. 자유롭게 접근할 수 있는 외환시장을 이용할 수 있다면, 내부의 연동 게임을 넘어서는 초점으로서 외국 통화는 기대를 집중시킨다. 내부 연동의 상호작용은 외국 통화에 의해 제공되는 대체 계산 단위의 단일한 연동으로 교체된다. 외국 통화에 대한 국내 가격의 연동이 일반화되면 될수록, 공식 화폐에 대한 신뢰의 상실이 더욱더 동질적이게 되고, 외국 화폐로 환산한 국가화폐의 가치는 점점 더 하락하여 제로(0)에 가까워지는 경향이 있다.

외국 통화에 대한 접근 조건이 충족되지 않고 인플레이션의 소용돌이가 커지면, 경제주체들은 일종의 대체 화폐로 선택한 실제 재화, 즉 외국 화폐의 역할을 하지만 여러 가지가 존재하고, 따라서 차별화되는 재화를 찾을 가능성이 있다. 이러한 구성에서 우리는 화폐 공간의 병리학적인 분화에 이르게 된다. 거래는 다양한 지역에서 또는 다양한 교환 그룹 간에 특정 대체화폐의 사용을 선택함에 따라 분절화 된다. 예를 들어, 주권이 파괴되고 연합군이 독일의 영토를 점령했을 때, 나치 독일의 붕괴 이후 독일에서는 담배가 화폐로 이용되었다.

〈상자 5.1〉(p. 261)은 수학적 정식화에 관심이 있는 사람들을 위해 국내 연동과 외국 통화 연동이라는 두 과정을 모델화 한 것이다. 모델화의 핵심적인 결과는 인플레이션 동학이 경제적 «근본»과는 완전히 독립적이라는 것이다. 통화주의자의 주장과 달리, 인플레이션은 유통되는 통화량의 증가를 반영하지 않는다. 물가 상승은 통화량의 증가에 비례하지 않는다. 반대로 명목 통화량을 일반 물가 수준으로 나눈 «실질» 통화량은 제로(0)에 가까워진다. 화폐 팽창은 연동의 자기-준거적 논리를 촉발할 수 있는 촉매제이다. 이러한 촉매제는 화폐 준칙의 지속성에 대한 의심을 제기해 화폐에 대한 신뢰를 약화시킨다. 그러나 이러한 단계가 진행되면, 더 이상 화폐 팽창에 의존하지 않는다. 이러한 단계는 제도화된 화폐 주권에 대한 불신을 보여 주기 때문에 계산 단위의 파괴로 이어진다. 하지만 여기에는 공공 재정에 대한 통제력 상실, 지배 권력에게 불리하게 작용하는 전쟁(내전 또는 국제전), 사회적 적대감과 같은 다른 잠재적 촉매제가 존재한다. 이 모든 경우에 자기-준거적 논리 자체가 초인플레이션을 일으킨다. 이와 관련하여 인플레이션은 화폐와 인플레이션 사이의 관계에 대한 정량적 의미에서 언제 어디서나 화폐적 현상이라는 밀턴 프리드먼의 주장은 사실이 아니다. 계산 단위가 파괴될 때까지 가격이 발산하는 초인플레이션의 자기-유지적 과정은, 급진적인 화폐개혁으로 멈추지 않으면 인플레이션이 무한정 가속화되는 국면이다. 초인플레이션은 더 이상 근본 원인과 아무런 관련도 없다.

다음 절에서는 이러한 이론적 도식에 따라 1922-1923년 독일, 1947-1948년 중국 그리고 1980년 라틴아메리카의 초인플레이션과 같은 유명한 초인플레이션의 에피소드를 살펴보도록 하자.

5.2. 1922-1923년 독일의 초인플레이션

제1차 세계대전 이후 금속에 대한 태환성은 교전국들의 피해 정도에 따라 빠르게 또는 서서히 사라졌다. 가장 타격을 받은 국가는 베르사유조약[18]으로 터무니없는 «전쟁배상금»의 대상이 된 독일이었다(Keynes,

---

18. 베르사유조약(Treaty of Versailles)은 1919년 6월, 독일제국과 연합국 사이에 맺어진 제1차 세계대전의 평화협정이다. 협정은 국제연맹의 탄생과 1921년 5월을 전쟁배상금 논의의 종결 시한으로 한다는 계획을 포함하였다. 최종 전쟁배상금액은 1921년에 결정되었지만, 베르사유조약에서 임시 조치로 연합군은 독일에게 200억 금-마르크를 배상하도록 요구하였다. 1921년 5월 이전에 완료된 배상액은 80억 금-마르크이다. 이 금액은 베르사유협정에서 정한 임시 배상액의 40퍼센트(80/200)에 불과했지만, 1921년 국민소득의 약 20퍼센트에 해당했다. 1921년 4월, 배상금조정위원회는 1,320억 금-마르크(golden

[상자 5.1] 자기-유지적 인플레이션 논리

적응적 기대

화폐에 대한 실질 수요는 기대 인플레이션의 감소함수이다.

$$\log\left(\frac{M}{P}\right)_t = -\alpha \pi_t^a$$

관찰된 인플레이션이 예상된 인플레이션보다 높으면, 기대 인플레이션은 상향 조정된다.

$$\frac{d\pi^a}{dt} = \beta\left(\frac{d\log p}{dt} - \pi^a\right)$$

화폐 수요를 미분하면, $-\frac{1}{\alpha}\left(\frac{dLogM}{dt} - \frac{dLogP}{dt}\right) = \frac{d\pi^a}{dt}$.

기대 인플레이션의 수정식을 이용하면, 우리는 다음을 얻는다.

$$\beta(LogP - LogM) = \frac{dLogM}{dt} - (1-\alpha\beta)\frac{d\log P}{dt}$$

$$\frac{\partial}{\partial P}\left(\frac{dLogP}{dt}\right) = \frac{-\beta}{1-\alpha\beta}\left(\frac{1}{P}\right)$$

$\alpha\beta < 1$ 일 때 통화량 증가에 의해 촉진되는 인플레이션(화폐 레짐)과 $\alpha\beta > 1$ 일 때 전적으로 기대 논리에 의해 구동되는 자기-준거적 인플레이션 사이에 위상 변화가 존재한다.

환에 연동

기대 인플레이션은 외환시장에서 다음과 같이 형성된다.

$$\pi_t^a = \log \hat{e}_t - \log e_t$$

여기에서 e_t는 현물 환율이고 $\hat{e}_t$는 미래 환율의 기댓값이다. 이 기댓값은 다음과 같이 초점($\bar{e}_t$)에 의해 외환시장에서 안내된다.

$$\log \hat{e}_t = E_t \log e_{t+1} = a + \beta \log \bar{e}_t$$

화폐 수요는

$$\log\left(\frac{M}{P}\right)_t = -\alpha\pi_t^a = -\alpha(\log \hat{e}_t - \log e_t) = -\alpha(\beta \log \bar{e}_t - \log e_t + \alpha)$$

이다.

이 화폐 수요를 미분하면,

$$-\frac{1}{\alpha}\left(\frac{dLogM}{dt} - \frac{dLogP}{dt}\right) = \frac{d\pi^a}{dt} = \beta\frac{dlog\overline{e}_t}{dt} - \frac{dloge_t}{dt}$$이다.

초인플레이션 과정에서 인플레이션의 명목 추세는 인플레이션의 실질 변동보다 훨씬 더 크다. 우리는 이것을 고려하지 않고 상대구매력평가(PPP)에 초점을 맞춘다.

$$\frac{dlogP}{dt} = \frac{dloge}{dt}$$

기대 인플레이션의 수정을 주도하는 것은 외환시장이다.
이로부터 다음과 같은 인플레이션 동학을 추론해 낸다.

$$\frac{dlogP}{dt} = \frac{1}{1+\alpha}\frac{dLogM}{dt} + \frac{\alpha\beta}{1+\alpha}\frac{dlog\overline{e}_t}{dt}$$

$\beta < 1 + 1/\alpha$ 이거나 $\beta > 1 + 1/\alpha$ 에 따라, 두 가지 인플레이션 레짐이 존재한다. 하나는 화폐 증가에 의한 인플레이션 레짐이고, 다른 하나는 자기-준거적 인플레이션 레짐이다.

1920). 전쟁으로 인한 막대한 파괴와 식민지뿐만 아니라 일부 영토의 축소에 더하여 이러한 전쟁배상금은 독일제국[19]을 파괴하고 내전을 촉발하여 초인플레이션[20]을 불러일으켰다.

---

mark)라는 어마어마한 액수의 배상금을 독일에 부과하기로 결정하였다. 당시 금본위제를 기준으로 독일 마르크화의 영국 파운드화에 대한 공식 환율(par value)은 20:1이었다. 이를 기준으로 환산하면 1,320억 금-마르크는 당시 미화 약 320억 달러에 해당하는 금액이다. 케인스에 따르면 1922년 독일의 국민소득은 350억 금-마르크였다. 이와 비교하면, 독일의 전쟁배상금 1,320억 금-마르크는 매우 과도한 것이었다. 케인스는 독일의 전쟁배상금을 대폭 낮추어야 한다고 주장하면서 총 15억 파운드를 이자가 없는 조건으로 매년 5,000만 파운드씩 1923년부터 30년 동안 갚도록 하자는 파격적인 제안을 하였다: 옮긴이.

19. 독일제국은 1871년부터 1918년까지 존속했던 국가이다. 독일 지역에서 근대 국민국가를 탄생시킴으로써 현대 독일의 모태가 되었다. 프로이센 왕국의 독일 통일로 성립되어 19세기 말의 대표적인 강대국이었으나, 제1차 세계대전 패전으로 제정이 붕괴하고 공화국으로 바뀌었다. 도이체스 라이히(독일국)라는 명칭은 이때부터 공식 명칭으로 사용되기 시작하여 바이마르 공화국 및 나치 독일에서도 쓰였다. 나치 독일의 영향으로 독일제국을 제2제국이라 부르기도 한다: 옮긴이.

20. 독일 초인플레이션에 대한 분석은 셀 수 없을 정도로 많이 이루어졌다. 이 책에서 채택한 화폐에 대한 관점을 따르는 총론은 A. Orléan(2007)을 참조하라.

표 5.1. 독일 초인플레이션의 7단계

	도매 가격 (월 증가율)	달러 (마르크 지폐로 월 증가율)
1914년 8월-1918년 11월(휴전)	1.7	1.1
1918년 11월-1919년 7월(베르사유조약)	4.7	9.2
1919년 11월-1920년 2월(우익 군사 쿠데타에 의한 독일사회민주당의 권력 상실)	25.4	31.0
1920년 2월-1921년 5월(런던의 최후통첩)	-1.7	-4.0
1921년 5월-1922년 6월(라테나우의 암살)	14.0	13.5
1922년 6월-1923년 6월(인플레이션의 폭발)	60.0	62.8
1923년 6월-1923년 11월(초인플레이션의 종료)	3171	2783

* 달러화의 가치는 4.2금-마르크였다.
출처: M. Aglietta et A. Orléan (1982, pp.188-189)에 기초하여 만들었음. Donnees tirees de C. Bresciani-Turroni (1937).

앞에서 이론적으로 설명한 것처럼, 독일의 초인플레이션은 두 단계를 거치면서 발전했다.

첫 번째 단계는 1920년부터 1922년 여름까지 지속되었다. 첫 번째 단계는 화폐에 대한 신뢰를 바꾸어 놓은 정치적 사건으로 구분되는 하위 기간으로 세분화할 수 있다(표 5.1). 베르사유조약에 따라 인플레이션이 급격히 가속화된 이후, 군사 쿠데타로 정권을 잡은 우파 정부는 고전적인 디플레이션 정책을 시도했다. 그러나 달러화에 대한 마르크화의 절상 규모는 독일의 국내 물가 하락보다 훨씬 더 컸다. 경쟁력 상실은 외환 계정을 악화시켜 전쟁배상금을 지불할 수 없다는 것을 모두가 알게 되었다. 국내 공공 부채에 전쟁배상금이 추가되었기 때문에, «누가 전쟁배상금을 지불할 것인가?»는 사회 갈등을 촉발시키는 주요 쟁점이 되었다. 인플레이션과 마르크화의 절하가 상호 악순환하기 시작했다.

마르크화에 대한 투기로 마르크화가 저평가되면서 생산과 인플레이션을 동시에 자극했다. 화폐 팽창은 마이너스(-) 실질금리, 신용에 대한 막대한 수요 그리고 실질임금의 감소를 가져왔다. 이러한 단계는 «고전적» 금융 불안정으로 이어지는 화폐 팽창의 단계이다. 세계시장에서 독일 기업들의 판매가 증가할 것이라는 기대는 과도한 투자 확대를 유발했다. 자본의 과잉 축적은 과도한 재고 자금 조달을 위한 현금 흐름의 문제로 나타났다. 주가가 폭락하여 자산이 비유동화 되었다.

기업가인 발터 라테나우(Walter Rathenau)가 암살된 1922년 6월부터 1923년 6월까지 기업과 지방자치단체는 대체화폐를 사용하여 직원에게 임금을 지급하고 실업자를 지원했다. 이것으로 극심한 식료품 부족을 막기에는 역부족이었다. 1922년 여름은 금융 구조가 전환되는 결정적인 계기였다. 상업어음이 중앙은행으로 대량 이전되었다. 상업은행은 기업과 중앙은행 간의 순수한 전달 경로가 되었다. 개인 부채는 질서 정연하게 재융자되었다. 화폐 시스템은 완전히 중앙 집중화 되었다. 공공 지출에 대한 재정의 커버율이 크게 떨어진 반면, 실질금리는 극단적인 마이너스(-) 수준으로 떨어졌다. 물가 상승과 임금 상승의 악순환에 의해 일반화된 연동이 시작되었다.

예금의 실질 가치가 녹아내렸고 민간 단기금융시장이 사라졌다. 산업계는 화폐 지급 결제 수단을 절약하기 위해 수직적으로 집중했고, 국가은행(라이히스방크)의 재융자에 직접 접근하기 위해 은행들을 인수했다. 이 단계에서 마르크화는 은행의 대차대조표에서 달러화로 대체되기 시작했다. 자산 측면에서, 은행은 외환시장에 대한 투기의 결과로 외국 통화를 매입했다. 부채 측면에서, 은행은 외국 은행, 주로 미국 은행으로부터 외화를 대출 받았다. 투기는 통제 불능 상태가 되어 국제무역에 관여하는 경제주체의 계산 단위가 된 달러화에 집중되었다. 달러화는 무엇보다도 궁극적인 유동성, 탁월한 상품-자본이 되었다. 외국과 직접적으로 관계가 없는 경제주체들에게 계산화폐의 위기는 «회계 혁신»으로 나타났다. 이질적인 것으로 여겨지는 «일정한 가치»의 민간 회계를 사회적으로 인정하려는 시도가 있었다.

1923년 6월, 순전히 내생적이고 자기-준거적인 초인플레이션의 단계가 시작되었다. 이 국면에서 화폐가 속절없이 파괴되었다. 1923년 11월, 실질 가치로 나타낸 중앙은행 화폐량은 제1차 세계대전이 시작된 1914년의 1.6퍼센트에 불과했다! 1923년 8월, 독일 정부는 소액 금-마르크 표시의 공채를 발행하여 최종적인 조치를 시도했다. 그러나 이 지폐는 순식간에 축장되어 국가 자체가 조직한 마르크화가 사라졌다. 이 마지막 단계 동안 예상되는 미래의 물가 상승에 자신의 수입을 연동할 수 없는 모든 경제주체가 순식간에 파산했다.

따라서 화폐 팽창은 화폐가 완전히 파괴될 때까지 궁극적인 유동성에 대한 신뢰, 즉 화폐의 가치 저장 기능을 침식시켰다.

초인플레이션의 최종 단계는 지급 회로의 변환과 유통수단으로서 마르크화의 소멸을 통해 실현되었다. 1923년 여름부터 혼란은 완전히 화폐로 인한 것이었다. 불확실한 구매력을 가진 여러 가지 이질적인 화폐 기호들이 유통되었다. 화폐 위기는 **국가 주권의 위기**가 되었기 때문에 최종 단계에 도달했다. 대기업 집단들이 수직적으로 통합되었다. 지역 교환 회로는 화폐 대체물 간의 태환 준칙 없이 화폐 대체물을 사용했다. 이는 화폐적 무정부 상태를 야기했다. 도시와 농촌 간의 단절이 일어나면서 농업 생산물이 농촌에 보유되는 사태가 발생했다. 결국 경제활동이 붕괴되기에 이르렀다. 따라서 **명목** 초인플레이션은 화폐 수량 이론 및 실물경제에 대한 화폐의 중립성과는 완전히 모순되는 **실질** 초디플레이션이다.

초인플레이션은 왜 그리고 어떻게 멈추는가? 초인플레이션은 대화재처럼 더 이상 소모할 것이 없을 때 멈춘다. 마르크화로 표시된 국내 공공 부채의 소멸은 사회 갈등의 결정적인 문제를 제거한다. 모든 가격과 소득의 일반화되고 즉각적인 연동은 추가적인 실질적 이익을 얻지 못하게 한다. 경제적 시계는 제로가 되었고 과거는 아무런 가치도 남기지 않는다. 현재의 순간만이 존재하므로 기대 인플레이션과 실현 인플레이션 사이의 충돌이 있을 뿐이다. 결국 권력이 산업 부르주아에게 유리하게 결정적으로 이동하여 정치적 해결책을 강요할 수 있게 되었다.

위기에서 벗어나는 것은 집단적 신뢰를 집중화하고 새로운 발행 준칙을 제정함으로써 새로운 통일된 계산 단위에 기초한 위계적 시스템을 재구축하는 것을 의미한다. 이것은 정치적인 과정이다. 화폐개혁은 정치적 우위를 점할 수 있을 만큼 충분한 이해관계가 결합되어야만 성공할 수 있다.

국내에서는 농업, 산업 및 금융 이해관계자 간의 동맹의 산물이라고 할 수 있는 새로운 중앙은행인 렌텐은행이 설립되어 새로운 화폐인 렌텐마르크를 발행하기 시작했다. 렌텐마르크의 보유자들은 5퍼센트의 이자를 제공하는 금-마르크로 표시된 연금 증권(titres de rente)으로의 전환을 보증해 주는 것을 상상했었다. 물론 이러한 전환이 대량으로 이루어지는 건 환상일 것이다. 이 전환은 실행되지 않을 때에만 신뢰의 촉매제로서 기능할 수 있었다! 실제로 렌텐마르크는 즉시 안정되었고, 안정적으로 유지되었다. 렌텐마르크가 안정화된 결정적인 요인은 화폐 발행 준칙의 변화였다. 다시 말해서, 렌텐은행이 국가에 자금을 조달하는 것을 금지했다. 그러나 이 극단적인 준칙은 국제적인 해법에 의해서만 가능했다.

나중에 대공황에서 극적인 결과를 초래할 이 해결책은 화폐 준칙을 재건하여 독일 자본주의를 국제 관계에 복귀시키는 수단으로 중앙은행을 만들었다. 화폐 시스템의 두 축인 공공 부채와 중앙은행이 이제 외국의 통제를 받게 되었다. 전쟁배상금으로 인한 달러 표시 채무는 1924년 도스 플랜에 의해 재편성되었다. 중앙은행은 정부로부터 법적 자율성을 획득했고, 국제적 감독 하에 놓이게 되었다. 국내 공공 재정을 화폐 관리 아래에 두었다. 토지 재산 전체에 의해 보증된다고 여겨지는 렌텐마르크는 실제로 독일 은행들의 부채를 재건 가능하게 한 미국의 대출이 유입된 덕분에 보증되었다.

우리는 언제나 한 가지 일관된 특징을 발견한다. 모든 화폐 시스템은 주권에 기반을 두고 있다. 독일의 경우 주권이 대부분 해외로 이전되었기 때문에 매우 취약했다. 히틀러는 이를 나치당 건설의 강력한 선전 도구로 사용했다. 이제 또 다른 초인플레이션이 주권의 급격한 변화로 어떻게 근절되었는지 살펴보도록 하자.

5.3. 1947-1948년 중국의 초인플레이션

장개석이 지휘하는 국민당과 마오쩌둥이 주도하는 공산군이 임시 동맹을 맺어 싸웠던 항일 해방전쟁이 끝나 갈 무렵인 1945년 내전이 다시 일어났다. 국민당 주권은 대체로 허상에 불과했다. 경제적 상황은 재앙과도 같았다. 저축이 고갈되었고, 시골 지역에서는 반란이 일어났으며, 세금 징수가 불가능하거나 세금 징수원에 의한 세금 유용이 발생했다.

공무원과 군인에게 급여를 지급하고 내전 비용을 조달하기 위해 공공 적자를 체계적으로 화폐화 했다. 금과 달러화에 대한 투기가 맹위를 떨쳤다. 외국 은행들과 지주들은 자산을 유동화 하여 달러화로 환전한 후 홍콩으로 이전했다. 공공 적자로부터 수입을 얻는 사람들도 마찬가지였다. 이러한 상황에서 중앙은행은 이중 투기로 인해 상관관계가 높은 금과 달러 가격의 상승을 막을 수 없었다. 1948년 4월, 중앙은행의 외환 보유고는 모두 고갈되었다. 금의 도매가격과 달러화의 가격은 한 달에 200퍼센트씩 상승했다.

1948년 8월, 중국 정부는 금을 기반으로 화폐를 재건하기 위해 화폐 개혁을 시도했다. 1금-위안이 3백만 구 화폐단위로 교환되었다. 중국 정부는 귀금속과 외환을 가진 개인 소지자들에게 그것들을 새로운 화폐단위로 교환하도록 강제했다. 중국 정부는 또한 물가 동결 비용을 충당하기 위해 금, 은, 그리고 외국 통화로 보유고를 재구성했다. 그러나 내전이 중국 정부에게 불리하게 전개되면서, 정부의 적자가 공공 지출의 75

퍼센트에 이르렀다. 금의 사적 거래가 금지된 이후 1948년 11월 원자재에 대한 투기가 맹위를 떨쳤다. 이것은 국민들이 새로운 화폐단위를 거부했음을 의미한다. 중국 정부 자체가 지출을 달러화로 지불해야 했다. 1949년 5월 공산군이 결정적인 조치를 취하면서 금-위안이 더 이상 아무런 가치도 없게 되었다.

화폐개혁을 가능하게 한 것은 주권의 근본적인 변화였다. 공산주의 권력은 그들이 정복한 각 지역에서 새로운 화폐를 발행했다. 공산주의 권력은 특정 날짜까지 기존 화폐를 정해진 비율로 바꿀 수 있도록 결정했다. 그 이후부터 기존 화폐는 더 이상 아무런 가치도 없게 되었다. 화폐의 통일은 정복한 각 지역의 화폐 발행 기관을 통합하여 중화인민공화국의 중앙은행을 설립하고 엄격한 등가로 지역 화폐를 매입함으로써 이루어졌다. 1949년 10월 1일 중화인민공화국 건설을 선언하면서 화폐의 통일이 실현되었다.

공산주의 권력은 금과 외국 통화를 계산 단위와 지급 결제 수단으로 사용하는 것을 금지하고 암시장을 폭력적으로 단속했다. 그러나 공산주의 권력은 이러한 자산을 자유롭게 보유할 수 있도록 하면서, 이것을 새로운 화폐로 교환하려는 사람들에게 매우 유리한 조건의 교환 비율을 제시했다. 인플레이션과 예산 적자는 점진적으로 해소할 수밖에 없었다. 이전 레짐에서 전향한 수백만의 공무원들과 투항한 군인들의 최저 생활을 유지할 필요가 있었기 때문이다. 유동성을 동결하기 위해 중국 공산당 정부는 실질 가치로 저축 증명서를 만들었다. 저축 증명서는 쌀 3kg, 밀가루 750g, 면 1.3m, 석탄 8kg으로 구성된 바구니로 정의되었다. 이 바구니는 10일마다 계산화폐로 재평가되었다.

저축 증명서의 발행은 대성공을 거두었다. 그 결과, 유통화폐의 감소를 가져왔고, 인플레이션은 서서히 둔화되어 마침내 1950년 3월에 멈추었다. 이때부터 공공 재정에 대한 관리가 이루어졌고, 1950년 말에는 정부 예산이 균형을 이루게 되었다. 동시에 단일 신용 공급원, 단일 청산소, 그리고 장부화폐의 모든 거래에 대한 직접 감독 등 은행 시스템의 중앙 집중화가 정치권력의 통제 하에 완전히 확립되었다.

5.4. 1970-1990년대 라틴아메리카의 인플레이션

1970년대와 1990년대 후반 사이에 라틴아메리카 경제는 부채 위기, 외환위기, 은행 위기뿐만 아니라 초인플레이션 위기와 같은 수많은 화폐 및 금융 실패를 경험했다. 1980년대 후반 페루, 볼리비아, 그리고 니카라과가 5자리 숫자의 인플레이션을 기록한 가장 심각한 사례였다. 칠레, 브라질 그리고 아르헨티나의 사례는 초인플레이션 긴장과 밀접한 관련이 있는 재분배 갈등의 중요성과 그 자기-준거적 성격을 가장 잘 보여 주기 때문에 특별히 주목할 필요가 있다. 노조의 교섭력뿐만 아니라 기업의 시장 지배력과 기업과 노동자의 실질임금 목표는 재화와 서비스의 공급자가 예상한 비용 상승이 전가되어 초인플레이션[21]의 소용돌이로 이어지는지 여부의 핵심 요인이었다. 여기에서 우리는 칼레츠키(Kalecki, 1962)나 로빈슨(Robinson, 1960)이 이미 강조한, 잘 알려진 오래된 구성을 발견한다. 격렬한 분배 갈등, 연동 메커니즘의 존재 그리고 대체물(통화)을 얻기 위한 국가화폐로부터의 급격한 탈주가 낳은 결과가 초인플레이션이다.

칠레에서는 피노체트(Pinochet)의 군사 쿠데타가 일어나기 전, 즉 아옌데 대통령 재임 마지막 해인 1973년부터 인플레이션이 가속화되기 시작했다. 국영기업들의 적자를 포함한 공공 적자는 임금과 사회보험 부담금의 급상승, 통제되는 (공공서비스) 물가, 생산성의 급격한 하락과 무역회로의 붕괴로 인해 계속 증가했을 뿐이다. 공공 적자는 중앙은행으로부터 점점 더 대규모의 대출을 통해 조달되었다. 외국 통화에서 부동산과 사치품에 이르기까지 국가의 통제를 벗어난 모든 것에 대한 투기가

---

21. 아르헨티나 초인플레이션의 최근 연구로는 J. Marie(2014)를 참조하라.

맹위를 떨쳤다. 초인플레이션은 화폐의 완전한 파괴라는 극한상황까지 가지 않았다. 독재정권이 사회적 갈등을 유혈로 진압했기 때문이다. 그러나 의심할 여지 없이 아옌데 대통령의 임기 마지막 몇 달 동안 초인플레이션은 자기-준거적 단계에 접어들었다. 실제로 실질 통화량(스톡)은 2년 동안 70퍼센트 감소한 반면, 생활비지수는 4년 동안 100배 증가했다. 국가에 대한 화폐 대출이 4년 동안 100배 이상 증가했다. 뒤이어 민간 신용이 그 자리를 대신했다.

군사 쿠데타 이후 공공 부채의 구조 조정과 임금노동자와 농민의 실질소득의 붕괴가 발생했다. 이것의 거시경제적 영향은 끔찍함 그 자체였다. 1975년은 불황의 해였다. GDP와 산업 생산이 각각 13퍼센트와 30퍼센트 감소했고, 연간 물가 상승률은 375퍼센트에 달했다. 시카고 보이즈로부터 영감을 받은 파시스트 정부의 경제정책 기조는 금융 시스템의 민영화와 공공 생산 부문의 매각이었다. 1975년 7월까지 은행은 엄격한 규제의 굴레에 갇혀 있었다. 이로 인해 금융 혁신의 장이 열렸다. 부유한 가계로부터 차입하여 매우 높은 실질금리의 초단기 증권에 펀드를 투자하는 금융회사가 등장했다.

이것이 소유 구조를 근본적으로 바꾼 결정적인 순간이었다. 외국 통화로 차입할 수 있었던 사람들에게 금융 권력이 집중되었다. 금융회사들은 중개를 통해 은행을 통제했다. 새로운 소유 증서(titres de propriété)는 빠르게 가치가 상승한 반면, 국가에 대한 부채는 가격통제에 의해 인위적으로 낮게 유지된 소비자물가지수에 연동되었기 때문에 그만큼 빠르게 탈가치화 되었다. 그럼에도 불구하고 소유 이전의 핵심 지렛대는 높은 이자율과 새로운 소유 증서의 매우 빠른 가치화에 매력을 느낀 국제 신용이었다. 칠레의 대외 채무에서 민간 채무가 차지하는 비중은 1974년 전체의 16퍼센트에서 1979년에는 41퍼센트로 점점 더 증가했다.

전환 과정에서 가교 역할을 수행한 금융회사의 위상이 약화되었다. 은행이 금융 권력의 중심이 되었다. 칠레 은행들이 유럽에서 차입한 대출

금에 지불하는 금리와 매우 높은 국내 금리 간의 차이는 막대한 중개 마진을 남겼고, 대규모 자본 유입으로 페소화가 안정되면서 중개 마진은 더욱 커졌다. 은행의 고객은 공기업이었다. 실제로 국가가 중앙은행이나 정부 예산을 통해 자금을 조달하는 것을 거부했기 때문에, 공기업들은 어쩔 수 없이 은행들의 고객이 될 수밖에 없었다. 은행들은 주로 국제금융 그룹에 속해 있었다.

그러나 가장 중요한 것은 이러한 중개 기능이 아니라 은행이 역변환을 통해 외국으로부터 조달한 신용이었다. 은행은 중기(中期)의 유럽 자금을 조달하여 매우 단기적인 투기적 금융 거래에 대출을 제공했다. 자본 유입이 페소화를 과대평가하도록 만들어 경상수지 적자를 야기했고, 이는 재차 자본 유입을 필요로 했기 때문에, 이 과정은 자기-유지적이었다. 이에 따라 외화 차입에 따른 리스크가 점점 더 높아졌다. 이런 이유로 1979년 10월 미국 화폐 정책의 역전은 글로벌 경기 침체와 원자재 가격의 파국적인 하락을 초래하여 페소화의 대단히 파괴적인 평가절하로 이어지게 되었다.

미국 화폐 정책의 급격한 변화로 인한 터무니없이 높은 국제금리와 경기 침체에 기인한 오일쇼크가 결합하여 1980년대 초반 원자재 생산국 전체에 위기를 초래했다. 1982년 8월부터 멕시코가 일련의 라틴아메리카 위기의 서막을 열었다.

1980년대에 브라질은 연이은 화폐 플랜에도 불구하고 억제할 수 없었던 높은 인플레이션을 경험했다. 1989년부터 네 자리 숫자 초인플레이션이 나타났고, 1994년 7월에 시작된 헤알 플랜이 활성화된 후에야 겨우 끝났다. 초인플레이션과 싸우는 것 외에도 헤알 플랜에는 광범위한 구조 개혁 프로그램이 포함되어 있었다. 실제로 인플레이션 대책은 이미 1993년 경제장관 페르난도 엔리케 카르도소(Fernando Henrique Cardoso)가 공식화한 긴급 실행 계획과 함께 활성화되었다. 이 안정화 프로그램은 네 가지 요소로 이루어졌다. 1) 엄격한 재정 건전성 정책, 2)

탈연동화로의 이행과 새로운 안정적 화폐인 헤알화의 도입을 용이하게 하는 새로운 계산 단위인 URV(*Unidade Real de Valor*)의 도입, 3) 금리 인상, 4) 환율 통제와 수입 가격의 자유화.

화폐개혁은 인플레이션의 관성적 특성과 초인플레이션의 자기-준거적 과정의 암묵적인 수용에 근거한 것이었다. 이러한 화폐개혁의 주창자들에 따르면, 초인플레이션의 악순환은 국내 물가지수와 환율의 변화에 기초하여 매일의 가격 수정을 통해 촉진되었다. 계약이 동시 통합적으로 조정되지 않고 여러 지수에 따라 조정되었기 때문에, 언제나 상대가격의 불균형과 이에 따른 높은 인플레이션 압력이 존재했다. 따라서 무엇보다 점점 더 짧은 시간에 물가와 임금의 연속적인 연동을 통해 유발된 분배 갈등을 종식시킬 필요가 있었다.

순환 효과를 단절하기 위해 단일 지수가 채택되었다. 전체 경제는 환율에 따라 매일 크루제이루(cruzeiros)[22]로 가치가 결정되는 새로운 계산 단위인 URV에 연동되었다. 구체적으로 모든 가격은 URV와 크루제이루로 정의되었지만, 크루제이루만이 지급 결제에서 사용될 수 있었다. 1994년 7월, 이중 화폐 계획은 새로운 화폐인 헤알화에게 자리를 내주었고, 헤알화는 빠른 성공을 거두었다. 헤알 도입 첫 달에는 인플레이션이 4퍼센트에 불과했다.

이러한 화폐 메커니즘이 화폐 안정화의 기초를 이루었다면, 다른 조치가 수행한 역할도 강조할 가치가 있다. 금리의 급상승은 외국자본의 대규모 유입, 특히 브라질의 소수집단이 외국에 보유한 자본의 본국 환류에 유리하게 작용했다. 결과적으로, 새로운 화폐의 환율 절상은 두 가지 이유에서 브라질 정부의 많은 지원을 받았다. 한편으로 새로운 화폐의 환율 절상은 수입 재화의 가격에 하방 압력을 가하여 수입 물가 상승률을 억제하는 데 기여했다. 다른 한편, 새로운 화폐의 환율 절상은 그때까

---

22. 헤알화 이전에 사용하던 브라질 화폐 단위: 옮긴이.

지 브라질 화폐의 지속적인 절하에 익숙해져 있던 환율에 대한 자기-준거적 기대를 차단했다.

헤알 플랜이 실효성을 거둔 또 다른 이유는 합의와 참여를 기반으로 한 개혁에 대한 지속적인 의지였다. 헤알 플랜은 모든 사회-경제 행위자들로부터 사전 협의의 대상이 되었다. 헤알 플랜의 시행으로 어떤 가격의 동결, 재산이나 저축의 몰수, 그리고 어떤 기존 계약의 파기도 발생하지 않았다. 이러한 어려움에도 불구하고 헤알 플랜은 초인플레이션의 뇌관을 제거하는 데 성공했다.

아르헨티나와 에콰도르는 초인플레이션의 악순환에서 벗어나는 출구 전략의 극도로 급진적인 성격이 두드러지는 두 국가이다. 이 두 나라는 화폐 혼돈으로부터 벗어나기 위해 외부에 단단하게 고정(하드 페그)하는 데 의지했다는 공통점이 있다. 아르헨티나는 수많은 화폐적 신뢰의 위기를 경험했다. 화폐적 신뢰의 위기는 소득분배에 관해 지속적인 타협의 어려움, 깨지기 쉬운 정치적 연합의 연속으로 인한 정치적 마비, 그리고 갑작스럽고 협의 없이[23] 시행된 화폐개혁의 반복에서 그 기원을 찾을 수 있다. 이러한 장애물을 뛰어넘기 위해 아르헨티나는 1991년 태환성 법률을 통해 신뢰할 수 있는 화폐개혁을 채택했다. 화폐개혁의 주요 목표는 새롭게 발행된 모든 페소를 1달러와 완전히 등가로 만드는 것이었다. **통화위원회 레짐**은 달러 준비금으로 본원통화를 완전히 커버하여 액면가로 태환을 보증하는 화폐 준칙을 확립하는 것이었다. 이러한 준칙의 신뢰성을 확고히 하기 위해 태환에 관한 법이 헌법에 명시되었다. 태환을 보장하는 전략은 성공적인 것으로 드러났다. 몇 달 내에 초인플레이션에 대한 긴장이 완화되는 것을 목격했다.

두 번째 경우는 훨씬 더 극단적이다. 에콰도르는 2000년에 자국 화폐를 완전히 포기하고, 자국 경제에 완전한 달러화를 도입하기로 결정했

---

[23] 이 점에 대해서는 J. Marques-Pereira(2007)를 참조하라.

다. 이러한 급진적인 선택은 국가를 파괴적인 정치적 불안정의 길로 몰아넣었던 심각한 금융 위기와 초인플레이션이 시작된 이후, 에콰도르 당국이 화폐에 대한 신뢰를 회복할 수 없었기 때문이다. 이것은 주권과 화폐 간의 관계 분석에 있어 흥미로운 선택이다. 결국 에콰도르의 달러라이제이션은 에콰도르 정부가 화폐 주권의 마지막 속성인 대외 정치 주권을 포기함으로써 국내에서 상실한 정치 주권을 되찾으려는 시도였다. 겉으로 보기에 이러한 전략은 단순히 대외 가치의 지시 대상에 고정하는 것을 넘어서는 것이다. 아르헨티나 통화위원회와는 달리 국가화폐가 사라졌고, 그 정당성과 신뢰의 원동력이 달러로 이전되었다.

특히 원주민의 일부 저항에도 불구하고, 에콰도르에서 달러라이제이션으로의 이행은 초인플레이션 과정을 무력화시키고 견실한 기반 위에 기대를 다시 고정시키는 효과성 때문에, 에콰도르 국민들에 의해 빠르게 받아들여졌다. 그러나 아르헨티나의 경우와 마찬가지로 이러한 인플레이션에서 벗어나려는 효력/유효성에도 큰 제약이 없는 것은 아니다. 통화위원회와 달러라이제이션, 두 경우 모두 성장 동학은 자본의 순유입에 의존하며, 중앙은행은 금리에 관한 별다른 조치도 취하지 못하고 최종 대부자의 기능도 제한되어 은행 시스템이 약화되는(Ponsot, 2015a) 등 통상적인 중앙은행의 특권을 행사할 수 있는 위치에 있지 않다(Ponsot, 2007). 2001년 위기 이후 아르헨티나 통화위원회의 비극적인 퇴장은 하드 페그를 이용하여 초인플레이션의 자기-준거적 과정을 차단하려는 이 급진적 전략의 장기적인 성격이 얼마나 위험한지를 보여 주었다.

6. 20세기 마지막 30년 동안 금융 자유화와 금융 위기의 반격

매우 다양한 금융 위기가 신흥국과 선진국 모두에서 은행, 자산 및 외환시장을 강타했다. 이러한 위기들은 현대 금융의 지구화와 함께 발생했다. 국제통화기금(IMF)이 많은 연구 방법을 사용하여 수행한 작업을 종합적으로 검토하는 것이 이 책의 목적은 아니다. 여기에서 목표는 특히 화폐의 역할에 주의를 기울여 공통 논리의 요소를 파악하는 것이다.

금융 위기는 특히 은행 위기의 경우 매우 막대한 예산 비용이 들어가는 공적 개입을 초래했다. 국제통화기금이 1970년에서 2000년까지 30년 동안 34개국을 대상으로 국내총생산 대비 예산 비용을 계산한 것에 따르면, 국내총생산 대비 예산 비용은 선진국의 경우 평균 12.8퍼센트였고, 신흥국의 경우 평균 14.3퍼센트였다. 극단적인 경우도 존재한다. 아시아 위기가 발생했을 때, 국내총생산 대비 예산 비용은 인도네시아는 50퍼센트, 태국은 34퍼센트, 한국은 27퍼센트였다. 1981년 라틴아메리카 위기의 경우 국내총생산 대비 예산 비용은 칠레가 42퍼센트, 우루과이가 22퍼센트였다.

물론, 국내총생산 대비 예산 비용의 비중은 선진국에서 훨씬 낮았다. 1981-1982년, 미국의 경우 이것은 3.2퍼센트였고, 1991년 스웨덴과 핀란드에서는 각각 8퍼센트와 15퍼센트였다. 대부분의 위기에서 전염이 결정적인 역할을 했다. 전염이 결정적인 역할을 한 위기로는 선진국의 경우 유럽통화시스템(EMS) 위기(1992-1993), 채권 위기(1994), 그리고 주식시장 위기(2001-2002)가 있으며, 신흥국이나 전환국의 경우 아시아 위기(1997-1998), 멕시코 위기(1994-1995), 그리고 러시아 위기(1998)가 있다.

6.1. 선진국의 위기

은행들은 위기의 기원이 아닐 때조차 위기의 전파에서 항상 결정적인 역할을 한다. 주식시장 위기에서 전염은 그 이유가 무엇이든 초기 주가의 하락에 따른 시장 유동성에 대한 두려움으로부터 발생한다. 예를 들어 1987년 10월 19일 6억 주의 매도 주문의 영향으로 뉴욕 월가의 다우존스 산업 평균 지수가 22.6퍼센트 떨어졌다. 이 주가의 하락은 시카고 선물 시장에 영향을 주었고, 막대한 마진 콜을 촉발시켰다. 주식시장이 계속 작동하려면, 차익 거래자들, 즉 증권사들은 고객들이 포지션을 유지할 수 있도록 막대한 규모의 신용을 대출해야 한다. 따라서 10월 20일 주식시장이 개장되었을 때 유동성 긴장이 극에 달했다. 키더 피바디(Kidder Peabody)와 골드만 삭스(Goldman Sachs)는 두 시간 내에 1.5억 달러를 대출해야 했다! 여기에서 이러한 시장 조성자의 역할은 분명하다. 시장 조성자들은 가격 하한선을 찾을 수 있도록 매도 주문 쇄도에 대응한 반대 포지션의 자금을 조달하기 위해 대규모 유동성을 필요로 했다. 이것은 투기자들이 다시 매수자로서 행동할 수 있도록 하는 전제 조건이다.

그러나 상업은행들은 시장 조성 기업의 금융 취약성을 우려하여 그들에게 대출하는 것을 꺼렸다. 증권 결제 시스템은 이들 기업 중 한 곳의 파산 가능성으로 인해 위태로워졌다. 미 연준의 최종적인 개입은 10월 20일과 21일에 상업은행들이 시장 조성자들에게 77억 달러를 대출하도록 유도하여 시장을 안정시키는 데 결정적인 역할을 했다.

유동성 고갈에 취약한 시장은 주식시장만이 아니다. 1994년 채권시장의 세계적인 붕괴는 시장 간 국제적 전염의 주목할 만한 사건이었다. 결국 이 위기는 멕시코 위기를 촉발시켰다. 위기는 1994년 2월 미국 화폐 정책의 예상치 못한 긴축에 의해 시작되었다. 이 사건은 시장을 역행한 것이었다. 실제로 1993년 말 시장에서는 금리가 하락할 것이라는 의견이 지배적이었다. 이러한 기대하에 기관투자자들은 매수 포지션을 취했다. 기관투자자들은 단기 대출, 선물 계약 및 이자율 스와프를 이용하여 롱(매수) 포지션을 위한 자금을 조달했다. 장기 증권 매입을 위한 자금 조달 수단인 빚 레버리지[24]가 단기 차입을 통해 이루어졌기 때문에, 미국 채권

---

24. 레버리지는 지렛대라는 뜻으로 자본금을 지렛대로 삼아 더 많은 외부 자금을 차입하는 것을 말한다. 레버리지의 비율이 높을수록 자기자본 대비 부채비율이 높다는 뜻이다: 옮긴이.

시장에서는 만기 불일치로 인한 금리 리스크에 대규모로 노출되었다.

미 연준이 기준 금리를 올렸을 때, 투자자들은 더 높은 금리로 그들의 채무를 갱신하지 않도록 그리고 추가 마진 콜에 직면하지 않도록 서둘러 그들의 포지션을 청산했다. 그 결과, 대규모 채권 매도가 발생하여 몇 주 만에 장기금리가 300베이시스 포인트 상승했다. 다시 한 번 이러한 현상은 가격 역전에 따른 자본손실로 인해 시장 유동성이 악화된 결과이다. 시장의 국제적 상호 연결이 위기의 전파에서 핵심적인 역할을 했다. 리스크 관리 수단이 다양해지면서 시장은 더욱 취약해진다. 실제로 우리는 유동성이 낮고 차익 거래자들이 집중되어 있어 약한 연결 고리인 파생 금융 상품 시장을 늘리고 있다. 그렇기 때문에 시장 부문 간에 리스크가 전이되어 확산되는 것이다. 특히 청산 메커니즘이 부재하고 중앙 결제 주체가 없는 장외시장에서는 스트레스 상황에서 유동성을 제공하는 것을 꺼린다고 결론 내릴 수 있다. 따라서 정보의 비대칭성과 거래 상대방 리스크로 인해 풍부한 거시경제적 유동성과 불충분한 시장 유동성이 공존할 수 있다.

은행 위기는 화폐 시스템 작동의 핵심에 영향을 미치기 때문에 가장 심각한 위기다. 은행 위기는 화폐 시스템의 안정성을 보장하는 데 환류 법칙이 얼마나 충분하지 않은지를 보여 준다. 전염에 의해 세 가지 범주의 은행 위기가 발생할 수 있다. 첫 번째 위기는 예금을 현금으로 전환하면서 발생하는 공황이다. 원칙적으로 이 위기는 예금보험으로 방지하는 것이 일반적이다. 2008년 9월 영국 노던록(Northern Rock)은행 예금에 대한 인출 쇄도와 키프로스와 그리스의 유로존 은행 위기와 같은 많은 최근의 사례에서는 그렇지 않다는 것을 보았다. 위기의 두 번째 유형은 은행 간 지급 결제에서 결제의 불이행으로 인해 발생한다. 모든 시스템이 청산소 역할을 하는 중앙은행 화폐로 총액 결제가 이루어진다면, 원칙적으로 이 위기도 피할 수 있다. 그러나 모든 시스템, 특히 금융 증권이나 파생 상품 결제의 경우 이러한 도식을 따르지 않는다. 마지막이지만 중요한 세 번째 유형의 위기는 은행 채권의 질이 악화되는 것에서 비롯된다. 이것은 은행들의 상호 교차 지불 약속에 영향을 미치기 때문이다. 이러한 지불 약속이 시스템을 형성함에 따라 건전한 은행과 취약한 은행을 구별하는 것이 불가능해진다. 은행들은 서로에게 신용공여를 계속 개설하는 것을 주저하게 되었다. 이렇게 해서 2007년 5월부터 8월까지 국제 은행 간 시장이 마비됨에 따라 중앙은행이 최종 대부자로서 조정된 개입을 할 수밖에 없었다. 그러나 은행 간 시장은 실제로 회복되지 않았고, 2008년 9월 리먼 브라더스의 파산 이후 그 마비는 훨씬 더 심각해졌다.

1980년대 금융 규제 완화로 인해 시장 금융으로 이행하는 길이 열리면서 모든 국가에서 은행의 취약성이 증가되었다. 실제로 증권 거래의 비약적인 증가는 은행신용을 통한 부채 레버리지로 자금을 조달했는데, 이는 여러 차례에 걸쳐 과도한 것으로 판명되었다. 자산 가격의 움직임에 대한 잘못된 판단으로 인한 신용 리스크의 막대한 과소평가, 충당금의 부족, 불충분한 자기자본, 단기금리 변동에 대한 과도한 노출로 인한 만기 구조 왜곡 등이 발생했기 때문이다. 한마디로 은행가들의 경영은 재앙과도 같았다.

이러한 관행을 통해 1987년 이후 미국에서 부동산 붐이 지속되는 동안 불량 채권이 누적되었다. 1989년 단기금리의 재상승은 은행 위기를 촉발시켰다. 구조 조정에는 오랜 시간이 걸렸고, 1991년에 통과된 **연방예금보험공사개선법**(*FDICIA; Federal Deposit Insurance Corporation Improvement Act*)이라는 새로운 법률이 필요하게 되었다. 이 법의 목적은 은행 감독 기관에게 은행들이 리스크를 적절히 관리하도록 강제할 수 있는 정당성을 부여하는 것이었다. 이 법의 본질적인 구상은 은행 감독 기관이 선제적인 시정 조치를 취하여 어떤 은행이 취약한지 찾아내서 파산하기 전에 자기자본을 보강하거나 구조 조정을 하도록 강제하는 것이다. 이러한 장치는 2008년 가을의 심각한 위기에서 손실을 제한함으로써 지역 은행을 구조 조정 하거나 폐쇄하는 데 효과적임이 입증되었다. 그러나 이러한 장치는 투자은행이나 은행 지주회사 지위의 대형 은행(conglomerats bancaires)에는 적용되지 않았다.

1980년대 부동산에서 시작된 은행 위기는 미국에만 국한되지 않았다. 스칸디나비아 국가들은 금융 자유화와 자산 가격 사이클의 폭발적인 결합을 설명해 주는 사례 연구를 제공한다. 모든 은행은 대차대조표를 이전보다 훨씬 더 많은 리스크에 노출시킴으로써 더욱 취약해졌다. 예를 들어 스웨덴의 경우 은행 총자산에서 국채가 차지하는 비중은 1983년 25퍼센트에서 1992년 11퍼센트로 감소한 반면, 같은 기간 민간 부문의 신용 비중은 46퍼센트에서 60퍼센트로 증가했다. 은행 총자산에서 민간 부문의 신용 비중 증가는 부동산 부문에 집중되었고, 단기금융시장에서 자금을 차입하여 자금을 조달했다. 따라서 은행들의 운명은 전적으로 부동산 투기와 화폐 자원의 한계비용에 의존했다. 긴축적인 화폐 정책과 부동산 투기의 급격한 방향 전환은 견디기 어려운 위기로 이어졌다. 금융 시스템 전체의 붕괴를 피하기 위해서는 막대한 사회적 비용이 들어가는 정부의 개입이 필요했다.

격심한 은행 위기를 경험했지만 빠르게 질서를 회복한 미국과 스칸디나비아의 경우와 달리 일본과 프랑스에서는 은행 위기가 악화되었다. 이 두 나라에서는 파산한 금융가의 이해관계와 공권력의 공모로 인해 아무런 조치도 취하지 않았다. 은행 위기 초기에 당국의 정책 지침은 아무것도 하지 않고 경제 상황이 우호적으로 돌아서서 손실을 흡수하기를 바라는 것(인내)이었다. 이것은 미국에서 연방예금보험공사개선법(FDICAI)을 도입한 태도와는 대조적이다(Aglietta, 2008).

6.2. 신흥국의 위기

신흥국에서 대부분의 위기는 은행과 외환이 밀접하게 결합된 쌍둥이 위기이다. 거시경제적 안정화로부터 그리고 경우에 따라서는 경쟁력 정책으로부터 혜택을 받는 국가에서는 금융시장의 규모나 특히 깊이에 비해 훨씬 대규모의 자본이 유입되면서 환율이 크게 절상하게 된다. 이러한 절상은 경상수지 적자와 그 결과 달러화 표시 채무를 유발하여 거주자 경제주체들을 신용과 외환이라는 이중의 리스크에 취약하게 만든다. 단기 외화 채무가 국가의 외환 보유고를 능가하면, 대외 채무에 대한 금리가 상승한다. 민간 경제주체의 리스크에 더하여 국가의 리스크가 악화되어 국가 신용 등급이 하락하게 된다. 신뢰의 상실이 자리를 잡으면, 언제든지 외환에 대한 투기가 일어날 수 있다. 이것은 단기 외국자본의 갑작스러운 유출을 초래하여 은행 위기를 촉발시키고, 이는 다시 환투기를 심화시킨다.

이러한 경우, 우리는 자기-유지적 위기의 전형적인 순환 도식을 가지게 된다. 실제로, 신용 폭증에 따라 외화 수입이 없는 경제주체에게 대출해 줄 때, 은행들은 외화로 차입하여 자국 화폐로 대출한다. 이러한 대출은 부동산 투기(1997년 태국)에, 국가(1994년 멕시코 테소보노와 1998년 러시아 GKO)에, 민간 부문(2001년 아르헨티나)에, 그리고 과잉 투자를 한 재벌들(1997년 한국)에 대해 이루어졌다.

단기간에 집중된 이러한 위기의 확산은 신흥국 간의 전염을 예증한다. 위기의 확산은 무역과 금융의 상호 의존을 통한 기계적 전파(파급효과*spillover*)에 의해 일어날 수 있다. 또한 위기의 확산은 국가화폐에 대한 신뢰가 악화되면서 심리적 전파(순수한 전염)에 의해 발생할 수도 있다. 마지막으로 위기의 확산은 특히 신흥국의 금융자산을 결합한 지수를 기반으로 하는 합성 상품(상장지수펀드: ETF)을 보유하고 있는 국제 투자자들이 신흥국에서 빠져나가는 동시에 그들의 포트폴리오를 역동적으로 헤지하기 때문일 수도 있다. 그 결과, 여러 국가 간 자산 수익률의 상관관계가 높아진다.

달러화로 빚을 지고 자국 통화로 소득이 있는 국가들에서, 외환위기의 거시경제적 영향은 은행과 비은행의 대차대조표에 반영된다. 자산 대비 부채 비율은 환율의 함수이다. 변동환율을 선택한 국가에서, 국가화폐 환율의 절하 기대는 자기-실현적이게 된다. 환율의 상승은 빚을 팽창시키고 대차대조표의 구조를 악화시킨다. 이것은 리스크 프리미엄을 증가시켜, 단기 채무의 갱신 비용을 증가시킨다. 그 결과, 자본의 수익성이 하락하고, 투자가 감소하여, 성장이 둔화된다. 게다가 대차대조표의 구조가 더욱 악화되면, 경기가 후퇴한다. 국가가 고정환율을 선택하고 있으면 환율의 절하가 예상되는 것과 동일하게 환율 제약을 준수하는 국가의 외환 보유고가 감소한다. 외환 보유고의 고갈 없이 고정환율을 유지하기 위해서는 자본 도피를 종식시키기를 바라며 긴축적인 화폐 정책을 통해 금리를 인상해야 한다. 그러나 금리가 인상되면 그 나라의 자산 가치가 급락하고 부채 비용이 증가한다. 대차대조표의 구조는 계속 악화되어 환율에 대한 압력이 다시 높아지고 외환 보유고가 더욱 고갈되어 결국 화폐를 변동시킬 수밖에 없는 변동환율의 논리에 진입하게 되었다.

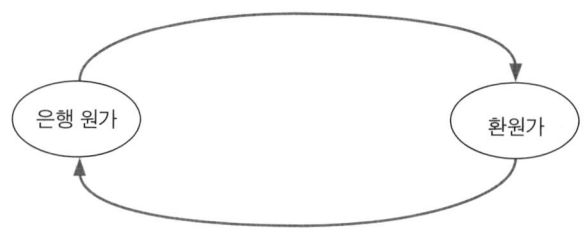

이러한 현상은 여러 차례 반복해서 일어났다. 시작의 도화선은 부채의 초기 출처에 따라 다르다. 금융의 취약성은 저축률이 낮은 국가에서 지속적인 국제수지 적자와 함께 공공 부채에서 비롯되었다. 적자의 자금 조달은 은행의 대차대조표를 취약하게 만드는 달러 표시 자본의 유입에 의존한다. 공공 부채화는 1995년 멕시코 위기, 1999년 브라질 위기, 그리고 2002년 아르헨티나 위기와 1998년 러시아 위기의 원인이 되었다.

저축률이 높고 고성장을 기록한 아시아 국가에서 금융의 취약성은 투자 수익에 매료된 대규모 자본 유입에서 비롯되었다. 이러한 자본 유입은 민간 부문의 신용 확장을 촉진했고, 특히 태국과 인도네시아에서는 부동산에 대한 투기적 거품을 조장했다. 1997년 7월 태국에서 발생한 위기는 국제 자본 유입에 대한 통제를 철폐했던 아시아 신흥국들로 전파되었다. 이 위기는 1997년 9월에서 12월 사이에 한국과 홍콩과 같은 선진국에 전파되면서 일반화되었다. 위기가 워낙 심각하고 그 확산 속도가 매우 빨랐기 때문에 미 연준은 한국을 돕기 위해 최종적인 신용공여를 시행하게 되었다. 그때마다 외환 보유고가 고갈될 것이라는 자기-실현적 기대에 의해 환율이 폭락했다. 위기는 장기간에 걸쳐 성장률을 유지하는 데 점점 더 악영향을 미쳤다. 2000년대 들어 아시아와 중남미 국가들이 미래의 금융 충격에 대비하기 위해 수출국이자 외환 보유고의 축장국이 되는 방향으로 화폐 정책과 금융정책을 대폭 변경한 것도 바로 이 때문이다.

제6장 _ 자본주의에서 화폐 조절

중앙은행을 은행들의 은행으로 받아들인 것은 화폐 교리에서 더디게 등장한 아이디어이다. 앞 장에서 살펴본 바와 같이 애초에 이러한 아이디어는 20세기 들어 소위 화폐 정책의 필요에서 나온 것이 아니라, 19세기 중반의 파괴적인 금융 위기에 대한 평가에서 유래했다. 다시 말해서, 중앙은행은 원래 최종 대부자로서의 역할 때문에 화폐 시스템에서 핵심적인 위상을 확립했다.

사실 중앙은행의 최종 대부자로서의 역할은 금본위든 양본위든 금속 태환에 기초한 화폐 시스템에서는 기정사실로 받아들이지 않았다. 금융 시장에서는 화폐를 조절하기 위해서가 아니라 공공 부채를 관리하기 위해 설립된 은행이 우월한 지위를 가질 수 있는지에 대해 의문을 제기했다. 그러나 **법률상** 일시적인 태환 중단을 정당화하는 어떤 법 조항도 없었음에도 불구하고, 1844년, 1856년, 1866년 금융 위기가 너무 심각하여 사실상 금으로의 태환을 일시적으로 중단해야만 했다. 금융계는 환류 법칙이 저절로 작동하지 않고 민간의 청산 메커니즘만으로는 충분하지 않다는 것을 인정해야 했다. 이것은 금으로의 태환이 일시적으로 중단되면, 앞서 언급한 그런 사실 때문에 은행 부채가 위계적으로 우월한 다른 형태의 부채로 결제되어야 한다는 것을 의미한다. 다른 모든 부채를 결제하기 위해 발행된 부채의 존재는 결국 지급 결제 시스템의 무결성을 위한 필요조건이다. 이것이 1장에서 정의한 지급 결제 시스템을 구성하는 준칙의 일부를 이루고 있다.

그런데 배젓에 의해 제안된 최종 대부자 교리는 잉글랜드은행의 사회적 책임을 철저하게 다루지 않았다. 지급 결제 시스템에서 잉글랜드은행의 결제 주체로서의 역할로 인해 할인율은 단기금융시장의 중요한 변수가 되었다. 하지만 이것은 재할인율(은행 금리)을 어떻게 다루어야 하는지를 가르쳐 주지 않았다. 평상시에 중앙은행이 지급 결제 시스템의 중심에 있지 않으면, 위기 상황에서 효과적으로 그 역할을 수행할 수 없다. 이것이 우리가 화폐 정책이라고 부르는 것의 토대이다. 그러나 중앙은행의 위계적 지위의 정당성이 태환성 준칙에 기초하고 있는지 아니면 순수하게 신용적인 성격의 궁극적인 유동성에 바탕을 둔 화폐 시스템에서 확립되어 유지되는지에 따라 화폐 질서는 서로 다른 화폐 교리를 요구한다. 따라서 우리는 이 두 가지 구성을 차례로 검토하려고 한다. 하지만 이에 앞서 중앙은행이 고유의 임무를 수행하는 위치에 있는 이유를 이해할 필요가 있다.

1. 중앙은행의 합리성

중앙은행의 합리성이란 무엇인가? 중앙은행은 다음과 같은 임무에 필요한 정보를 어디에서 얻는가? 중앙은행의 임무에는 결제를 보장하고, 시스템 실패를 방지하는 것뿐만 아니라 경제에 대한 지급 결제 수단의 공급을 관리하고, 시스템 가입 은행들에 대한 건전성 준칙을 정의하고 이 준칙 준수에 대해 감독하는 것도 포함된다.

지급 결제의 중앙 집중화는 은행 예금계좌와 연결된 장부화폐(monnaie scripturale)의 발명과 함께 확립되었다. 장부화폐는 은행 명의로 유통되는 개인의 서명이다. 이러한 지급 방식은 수단(수표나 직불 카드)과 유동성(계좌에 기록된 예금)을 분리한다. 따라서 지급 결제의 흐름은 채무불이행 리스크와 서명이 유통되는 제한된 영역으로 인해 교란될 수 있다. 중앙은행에 중앙 집중화 된 청산·결제 시스템 조직은 국가 공동체 내에서 지급수단에 균일한 질을 부여한다. 그렇기 때문에 회원 은행의 부채 포지션 결제 능력에 대한 의심은 시스템 리스크로 전환되는 경향이 있다. 이러한 의심은 은행화폐 간의 상호 교환성에 대한 예금자의 신뢰를 약화시키고, 모든 은행의 서명의 품질에 대해 의구심을 제기하기 때문이다. 이것이 바로 중앙은행이 지급 결제 시스템의 전체적인 안전성을 관리해야 하는 이유이다. **중앙은행은 국가 공동체의 가장 일반적인 공공재를 관리한다.**

이와 관련하여 중앙 집중화 된 지급 결제 시스템이라는 조직은 실용적인 논리를 구현하기 위한 정보와 실제 경험을 중앙은행에 제공한다. 이것은 결코 중앙은행이 운용하는 화폐 정책의 효과를 예단할 수 없지만, 시장 효율성의 교주들(ayatollahs)이 설파하는 교조주의적 독단으로부터 지급 결제 시스템을 보호해 준다. 중앙은행은 본원통화, 다시 말해서 자신의 대차대조표의 부채 항목에서 발행한 화폐량이 경제에 영향을 미치는 모든 불확실성 때문에 경제주체의 필요의 변화에 탄력적으로 대처해야 한다는 것을 배워서 알고 있다. 물론 이것은 금융 긴장 상태에 대해 상세한 전문 지식을 개발할 수 있는 정보를 얻는, 이미 발전된 은행 시스템 내에서 중앙은행을 운영하고 있는 국가에서만 유효하다.

장부화폐를 사용할 때, 각 지급에 포함된 기본 정보가 계산되고 개별화 되어 각각의 거래 상대방의 이름으로 개설된 은행 계좌에 기록된다. 그렇기 때문에 지급 결제 시스템은 미시 수준과 거시 수준을 연결하는 통로의 실제적인 운영자이다. 결제일의 마감 무렵에 은행 간 청산소의 장부에서 계산되는 다른 모든 은행에 대한 각 은행의 포지션에서는 거래 상대방에 관계없이 경제를 관통해 온 지급 결제 흐름에 대한 축약된 모습이 발견된다. 은행들은 다양한 청산 시스템(소액 소매 거래, 거주자 간의 총액 금융거래, 증권과 파생 상품 거래, 거주자와 비거주자 간의 거래)에 속할 수 있지만, 최종 포지션에 대한 결제 잔액은 궁극적 결제 수단인 화폐로 결제되기 위해 중앙은행의 장부에 기록해야 한다. 따라서 이 지점에서 은행들이 직면하는 금융 긴장을 볼 수 있다. 결제 의무를 이행하려면 은행들은 그들의 지급준비금 계정에서 인출을 하거나, 은행 간 시장에서 다른 은행들로부터 잉여금을 차입하거나, 양도 가능한 금융자산을 재매입하는 조건으로 매도하거나, 중앙은행의 공개 재할인 창구를 이용해서 중앙은행 화폐를 손에 넣어야 한다.

이러한 모든 과정은 중앙은행을 전체 은행 시스템의 유동성 공급에 직접 연결한다. 이런 이유로 중앙은행은 지급 결제 시스템에 의해 표현되는 금융 긴장 상태를 일상적인 화폐 정책 수행과 긴밀하게 연관시킬 수 있다. 또한 중앙은행은 어려움에 처한 은행의 상황을 간파하고, 금융 긴장이 시스템 리스크로 확산될 가능성에 대해 판단하여, 최종적으로 대출 여부를 결정하는 방법을 학습할 수 있다. 시스템 리스크를 방지하고 화폐 정책을 수행하는 중앙은행의 훌륭한 솜씨(art du métier)는 통합되어 있다. 시스템 리스크를 방지하는 것과 화폐 정책을 수행하는 것 사이에 인위적인 칸막이는 존재하지 않는다(Hawtrey, 1932).

이것은 이론적으로 광범위한 영향을 미친 결론으로 우리를 이끈다. 화폐경제에서 중앙은행은, 시장이 생산할 수 없기 때문에 다른 주체들이 가지고 있지 않은, 지급 결제에서 나온 경제의 전반적인 상태에 대한 정보를 갖고 있다. 이 정보는 서로 연동된 지급 결제 네트워크에서 추출하여 중앙 청산소를 통해 합산된다. 중앙은행은 이 정보를 이용하여 사회 후생이 개선되는 화폐 정책을 운용하지 않으면 도달할 수 없는 경제 상태에 이르기 위해 그것을 운용할 수 있기 때문에, 이것은 화폐가 중립적이라는 가설을 무효화한다. 따라서 이것은 실질적 효과가 있는 재량적 정책 운용의 가능성을 정당화한다. 물론 이러한 효과는 중앙은행이 가진 집단적 합리성이 자본시장에 존재하는[1] 실용적인 지식을 통해 지속적으

---

1. 중앙은행이 지급 결제 시스템에서의 중심적 역할과 자본시장에서의 입지로부터 얻은 정보는 중앙은행이 크게 발전시켜 온 통계 정보 시스템으로 조직되어야 한다. 이러한 시

로 풍부해질 때에만 전반적인 경제적 안정에 도움이 될 것이다. 우리는 5장에서 잉글랜드은행이 최종 대부자의 기능을 학습하면서 이러한 지식을 어떻게 발전시켰는지 살펴보았다. 지금부터는 잉글랜드은행이 실용적인 지식을 어떻게 화폐 정책으로 변환시켰는지 살펴보도록 하자.

1.1. 고전 시대의 화폐 조절

지급 결제 시스템에서 결제 주체로서 잉글랜드은행의 역할이 잘 확립되었을 때, 잉글랜드은행의 재할인율(잉글랜드은행의 금리)은 단기금융시장의 중심축이 되었다. 1850년 이후 런던의 금융시장이 발전하고 런던 시티에 외국 은행이 설립되면서 잉글랜드은행 재할인율의 국제적 영향력이 크게 높아졌다. 하지만 1850년대까지도 잉글랜드은행은 여전히 은행들의 은행이 아니었다. 잉글랜드은행은 런던에 기반을 둔 다른 금융 중개 기관들과 경쟁하고 있었다.

물론 잉글랜드은행은 국가의 재정 관리에 각별한 책임이 있음을 인정받았다. 이 역할은 런던 시티에서 잉글랜드은행의 지위를 확고히 하는 데 상당히 기여했다. 그럼에도 불구하고 잉글랜드은행의 자기 이익에 대한 관심은 은행의 집단적 책임의 부상(浮上)과 충돌하였다(Sayers, 1987). 잉글랜드은행의 경영자들은 자신의 리스크를 최소화하기 위해 경쟁에 관심을 기울였다. 잉글랜드은행은 1844년 은행조례법의 굴레 속에서 잉글랜드은행권의 금-태환을 보장하고, 국가의 재정적 필요를 충족시키며, 주주의 수익을 보장하는 임무를 수행하고 있었기 때문에, 리스크를 감당하는 데 신중함이 요구되었다. 잉글랜드은행의 자유 준비금(은행권의 보증에 의해 동결되지 않는 준비금)이 거주자 또는 비거주자의 유동성 약속에 비해 매우 미미했기 때문에 잉글랜드은행은 이러한 임무를 수행할

스템은 중앙은행의 화폐 정책 수행을 정의하는 분석을 지원한다. 이 문제에 대해서는 다음의 공동 작업의 공헌을 참조하라. O. Feiertag (ed.), 2005.

수 있는 운신의 폭이 거의 없었다.

수십 년 동안 잉글랜드은행은 자신의 이윤을 유지하기 위해 단기금융시장의 금리에 보조를 맞추었다. 잉글랜드은행은 단기금융시장에 어떤 안정화 조치도 취하지 않았다. 오히려 경기순환의 상승 국면에서 신용 수요가 급증하기 시작하면, 잉글랜드은행은 투기를 위한 자금 조달을 무력화시키기 위해 선제적으로 할인율을 인상하여 화폐 조건을 강화했어야 함에도 불구하고, 시장점유율을 유지하기 위해 금리를 낮게 유지했다. 위기가 발생하고 금 준비금이 바닥나게 되자 잉글랜드은행은 급격하게 금리를 인상하여 유동성을 고갈시키고 은행 파산을 촉발시켰다. 오늘날 우리는 그 중심적 위상을 인식하지 못한 데서 비롯된 유인책으로 인해 잉글랜드은행이 경기 순응적인 정책을 수행했다고 말할 수 있다.

배젓의 교리가 공식화된 이후, 잉글랜드은행이 단기금융시장의 매일의 운영에서 집단적 책임을 학습하는 것은 배젓의 교리를 논리적으로 보완하는 것이었다. 1873년 위기는 배젓의 교리를 실행에 옮길 기회였으나 이 위기는 일반적인 경기순환의 위기가 아니었다. 오히려 1873년 위기는 자본주의 전체로 확대되는 장기 디플레이션 국면의 시작이었다. 신용이 더욱 부족해졌을 뿐만 아니라 주식회사라는 새로운 지위로 인해 더 넓은 금융권을 가진 새로운 형태의 지점 기반 상업은행이 출현했다. 이러한 상업은행들은 잉글랜드은행의 사업 영역을 신용 시장의 작은 부분으로 제한하였다.

다른 한편, 파운드화 환어음이 국제무역에 자금 조달을 위한 보편적인 금융 수단이 되면서 단기자본 이동이 런던 시티의 단기금융시장 금리에 매우 민감하게 되었다. 금융의 구조적 변화로 인해 잉글랜드은행은 자신의 임무에 우선순위를 정하고, 단기금융시장을 통제하기 위한 영구적인 수단을 찾아야 했다. 상업은행에 의무 준비금을 강제할 법적 수단이 없었기 때문에, 잉글랜드은행은 중앙은행의 솜씨를 발명해야만 했다. 이것은 시장 동학으로부터 집단적 합리성의 출현을 이해하기 위한 진화론적 모델의 타당성을 보여 주는 순수한 사례이다.

1878년이 되어서야 잉글랜드은행은 재량에 따라 시장금리보다 높게 정한 공식 금리로 금융 중개 기관과 거래하기로 결정했다. 잉글랜드은행의 재할인율이 단기금융시장의 상한선이 되었다. 잉글랜드은행은 유동성을 흡수하기 위해 단기금융시장에서 차입함으로써 시장금리가 자신의 금리와 독립적으로 움직이지 못하도록 했다. 금 준비금의 상태와 단기금융시장의 긴장 상태에 대한 은행 간 포지션의 결제가 제공하는 정보에 따라 잉글랜드은행의 금리는 탄력적이게 되었다. 잉글랜드은행이 기준금리의 변화를 통해 시장에 전달한 정보의 의미를 이해하는 것은 은행들의 몫이었다. 은행들의 대응은 시간과 규모 면에서 더욱 정확해졌다. 은행들의 역할이 차별화됨에 따라 공유된 실용적인 지식이 런던에서 발전했다(Sayers, 1976).

잉글랜드은행은 자신의 결정을 시장에 더 잘 전달하기 위해 시장과의 소통 기술을 세련되게 정비했다. 그 힘의 진정한 상징은 공식 금리가 매주 목요일 11시에 이사회에서 격식을 갖춰 발표되었다는 사실이다. 고전 시대에는 오늘날 일반적으로 중앙은행에 부여하는 화폐 정책 목표 중 어느 것도 언급된 적이 없었다. 잉글랜드은행은 경제활동에 영향을 미치거나 물가를 안정화(인플레이션은 경기순환에 따라 가변적이다)하려는 의도도 없었으며, 국제수지의 불균형에도 관심을 두지 않았다. 잉글랜드은행은 은행권의 금-태환을 보장해야 한다는 단 하나의 정언명령만을 갖고 있었다. 이러한 준칙은 잉글랜드은행과 정부 간의 전략적 갈등을 피할 수 있게 해 주었다. 잉글랜드은행은 자신의 독립성을 유지했다. 그러나 이것은 통화주의 교리처럼 결코 관리를 위한 자동 조절 장치가 아니었다. 이 준칙은 잉글랜드은행 이사회가 기준 금리를 결정하는 데 있어 단기금융시장의 상황에 따라 해석되어야만 했다.

잉글랜드은행은 매주 가까운 미래의 움직임을 예상하여 자유 준비금이 충분한지 결정해야 했다. 가까운 미래의 움직임은 국내뿐만 아니라 국외로 준비금의 유출과 관련이 있었다. 잉글랜드은행 총재는 유동부채에 대한 자유 준비금의 비율뿐만 아니라 절대적인 준비금 규모를 관찰했다. 잉글랜드은행은 매우 낮은 수익 마진으로 운영되었기 때문에 절대 최소치에 대한 의견을 갖고 있었다. 또한 예상되는 계절적 유출도 잉글랜드은행의 금리에 영향을 줄 수 있었다. 특히 농업 경기순환에 매우 민감하고 유동성을 탄력적으로 공급할 수 없는 미국 경제에서 비롯된 대외 변동의 경우에도 마찬가지였다. 그 결과, 런던에서 금에 대한 대규모 계절적 수요가 발생했으며, 잉글랜드은행 관리자들은 이를 예상해야 했다.

금의 움직임에 대한 중앙은행의 지배력은 본질적으로 화폐적 성격을 띠고, 국제 단기자본 이동을 통해 행사되었다. 이러한 움직임의 탄력성은 결정적으로 잉글랜드은행의 공식 금리의 변동이 단기금융시장에 미치는 레버리지 효과의 힘(puissance)에 의존했다. 가용 자금을 축소하고자 하면, 잉글랜드은행은 국제증권의 매입에 필요한 자금을 조달하기 위해 런던의 할인 상사에 제공했던 유동성을 흡수했다. 유동성을 흡수하기 위해 잉글랜드은행은 그렇지 않았으면 단기금융시장에 대출했을 자금을 자신이 차입했다.

통상적으로 잉글랜드은행의 금리는 신용 여건에 미치는 영향이 낮다고 간주되는 3퍼센트에서 5퍼센트 범위에서 변동했다. 이는 1907년의 위기로 인해 잉글랜드은행이 자신의 금리를 7퍼센트로 인상하게 되면서 달라졌다. 1906년부터 금융 시스템의 구조는 잉글랜드은행이 그 방식을 조정해야 할 정도로 변화되었다. 잉글랜드은행이 지역 은행들을 합병하여 대형 상업은행이 된 청산 은행에서 직접 차입하기 시작했다. 잉글랜드은행이 주도하는 과점적 재할인 시장이 형성되었다. 이러한 구조는 20세기 대부분의 기간 동안 지속되었다.

런던의 단기금융시장이 전 세계의 금융 긴장 상태를 압축하고 있는 한, 잉글랜드은행은 세계 경기에 미세한 영향을 미쳤다. 파운드화 환어음이 국제무역에서 보편적인 지급수단이었기 때문에, 비거주자는 런던에서 단기로 자금을 차입했다. 비거주자는 영국 은행들의 국제 신용으로부터 혜택을 받았기 때문에, 영국의 은행들에 유동성 계정을 보유했다. 따라서 잉글랜드은행은 런던의 은행 간 시장에서 청산 은행과 할인 상사 사이에 개입하여 국제 단기금리의 지렛대 역할을 했다(Van Cleveland, 1976).

잉글랜드은행의 거시경제 조절은 그 모든 미묘함 속에서 분명하게 드러날 수 있다. 국제 신용이 급증하면서 판매보다 더 빨리 자금을 조달해야 할 준비금이 증가했다. 할인 상사들은 국제무역에서 발행되고 은행들이 수용하는 신용장을 할인해 달라는 요청을 점점 더 많이 받게 되었다. 따라서 할인 상사들은 스스로 유동성을 차입해야 했다. 국제 상업어음 금리에 가해진 압력이 런던 은행 간 시장금리에 반영되었다. 런던 소재 은행들이 재할인을 서두르자 시장금리와 잉글랜드은행의 공식 금리의 격차가 축소되었는데, 이것이 자금 압박의 첫 번째 지표였다. 잉글랜드은행이 동일한 금리로 점점 더 많은 적격어음을 재할인하면, 잉글랜드은행은 은행 부서에서 재할인하는 만큼 점점 더 많은 양의 화폐를 발행해야 했다. 이로 인해 잉글랜드은행 발행 부서의 유동부채 대비 자유 준비금 비율이 증가했다. 이것이 자금 압박을 나타내는 두 번째이자 가장 중요한 지표였다. 잉글랜드은행은 원하는 유동부채 대비 자유 준비금 비율로 복원하기 위해 경험에 의해 보정된 정도만큼 금리를 인상하기로 결정했다. 잉글랜드은행의 금리 인상은 할인 상사의 재할인 금리에 즉각적으로 영향을 미쳤고, 국제무역에 필요한 자금 조달에도 아주 빠르게 영향을 미쳤다. 동시에 보다 높은 수익에 이끌려 전 세계에서 이용 가능한 유동성이 런던의 단기금융시장에 유입되었다. 이러한 국제 단기자본 이동은 파운드화를 절상시키는 경향이 있었고, 이는 금본위제를 채택하고 있는 각국 중앙은행의 반응으로 이어졌다. 따라서 배리 아이켄그린(Barry Eichengreen, 1985)이 언급했던 것처럼, 중앙은행들의 금리는 잉글랜드은행의 주도하에 전 세계적으로 함께 움직이고 있었다.

1.2. 신용화폐에 대한 국가의 화폐 조절

화폐의 역사적 궤적을 연구하면서 살펴본 것처럼, 두 차례의 세계대전과 1930년대 대공황과 같은 대혼란으로 인해 화폐가 국유화되고 그 통제권이 국가에 위임되는 결과를 가져왔다. 제2차 세계대전 이전의 30년은 임노동 사회가 출현한 시기였고, 제2차 세계대전 이후의 30년은 임노동 사회가 만개한 시기였다. 이 시기에 경제에서 국가의 지위가 크게 달라졌다. 조직화된 사회집단은 사회의 결속력에 필수적인 것으로 입증되었으며, 소득 형성에 영향을 미친 다양한 제도화된 약속을 구축해 왔다. 성장의 시대에 국가의 공간에서 만개한 것이 조직화된 자본주의이다.

제2차 세계대전 이후 유럽은 주권 원칙이 전환되면서 임노동 사회로 발전하는 데 앞장섰다. 유럽 대륙에서 전쟁 이전의 지배계급은 나치라는 괴물에 대한 묵인으로 신뢰를 잃어버렸다. 무엇보다 프랑스에서는 레지스탕스 국민평의회(National Council of Resistance)에서 새로운 엘리트와 정치사상이 나왔다. 독일에서는 파괴된 사회를 재건할 수 있는 정치적 교리로 질서 자유주의가 제시되었다. 이러한 유럽의 구상은 곧 유럽 대륙에서 전쟁을 종식시킬 뿐만 아니라 임노동 사회의 통합을 위한 새롭고 동태적인 원칙인 **사회 진보**를 촉진하는 해결책으로 부상했다. 이러한 사회 진보를 실천하기 위해 임금에 대한 단체교섭과 공공 예산에 의한 재분배라는 두 가지 사회 중재 제도가 만들어졌다. 사회 진보의 수용과 이것을 촉진하는 임무를 맡고 있는 제도의 정당성은 정당을 초월하여 매우 광범위한 정치적 지지를 얻었다.

이와 관련하여 임금에 대한 단체교섭이 결정적인 역할을 했다. 임금에 대한 단체교섭은 거시경제 수준에서 생산성 증가에 맞추어 실질임금을 증가시키는 동시에 주요 산업부문의 안정적인 임금 위계에서 격차를 줄임으로써, 대량 소비의 비약적인 증가, 도시화 및 경제활동인구의 증가에 힘입어 장기간에 걸쳐 안정적이고 자립적인 성장에 유리하게 작용했다.

이러한 전환은 이론과 실천 모두에서 화폐에 엄청난 영향을 미쳤다. 19세기에는 상상할 수 없었던 사회 목표를 달성하기 위해 화폐 정책을 통해 경제발전을 유도할 수 있다는 생각이 이제는 널리 공유되는 지식이 되었다. 화폐 정책의 개념, 즉 화폐가 경제에 영향을 미치는 방식을 안내하는 전략은 금본위 하에서 잉글랜드은행의 집단적 합리성과는 근본적으로 다른 집단적 합리성이다.

금으로 계산 단위를 정의하면서 설정된 고정 장치는 명목적 크기의 정당성과 결과적으로 이러한 명목적 크기에 기초하여 맺은 계약에 대한 흔들리지 않는 신뢰를 나타냈다. 금-태환성은 사적 계약에서 명목 가치를 보존하는 것이 소유적 개인에 대한 사회 전체의 약속이라는 것을 의미했다. 이것은 정부가 화폐를 능수능란하게 다루어 달성할 수 있는 목표보다 우월하다고 간주되는 자연 질서라는 주권 원칙에 내재된 규범이었다. 막스 베버(Max Weber)에 따르면, 자본주의 정신의 특징인 태환성에 대한 이러한 윤리적 태도는 중앙은행을 정치적 영향으로부터 보호하는 집단적 믿음이었다.

금본위의 폐지는 화폐 기호의 정당성에 문제를 제기한다. 계산 단위는 중앙은행 채무의 숫자 단위에 주어진 이름에 불과하다. 중앙은행은 화폐의 구매력에 영향을 미치는 모순적인 힘의 대상이 된다. 직접적으로 드러내지는 않더라도 중앙은행은 인플레이션에 대한 판사이자 배심원인 국가와의 관계를 통해서 관여하고 있다. 따라서 화폐를 어떻게 관리해야 하는지에 대한 문제가 제기된다. 주권이 국가화 되었기 때문에, 화폐 관리는 국가에 따라 다양한 방식으로 이루어졌다. 발달된 국채 시장의 존재 유무, 지급불능 위험에 직면한 은행 시스템의 보호 정도와 견고함, 금융 중개의 우위 또는 자본시장에 대한 의존 정도, 외환 관리의 범위와 엄격성 정도, 당국에 의한 명시적인 금리 조절과 은행 과점에 의한 암묵적인 금리 조절 등 다양한 구조적 요인들이 화폐 조절의 선택에 영향을 미쳤다.

대외 개방이 제한되어 국가적으로 분리된 시스템에서 화폐 정책은 주

표 6.1. 화폐적 고정 레짐

기준의 유형	궁극적인 유동성의 관리	
	물가에 의한 관리	양에 의한 관리
외부 화폐	금속 또는 통화 기반 태환성 (금본위 하의 잉글랜드은행)	외생적 신용 기반 양적 준칙 (1970-1990년대의 독일 연방은행)
내부 화폐	내생적 신용 기반 인플레이션 목표 (1973년 이후 잉글랜드은행)	내생적 신용 기반 신용 한도 관리 (1970년대에서 1987년까지 프랑스)

로 완전고용을 목표로 하고, 이차적으로 국제수지의 균형을 목표로 하는 경제정책의 부속물이었다. 물가 안정은 상대적인 측면에서만 고려되었다. 즉, 물가 안정은 가장 개방되어 있는 국가의 경우 대외 경쟁력을 위해 다른 나라의 인플레이션에 대해 상대적으로 고려되었고, 미국과 같은 대국의 경우 인플레이션과 불완전고용 사이의 선택 측면에서 상대적으로 고려되었다. 화폐 조절은 다양한 방식으로 결합할 수 있는 정반대되는 두 개의 레짐으로 양분되었다. 하나는 주로 영미권 국가에서 시행되었던 레짐으로, 중앙은행이 경제에 제공한 유동성의 가격에 직접적으로 영향을 주어 금리 구조에 영향을 미쳤다. 다른 하나는 주로 유럽 대륙에서 시행되었던 레짐으로, 중앙은행이 은행신용을 직접적으로 관리하거나 유동성 총액의 폭을 엄격하게 관리하는 방식으로 은행신용의 가용성에 영향을 미쳤다(표 6.1).

1.3. 화폐 정책에 관한 교리들

화폐 정책에 관한 교리들은 화폐에 관한 관점 및 그것의 기초를 이루는 가치 이론과 밀접하게 연결되어 있다. 이것은 1장의 논의를 상기시킨다.

화폐의 역사적 궤적을 연구할 때, 우리는 외부 또는 외생 화폐 관점과 내부 또는 내생 화폐 관점이 대립하는 이론적 분열을 관찰했다(표 6.1).

외부 화폐(통화 원칙) 지지자들에게 본원통화는 안정적이고 예측 가능한 통화승수를 기반으로 총통화량을 결정한다. 궁극적인 유동성이 금속이면, 화폐적 고정은 금속 태환성 준칙을 준수해야 하는 반면, 궁극적인 유동성이 중앙은행에서 자체적으로 발행한 신용이면, 화폐적 고정은 양적 준칙이어야 한다. 잉글랜드은행의 경험에서 충분히 알 수 있는 것처럼, 이것은 금융 긴장에 대한 단기 관리에서 매우 적극적인 재량적 전술을 막지 못한다.

원칙적으로 외부 화폐의 관점에서 화폐는 그 자체로 안정적인 개별 효용을 갖고 있기 때문에 경제주체의 화폐 수요는 안정적인 행동의 결과라고 가정한다. 따라서 화폐 수요는 개인의 부와 화폐를 보유하는 데 따른 기회비용의 안정적인 함수로 간주된다. 이러한 화폐 수요함수의 안정성을 주장하기 위해 화폐가 경제로 직접 전달되는 경로를 가정한다. 만약 이용할 수 있는 실질 화폐량이 원하는 수요보다 많으면, 화폐의 초과 공급을 지출하려는 개인의 시도는 다른 시장(재화 시장과 요소 시장)에 초과수요의 불균형이라는 반대 방향으로 영향을 미친다. 시장의 조정(ajustement)은 이러한 불균형을 바로잡는다. 모든 재화 가격이 상승하고 모든 시장에서 균형이 회복될 때까지 일반물가수준, 즉 화폐의 실질가치(재화와 서비스에 대한 화폐의 구매력)가 하락한다. 일반물가수준의 상승이 명목 화폐 공급의 초과분을 완전히 흡수했을 때 다시 균형이 이루어진다. 이러한 의미에서 화폐 수량 이론은 인플레이션이 화폐적 현상이라고 주장한다. 화폐 수량 이론이 권장하는 화폐 정책은 이러한 주장의 직접적인 결과이다. 즉, 물가 안정을 보장하기 위해 모든 경제주체가 원하는 실질 화폐 수요에 맞춰 화폐 공급이 이루어지도록 제한해야 한다.

내부 화폐(은행 원칙) 지지자들에게, 화폐 수요는 폭등과 위기, 한마디로 금융의 내재적 불안정성에 영향을 받는 금융 행위에 통합되어 있다(Minsky, 1982). 우리는 역사적으로 금융 위기를 연구하면서 이에 대한 많은 사례를 보아 왔다. 화폐 수요는 유동성의 양가성에 영향을 받는다. 그래서 사회적으로 비용이 많이 드는 경기변동을 피하려면 화폐 공급은 신축적이어야 한다. 따라서 준칙과 재량은 제한적 재량에 도달하기 위해 상호작용해야 한다. 1장에서 살펴본 것처럼, 화폐경제에서는 화폐와 독립적인 상대가격 시스템이 존재하지 않기 때문에 화폐는 중립적이지 않다. 경제주체는 명목 가격에 기초하여 상대가격을 찾는다. 인플레이션을 인식하는 것은 모호한 문제이다. 모든 명목 가격의 상승이 인플레이션은 아니다. 예를 들어, 식품이나 원자재 가격에 일시적인 충격이 발생했을 때, 이것은 상대적인 가격의 변동을 표현하는 방법일 수 있다. 이것은 경기순환으로 인한 명목 가격의 순환적, 따라서 가역적 변동일 수도 있다. 경제주체가 이러한 가격 변동을 있는 그대로 식별할 때, 이는 계산 단위에 대한 신뢰를 위협하지 않는다. 화폐 구매력의 점진적인 변화는 그것이 완벽하고 만장일치로 수용된다면 문제가 되지 않는다. 사적인 연동 과정이 촉발되지 않는 한 물가 안정은 유지된다.

이러한 맥락에서 물가 관리에는 중앙은행이 소위 근원 인플레이션[2] (underlying inflation 또는 core inflation)이라는 일시적인 변동에 의해 영향을 받지 않는 물가 추이를 추정하고, 근원 인플레이션 추이에 대한 목표에 따라 기준 금리를 조정하는 것이 포함된다. 이것은 실질적으로 2년에서 5년 사이의 중기 물가 안정 목표를 설정하는 것을 의미한다. 하지만 이러한 지침은 근원 인플레이션에 영향을 미치지 않고, 일부 자산에 위험한 투기적 거품을 일으킬 수 있는 신용 과잉으로 인한 금융 불균형을 고려하지 않는다. 이 문제는 두 가지 다른 방식으로 대응할 수 있다. 첫 번째 방법은 물가 관리의 틀 내에서 금융 긴장 지표를 추정하고 이러

---

2. 근원 인플레이션이란 정형화된 개념은 아니지만 일반적으로 예상하지 못한 일시적 외부 충격(에너지 가격의 급변, 이상기후, 제도 변화 등)에 의한 물가 변동분을 제거하고 난 후의 기조적인 장기물가 상승률을 의미한다. 우리나라의 경우, 소비자물가에서 곡물 이외의 농산물과 석유류의 가격 변동분을 제외한 '농산물(곡물 이외) 및 석유류 제외 지수'가 근원 인플레이션 지표로 이용되고 있다: 옮긴이.

한 지표에 따라 기준 금리를 조정하는 것이다. 따라서 이자율 패턴은 중앙은행이 인플레이션 목표를 엄격하게 따랐을 때 발생하는 이자율 패턴에서 벗어나게 된다. 두 번째 방법은 인플레이션 목표를 유지하기 위한 금리 수단과 금융 긴장을 억제하기 위한 양적 수단을 결합하는 것이다. 이것은 일반적으로 은행들에 적용될 수 있거나, 특정 상황에서 매우 불안정한 몇몇 유형의 신용(예를 들어 부동산에 대한)을 대상으로 그것의 과도한 팽창을 제한하는 수단이다. 신용 대출 한도를 유지하기 위해 다양한 기법을 적용할 수 있다.

일반적으로 계산 단위에 대한 신뢰는 조정 게임의 결과이며, 이 게임에는 다수의 균형이 있다고 말할 수 있다. 그렇다면 경제주체들이 행동 계획을 세울 때, 암묵적으로 기대치를 조정하는 초점을 설정하는 것은 화폐 정책의 몫이다. 이것은 좁은 범위 밖의 모든 균형을 제거하는 분석 틀을 제공하는 것과 관련된 문제이다. 이러한 게임은 물가 안정을 보장하는 중기 화폐 정책 운용 준칙의 제약 하에 재량적 단기 화폐 정책을 실행하는 것이다. 이러한 안정성은 동기 부여 목적과 관계없이 중앙은행의 화폐 정책 운용이 경제주체의 신뢰를 얻는 범위 내에서 미래 인플레이션율의 실현 가능한 범위로 정의된다. 이러한 분석 틀은 **신축적 물가 안정 목표제**(Bernanke et Minshkin, 1997)라는 갱신된 화폐 교리에 의해 권장된다. 여기에서 신축성은 위에서 설명한 방법들을 포함한다. 신축성을 유지한다는 것은 재량적 화폐 정책 운용을 가장 중요하게 여긴다는 것을 의미한다. 어떤 교리도 각 상황에서 화폐 정책을 어떻게 수행해야 하는지에 대한 정확한 처방을 제공할 수 없기 때문이다. 시행착오로 이루어진 경험을 통한 학습만이 안정적인 수행 준칙에 다다를 수 있다. 이제 두 교리가 각각의 지침에 따라 수행되는 화폐 정책이 경제에 미치는 영향을 어떻게 설명하는지 살펴볼 차례이다.

화폐 수량 교리: 본원통화 관리의 문제

이 교리에 대한 극단적인 해석은 중앙은행이 본원통화(M_0), 즉 중앙은행의 화폐 채무를 통제할 수 있고 통제해야만 M_3, 즉 총통화를 결정하고, 따라서 일반물가수준을 결정할 수 있다는 것이다. 실제로 화폐 수량 교리에 따르면, 통화량(masse monétaire)은 일반물가수준에 직접적으로 영향을 미치고, 화폐의 중립성 가설에 따라 이 변수에만 영향을 미친다. 이 가설에 따르면, 본원통화, 통화량 그리고 일반물가수준 간의 관계는 잘 알려져 있고 안정적이다.

중앙은행가들은 이러한 독단적인 견해가 현대 은행 시스템의 결정적인 특성에 반한다고 판단하여 거부한다. 1980년대 금융 자유화가 시작된 이래 명백히 드러난 것처럼 현금 수요의 단기적인 변동은 예측할 수 없기 때문이다. 본원통화 목표를 사전에 정하는 것은 자유 준비금의 초과 또는 부족을 초래하여 콜금리의 대폭적인 변동을 야기한다(Goodhart, 1994). 따라서 단기금리의 대폭적인 변동을 받아들이지 않는 한 본원통화를 엄격하게 관리하는 것은 불가능하다.

실제로 폴 볼커(Paul Volker)는 1979년 10월부터 1982년 8월까지 인플레이션을 억제하기 위해 본원통화 목표를 사전에 정하는 것을 활용했다. 그는 또한 미국처럼 복잡하고 다변화된 금융 시스템에서 신용 대출 한도를 통제하려고 시도했지만, 큰 성공을 거두지 못했다. 그는 당월에서 다음 달까지 본원통화의 변동에 맞추어 단기금리를 변경하는 공식을 도입했다. 이것은 본원통화에 대한 직접적인 관리가 아니라 다른 정보들 가운데 한 가지 정보였다. 그럼에도 불구하고 이러한 실험은 미국 단기금리에 큰 변화를 가져왔고, 이는 결국 세계적인 차원의 경기 침체로 이어졌다. 멕시코 금융 위기는 직접적으로 이 실험에 기인한다. 실제로 1982년 8월 위기가 발생하자, 이 실험은 즉각 중단되었다.

진짜 문제는 중앙은행이 취득한 정보에 대한 중앙은행의 반응 함수의 문제이다. 중앙은행은 단기금리를 어떻게 조정할 것인가? 어떤 정보에 따라 금리를 조정할 것인가? 우리는 고전 시대에 잉글랜드은행이 놀랄 만큼 훌륭하게 이 역할을 잘 수행했던 것을 보았다. 1970년대 말 들어 중앙은행가의 솜씨는 사라졌는가, 아니면 거시경제 관계의 구조가 근본적으로 바뀌었는가?

질서 자유주의에 통합된 화폐 수량 교리: 독일연방은행의 경험

질서 자유주의의 핵심 원칙은 화폐가 《장기적으로》 중립적이라는, 즉 인플레이션율이 통화량의 증가율에 비례한다는 가정이다. 따라서 중앙은행이 하나의 화폐 규범, 즉 총통화(M_3)의 장기 추세를 선택하고 중앙은행의 화폐 정책 운용이 신뢰를 불러일으킨다면, 화폐 수요의 안정성 가설은 중앙은행이 선택한 화폐 규범이 이 규범에 대응하는 장기 균형 인플레이션율과 일치하도록 보장할 것이다.

독일연방은행(Bundesbank)의 경우, 화폐 수량 교리는 그 자체로 만병통치약이 아니다. 화폐 정책은 질서 자유주의가 제공하는 사회의 안정 문화에 기반을 둔 경우에만 인플레이션을 안정시키는 데 성공할 수 있다. 이것은 시민과 중앙은행 간의 암묵적인 협약이다. 다시 말해서, 이것은 중앙은행이 중기 양적 목표를 공개적으로 발표할 때, 경제주체의 책임에 호소할 수 있도록 모든 자의적인 권력을 억제하기 위해 고안된 주권 원칙이다.

독일연방은행은 자동 준칙이나 재량적 화폐 정책 운용이 아닌 절차를 수행했다. 독일연방은행은 판단을 내리는 데 지침이 되는 화폐 정책 운용 원칙을 갖고 있었다. 이 원칙은 통화량의 변화와 관련된 중간 균형의 선택에 따라 운영되었다. 이러한 선택이 발표되었을 때, 독일연방은행은 더 높은 가격을 부르는 입찰 경쟁의 누적으로 인한 가격의 급등을 허용하지 않기 때문에, 화폐 정책 운용 원칙은 민간 경제주체와 정부 모두에게 이러한 체계 안에서 요구를 할 수 있는 정책 방향을 제공했다. 이것은 인플레이션의 소용돌이가 형성되는 것을 차단했다(Issing, 1992).

거시경제적 조정이 타협의 모색에 의존하고 조정의 결론이 제도적 중재에서 나오는 사회에서, 중앙은행의 화폐 정책 운용 지침을 사회가 수용한다면 이러한 중재를 이끌어 낼 수 있다. 국내총생산(GDP)의 분배를 요구하는 조직화된 이익집단은 중앙은행이 총수요에 맞춰 설정하는 것이 합리적이라고 판단하는 한도를 고려한다. 소득분배 협상과 공급가격 결정에서 이러한 공통의 준거를 고려하면, 생산과 고용의 과도한 손실 없이 인플레이션 압력을 완화할 수 있다.

따라서 독일연방은행은 화폐 보유자들이 독일연방은행의 정책을 유효한 것으로 인정했기 때문에 화폐 안정의 수호자로서의 명성을 유지했다. 이러한 행동은 순수 경제 이론가들에게 소중한 경제적 계산을 훨씬 뛰어넘는 것이었다. 화폐가 사회질서의 무결성과 연결되는 주권 개념만이 이러한 결과를 얻을 수 있었다. 그러나 이러한 중재가 작동하지 않는 갈등 사회에서는 화폐 정책을 어떻게 수행해야 하는가?

내생적 화폐 조절: 빅셀의 접근 방식과 물가 목표제

크누트 빅셀(Knut Wicksell)은 화폐의 중립성 가설과 달리, 화폐 정책의 지침으로 화폐 공급이 생산능력의 증가율, 즉 실물경제 변수에 따라 달라진다는 구상을 정책 운용에 최초로 도입한 이론가였다. 빅셀에 따르면, 화폐는 장기적으로 결코 중립적이지 않으며, 성장 궤적에 영향을 미치고 경제주체들이 화폐를 이용할 수 있도록 하는 데 드는 비용도 성장 궤적에 따라 달라진다. 거시경제 동학의 중추적인 변수는 화폐에 대한 실질 수요가 아니라 자연이자율 또는 중립적 실질금리이다(Wicksell, 1907).

자연이자율은 새로 생산되는 자본재에 대한 기대 수익률을 반영한다. 이러한 한계 수익률로 예상되는 투자가 경제주체 전체가 원하는 저축과 일치할 때, 자연이자율은 중립적이다. 따라서 실질금리는 주어진 한계 자본 수익률 수준에서 가능한 최상의 거시경제 균형을 달성하는 이 자율이다. 중앙은행의 기준 금리(명목 금리)가 이 자연이자율에 인플레이

그림 6.1. 잠재 생산과 중립적 실질 금리

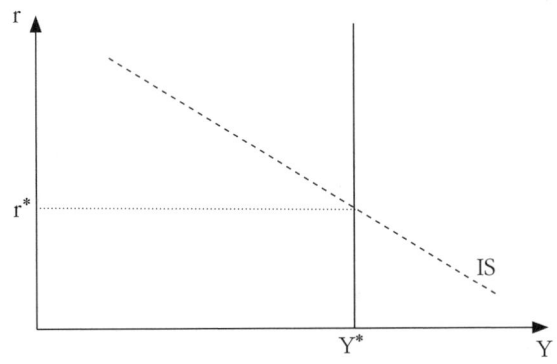

선 목표를 더한 것과 같고 경제주체가 중앙은행의 기준 금리에 맞춰 스스로를 조절할 때, 국내총생산(GDP)은 잠재 GDP에 도달하게 된다. 이것은 경제활동 수준과 그에 따른 고용 수준이 사회에서 이용할 수 있는 재원을 최대한 활용하는 수준이라는 것을 의미한다. 따라서 국내총생산(GDP)이 잠재 GDP(Y^*)와 같을 때, 중립적 실질금리(r^*)는 저축/투자의 균형 곡선이 정상상태인 금리이다(그림 6.1). 이것은 화폐 정책의 시간에 대응하는 중기 균형이다. 화폐 당국이 물가 안정(제로 인플레이션)을 추구한다면, 기준 금리(명목 금리)를 자연이자율과 같은 수준으로 결정해야 한다는 결론이 나온다. 이 경우 단기금융시장의 실질금리는 명목 금리와 같게 된다.

실제로 단기금융시장의 실질금리가 자연이자율보다 낮으면, 기업은 생산 자원을 과도하게 투자하고 과대 활용하려는 유인을 갖게 된다. 이는 경기 과열과 인플레이션의 가속화로 이어진다. 반대의 경우에는 생산능력이 과소 활용되고 인플레이션이 둔화된다. 따라서 중앙은행이 자연이자율에 민간 부문의 유동성 수요를 충족시키면, 한편으로는 과도한 신용 팽창과 인플레이션 유발을, 다른 한편으로는 신용 공급 부족, 생산의 후퇴와 디플레이션 유발을 피할 수 있다.

[상자 6.1] 이자율 준칙

- 1930년대 스웨덴 중앙은행인 릭스방크(Rilskbank)가 디플레이션을 벗어나기 위해 이미 사용한 빅셀적 규범은 물가 상승률이 아니라 물가수준을 목표로 설정했다. 이것은 다음과 같은 금리 준칙과 결합되어 있다. $i_t = \bar{i}_t + \varphi p_t$. 여기에서 p_t는 안정시키려는 물가지수의 로그값이고, $\bar{i}_t$는 물가의 변동과는 독립적인 확률과정을 따르지만 자연이자율(r_t)의 외생적인 변동과 상관관계가 있다.

균형 명목 금리를 정의하는 관계는 $i_t = r_t + E_t p_{t+1} - p_t$ 이다.

i_t를 소거하면 $P_t = \frac{1}{1+\varphi} E_t P_{t+1} + \frac{1}{1+\varphi}(r_t - \bar{i}_t)$를 얻는다.

r_t와 $\bar{i}_t$가 따르는 과정이 유한하다면, P_t는 유일한 해를 가진다.

$$P_t = \sum_{j=0}^{\infty} (\frac{1}{1+\varphi})^{j+1} E_t (r_{t+j} - \bar{i}_{t+j})$$

따라서 물가는 장기 수준을 중심으로 변동한다는 다음과 같은 결론에 이른다.

$$\bar{P} = \frac{1}{\varphi}(\bar{r} - \bar{i})$$

일반물가수준의 장기 가치는 모든 화폐 수요와 독립적이다. 물가의 변동은 자연이자율의 변동에 명시적으로 의존하므로 중앙은행 목표의 적절한 변화에 의해 상쇄되지 않는 한 기업가의 기대에 따라 달라진다.

- 단순 테일러 준칙. 테일러 준칙은 명목 금리($i^* = r^* + \pi^*$)를 목표로 한다. 여기에서 r^*는 일반적으로 자연이자율의 추정치로, 실제로 장기 시장 실질금리의 이동 평균이다. π^*는 유명한 인플레이션 목표치, y_t는 전분기 GDP의 로그값, y^*는 잠재 GDP의 로그값, 그리고 π_t는 빅셀적 규범에 따라 계산된 물가지수 로그값의 변동률. α와 β는 불균형을 수정하는 데 있어 중앙은행의 조정을 나타내는 가중치이다. 이 준칙은 다음과 같은 방정식으로 표현된다.

$$i = i^* + \alpha(y - y^*) + \beta(\pi - \pi^*)$$

- 이자율의 평활화를 통한 동태적 조정

$x_t = (y_t - y^*)$라고 가정하자. 이 준칙은 다음의 두 방정식으로 정의된다.

$$\bar{i}_t = i^* + \beta(\pi - \pi^*) + \alpha(x_t - \gamma x_{t-1})$$

$$i_t = (1-P_1)\bar{i}_t + P_1 i_{t-1} + P_2(i_{t-1} - i_{t-2})$$

$\gamma > 0$는 이자율의 운영 목표가 **산출 갭**의 과거 변동에 반응하는 지속 효과를 나타낸다.

- 미래 기대 목표

이자율 조정은 위와 같이 평활화를 통해 이루어진다. 그러나 이자율 목표는 기대 인플레이션과 **산출 갭**에 의존한다.

$$\bar{i} = i^* + \beta[\pi_{t+1} - \pi^* | \Omega_t] + \alpha E_t [x_{t+1} | \Omega_t]$$

여기에서 Ω_t는 중앙은행이 예측하기 위해 동원하는 정보 집합이다.

그렇지만 자본주의 경제에는 순환적인 경기 불균형만 있는 것이 아니다. 보다 근본적으로, 자본주의적 축적은 본질적으로 생산, 소비, 고용의 구조적 변화를 통해 지속적인 불균형을 만들어 내는 과정이다. 오스트리아학파가 주장했던 것처럼, 대규모 화폐량의 변화는 상대가격의 변화와 밀접하게 상호작용한다. 자연이자율은 미래 투자의 기대 수익에 영향을 미치는 모든 것, 따라서 케인스의 표현을 빌리자면 «동물적 감각»과 함께 시간이 지남에 따라 변화한다. 경쟁이 혁신을 자극하는 자본주의 경제에서 자연이자율은 매우 불확실한 변수이다. 그렇기 때문에 안정적이라고 전제하는 중립 이자율의 추정에 기초하여 기준 금리를 결정하는 비조건부 준칙은 경제 상황이 바뀌면 불안정해질 것이다.

우리는 경제 상태에 따라 조건부 준칙에 대해서만 말할 수 있다. 이러한 준칙은 **임시방편적**일 수도 있고 중앙은행의 손실 함수로부터 파생되어 중앙은행의 목표들 간의 선택을 나타낼 수도 있다. 따라서 다양한 유형의 금리 준칙을 사용할 수 있다. 이 부분에 대해 관심이 있고 수학에 대한 거부감이 없는 독자라면, 〈상자 6.1〉에서 이러한 준칙의 정의를 볼 수 있다. 이러한 준칙은 불확실한 상황이 제약 조건으로 주어질 때 재량적인 화폐 정책을 설명하는 방식이다. 이러한 준칙이 보호 장치로 사용되는 레짐이 제한적 재량 레짐이다.

연준의 구조 변화에 대한 고려: 그린스펀의 방식

1980년대 중반부터 연준의 관리들은 금융 자유화로 인해 화폐 수요가 불안정해져 화폐 정책을 수행하는 데 화폐 수요가 전혀 쓸모없게 되었다는 사실을 깨달았다. 금융 자유화로 인해 저축을 투자할 수 있는 상품이 크게 늘어나고 금융시장이 발전하고 상호 연결되면서 차익 거래의 가능성이 엄청나게 확대되었기 때문이다. 금융 자유화에 따라 개인 및 기관 저축의 금융 포트폴리오가 다양해졌다. 금융 거래량이 국내총생산(GDP)보다 훨씬 빠르게 증가하고 있었기 때문에 금융 중개자 간의 교차 지불 약속과 연결된 새로운 형태의 화폐가 필요했다. 그 결과, 명목 GDP와 통화량 간의 관계인 화폐유통속도가 불안정해졌다. 따라서 통화주의는 박물관의 유물들 가운데 일부로 분류되어야 했다. 독일에서 통화주의가 위에서 설명한 것처럼 적절하게 완화된 형태로 계속 작동할 수 있었던 것은 당시 독일이 성급하게 금융 자유화를 받아들이는 것을 경계했기 때문이다.

따라서 미 연준은 화폐 교리는 없지만 그 지위에 부여된 목표를 가지고 있었다. 미 연준의 임무는 경제를 지속 가능한 완전고용 상태로 유지하고, 적정 인플레이션율을 유지하는 것이다. 입법부는 현명하게도 정량화 된 목표를 부과하려고 하지 않았다. 어쨌든 1980년대는 금융 자유화로 인한 금융 불안정으로 점철되었다. 라틴아메리카 은행 위기의 영향은 말할 것도 없고 1982년 1차 저축대부조합 위기에서부터 1988-1989년 2차 위기까지 미 연준은 시스템 리스크를 억제하는 데 전력을 다했다. 앨런 그린스펀(Alan Greenspan)은 연방준비제도이사회 의장이 되었을 때, 리스크 관리를 실험했다. 1990년대가 되어서야 거시경제 조절에

그림 6.2. 연방 기금 금리와 테일러 준칙 (1985-2005)

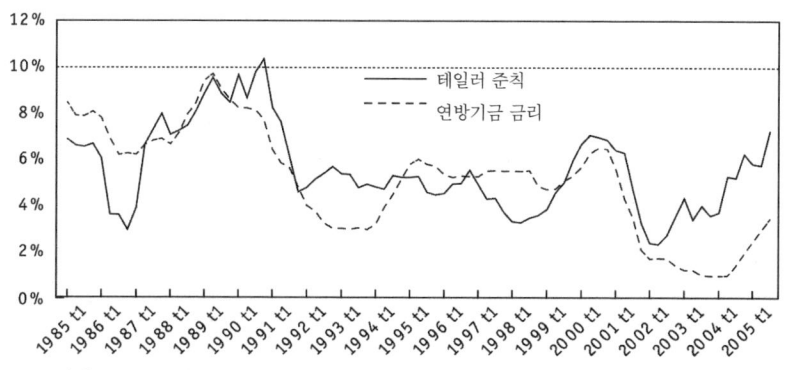

자료: 미연준, 노동통계국, 경제분석국. 저자의 계산

대한 빅셀의 이론이 테일러 준칙의 형태로 도입되었다. 그러나 1990년대 초반의 경기 침체기에 그린스펀은 테일러 준칙에서 연역해 낸 반응 함수를 자유자재로 수정하여 1991-1992년 경기 침체기에 이 함수가 추천하는 수준보다 훨씬 낮은 수준으로 금리를 낮추고(그림 6.2), 특히 경기 회복 이후 거의 2년 동안 테일러 준칙이 제공하는 정보에 비해 낮은 금리 수준을 유지했다. 이러한 패턴은 2001-2002년 경기 침체 기간 동안 증폭되는 방식으로 반복되었다.

리스크 관리는 빅셀 이론에 완전히 부합한다. 리스크 관리란 화폐 정책을 수행할 때 금융 불균형을 고려하는 것이다. 금융 불안정은 경제에 영향을 미치고 자연이자율의 변동을 유발하기 때문이다. 따라서 경기 침체기에는 자본의 한계 수익률, 즉 중립적 실질금리 또는 자연이자율이 하락한다. 만약 미 연준이 대응하지 않았다면, 시장의 실질금리가 중립적 (실질)금리를 상회할 수 있어 수요 부족이 장기화되고, 불완전고용이 지속되었을 것이다. 따라서 기업이 미래 투자의 수익성을 호의적으로 전망할 수 있도록 충분히 장기간 동안 자본비용에 영향을 미치는 이자율을 낮출 필요가 있다.

〈그림 6.2〉를 보면, 미국의 화폐 정책이 두 가지 측면에서 유연하다는 것에 주목할 필요가 있다. 1995년부터 1999년까지 미 연준의 기준 금리 (연방 기금 금리)는 테일러 준칙을 적용하여 얻은 금리보다 체계적으로 높은 수준을 보였다.

이 시기는 빅셀 이론의 타당성을 보여 준다. 화폐가 중립적이라는 가설과 달리 빅셀 이론은 구조적 변화의 화폐적 영향을 고려할 수 있게 해 준다.

대체 무슨 일이 있었는가? 1973-1995년 동안 연평균 1.4퍼센트의 추세 성장률을 보였던 노동생산성 증가율은 《신경제》 혁신의 영향으로 1995-2001년 동안 연평균 2.5퍼센트로 가속화되었다. 1995년 그린스펀은 생산성 증가가 매우 느리다는 지배적인 견해가 낮은 물가 상승, 이윤의 증가, 주가의 급등 그리고 첨단기술 투자에 분산된 정보와 같은 다른 통계적 관찰과 부합하지 않는다는 것을 깨달았다.

이러한 구조적 변화에 적응하기 위해 어떤 화폐 정책을 수행했어야 하는가? 만약 생산성이 과거 데이터에 기초하여 예상한 것보다 빠르게 증가한다면, 과거 데이터에 기초하여 추정한 잠재 생산은 과소 추정된다. 실제로 관측된 생산이 잠재 생산보다 낮기 때문에, 최고의 지속 가능한 고용을 달성하려는 미 연준의 임무에 비해 생산 부족이 존재한다. 만성적인 생산 부족은 우리가 관찰한 인플레이션의 둔화를 촉진하고, 이는 미 연준이 금리를 낮게 유지하도록 유도할 것이다.

그러나 다른 한편으로 수익률이 상승했다면, 이것은 우리가 생각하는 것보다 중립적 실질금리가 높아 시장의 실질금리가 중립적 실질금리 아래로 떨어졌다는 것을 의미한다. 따라서 잠재 생산에 부합하는 금리와 같은 수준을 회복하기 위해서는 시장의 실질금리를 인상할 필요가 있다. 시장의 실질금리가 오를 것이라고 예상되는 과도기에는 생산성 향상을 강화하기 위해 투자를 늘리는 것이 기업에게 이익이 될 것이다. 이러한 공급의 효율성 증대는 인플레이션을 가속화시키지 않고 지속 가능한 실업률

(NAIRU 또는 물가 상승을 가속화시키지 않는 실업률)을 낮출 것이다. 테일러 반응 함수는 주어진 물가 안정 실업률(NAIRU) 대신 NAIRU의 하락 경향을 고려하여 추정해야 한다. 이로 인해 미 연준은 기존 목표와 비교하여 인플레이션 갭보다 GDP 갭(산출 갭)에 더 많은 가중치를 부여하게 되었다.

연준의 유연성은 2001-2003년 경기 침체와 2004-2005년 경기 회복기에 다시 한 번 분명하게 드러났다. 연준은 물가 상승률과 실업률을 가능한 한 장기 목표에 가깝게 유지하기 위해 적극적인 안정화 정책을 추진했다. 연준은 같은 방향으로 소폭(25베이시스 포인트)씩 금리의 연속적인 변화를 통해 점진적인 방식으로 행동했다. 이러한 점진적인 방식을 선호하는 데는 두 가지 이유가 있다. 첫 번째는 화폐 정책의 전달 경로에 대한 불확실성이다. 따라서 같은 방향으로 소폭씩 변화시킨 다음, 결과를 관찰하는 것이 더 바람직하다. 두 번째는 단기금리의 시의 적절치 않은 변동으로 인한 장기금리의 교란을 피하기 위해 금리 변동을 완만하게 하는 것이다.

자기-준거적 논리를 즉각적으로 촉발시키는 금융시장의 세계에서 중앙은행은 시장의 집중화를 일으키고, 자신의 평판을 위험에 빠뜨릴 수 있는 정책 반전에 대해 강한 반감을 갖고 있다.

1.4. 거시 건전성 정책

1970년대, 특히 1990년대부터 금융 지구화가 진행되면서 금융자산이 폭발적으로 증가했다. 자금 조달 수단이 늘어나면서 **투자·매매 중개업**(투자은행과 겸업 은행의 거래 부서)이 지배하는 유동성 도매시장이 형성되었다. 이러한 새로운 형태의 유동성은 소매 은행 및 예금보험과 완전히 단절되었다. «**단기금융펀드**(*MMF*)»가 자금을 공급하는 이러한 도매시장은 부채의 안정성 없이 막대한 레버리지와 시스템적 만기 «**불일치**»를 통해 **그림자 금융**의 활동을 지원한다. 이러한 시장 중개 시스템은 2008년

그림 6.3. 금융 사이클의 확장적 국면의 연쇄

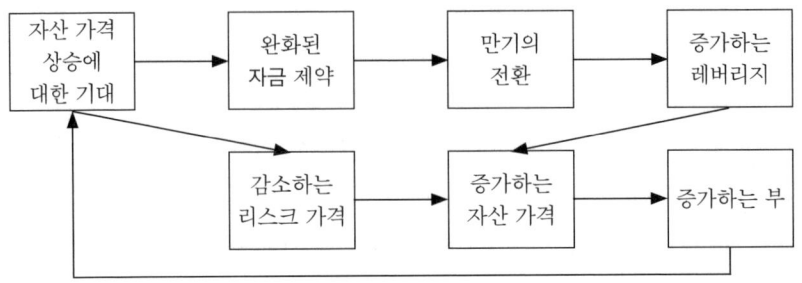

일반 위기가 발생할 때까지 시장 규제 기관이나 중앙은행도 모르게 불투명한 리스크 이전의 연쇄를 통해 운영되었다. 신용 급증은 금융자산 가격의 광폭적인 순환 주기를 야기하며, 신용의 급증 추세가 정반대로 바뀔 때 금융 위기가 발생한다.

〈그림 6.3〉은 증폭 과정의 거시경제적 연쇄를 보여 주고 있다. 금융 순환 주기가 시작될 때 낮은 금융 중개 비용은 자기-유지적이며, 리스크 가격의 하락, 자산의 레버리지 및 투기적 가치화(valorisation)와 상호작용을 통해 확장 붐을 부추긴다. 이 붐은 비금융 주체의 부의 증가를 통해 실물경제로 확산된다.

시장 참가자는 투기 자산 그 자체인 담보물에 대한 신용으로 자금을 조달한다. 대출 기관과 마찬가지로, 시장 참가자는 시장에서 이론의 여지가 없는 기준(벤치마크) 역할을 하는 근본 가치가 존재하지 않기 때문에 모멘텀을 유지하길 원한다. 이런 이유로 자산 가격이 상승하는 동시에 부채 레버리지가 증가하여 나중에 과도하게 보이는 수준까지 상승한다.

은행의 신용 공급과 투기자의 신용 수요가 동시에 증가한다(그림 6.4). 신용 공급이 증가함에 따라 차입자의 부채에 대한 리스크 노출이 증가하더라도 은행의 신용 공급과 투기자의 신용 수요 간의 신용 **스프레드**는 증가하지 않는다. 모멘텀이 지속되는 한 지급불능 리스크는 은폐된

그림 6.4. 신용 공급과 수요의 상호 의존

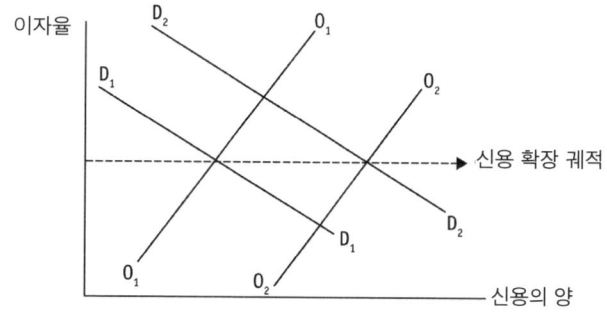

채 대차대조표에 누적된다. 지급불능 리스크는 투기적 거품이 폭발하는 보이지 않는 확률에 자리를 잡게 된다. 부동산 투기자금을 조달한 막대한 부채 확대에서 가장 두드러진 특징 중 하나는 2003-2006년 기간 동안 신용 스프레드의 축소였다. 이것은 나중에 리스크에 대한 지나친 과소평가로 나타나겠지만, 리스크 가격의 내생적인 하락에 따른 결과였다. 리스크 가격의 하락은 이 과정이 일어나는 동안 규제 기관과 중앙은행의 관심을 끌지 못했다. 그들은 이론적 틀에서 금융 혁신이 시장의 완전성을 향상시켜 리스크를 분산시킬 수 있는 기회를 제공하고 합리적인 행위자는 이를 최적의 방식으로 활용할 수 있을 것이라고 믿을 만한 충분한 이유가 있었다. 은폐된 리스크가 대차대조표 안에 숨겨져 있는 동안 누적된다는 사실, 그리고 보다 일반적으로 자산 가격의 변동성에 대한 다양한 형태의 노출은 금융 효율성 개념에 의해 부정되는 모멘텀 논리에 내재되어 있다. 그러나 이러한 논리에서 리스크의 과소평가는 금융이 생산한 자산의 자기-준거적 가치화에 대한 외부 기준이 없기 때문에 발생한다. 이러한 리스크는 부채 레버리지의 결과로 대차대조표에 포함되어 있다. 대차대조표는 상호 의존적이기 때문에, 리스크는 오로지 개별적인 리스크만은 아니다. 리스크는 금융 **취약성**의 형태로 발전한다.

그림 6.5. 취약성 수준에 의해 조정된 리스크 가격의 민감도

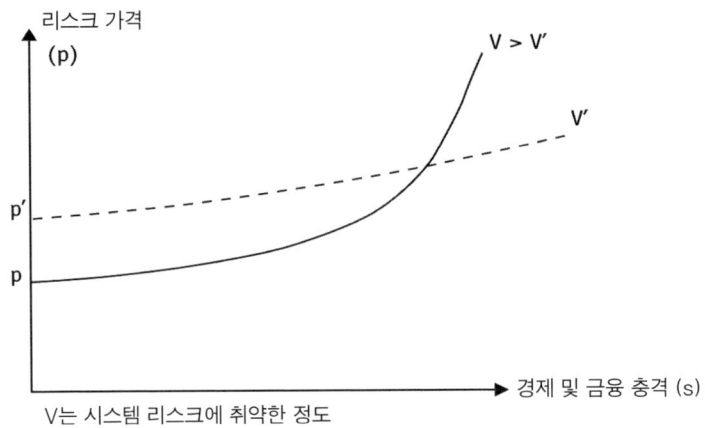

리스크의 가격과 금융 취약성: 거시 건전성 정책의 기초

리스크의 가격과 금융 취약성 사이의 관계를 설명하기 위해서는 유형화된 표현을 사용하는 것이 유용하다(Adrian, Covitz, et Liang, 2013).

리스크의 가격은 p, 금융 충격은 s, 시스템 리스크의 취약 정도는 V라고 하자. 금융 사이클의 반전이 일어나면 금융 충격이 발생하여 심화된다. 금융 불안정 이론에 따르면, p는 s와 V의 함수이다. 레버리지의 모멘텀이 대규모 투기적 거품을 일으키는 것처럼, 이 함수는 s가 증가하면 p가 증가하는 볼록한 증가함수로, 금융 충격이 심할 때 시스템 리스크의 취약 정도가 높아질수록 더욱더 볼록해진다. 반대로 금융 확장 국면의 초기에 충격이 약한 경우 잠재되어 있지만 숨겨진 취약성이 높을수록 시장 참가자가 인지하는 리스크의 가격은 낮아지는데, 이는 이러한 취약성이 〈그림 6.3〉의 연쇄를 유발하여 자산 가치화의 모멘텀을 생성하기 때문이다. 따라서 〈그림 6.5〉와 같은 화폐 정책의 딜레마가 발생한다. 인플레이션이 낮기 때문에 리스크 가격의 급격한 하락을 선호하는 정책은 결과적으로 리스크 가격의 급등을 초래하는 취약성을 야기한다.

따라서 금융 도취 국면에서 위기의 조건이 누그러뜨릴 수 없을 정도로 무르익어 가는데도 불구하고 금융 위기가 왜 예측할 수 없는 방식으로 발생하는지를 이해할 수 있다. 금융시장의 운영 방식은 금융 중개 기관이 금융 취약성의 발전을 차단하는 강력한 전략으로 자금을 조달하여 적절한 확장 경로에서 스스로 조정하는 것을 불가능하게 만들기 때문에 금융 위기는 금융시장의 실패로 인한 결과이다. 금융 충격의 수준이 낮을 때, 더 높은 수준의 취약성을 기반으로 금융 시스템이 구축되면 리스크의 가격이 더 낮기 때문이다. 즉, s가 낮을 때, $V > V'$이면 $P < P'$이다. 따라서 금융 행위자는 값싼 레버리지를 통해 자본이득을 증가시키는 거품에 참여하여 유지하는 것이 이익이 된다. 위기는 불가피하지만, 그 발생 시기는 예측할 수 없다.

거품이 확대될 때, 거품이 터질 확률, 따라서 큰 진폭의 충격이 발생할 확률이 급격히 증가한다. 이러한 금융 레짐에 누적된 취약성은 자산 가격의 반전을 시스템 위기로 전환시킬 수 있는데, 2008년 위기는 그러한 위기의 극단적인 형태였다.

무슨 일이 일어나는지 이해하려면 〈그림 6.3〉의 연쇄를 반대로 따라가기만 하면 된다. 투기 자산의 가격이 폭락하고 리스크의 가격이 치솟는다. 금융 시스템에 구축된 취약성은 경기 침체가 연쇄적으로 증폭하는 것을 설명해 준다. 담보 가치의 급락으로 **그림자 금융**의 부채 레버리지는 더 이상 갱신될 수 없게 된다. 그 결과, 부실 자산의 매각이 모든 위험 자산으로 가치의 급락을 확산시키는 무질서한 디레버리지(부채 축소) 과정이 발생한다. 중개의 사슬은 디레버리지(부채 축소)를 계단식으로 전파한다. 그 결과, 궁극의 안전한 피난처로 여겨지는 국채를 사들이는 폭주가 발생하게 된다. 빚을 내서 자산을 취득했던 비금융 경제주체들은 그들 부의 붕괴를 경험한다. 이것은 실물경제의 침체를 촉발한다. 이때 상업은행은 세 가지 방식으로 영향을 받는다. 즉, 상업은행은 예금보다 훨씬 많은 대출을 확대했고, 대출을 유동화 하는 과정에서 파생된 증권과 파생 상품을 매입했으며, 어려움에 처한 비금융기관에게 직접 대출을 해 주었기 때문에 유동성 도매시장의 마비로 영향을 받는다. 이 시점에서 중앙은행은 최종 대부자로서 상업은행을 지원해야 할 뿐만 아니라 완전히 마비된 유동성 도매시장을 대체하고, **투자·매매 중개업자**를 구제하기 위해 **그림자 금융**의 연쇄에 개입하기에 이른다. 이례적인 전략에 관여하는 것은 전체 화폐 정책이다.

거시 건전성 정책은 중앙은행이 사전에 그 규모나 기간을 통제할 수 없는 사후 구제 금융에 내몰리지 않도록 금융 시스템 전반의 안정을 위한 새로운 수단이다. 어떤 의미에서 이것은 전통적인 건전성 규제와 화폐 정책 사이에 중개 역할을 한다. 이것의 이론적 기초는 〈그림 6.5〉에서 설명한 분석으로부터 나온다. 거시 건전성 정책은 일어날 수 있는 충격을 예측하려고 하지 않는다. 불확실성은 예측을 허망한 것으로 만들기 때문이다. 거시 건전성 정책은 자산 가격의 동학이 투기적 거품인지 여부처럼 해결하기 어려운 논쟁에 참여하지 않는다. 그러나 거시 건전성 정책은 **모멘텀**을 확인하고 후속 금융 사이클의 반전으로 발생하는 사회적 비용을 완화하기 위해 정책 운용 수단들을 결합하려고 한다. 이러한 목표를 달성하기 위해 거시 건전성 정책은 금융 확장 국면에서 리스크의 가격을 충분히 높게 유지하여 반전 국면에서 리스크의 가격이 파괴적으로 상승하는 것을 방지해야 한다. 따라서 금융의 본질적 불안정성에 내재된 시스템 위기 가능성과 리스크 가격 간의 조정(arbtrage)에 영향을 주는 것이 중요하다. 이러한 조정의 조건을 변경하기 위해 잠재적, 구조적 그리고 동태적 취약성에 대응할 필요가 있다.

구조적 취약성은 시장 중개의 상호 연결과 복잡성에서 비롯된다. 조정(coordination)의 실패에 노출된 리스크의 형태는 시스템 리스크의 온상이다. 이러한 리스크의 형태에는 완전히 복제되지 않은 합성상장지수펀드(ETFs; Exchange Traded Funds), 담보의 강제 판매에 노출되고 청산 은행에서 투자·매매 중개업자까지 일중 신용에 과도하게 의존하는 3자간 환매 조건부 채권(Repurchase Agreement), 예금보험이 적용되지 않는 자산 담보부 기업 어음(ABCP: Asset-Backed Commercial Paper)과 뮤추얼펀드(Fonds communs de placement), 부채가 화폐와 동등한 것으로 간주되어 공격적으로 수익을 추구하는 머니마켓펀드, 불투명한 장외에서 거래되는 비표준화된 증권화 상품 등이 있다.

동태적 취약성은 그림자 금융(브로커 딜러, 헤지 펀드, 특수목적회사와 도관 conduits)의 매우 높은 레버리지와 파생 상품에 내재된 만기 전환[3]이다. 레버리지와 만기 전환은 옵션, 레포 및 공매도에서 함께 작동한다.

잠재적 충격이 아닌 취약성을 식별하면, 충격이 발생할 경우 그것의 시스템적 영향에 주의를 기울일 수 있다(Liang, 2013). 거시 건전성 정책의 핵심 탐지 도구는 거시경제적 스트레스 테스트를 수행하는 것이다.

거시 건전성 정책과 화폐 정책

한 가지 오해는 거시 건전성 정책과 화폐 정책이 완전히 별개라는 것이다. 두 정책을 완전히 별개의 것으로 간주한다면, 거시 건전성 정책은 금융 안정이라는 목표를 충분히 실현할 수 있으므로 화폐 정책의 원칙에는 변화가 없을 것이다. 이러한 잘못된 견해에서는 두 정책 사이에 간섭이 없을 것이다. 이 견해에 따른다면, 화폐 정책은 항상 경제를 인플레이션 목표에 이르게 하고 유지하기 위해 단기금융시장의 금리를 조작하는 문제일 것이다. 기준 금리가 제로(0) 수준으로 떨어진 2010년 이후 각국 중앙은행이 취한 이례적인 조치들은 이러한 주장이 얼마나 터무니없는 것인지를 잘 보여 준다.

거시 건전성 정책의 목표가 금융 충격을 완전히 상쇄할 수 있어 모멘텀을 제거할 수 있다고 믿는다면, 그것은 거시 건전성 정책에 대한 이해가 부족한 것이다. 거시 건전성 정책과 화폐 정책은 금융시장, 경제주체

---

3. 단기로 자금을 빌려 장기로 자금을 운용하여 이득을 취하는 구조: 옮긴이.

의 대차대조표 및 거시경제적 총량에 동시에 영향을 미친다. 따라서 두 정책은 시너지를 낼 수 있다. 예를 들어, 더 유리한 수익성으로 인한 자산 가격의 상승, 즉 유명한 생산성 충격은 신용 수요의 가속적인 증가를 야기한다. 이러한 상황에서 성장을 저해하지 않으려면 화폐 정책은 완화적이어야 한다. 그러나 목표가 된 거시 건전성 정책은 신용이 폭등하는 것을 피하기 위해 부채 레버리지를 억제해야 한다. 세기 전환기 주식시장 거품 당시에는 이 두 번째 요소가 누락되어 있었다. 하지만 두 정책 간의 조정이 자동적으로 이루어지는 것은 아니다. 거시 건전성 정책의 반응시간은 화폐 정책의 반응시간보다 더 길고, 전달 경로가 화폐 정책에 비해 잘 알려져 있지 않기 때문이다.

원칙적으로 구조적 취약성에 대해서는 대형 은행에 대한 보다 엄격한 자본 및 유동성 요건, 은행 파산의 질서 있는 정리 권한, 파생 상품의 중앙 집중화 된 청산, 머니마켓펀드의 환매 쇄도를 피하기 위한 수단 등 정태적, 즉 지속적인 수단을 통해 대처한다. 하지만 이것만으로는 금융 사이클을 피하기에 충분하지 않다. 혁신은 언제나 기존 규제에 의해 확립된 제한을 빠져나간다. 앞서 살펴보았던 것처럼, 금융 시스템은 매우 경기 순응적이어서 거시경제적 성격의 동태적 취약성을 발전시킨다. 리스크 가격이 하락함에 따라 발생하는 경기 순환적 취약성을 완화하려면 대출자와 차입자의 전략적 상호작용으로 인한 리스크 가격의 변동을 모니터링 할 수 있어야 한다. 여기에서 이용하는 운영 방법이 거시경제적 스트레스 테스트이다.

이러한 절차를 채택한 모든 중앙은행은 거시 건전성 정책 수단을 동태적으로 사용하고 화폐 정책과 결합하여 금융 사이클의 진폭을 줄이고, 위기의 빈도와 심각성을 완화할 수 있다. 경기 대응 완충 자본 (Countercyclical capital buffer), 부동산 대출 담보 인정 비율(LTV: Loan-to-Value ratio)과 총부채 상환 비율(DTI: Debt-to-Income ratios), 최소 준비금(지급준비율)과 같은 세 가지 거시 건전성 정책 수단은 거시경제에 영향을 미치기 때문에 화폐 정책을 보완할 수 있다.

　금융 사이클에 따라 조정되는 경기 대응 완충 자본 적립 비율은 상승 국면에 너무 빨리 또는 너무 늦게 증가해서는 안 되며, 스트레스 테스트에서 제공하는 정보와 연결하여 이러한 수단을 조작할 필요가 있다. 완충 자본 적립 비율은 은행 시스템에서 손실이 구체화될 때, 은행에서 경제로의 신용 흐름을 유지하기 위해 금융 사이클의 반전 이후 낮아져야 한다. 그 효과는 비대칭적일 수 있다. 완충 자본 적립 비율은 신용 **모멘텀**을 억제하는 효과는 미미하지만, 부실채권으로 인한 신용 할당을 완화할 수 있다. 이를 통해 거시 건전성 정책 수단은 중앙은행이 극도로 완화적인 화폐 정책을 수행할 필요성을 덜어 줄 수 있다.

　투기에 뒤이은 부동산 위기는 부의 손실 규모, 디레버리징(부채 축소)의 지체와 어려움 그리고 경제 전반에 미치는 경기 침체 효과 측면에서 가장 파괴적이기 때문에 부동산 대출 담보 인정 비율(LTV)이나 총부채 상환 비율(DTI)과 같은 부동산 시장 전용 수단이 정당화된다. 이것은 6장의 첫 절에서 우리의 경험적 발견과 일치하는 것으로, 금융 사이클의 주요 추동력은 부동산 취득을 위한 가계 부채이다. 만약 부동산 투기의 도취 국면에서 신용확장의 한도를 적절하게 제한할 수 있다면, 부동산 가격 상승의 가속화를 억제할 수 있다. 부동산 대출 담보 인정 비율(LTV)을 10퍼센트 낮추면, 부동산 가격 상승을 8-13퍼센트 낮출 수 있다. 부채에 대한 이러한 엄격한 관리는 금융 사이클이 반전된 이후에도 차입자의 채무불이행과 대출자의 손실을 제한하는 효과가 있다. 경기 침체가 더 짧아질 수 있으며, 중앙은행은 제로 금리 하한의 제약을 피할 수 있으므로 예외적인 조치를 취할 수 있다.

　지급준비율은 서구 중앙은행이 더 이상 쓰지 않는 화폐 정책 수단이지만, 중국을 포함한 일부 신흥국에서 성공적으로 이용되고 있다. 중앙은행들은 이 수단을 복원하는 것이 좋을 것이다. 이 수단은 지급준비율을 변경하는 형태로 양적으로 사용할 수도 있고, 중앙은행의 기준 금리보다 낮은 금리로 은행 지급준비율을 보상하는 형태로 가격적으로 사용할 수도 있다. 이것은 은행들이 고객에게 부족분을 전가하기 때문에 신용에 대한 세금에 해당한다.

1.5. 초저 인플레이션에서 화폐 정책

앞에서 화폐 정책의 실행을 연구하면서 일반적으로 내생적 은행화폐를 사용하는 현대 경제에서 화폐 정책의 지침이 자연이자율임을 보았다. 자연이자율은 새로운 생산적 투자에 대한 기대 순수익률을 나타낸다. 따라서 자연이자율은 자금 조달 접근성에 따라 실현 여부가 결정되는 기업 프로젝트의 방향을 결정한다. 중고 또는 구식의 생산수단을 갱신하는 새로운 자본재 구입을 위한 자금 조달 수단에 접근하는 비용이 자본비용이다. 중앙은행이 기업 프로젝트에 저축을 제공하는 금융 수단의 이자율에 영향을 미치는 한, 중앙은행은 이러한 조정의 조절 기관이다. 중앙은행은 가용한 인적 및 물적 자원을 가장 효율적으로 이용하는 경제활동 수준에서 총투자와 총저축이 일치하도록 노력한다.

그러나 금융 위기가 반복해서 발생하는 것을 분석한 5장에서 살펴보았던 것처럼, 이러한 조정은 결코 쉬운 일이 아니다. 우리는 금융이 장기 사이클에서 실현되는 **모멘텀** 논리에 의해 움직인다는 것을 이미 자세히 살펴보았다. 새로운 가치의 생산에 비해 부채가 급증하고 주식과 부동산 가격의 투기적 상승을 야기하는 장기 금융 도취 국면의 반전은 언제나 금융 위기를 촉발한다. 만약 금융 과잉이 금융 중개 기관들 가운데 심각하고 광범위한 취약성을 누적시키면, 금융 위기가 체계적으로 발생할 수 있다. 1990년대 중반에 시작된 금융 사이클의 확장 국면이 2007년에 정점을 찍고, 2008년에 시스템 위기를 촉발하여 세계경제가 여전히 침체 국면에 빠져 있는 것이 바로 이러한 사례이다. 많은 민간 경제주체가 부채를 대규모로 줄이려 하고 생산적인 투자를 극도로 꺼리는 상황에서 어떤 화폐 정책을 수행할 수 있는가? 물론 그 결과는 만성적인 수요 부족과 지속적인 저성장이며, 이는 본질적으로 생산적 투자의 누적적 감소로 인한 것이다. 이러한 낮은 인플레이션 압력 하의 거시경제 균형은 **장기침체(secular stagnation)**라 불린다. 중앙은행은 신뢰를 회복하려고 노력하겠지만, 일반적으로 인플레이션이 사라지고, 무엇보다도 생산수단의 생산과 가장 밀접한 관련이 있는 경제 부문(원자재 가격, 1차 중간재 가격, 공산품 생산재 가격)의 가격 하락이라는 큰 장애물에 직면해 있다.

시스템적 금융 위기에서 가장 큰 문제는 과도한 레버리지에 노출된 경제주체와 금융 주체의 탈채무화(désendettement)이다. 민간 부문이 무질서한 방식으로 가능한 한 빨리 탈채무화 하려고 한다면, 시스템 리스크는 경제 전체로 확산될 것이다. 경제가 이미 침체에 빠져 있음에도 자산을 할인 매각하면 금리가 상승할 것이다. 이러한 상황에서는 금융의 조정 결여가 절정에 달하기 때문이다. 이것이 2008년 9월부터 벌어진 일이다.

은행들은 그들 자산의 시장가치 손실을 흡수할 수 있을 만큼 충분한 준비 자본을 갖고 있지 않았다. 은행들은 중앙은행의 최종 대부인 리파이낸싱에 전적으로 의존했다. 따라서 중앙은행의 기준 금리는 더 이상 인플레이션이나 경제활동을 조절하는 도구가 아니라 은행 시스템의 지불 능력을 보장하는 데 목적이 있었다. 은행 시스템의 지불 능력을 보장하는 금리는 이전에 축적된 대출 저량(스톡)의 금리에서 평균 예상 손실률을 뺀 것과 같다. 금융 도취기에 승인된 신용의 금리가 낮으면(화폐 정책이 완화적이고 리스크의 가격이 낮았기 때문에), 예상 손실이 매우 높을지라도 이론적 손익분기점의 재융자율은 은행들이 도산하지 않기 위해 음(-)이 되어야 한다. 그러나 어떻게 음(-)의 명목 금리를 가질 수 있는가?

제로 금리 하한

중앙은행이 발행하는 화폐는 다른 모든 부채가 교환되는, 만장일치로 수용되는 부채이기 때문에 절대적 유동성이라는 것을 상기할 필요가 있다. 소위 정상적인 경제 상황에서 중앙은행은 자신이 공표한 목표치에 민간 행위자들의 기대가 수렴하도록 기준 금리를 결정한다. 이렇게 중앙은행은 실질금리(= 기준 금리 - 인플레이션 목표)가 자연이자율과 일치하도록, 즉 물가의 폭등이나 만성적인 실업이 발생하지 않도록 양방향으로 너무 많이 벗어나지 않도록 한다.

시스템적 금융 위기의 여파는 은행과 다른 금융 중개 기관에 즉각적으로 강력한 영향을 미쳤다. 중앙은행들은 정상적인 상황에서 은행들에 유동성을 공급하는 모든 조건을 없애고 가능한 한 가장 낮은 비용으로 유동성을 주입해야 했다. 그러나 시스템 위기는 경제 전체에 반향을 일으키고, 모든 경제 행위자들의 리스크에 대한 태도를 근본적으로 변화시켜 광범위하고 지속적인 경계감을 갖도록 한다. 이것은 장기 침체로 나타난다. 자본의 순 한계 수익률(실질금리)이 매우 낮아지거나 심지어 마이너스(-)가 되기 때문에 투자 유인이 고갈된다. 이것이 미국에서 일어난 일이며, 국제통화기금(IMF)에 따르면 모든 경제개발협력기구(OECD) 국가에서 자연이자율이 거의 제로(0)가 되었다. 여기서 우리는 시스템 위기의 영향을 볼 수 있다. 자연이자율은 즉시 2퍼센트에서 0퍼센트에 가까운 수준으로 떨어졌다. 그런 다음 자기-유지적 성장이 물가 상승률을 제로에 가깝게 낮추었다. 〈그림 6.6〉은 명목 자연이자율(자연이자율 = 자본의 순 한계 생산성 + 기대 인플레이션율의 근사치로서 간주되는 근원 인플레이션율)을 측정한 것이다. 물가 상승률이 서서히 하락하여 명목 자연이자율이 제로까지, 심지어 제로 퍼센트 밑으로 떨어졌다.

여기에서 우리는 화폐 정책이 빠지기 쉬운 함정을 볼 수 있다. 중앙은행이 발행하는 화폐는 절대적 유동성이기 때문에 신용 위험이 없는 단기금융 증권(예를 들어 미국 재무부 단기채권)을 보유한 사람은 언제든지 비용을 들이지 않고 무제한 현금으로 변환할 수 있는 선택권을 갖고 있다. 따라서 화폐 정책의 직접적인 영향을 받는 단기금융시장의 명목 금리에는 제로 금리 하한이라는 제약으로 인한 옵션이 포함되어 있다. 익

그림 6.6. 미국의 자연이자율(1970년 1/4분기-2014년 4/4분기)

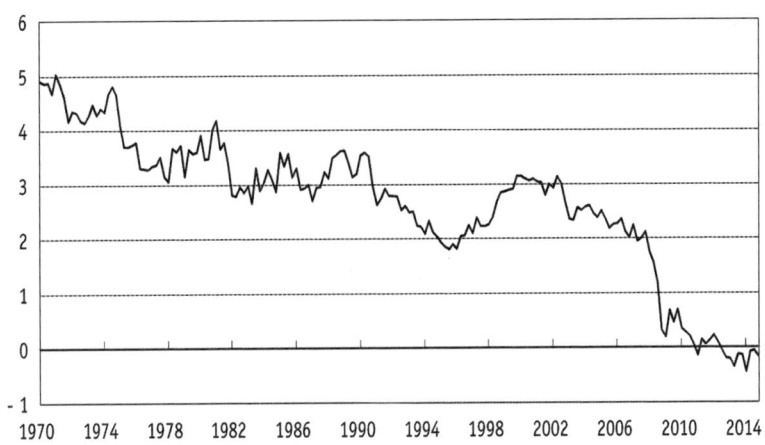

자료: 자연이자율은 Laubach et Williams (2003)의 추정치의 최신 버전이다. 수요와 공급의 일시적인 충격을 제거했을 때, 이들은 중앙은행의 기준 금리를 자연이자율로 정의한다.

명으로 보유되는 절대적 유동성인 현금은 이자가 없기 때문이다. 여기에서 우리는 화폐의 본질적 특징을 다시 발견한다. 가치의 기초이자 탁월한 사회적 매개체인 화폐는 시간이 지남에 따라 경제의 상호 의존성을 구성하는 부채와 자산의 전체 구조를 뒷받침한다. 따라서 음(-)이 될 수도 있는 매우 낮은 자연이자율의 가치에 대한 중앙은행 기준 금리의 결정 관계를 다음과 같이 정식화할 수 있다.

$$\text{명목이자율} = \max \{0, \text{가상이자율}\} \cdots (1)$$

이 등식은 자연이자율이 양(+)이면, 중앙은행은 기준 금리를 명목 자연이자율 수준에서 고정하도록 노력하고, 자연이자율이 음(-)이거나 제로(0)이면, 기준 금리를 제로(0)로 고정하도록 노력한다는 것을 의미한다.

(1)의 등식은 다음과 같이 바꾸어 나타낼 수 있다.

$$\text{명목이자율} = \text{자연이자율} + \max\{0, -\text{자연이자율}\}$$

실제 GDP가 잠재 GDP일 때(생산 자원의 완전하고 효율적인 이용), 중앙

그림 6.7. 기대 자연이자율에 대한 옵션으로서 미래 단기이자율

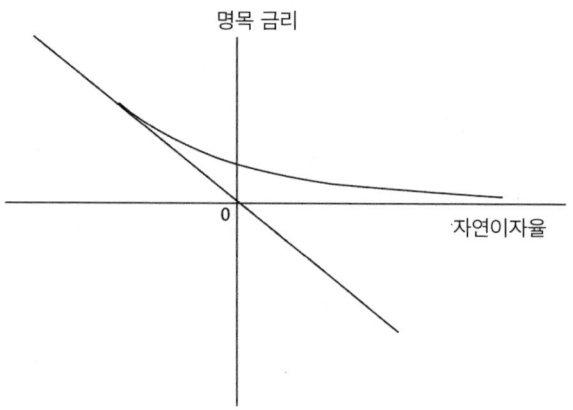

은행이 금융시장에 알려진 표준적인 준칙을 따를 경우 명목 자연이자율은 화폐 정책에 의해 결정되는 이자율이다. 중앙은행의 기준 금리는 자연이자율이 음(-)인 상황을 포함한다. 중앙은행의 기준 금리는 합성 금융 상품의 수익률이 된다. 중앙은행의 기준 금리는 행사 가격이 제로(0)인 **풋옵션**의 매수와 결합된 자연이자율을 제공하는 증권으로 구성된다. 풋옵션은 자연이자율이 음(-)이 될 때, 중앙은행 기준 금리의 제로(0) 하한을 보장한다(그림 6.7). 이러한 옵션은 암묵적으로 중앙은행이 가상 금리의 반대 방향으로 매도한다.[4]

---

4. 풋옵션은 거래 당사자들이 미리 정한 가격으로 장래의 특정 시점 또는 그 이전에 특정 대상물을 팔 수 있는 권리를 매매하는 계약이다. 풋옵션을 매수한 사람은 시장에서 해당 상품이 사전에 정한 가격보다 낮은 가격에서 거래될 경우, 그 권리를 행사함으로써 비싼 값에 상품을 팔 수 있다. 그러나 해당 상품의 시장 가격이 사전에 정한 가격보다 높은 경우는 권리를 행사하지 않을 권리를 가지고 있다. 이처럼 옵션 매수자는 '선택권'이 있기 때문에 자신에게 유리한 경우에만 권리를 행사하고 불리하면 권리를 포기할 수 있다. 이처럼 옵션은 권리만 있고 의무가 없으므로 매입자는 해당 옵션을 매도한 사람에게 일정한 대가(프리미엄)를 지불해야 한다. 반면에 옵션 매도자는 옵션 매수자로부터 프리미엄을 받았기 때문에 권리 행사에 반드시 응해야 할 의무를 갖는다: 옮긴이.

제로 금리 하한을 우회하기 위한 "비전통적인" 정책

풋옵션의 내재가치가 양(+)일 때, 관찰된 명목이자율은 경제를 잠재 생산(산출 갭 0)으로 되돌리기 위해 중앙은행이 고정해야 하는 자연이자율에 비해 너무 높다. 경제가 유동성 함정에 빠진 것이다. 그 결과, 제로(0) 하한의 유인 효과로 인해 단기금리의 곡률(曲率)이 제로(0)에 접근한다. 따라서 중앙은행이 단기금리를 통해 경제에 영향을 미치려고 한다면, 화폐 정책 운용이 제한적임을 알게 된다. 중앙은행은 화폐 정책에 따른 충격을 경제에 전달하는 능력을 상실하게 된다. 따라서 중앙은행은 다른 운용 수단을 고안해야 한다. 여기에는 장기금리에 직접적인 영향을 미치려는 시도도 포함된다. 하지만 어떻게?

금리의 하한 효과는 수익률 곡선 전체로 확대된다. 옵션은 시간가치를 갖기 때문이다.[5] 낮은 인플레이션이 지속될 것으로 예상되는 경우, 미래의 기대 단기금리가 음(-)이 되어 가상적이 될 가능성을 무시할 수 없다. 따라서 수익률 곡선에서 관찰할 수 있는 기간 이자율(예를 들어, 연율의 1/4 이자율)은 다음의 식에서 정의한 것처럼, 해당 기간의 옵션 가치를 포함하고 있다.

연율의 1/4이자율 = 기대 자연이자율 + 기간 프리미엄 + 옵션 가치

---

[5] 옵션 가치는 내재 가치와 시간가치의 합으로 이루어진다. 옵션 가격은 내재 가치보다 높은 수준에서 거래되는데, 이때 옵션 가격과 내재가치와의 차이를 시간가치라고 한다. 시간가치는 만기까지의 기간에서 기초 자산 가격의 변화에 따라 이익을 얻을 수 있는 가능성에 대한 가치를 의미하고, 이는 미래의 주가 변동에 따라 기대되는 프리미엄(volatility value)으로 해석할 수 있다. 시간가치는 만기에 가까울수록 변동 가능성이 작아지면서 감소하며, 만기의 시간가치는 0이다. 옵션의 내재가치는 지금 권리를 행사할 때의 옵션 가치로 현재의 기초 자산 가격과 행사가격의 차이로 측정되며, 권리를 행사했을 때 받을 수 있는 이익 가치를 말한다. 그러므로 내가격 상태에서만 내재가치가 존재한다. 외가격 옵션 또는 등가격 옵션에서 내재가치는 0이다. 내가격 상태란 기초 자산의 시장가격이 콜옵션의 행사 가격보다 높을 때에는 옵션의 매입자가 옵션을 행사할 것으로 기대할 수 있는데 이처럼 기초 자산의 시장가격이 콜옵션의 행사 가격보다 높은 것(시장가격 > 행사 가격)을 말한다. 외가격 상태에서는 기초 자산의 시장가격이 콜옵션의 행사 가격보다 낮을 때에는 옵션의 매입자가 옵션을 행사하는 것이 불리할 것이다. 이처럼 기초 자산의 시장가격이 콜옵션의 행사 가격보다 낮은 것(시장가격 < 행사 가격)을 말한다: 옮긴이.

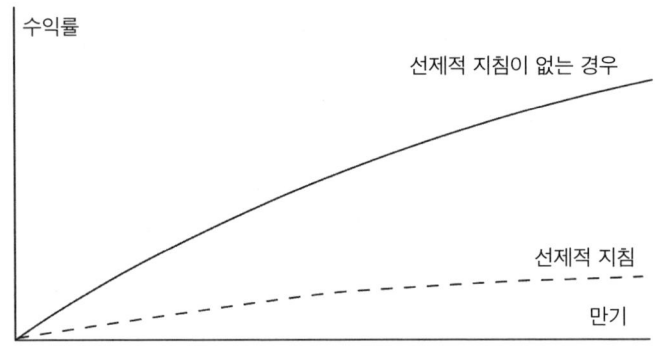

그림 6.8. 명목 제로 금리에 가까운 수익률 곡선으로의 변형

따라서 옵션의 가치는 장기금리에 영향을 미친다.

T년의 이자율 = 평균 기대 단기금리 + 리스크 프리미엄 + 옵션 가치

여기에서 리스크 프리미엄은 미래의 단기금리 변동성의 영향을 나타낸다. 옵션의 가치인 마지막 항은 미래의 단기금리의 변동성으로 인해 가상 금리가 제로(0) 아래로 떨어지는 경우 제로 금리 하한의 영향이다. 옵션의 시간가치는 시간이 지남에 따라 증가하는 미래의 단기금리의 변동성과 함께 증가하기 때문에 수익률 곡선은 정상적인 상태와 비교하여 변형된다. 따라서 수익률 곡선의 정보 내용이 변질된다(그림 6.8).

중앙은행은 기대 단기금리에 영향을 주어 장기금리에 영향을 미치려고 한다. 중앙은행은 자신이 발표한 고용 및 인플레이션의 특정 조건이 충족될 때까지 단기금리를 제로(0)로 유지하겠다고 확고하게 약속함으로써 이를 수행한다. 이것은 미래의 금리를 유도하는 정책으로, **선제적 지침**(forward guidance)이라고 한다. 이러한 약속이 신뢰할 만하다면, 장기금리의 기대 요소는 낮게 유지될 것이다. 선제적 지침은 또한 리스크 가격에 반영된 미래의 단기금리의 변동성을 줄일 수 있다. 따라서 선제적 지침은 수익률 곡선 전체를 아래로 낮추게 된다(그림 6.8).

리스크 가격의 상승은 또한 금융 투자자가 보유한 자산의 유동성 악화를 반영한다(자산을 유동화 할 필요성이 발생할 때 급격한 가치 손실 리스크와 관련된 악화). 중앙은행은 다양한 만기를 가진 국채 등 금융시장의 주축인 자산에 대한 시장의 긴장을 해소하기 위해 장기 자산을 대상으로 한정하여 매입할 것이다. 중앙은행은 수익률 곡선의 기울기를 평평하게 하여 기간 프리미엄을 통제함으로써 선제적 지침을 보완한다.[6] 중앙은행은 미국과 영국의 모기지 증권, 최근에는 유로존의 모기지 증권 이외에 추가적으로 일부 회사채와 같이 금융 위기에 타격을 받은 몇몇 장기 자산을 매입할 수도 있다. 이것은 대상을 한정한 특정 자산 매입이다.[7]

만약 중앙은행이 몇몇 유형의 유가증권을 무제한 매입한다면, 다른 유가증권에 비해 선택된 유가증권의 유동성이 변경되므로 기간 프리미엄이 변경된다. 자산 간의 대체성이 낮으면 낮을수록, 수익률의 구조는 변경될 가능성이 커진다. 따라서 중앙은행은 장기 투자자에게 위험 회피 성향을 줄이고, 다른 범주의 장기 유가증권에 포트폴리오를 재배치하도록 장려하여 실물 투자(부동산과 생산 투자의 부활)에 긍정적인 영향을 미치기를 희망한다. 이것이 화폐 정책의 포트폴리오 경로이다.

2. 결론: 경제정책의 중심에 있는 중앙은행의 독립성

화폐의 정당성을 보장하기 위해 중앙은행은 유동성 관리와 관련하여 서로 대립하는 당파적 이해관계에서 벗어난 것처럼 보여야 한다. 이러한 외재성은 중앙은행이 화폐를 조절하는 정치적 역할을 수행하는 것을 방해하지 않고, 따라서 중앙은행이 재량적 정책을 수행하는 것을 방해하지

---

6. 이를 수익률 곡선 관리 정책(Yield curve control)이라고 한다: 옮긴이.
7. 장기 침체로 이어지는 자연이자율의 하락에 맞서기 위한 중앙은행의 혁신에 관한 최근의 성과에 대해서는 T. Pfister et N. Valla(2015)를 참조할 수 있다.

않으면서도 신뢰성을 유지해야 한다. 따라서 중앙은행의 독립성은 주권의 일부를 이루는 화폐 준칙이지, 중앙은행을 자동 조정 장치로 전환하는 운영 준칙이 아니다.

중앙은행의 설립문에서는 중앙은행이 물가 안정 임무를 맡도록 규정해야 한다. 그러나 이러한 설립문에는 예측할 수 없는 상황에서 중앙은행의 판단 능력을 박탈할 수 있는 물가 안정이 무엇인지 명시하는 것을 자제하는 것이 현명하다. 독립성은 중앙은행이 물가 안정을 위협한다는 의심을 받지 않고, 다양한 불균형에 공정하게 대응하기 위해 유연한 정책을 채택할 수 있을 때 작동하는 상징이다.

중앙은행의 독립성은 상징적인 보장의 성격이 강하지만, 실제로 그 관행은 경제에 깊이 뿌리내리고 있기 때문에 대표성과 화폐 정책 운용을 혼동하지 않도록 헌법 질서를 법적으로 공식화하는 것이 무엇보다 중요하다. 이런 이유로 우리는 복잡하게 뒤얽힌 위계의 형태로 중앙은행의 독립성을 생각할 필요가 있다. 중앙은행은 임무 수행의 독립성, 즉 수단의 독립성을 보장하는 권한을 부여받아야 한다. 그러나 이러한 임무는 시민들이 사회 후생을 위해 일하는 대표자에게 위임하는 일련의 정책과 분리될 수 없다. 그렇기 때문에 중앙은행은 경제정책 실행을 담당하는 다른 행정 기관과 대화해야 하고, 그 임무 수행에 대해 국민의 대표에게 설명해야 한다.

제4부
국제 화폐의 수수께끼

우리는 국제 화폐가 무엇인지 알고 있다고 생각하지만, 국제 화폐에 대한 구체적인 예를 결코 찾지 못한다. 국가로 이루어진 세계에서 우리는 국가화폐만 접한다. 오랜 이론적, 역사적 분석을 통해 얻은 단 하나의 결과가 있다면, 주권이 부여되지 않은 화폐는 존재하지 않는다는 것이다. 그렇지만 지구 전체의 주권은 존재하지 않는다. 그렇다면 이 문제를 어떻게 해결할 수 있을까? 2부에서 유명한 가상 화폐는 신용적 고정 장치가 없는 민간 지급수단일 뿐이며, 어떤 경우에도 완전히 기능하는 화폐가 아님을 보여 주었다. 가상 화폐가 실물경제에서 역할을 하려면, 국가화폐로 교환되는 시련을 겪어야 한다. 훨씬 더 흥미로운 지역 화폐의 경우, 화폐 위기에 나타나는 일시적인 지급수단만이 아니라면 형성 과정에 있는 복잡하고 다층적인 주권의 화폐적 매개체이다.

그러나 자본주의의 확장은 국경을 준수하지 않는다. 자본주의의 확장은 화폐의 양가성을 이용한다. 특정 시기에 글로벌 금융의 형성은 상품 거래, 주로 금융거래에서 국가화폐의 국제적 투영을 통해 이루어진다. 몇몇 화폐유통 공간은 국가 주권의 권위 하에 있는 경제 관계의 공간을 넘어 확장된다. 따라서 다른 주권 공간에서는 국가화폐들이 대면하여 외국 통화가 되는 환율 관계가 존재한다. 이러한 관계가 어떤 조건에서 시스템을 형성한다고 주장할 수 있는가? 시스템은 시간이 지남에 따라 이러한 관계를 유지하는 준칙과 조절 방식을 의미하기 때문이다.

그렇다면 국제 화폐 시스템을 식별할 수 있는 준칙은 무엇인가? «시스템»이라고 하면, 우리는 국가 간의 모든 종류의 교환관계가 효율적으로 구성되어 있다고 가정하기 때문이다. 우리는 이러한 효율성이 존재한다면, 그것은 지급 결제 시스템 내에서 표현된다는 것을 알고 있다. 지급 결제 시스템은 시간의 경과에 따라 부채의 유통을 수행하여 지급 결제가 되돌릴 수 없이 완결되면 효율적이다. 이러한 논리는 국제 공간으로 확대된다. 이 논리는 궁극적인 유동성이 유일하다는 것을 의미하며, 이는 주권에 의해 확립된 위계의 결과이다. 국제 화폐 관계에서 이것은 무엇을 의미하는가? 우리는 통화들 사이에 위계가 반드시 확립되어야 한다는 것을 살펴볼 것이다. 이러한 구성이 안정적으로 유지되려면 어떤 조건이 충족되어야 하는가?

지금까지 이 책에서 사용한 방법에 따라, 우리는 이론적 구상을 유효한 것으로 인정하거나 무효화하기 위해 이론에서 역사로 이동한다. 국제 화폐 시스템이 존재했다고 널리 인정되는 두 시기가 있다. 하나는 제1차 세계대전 이전 약 40년 동안 지속된 자본주의에서 금융이 팽창하던 고전 시대의 금본위이고, 다른 하나는 제2차 세계대전 이후 30년도 채 지속되지 않은 임노동 사회에서의 브레턴우즈 시스템이다. 우리는 이 두 시스템을 정의한 준칙과 이를 무너뜨린 모순이 얼마나 다른지 살펴볼 것이다.

이러한 역사로의 우회는 브레턴우즈 시스템의 붕괴에 뒤이은 금융 지구화 시대에 몇 가지 기준점들을 찾을 수 있게 해 줄 것이다. 상호 합의된 준칙이 없다면 시스템은 존재하는가 아니면 존재하지 않는가? 브레턴우즈 시스템에서 확립된 달러화의 지배적인 역할은 계속될 것인가? 만약 그렇다면 어떻게 지속될 것인가? 이 시대에 국제 관계는 화폐 영역에서 미확인 비행물체, 즉 유로화에 의해 영향을 받았다. 유로화는 화폐적으로 국가들을 통합한다고 주장하지만, 그 유통 공간에 부합하는 어떤 주권에도 기초하지 않는 초국가적 화폐이다. 유로화의 불완전성은 국제 관계에서 유럽의 지위를 제약하기 때문에 금융 지구화라는 당대의 위기의 전개에 중대한 영향을 미친다.

다른 강력한 힘들이 국제 화폐 관계를 재편하는 데 일조하고 있다. 그것은 무엇보다 생산능력, 따라서 국제무역의 아시아로의 이동이다. 이러한 이동은 서구에서 지배적인 것과는 매우 다른 주권 원칙을 바탕으로 주요 통화를 국제 무대에 도입할 중국의 힘을 중심으로 이루어지고 있다.

향후 10년 동안 국제 화폐에 대한 전망은 다중 통화 시스템이라는 자연스러운 생각을 전파한다. 이것은 엄밀하게 정교화한 개념이라기보다는 헤게모니의 종말 또는 기축통화의 종언이라는 구호에 가깝다. 의심할 여지도 없이 현 세기의 인류가 진정으로 살아남으려면, 그 미래는 지속 가능한 성장에 있다. 지속 가능한 성장은 글로벌 공공재의 생산을 통해 진행되어야 한다. 국제유동성은 결코 제도적 해법을 찾지 못한 글로벌 공공재이다. 통화 간의 경쟁은 단일한 궁극적인 유동성의 필요성과 충돌하기 때문에 국제유동성을 대체할 수 없다.

케인스 경이 1942년 전후 화폐 질서에 대한 자신의 전망을 제시했을 때, 그는 국제적 수준에서 궁극적인 유동성 문제를 불식시키는 국제 지급 결제 준칙에 관한 시스템을 구상했다. 그는 은행 원칙의 결과를 극단으로 끌어올리는 것, 즉 민간 행위자가 국제유동성을 축적하는 것을 불가능하게 만드는 준칙을 가진 신용과 지급 결제의 위계화된 시스템을 구상했다. 국제기구가 관리하는 공통의 준칙을 준수하는 중앙은행 간의 신용 시스템을 통해 더 높은 수준에서 화폐의 양가성이라는 저주를 피하려 했다(Keynes, 1942-1943). 화폐는 아리스토텔레스가 이미 이해했던 순수한 사회적 관계 또는 순수한 법으로 되돌아갈 것이다. 국민-국가들이 스스로를 주장하던 시기에 케인스의 담론을 어디에서도 들을 수 없었다. 인류 발전의 도전에 직면하여 이러한 형태의 주권의 무능력이 모든 면에서 명백해진 지금, 케인스의 구상은 다시 살펴볼 가치가 있다.

제7장 _ 역사의 시험에 직면한 국제 화폐

주권국가는 대외무역이나 자본 이동 제한, 외화 취득 제한, 외화예금에 대한 과세와 같은 다양한 방식으로 거주자의 대외 거래를 통제하는 권한을 갖고 있다. 이러한 수단을 이용하여 대외 거래를 통제한다면, 국제무역은 분절화 되고 제한된다. 따라서 국제무역을 거래 상대방이 수용할 수 있는 지급 결제 수단과 일치시키는 것은 주로 국가 간 양자 합의에 의해 이루어진다. 이 경우에 우리는 국제 화폐에 대해 말할 수 없다.

국제 화폐가 존재한다면, 국제 지급 결제의 완결성의 관점에서 채권과 채무 시스템을 조절하기 위해 그것은 화폐의 일반적 특성을 충족하는 공공재여야 한다. 이를 위해서는 자유로운 자본 이동에 의해 통합된 채권과 채무 시장에서 유동성의 궁극적인 형태가 존재해야 한다. 이러한 화폐는 모든 종류의 국제 거래(transactions)를 결제하는 데 적합한 형태와 금액으로 발행되어야 한다. 앞으로 살펴보겠지만, 화폐가 국제 지급 결제에서 공공재로서의 자격을 실현하기 위한 이러한 기본 조건은 역대 화폐 레짐에서 거의 확인되지 않았다.

국제 화폐 관계 분석가들은 대부분 기능주의적 접근 방식에 만족한다. 이들은 〈표 7.1〉에서 화폐의 일반적인 기능이 민간이든 공공이든 거주자와 비거주자 사이의 무역과 관련되어 있기 때문에 중복된다는 점에 주목한다.

국제 화폐 사용의 차이에도 불구하고, 민간 부문과 공공 부문의 선택은 서로를 강화하는 경향이 있다. 실제로 민간 부문은 종종 정부의 선택

표 7.1. 국제 화폐의 기능

기능	민간 부문	공공 부문
(ⅰ) 계산 단위	- 기본 계약 통화 - 세계시장의 뉴메레르 (원자재와 파생 등)	- 환율 페그 시 기준 통화
(ⅱ) 교환의 매개	- 상거래와 금융거래에 대한 결제 - 환시장에서의 중개	- 외환시장 개입 통화
(ⅲ) 가치 저장	- 비거주자의 투자 통화 - 은행 시장, 채권 등	- 공식 외환 보유고

에 영향을 받기도 한다. 예를 들어, 화폐가 달러에 고정되어 있는 나라에서 민간 기업은 해당 통화로 수출 송장을 발행할 가능성이 높다. 마찬가지로 국제 화폐의 다양한 기능은 서로 독립적이지 않으며, 달러와 같이 종종 무역의 중개 역할을 하는 통화는 계산 단위와 가치 저장의 기능으로도 사용되는 경향이 있다. 전체적으로 볼 때, 국제 화폐와 관련하여 민간 부문과 공공 부문의 모든 선택은 하나의 지배적인 통화로 수렴하는 경향이 있다.

1. 국제 화폐의 불완전성

국제무역의 미시경제적 수준에서 지급 기능을 수행하는 통화의 존재만으로는 국제 화폐의 존재를 보장하기에 충분하지 않다. 지급 결제 시스템이 가치의 운영자임을 고려할 때, 국제무역의 거시경제적 일관성을 확립하기 위해서는 국제무역 전체에 대해 지급 결제의 완결성이 확립되어야 한다.

1.1. 효율적인 국제 화폐 시스템이란 무엇인가?

소위 금융 효율성의 표준 이론에서는 모든 것이 간단하다. (구매력평가로 계산된) 모든 재화의 가격은 판매 장소에 관계없이 동일해야 하고, 모든 자산의 기대 수익률도 동일해야 한다. 이것은 전 세계 어디에 투자하든 자본의 기대 실질 수익률이 균등해지는 것으로 귀결된다. 마치 자본이 어디에서든 동질적인 것처럼! 우리는 1장에서 강조한 순수 경제 이론의 논리적 아포리아를 다시 한 번 발견한다. 여기에서는 마치 세계에 한 명의 경제주체와 하나의 재화, 따라서 한 국가만 존재하는 것처럼 행동하기 때문에 전 세계 수준으로 확장된 일반균형이 존재한다고 가정한다.

자본의 기대 실질 수익률을 균등화하기 위한 조건은 세 가지로 나뉜다.

— 자본시장에서 두 통화 간의 금리 차이는 해당 통화의 선물 환율[1]과 같아야 하므로 선물환시장에서 측정된 환율 변동에 따라 조정된 명목 금리는 같아진다. 이러한 조건은 자본 이동과 차익 거래의 결과이다. 이는 자본 이동에 대한 통제를 제거함으로써 실현될 수 있다.

— 통화시장에서 금융의 효율성은 전 세계 모든 통화로 확장되어야 한다. 이는 선물환시장에서 관측되는 환율 변동이 기대 환율 변동의 불편 추정치임을 의미한다. 그 결과, 선물환시장은 미래 환율에 대한 최상의 예측치를 제공한다.

— 재화 시장에서 환율조정 명목 가격은 모든 재화 바구니와 통화에 대해 동일하다. 구매력평가는 재화 시장의 글로벌 통합을 나타내며, 이는 각 재화나 서비스에 대해 단일한 세계 가격이 있음을 의미한다.

이러한 조건이 경험적으로 검증되지 않는다는 것은 말할 필요도 없다. 그러나 이것이 중요한 것은 아니다. 중요한 것은, 이론적으로 경제 및 금융 통합에 대한 이러한 정의는 화폐가 없는 세상을 의미한다는 것이다.

---

[1] 선물환은 선도환이라고도 하며, 미래의 일정 기간 내에 일정 금액, 일정 종류의 외환을 일정 환율로 매매할 것을 약속한 외국환을 뜻한다: 옮긴이.

금융 통합에 대한 이러한 정의는 금융자산과 구별되는 화폐의 배타적 특성, 즉 유동성을 고려하지 않기 때문이다. 실제로 우리가 살펴보았던 것처럼, 주권의 보호 아래 있는 모든 화폐 시스템에서 화폐 단위는 가치를 측정하는 단위이다. 따라서 모든 금융자산의 가격은 계산 단위에 따라 달라지지만, 유동성은 1로 고정된 가격을 갖는다.

이론적으로 서로 다른 자산 간 모든 금융 시장의 세계적인 통합, 즉 자산 수익률의 균등화는 환율 조정과 자산 간의 세계 상대가격의 조정이라는 두 가지 유형의 변수를 조정하는 것을 의미한다. 자산 간의 세계 상대가격의 조정은 자산 가격의 변동에 따라 자산의 기대 수익률이 달라지는 금융자산 간의 상대적인 수요의 변동에 기인한다. 궁극적인 유동성의 가격은 그것을 표현하는 계산 단위에 관계없이 항상 1이기 때문에 궁극적인 유동성의 기대 수익률이 변한다고 말할 수 없다. 따라서 금융 통합이 완성되려면, 세계에는 수요가 집중되는 단 하나의 유동성 형태만 존재해야 한다. 이 결과가 불가능성 정리이다(Kareken et Wallace, 1981). 두 통화가 세계경제에서 궁극적인 유동성의 실현 매체가 되기 위해 경쟁한다면, 환율은 비결정적이다. 〈상자 7.1〉은 불가능성 정리를 단순화한 예시이다. 실제로 유동성은 만장일치 신뢰의 대상인 공공재이기 때문에, 차익 거래의 대상이 아닌 만장일치의 신뢰 대상에 대해서는 어떤 시장도 균형가격을 결정하지 않을 것이다.

이것의 수학적인 증명은 차치하더라도, 직관적인 논거는 분명하다. 금융자산에 대한 수요와 달리 화폐에 대한 수요는 분리할 수 없기 때문에, 시장은 동일한 공공재에 대한 두 후보 화폐 간의 균형가격을 결정할 수 없다. 여기에서 화폐의 공공재적 성격이 결정적인 역할을 한다.

현실 세계에서 이는 두 통화가 서로 대체적일수록 두 통화의 환율은 더욱 불안정해진다는 것을 의미한다. 실제로 화폐 정책 간의 가장 작은 차이나 미래 환율에 대한 믿음을 변화시키는 모든 사건은 국제유동성 제공자와 동일한 지위를 주장하는 통화들 간에 자본의 재편성을 야기한

[상자 7.1] 완전한 금융 통합 세계에서 환율의 비결정성

두 개의 경쟁 통화(1과 2)가 국제유동성을 제공하는 세계를 고려해 보자. 이 세계는 화폐의 공공재적 지위를 표현하기 때문에 본질적으로 유동성은 유일하다. 양국에서 실질 단위로 표현된 화폐의 수요와 공급의 균형은 다음과 같다.

$\log M_1 - \log P_1 = \theta_1 \log y_1 + a(r_1 - r) + \sigma(r_1 - r_2)$

$\log M_2 - \log P_2 = \theta_2 \log y_2 + a(r_2 - r) - \sigma(r_1 - r_2)$

여기에서 M_1과 M_2는 두 국가의 화폐 공급이고, y_1과 y_2는 두 국가의 총소득이다. r_1과 r_2는 두 통화의 실질 수익률이며, r은 금융시장이 완전히 통합되어 있기 때문에 공통이라고 여겨지는 금융자산의 실질 수익률이다.

완전한 통합은 재화 시장과 따라서 구매력평가도 포함된다. 이것으로부터 환율 균형식을 추론한다.

$e = \log P_1 - \log P_2 = e^* - \eta(r_1 - r_2)$

여기에서 $e^* = \log[(M_1/y_1^\theta)/(M_2/y_2^\theta)]$ 그리고 $\eta = a + 2\sigma$.

두 통화 간의 실질 수익률의 차이는 $r_1 - r_2 = \delta = (R_1 - R_2) - \hat{e}^a$이다. 여기에서 $\hat{e}^a$는 두 통화 간의 기대 환율 변동이다. R_1과 R_2는 두 나라의 명목 이자율을 각각의 통화로 표시한 것이다. 따라서 두 통화 간의 균형환율은 다음과 같다.

$e = e^* - \eta\delta = e^* - (a+2\sigma)\delta$

두 통화가 서로 완전히 대체될 수 있다면, 대체 탄력성은 $\sigma \to \infty$이다. 그 결과, $\partial e/\partial \hat{e}^a \to \infty$이다. 그러나 두 통화는 재화에 대한 구매력평가 가격이 0도 무한도 아닌 경우에만 동시에 유통될 수 있다. 따라서 그것들은 동일한 수익률, 즉 $\delta = 0$을 의미한다.

따라서 두 통화 간의 균형환율은 $e = e^* - 0 \times \infty$.

이것은 환율이 비결정적이라는 것을 의미한다. 국제유동성은 정의되지 않는다.

다. 이는 화폐 수요가 한 재화에 대한 개인의 수요가 아니기 때문이다. 화폐 수요는 지급 결제 시스템에 대한 집단적 수요이다. 지급 결제 시스템의 서비스에 대한 개인의 수요는 다른 개인들의 수요의 증가함수이기 때문에 화폐 수요는 집단적이다.

이러한 결과는 국제 화폐에 대한 모든 믿을 만한 이론의 중심축이다. 이것은 지구 전체의 주권이 없는 상황에서 국제유동성이 하나의 지배적인 통화로 집중되는 이유를 설명한다. 따라서 우리는 '효율적인 국제 화폐 시스템이란 무엇인가'라는 질문을 진지하게 제기할 수 있다.

국제 화폐 시스템은 국제무역과 관련된 거래에 대한 비거주자들의 수요에 따라 궁극적인 유동성의 공급이 결정되는 지배적인 통화를 중심으로 반드시 조직되어야 한다. 그러나 자본의 자유로운 이동은 통화들 간에 경쟁을 하게 한다. 그래서 경제주체는 지배적인 통화가 그 지위를 유지하는 것을 사실상 확신해야만 한다. 만약 경쟁자들 간에 경제정책이 조정될 수 없는 만만찮은 경쟁자가 있다면, 지배적인 통화가 그 지위를 유지하는 것은 당연하다고 할 수 없다. 하지만 자본 이동이 자유로운 세계에서 직접적인 정책 조정은 상상할 수 없다. 금융시장의 내재적 불안정성 때문에 국가 간의 서로 다른, 심지어 상충되는 이해관계를 반영하는 상황이 너무 많이 존재한다. 그렇지만 국제 레짐[2]을 정의하는 공통의 원칙이나 준칙에 대한 합의가 있을 수 있다. 따라서 국제 레짐은 조약이라는 법적 효력을 가지며, 국제 화폐 시스템에 포함된 준칙의 성격과 관련된 국제 협정이다. 국제 레짐의 미덕은 국제유동성 위기를 야기하기 쉬운 상충되는 행동을 제한하는 조약 참여국의 권리와 의무를 설정하는 것이다. 이러한 권리와 의무는 참여국들이 상호 이익, 즉 레짐 전체의 거

---

2. 레짐(regime)은 국제 관계의 특정한 쟁점 영역을 둘러싸고 행위자의 기대가 수렴되는 명시적이거나 묵시적인 원칙, 규범, 규칙 및 정책 결정 절차의 총체를 의미한다. 한편 '국제 레짐'이라는 용어는 1970년대부터 사용되었으며, 1982년 합의적 정의(consensus definition)가 만들어졌으나 아직 구체적인 정의에 관해서는 논의가 계속 이루어지고 있다. 국제 레짐 대신 정책 조정(policy coordination)이라는 용어를 쓰는 학자도 있다: 옮긴이.

시경제적 효율성을 인식한다면 더욱 수용될 수 있을 것이다.

거시경제적 효율성은 전 세계적 시점 간 균형의 관점에서 정의할 수 있다. 실제로 각국의 국제수지는 모든 기간에 제로(0)가 될 이유는 없다. 각국의 국제수지는 유동성에 대한 공통의 신뢰 덕분에 국가화폐 시스템에서와 같이 이연될 수 있어야 한다. 다음과 같은 몇 가지 조건이 충족된다면, 채권과 채무의 적법한 이연을 통해 전 세계적 시점 간 균형을 정의할 수 있다.

- 국제수지 적자와 흑자는 국가별 저축과 투자 행태의 구조적 차이, 예를 들어 인구 구조나 인구 증가율의 차이에 기인한 것이지 몇몇 세계화 된 시장(부동산, 주식, 원자재)에서 부채 레버리지와 일시적인 자산 가격의 상승 사이의 악순환의 결과가 아니다.
- 금융 투자자들은 국가 간 자산의 미래 수익률과 리스크를 정확하게 평가할 수 있다. 따라서 자본주의적 치부의 기반이 되는 자본이득이 발생하는 장소가 바로 금융시장이기 때문에 이것이 이 시장의 존재 이유임에도 불구하고, 모멘텀이나 투기적 움직임은 존재하지 않는다.
- 안정적인 화폐 조정은 국가 간 충격이 누적되는 것을 방지한다.

이러한 조건이 충족되지 않으면 금융 과잉으로 인한 국제수지 적자는 불균형이 된다. 금융의 취약성은 대외 채무의 누적, 신용으로 투자한 금융자산 가격의 거품, 숨겨진 시스템 리스크를 수반하는 국제금융 거래 상대방의 지불 약속을 뒤얽히게 하는 자금 조달 기법으로부터 발생한다.

국제수지 흑자가 비대칭적인 조정으로 인해 외부 효과를 발생시키면, 이는 불균형이 된다. 유동성 함정, 신축적이지 못한 환율, 디플레이션 압력 등 여러 가지 이유로 금리와 환율을 통한 조정이 작동하지 않을 때, 국제수지 흑자는 다른 나라의 수요와 경제활동을 축소시킨다.

그렇다면 역사를 통해 밝혀진 국제조직의 원칙은 무엇이며, 6장에서 살펴본 국가 차원에서 화폐 조절의 개선을 활용하여 금융 혼란을 방지하지는 못하더라도 일정 기간 동안 금융 혼란을 억제하고 이를 견딜 수 있게 하는 원칙은 무엇인가?

이 원칙 가운데 하나는 자본주의 고전 시대의 **국제 금본위**이다. 어떤 의미에서 보면 국제 금본위는 태환성 준칙으로의 «자발적인» 수렴으로 생겨났다. 국제 금본위는 최초의 금융 지구화와 동시에 탄생했고, 제1차 세계대전으로 산산조각이 났다. 다른 하나는 어설프게 제도화된 국제 시스템이었던 브레턴우즈 시스템이다. 임노동 사회의 비약적인 발전과 함께 브레턴우즈 시스템은 국제기구인 국제통화기금(IMF)에 의한 환율의 정확한 준칙과 감독을 명확하게 규정한 국제조직에서 달러화를 기축통화이자 국제유동성의 보유자로 명시했다. 이 기구는 환율 시스템을 조절하고 국제수지의 잔액 결제에 필요한 자금을 상호 출자했다.[3]

따라서 두 경우 모두 단일하고 안정적인 형태의 궁극적인 유동성을 가진 위계화된 국제 화폐 레짐이 존재했다. 명시적인 준칙이 없으면 금융 혼란이 확산되어 결국 글로벌 위기로 연결된다. 이런 대표적인 사례가 대공황(1929-1938)과 대침체(2008-?)이다.

2. 금본위 하에서 국제금융의 통합과 해체

국제 금본위는 정치적으로는 아니더라도 윤리적으로는 지구 전체의 주권에 가장 가까운 화폐 레짐이었다(Aglietta, 1986). 국제 금본위는 불문 화폐 헌법이라고 불렸다. 어느 나라의 부채도 아닌 화폐의 한 형태로서 화폐화 된 금이 모든 국가에서 대외적으로 궁극적인 유동성 역할을 했기 때문이다. 실제로 정부들은 거주자와 비거주자 모두에게 국가화폐를 금으로 무제한 태환하기로 약속했다. 태환성은 «자연 질서»라는 주

---

3. 브레턴우즈 체제와 그 발전에 관한 매우 광범위한 회고에 대해서는 Walfaren(1994)을 참고하라.

권 원칙의 지배에 의해 정당화되었음을 상기하자. 태환성은 사유재산과 계약에 대한 준수를 기반으로 하는, 보편적이라고 가정되는 부르주아사회의 규범이었다. 실제로 19세기 후반 자본의 국제화는 그 뿌리가 네덜란드와 영국에 있었지만, 보편적인 특성을 띠게 되었다.

태환성은 각 국가의 계산 단위와 이를 정의하는 금의 무게와 함량의 공시 가격을 연결하는 산술적 관계 그 이상이었다. 사적 계약의 명목 가치를 보존하는 것은 정부가 화폐를 조작하여 도달할 수 있는 정치적 목적보다 우월한 윤리적 질서라는 믿음이었다. 화폐적 측면에서 보면, 태환의 지속성에 대한 확고한 신뢰는 화폐 공급량을 금 준비금의 변동에 민감하게 만들었다.

파운드화를 국제 시스템의 중심축으로 삼고, 잉글랜드은행이 모든 국제 금리를 좌지우지할 수 있게 한(6장을 보라) 화폐 시스템의 위계화된 특성은 불안정한 자본 이동을 억제했다.

이러한 형식적 특징은 금본위에 대한 윤리적 신뢰가 어떻게 잉글랜드은행에 대한 위계적 신뢰를 불러일으키고, 이를 초국가적 수준으로 확대했는지 이해하는 데 필수불가결하다. 그러나 이러한 질서가 시간이 지나도 지속되는 것을 이해하기 위해서는 더 많은 것을 필요로 한다. 우리는 화폐의 역사적 궤적을 연구하면서, 잘 정의된 주권 원칙에 기초한 모든 화폐 질서는 유한하다는 것을 살펴보았다. 그럼에도 불구하고 1860년대부터 프랑스가 관리하던 금과 은의 양본위제가 금본위로 수렴했다는 점을 감안하면 어떻게 금본위의 회복력이 반세기 동안 지속될 수 있었는가?

19세기 후반은 미국, 독일, 일본이 강대국으로 부상한 시기이자 2차 산업혁명의 시기였다. 또한 국제 금본위는 1873년부터 1896년까지의 장기 디플레이션과 이 기간 동안 여러 차례 발생한 금융 위기를 막을 수 없었지만, 20세기 초반, 특히 1907년의 끔찍한 금융 위기 이후에야 잉글랜드은행의 지배적인 지위는 침식되기 시작했다.

화폐는 결코 중립적이지 않으며, 경제 및 금융 구조에 따라 전환된다는 것을 살펴보았다. 국제 금본위가 무엇인지 이해하기 위해서는 당시에 국제 금본위가 자본주의의 경로에 어떻게 적응했는지 파악할 필요가 있다.

2.1. 저축의 국제적 배분과 장기 투자의 교대 국면

자본주의 고전 시대인 19세기 후반에 전개된 금융 지구화와 1980년대 이후 확산된 금융 지구화, 이 두 가지 형태의 금융 지구화의 기본적인 특징보다 더 대조적인 것을 찾기는 쉽지 않다. 첫 번째 시기에는 저축이 선진국에서 개발도상국으로, 영국과 프랑스 등 부국에서 빈국으로, 즉 식민화된 지역으로 향했다. 자본의 흐름에 이어 유럽 인구의 이주가 뒤따랐다. 두 번째 시기에는 저축이 주로 빈국에서 부국으로 향했다. 노동력도 저축과 같은 방향으로 움직이면서 빈국의 발전을 더욱 어렵게 만들었다. 첫 번째 시기에 국제 자본의 흐름은 장기적으로 그리고 비경쟁적으로 이루어졌다. 영국의 저축은 영국 제국을 훨씬 넘어 유럽 이외의 세계로 향했다. 반면 프랑스의 저축은 유럽, 중동 그리고 매우 점진적으로 프랑스 식민지로 향했다. 두 번째 시기에 자본 이동은 투기적이고 모방적인 경쟁에 의해 주도되었다. 따라서 두 경우에 화폐와 금융 간의 관계가 매우 달랐던 것은 놀라운 일이 아니다.

실제로 1870년 이후 시기에 유럽의 두 강대국(영국과 프랑스)이 보유한 자본 스톡의 지리적 분포는 이들 사이에 경쟁이 전혀 없었으며, 오히려 세계를 분할했다는 것을 보여 준다(표 7.2).

1860년대 중반부터, 특히 1870년부터 머천트뱅크[4]를 통해 조달한 영국의 저축은 유럽을 떠나 영국 제국의 지역이나 아메리카와 오세아니아의 처녀지 또는 인구밀도가 낮은 지역으로 향했다. 반면, 1914년 프랑스가 축적한 자본의 70퍼센트는 유럽과 중동에서 발견되었다.

---

4. 머천트뱅크란 18세기 이후 유럽 각지에서 런던으로 이주해 온 무역업자들이 어음 인수를 위해 설립한 영국 특유의 금융회사이다: 옮긴이.

표 7.2. 영국과 프랑스에 의한 글로벌 장기자본시장의 분할

영국			
행선지별 비중 (%)	1854	1870	1914
유럽	55	25	6
라틴 아메리카	15	11	24
영국 제국	5	34	29
미국	25	27	29
기타	-	3	12
총금액 (파운드 스털링)	260	770	4,107
프랑스			
행선지별 비중 (%)	1851	1881	1914
유럽	96	71	58
중동	-	20	11
식민지	-	4	9
아메리카	4	5	16
기타	-	-	6
총금액 (파운드 스털링)	98	688	2,073

자료: A. G. Kenwood and A. L. Lougheed (1971).

이러한 세계의 분할 이외에도 가장 눈에 띄는 특징은 인구 밀집 지역으로의 자본 흐름과 이 지역으로의 대규모 이주 간의 상호 보완성이다. 당시 지배적인 국가인 영국만 해도 1880년대에 인구의 3퍼센트, 1890년대의 불황기에는 5.2퍼센트, 그리고 20세기 첫 10년 동안의 성장기에는 2퍼센트가 추가로 이민을 떠났다. 이주 인구가 유입된 국가에서 그에 의한 인구 증가 기여는 전례가 없는 수준으로, 미국에서는 9퍼센트, 오스트레일리아에서는 17퍼센트, 아르헨티나에서는 25퍼센트가 자연 증가 외에 이주를 통해 유입되었다.

이러한 자본의 흐름과 노동력의 이주로 실현된 상호 보완성은 세계적 차원의 성장 레짐을 제공했다. 젊고 생산적인 유럽의 노동력은 높은 임금이나 사업 소득에 매료되어 이주자로 유입되었다. 이러한 이주자들 덕분에 철도와 해상운송에서의 빠른 기술 진보는 직접적으로 또는 낮은 생활비를 통해 유럽 산업의 저비용 **투입물**로 변환되었다. 따라서 저축률

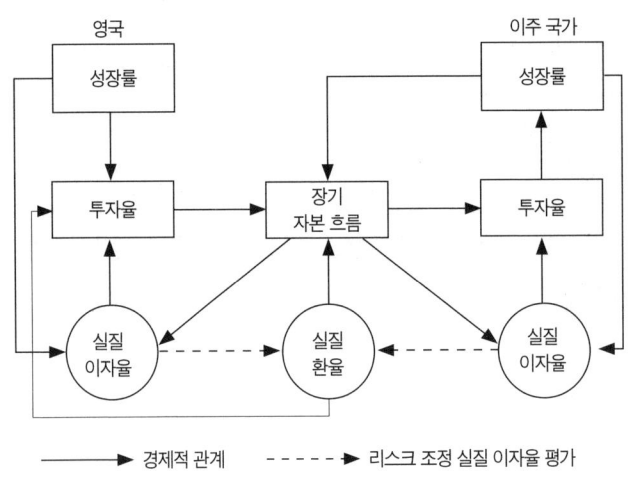

그림 7.1. 금본위 하에서 장기 국제 상호 의존

이 높은 선진 자본주의 국가의 장기 투자 흐름은 노동력과 자본을 수출하는 지역과 이것들을 수입하는 지역을 긴밀하게 연결하는 세계 경제성장 레짐의 매개체였다.

영국에서 자본축적과 해외투자의 유기적 결합은 고전 시대의 세계 경제 성장에 결정적인 역할을 했다(그림 7.1). 영국에서 투자 기회가 감소했을 때, 영국의 저축은 이주자들이 정착한 지역에 투자되었다. 이러한 자본의 흐름은 정착 지역에서 광업 자원과 특히 농업 생산의 공급을 확대했다. 동시에 영국의 경기 침체로 수요가 감소했다. 수입 식료품의 가격이 떨어지기 시작했다. 이로 인해 영국 농촌의 생활수준이 낮아지고 사람들이 도시로 모여들었다. 낮은 생계비용과 잉여 노동력의 공존으로 자본의 수익성이 높아졌다. 영국에서 투자 붐이 시작되었다. 투자 붐은 고용의 증가와 생계비용의 상승으로 인해 임금이 수익성을 다시 낮출 정도로 상승할 때까지 지속되었다. 이러한 상황은 농산물 수입이 급격히 증가하는 반면, 영국 내 수익성이 높아 해외 투자가 위축되었기 때문에 더욱 발생할 가능성이 높았다. 따라서 영국에서는 자본의 수익성이 하락하

표 7.3. 금리의 변동성(월별 변동의 표준편차)

	1880-1913		1960-1997	
	장기	단기	장기	단기
영국	0.21	1.16	2.84	3.07
프랑스	0.30	0.67	2.85	3.11
미국	0.33	2.56	2.60	3.35

자료: R. Contamin (2000).

고 이주자들이 정착한 지역에서는 상승하여 국내 실업이 증가하는 시기에 노동력이 이주하는 또 다른 수출 사이클을 시작하는 상황에 처해 있었다.

2.2. 국제금융 통합과 장기금리의 안정

금본위 시대의 가장 두드러진 특징은 장기 명목 금리가 안정된 모습을 보였다는 것이다. 명목 금리가 실질금리보다 안정적이었다. 장기금리는 단기금리의 변동에 민감하지 않았다. 이와 관련하여 1880-1913년과 1960-1997년을 비교하는 것이 유용하다(표 7.3).

여기에서 비교하는 두 시기는 각각 장기 인플레이션 상승 국면과 하락 국면(1880-1896년 동안의 디플레이션)을 경험했다. 그렇지만 장기금리의 평균 변동성은 금본위 하에서 약 10배 이상 낮았다. 단기금리의 변동성도 금본위 하에서 더 낮았지만, 단기금리와 장기금리의 변동성의 차이는 1960-1997년 시기에 더 작았다. 따라서 두 가지 다른 구조적 특징이 있었다. 반면 물가와 소득은 20세기 하반기보다 금본위에서 주기적이었고, 따라서 훨씬 더 가변적이었다(표 7.4). 6장의 화폐 조절을 연구하면서 강조한 것처럼, 이것은 고전 시대와 임노동 사회에서 경제정책의 목표가 매우 달랐음을 의미한다. 잉글랜드은행의 기준 금리와 경기순환이 높은 상관관계를 보이고 장기 투자 국면이 번갈아 이어지면서 세계경제는 단기

표 7.4. 영국과 미국의 안정성에 대한 경제 지표의 비교

	1879-1913		1946-1979	
	영국	미국	영국	미국
물가 변동 계수	14.9	17.0	1.2	1.3
소득 변동 계수	2.5	3.5	1.4	1.6
통화량 변동 계수	1.6	0.8	1.0	0.5

자료: R. N. Cooper (1982).

표 7.5. 단기금리 변동의 상관관계

	영국	독일	프랑스	오스트리아
영국	1	0.83	0.90	0.76
독일		1	0.89	0.93
프랑스			1	0.83
오스트리아				1

자료: J.-F. Vidal (1989).

적으로는 변동적이고 장기적으로는 안정적이었다. 〈표 7.5〉에서는 단기금리 간의 높은 상관관계를 확인할 수 있다.

2.3. 국제수지의 장기 안정

두 시기 사이에 대조되는 거시경제적 차이가 있다면, 그것은 제1차 지구화 때에는 구조적 불균형을 증가시키는 특성인 경상수지 차이의 급증을 경험하지 않았다는 것이다. 실제로 장기자본수출은 영국의 상품 수출과는 양(+)의 상관관계를, 국내 투자 및 국내 경제활동과는 음(-)의 상관관계를 보였고, 따라서 수입과는 음(-)의 상관관계를 보였다. 장기자본수지와 무역수지가 음(-)의 상관관계를 보였기 때문에, 영국의 기초수지(경상수지와 장기자본수지를 합한 것)는 안정화되었다. 기초수지의 변동이 거의 없었다는 것은 영국이 장기적인 구조적 부채를 누적하지 않았다는 것을 의미한다. 이는 브레턴우즈 하에서나 1980년대와 2000년대의

표 7.6. 영국 국제수지의 장기적 안전장치

변수	영국 투자의 증가 국면	영국 투자의 감소 국면
영국의 총고정자본 성장률	↗	↘
장기자본수출 성장률	↘	↗
영국의 교역 조건	↗	↘
무역수지 규모의 변동	↘	↗

불균형이 심했던 미국과는 정반대이다. 장기적으로 항상 흑자를 기록했던 영국은 은행에 단기로 대출해 줄 수밖에 없는 단기 채권자가 되었다. 그 대가로 은행들은 장기자본을 수출했다. 투자 수익금은 국제무역의 보편적인 지급수단인 파운드화로 환어음을 받아들인 영국이나 유럽 국가들이 수출하는 상품에 대한 지급 결제 수단을 제공했다.

 게다가 가격과 거래량의 움직임은 서로 반대 방향으로 진행되어 가치로 환산한 무역수지의 변동을 완화하였다. 국내 투자가 증가했을 때, 앞에서 살펴본 것처럼 영국의 교역조건도 개선되었다. 하지만 수입량이 수출량보다 더 빠르게 증가했다. 임금 상승과 수입 증가로 농산물 가격이 상승하자, 교역조건이 역전되었다. 그러나 영국에서는 투자 수익성이 악화되었고 경제활동이 위축되었다. 따라서 수입량도 감소했다. 그렇지만 해외 투자 흐름이 그 공백을 메우면서 영국 상품을 구입할 수 있는 수단을 제공했다. 수출량이 증가했고, 양으로 환산한 무역수지는 더 흑자가 되었다. 〈표 7.6〉은 이러한 안정화 메커니즘을 보여 주고 있다.

 이러한 일련의 내생적 재균형 메커니즘의 결과로 국제 화폐 시스템은 금에 대한 수요가 매우 낮은 상태에서 작동했다. **금본위 시스템의 중심축이었던 영국은 금 보유량이 가장 적은 나라였다.** 이것이 잉글랜드은행의 기준 금리가 파운드화 환어음 발행과 영국 은행들에 있는 외국 은행들의 유동성 예금에 대해 반대 방향으로 작용한 결과라는 것을 우리는 알고 있다. 태환성에 대한 신뢰가 투기적 이동을 억제했기 때문에 단기자본의 변동은 언제나 안정화되었다. 단기자본의 변동은 기초수지의 일시적인 불균형에 탄력적으로 자금을 조달했다(Aglietta, 2006).

2.4. 고전 시대의 대-디플레이션과 금본위의 최후의 몸부림

언제나 그렇듯이 자본주의의 큰 변동은 대규모 금융 위기와 함께 시작된다. 1873년 5월 빈에서 발발하여 유럽 전역으로 전염된 위기의 직접적인 원인은 새로운 유형의 은행 지점들이 부동산 회사들을 대신하여 발행한 채무를 통해 자금을 조달한 엄청난 부동산 투기였다. 담보대출을 회수할 수 없었던 수백 개의 은행들이 빈, 베를린, 파리 등 유럽 대륙의 주요 도시에서 파산했다. 은행 위기는 곧바로 폭력적인 경기 침체를 촉발했다.

유동성이 부족해진 은행들은 서로를 신뢰하지 않았다. 은행 간 대출이 동결되었고, 대출 비용(이자)이 매우 비싸졌다. 위기는 곧바로 주식시장과 철강 및 시멘트 산업과 같은 전(前)단계의 경제 부문으로 전파되었고 채권 발행을 통해 자금을 조달한 미국 철도 산업은 물론 전염에 의해 위기에 휩싸인 유럽 금융시장이나 월스트리트에도 영향을 미쳤다. 또한 소비가 감소하면서 위기는 전 세계 농업과 식품 산업으로 확산되었다. 그 결과, 이주 인구가 유입된 국가들이 큰 타격을 입었다.

미국에서는 중앙은행이 없는 은행 시스템의 취약성, 해외 자금에 대한 의존, 그리고 미국 남북전쟁(1861-1865) 당시 발행된 채무 등이 결합하여 금 부족에 따른 화폐 위기가 촉발되었다. 금-태환을 통해 가능한 한 빨리 그린백을 회수하려 했던 의회의 다수당인 공화당의 열망으로 인해 더욱 악화되었다.

중앙 유동성 창출의 탄력성 결여와 미국 금융 시스템의 취약성으로 인해 디플레이션은 1873년부터 1896년까지 지속된 불황의 본질적인 특징이 되었다(표 7.7). 이러한 불황은 금융 위기가 되풀이되는 장기간의 경기 침체였다. 1873년부터 1877년까지 4년 동안 지속된 첫 위기 이후, 1882

표 7.7. 19세기 중반부터 1913년까지 도매 물가의 변동

	1849-1873	1873-1896	1896-1913
미국	+67	-53	+56
영국	+51	-45	+39
독일	+70	-40	+45
프랑스	+30	-45	+45

자료: 미국 상무부, 식민 시기부터 1970년까지 Statistical Abstracts. 유럽국가: B.R. Mitchell (1978)

년부터 1884년까지 그리고 1890년과 1896년 사이에 은행 위기가 다시 찾아왔다. 5장에서는 잉글랜드은행이 지휘하는 국제 최종 대부자의 개입이 필요했던 베어링사 위기를 예로 들었다. 금융 위기의 이러한 에피소드 사이에 경제는 확장 단계를 경험했다. 디플레이션 가운데 이러한 확장은 특히 독일, 일본 그리고 미국과 같은 새로운 산업 강국들의 전유물이었다.

대-디플레이션은 국제 노동 분업을 전환시키는 구조적 변화를 촉발했고, 그 결과 잉글랜드은행이 고유한 역할을 수행할 수 있는 경제구조를 약화시켰다. 실제로 대-디플레이션에 대한 초기 대응은 산업 집중이었다. 프랑스의 멜린(Méline) 관세, 미국의 매킨리 관세[5] 등 영국 이외의 지역에서는 자유무역이 후퇴했다. 대-디플레이션이 끝나고 제1차 세계대전이 발발하기 전까지는 유럽 강대국들이 그들의 식민지 제국의 기반을 공고히 하거나, 독일과 관련된 제국을 건설하기 위해 카르텔을 형성하고 경쟁이 격화되던 시기였다. 미국은 중앙아메리카에 배타적인 영역을 설정했고, 강대국들은 중일 전쟁에서 승리한 일본의 존재를 받아들여 중국을 해체하는 데 박차를 가했다.

이러한 모든 전개 과정은 국제 지급 결제에서 잉글랜드은행의 화폐적

---

5. 매킨리 관세법(Tariff Act of 1890)은 미국 상원 의원 윌리엄 매킨리(William McKinley)에 의해 입안되어 1890년 10월 1일 발효되었다. 관세는 수입품에 대한 평균 관세를 거의 50%로 인상했으며, 외국과의 경쟁에서 자국의 산업을 보호하기 위해 만든 법이었다. 공화당이 전략적으로 지원한 보호 무역은 많은 정치인들과 민주당에 의해 맹렬한 비난을 받았다. 이후 이 법은 1894년에 관세율을 낮춘 '윌슨 고먼 관세법'으로 대체되었다: 옮긴이.

지렛대 역할을 회복 불가능하게 침식시켰다. 잉글랜드은행의 역할이 소멸하는 데 유일한 장애물은 취약한 미국 금융 시스템의 상태, 특히 중앙은행의 부재였다. 어쨌든 1913년 미국의 중앙은행인 연준[6]의 설립은 잉글랜드은행의 헤게모니에 종지부를 찍었다. **연방준비법**(Federal Reserve Act) 덕분에 달러는 미국의 무역 확장과 함께 국제화할 수 있는 화폐로 크게 도약할 수 있었다. 물론, 제1차 세계대전은 이러한 변화를 가속화하는 엄청난 가속 페달이었다. 국제 금본위는 자유무역에 대한 견해를 공유하지 않는 경쟁 국가들의 출현으로 살아남을 수 없었다.

전후 세계는 참전국들의 대규모 공적 부채와 유럽과 아시아의 정치적 불안으로 인해 매우 이질적이었다. 케인스는 1919년 그의 저서 『평화의 경제적 귀결』에서 베르사유조약의 극적인 결말을 처음부터 예견했다. 독일에 부과된 금융적 부담은 독일 경제를 불안정하게 만들고 민족주의적 열광을 불러일으킬 수밖에 없었다. 그 첫 번째 사건이 5장에서 살펴본 독일의 초인플레이션이었다.

제1차 세계대전은 세계경제를 머리에서 발끝까지 바꾸어 놓았다. 그러나 영국과 프랑스의 지도자들은 이러한 사실을 알고 싶어 하지 않았다. 그들의 유일한 정치적 목표는 구질서를 재건하는 것이었다. 전시 인플레이션은 1921-1922년의 디플레이션으로 흡수되기에는 역부족이었다. 인플레이션은 국가화폐의 불태환성과 관련된 화폐 창출로 가능했다. 국제 화폐 질서를 부활시키기 위해서는 전쟁 이전의 평가(平價)에 따라 금-태환성을 회복하는 것으로 충분했는가?

양적인 관점에서 화폐 공급량은 전쟁 이전보다 훨씬 적은 양의 금 기반에 기초했다. 성장을 회복하려면, 신용과 화폐의 지속적인 확장이 필요했다. 1913년의 명목 태환성을 회복하면 금의 실질 가격은 이전보다 훨씬 더 낮아질 수밖에 없었다. 그 결과, 새로운 금의 생산은 침체될 수

---

6. 미국의 중앙은행인 연방준비제도(Federal Reserve System)는 간단히 연방준비(Federal reserve) 또는 연준(Fed)으로 불린다: 옮긴이.

밖에 없었다. 전 세계 디플레이션이 무한정 지속되지 않으려면, 금 보유량을 대량의 외환으로 보충해야 했다. 이것이 바로 1922년 제노바회의에서 권고했던 것이다. 즉, 중앙은행이 대외 준비자산의 상당 부분을 외국 통화 표시 유동채권의 형태로 보유할 수 있도록 하고, 이 통화들의 금-태환성을 가능한 한 유지할 수 있도록 하는 것이었다. 이렇게 하여 우리는 그것을 인식하지 못한 채 완전히 다른 화폐 세계, 즉 **금환본위**[7]라는 새로운 화폐 세계로 이동했다.[8]

경제적 효율성 측면에서 금환본위라는 해결책은 만족스러운 것처럼 보였다. 금환본위는 금속의 희소성이 심화되어 매우 비싸진 금속을 화폐적 목적으로 사용하는 비용을 절감하였다. 그러나 이러한 주장은 화폐 시스템의 본성을 무시한 것이다. 문제는 다음과 같다. '대외 준비자산이 외국이나 경쟁국의 금융 중심지에 자산의 형태로 보유된다면, 얼마나 안전할 수 있는가?' 국제유동성의 본성에 대한 문제가 빠르게 되살아났다. 제1차 세계대전 이전에는 런던에 소재한 은행들에 대한 청구권으로 파운드화 준비금을 보유했다. 이러한 자산은 절대적으로 안전한 것으로 간주되었지만, 1920년대의 환경은 현저하게 달랐다.

금-태환성을 회복하는 것만으로는 시효가 만료된 경제 질서에 대한 신뢰를 복원하는 데 충분하지 않았다. 제1차 세계대전 이후 지배적이었던 것은 국가 주권 간의 충돌이었다. 강대국들이 내린 첫 번째 주권적 결정은 금 수출을 금지하는 것이었다. 복원을 주장하는 금본위에 이보다 더 걸맞지 않는 조치를 취하는 것은 불가능했다! 1920년대에 준비 화폐

---

7. 제노바회의는 1922년 4월 10일부터 5월 19일까지 열렸다. 제노바회의에는 영국의 주도로 34개국이 모여 제노바 협정을 이끌어 냈다. 제노바회의의 야망은 제1차 세계대전으로 파괴된 세계 화폐 질서를 재확립하는 것이었다. 제노바 협정은 파운드화와 달러화가 금을 대체하는 준비 화폐인 금환본위의 권고로 이어졌다. 달러화가 처음으로 국제 화폐의 지위를 얻게 되었다.
8. 피터 린더트(Piter Lindert)에 따르면, 1913년 전 세계 준비자산에서 외국환과 금속의 비중은 각각 20%와 80%를 차지했다. 대외 준비자산 가운데 외국환 비중은 1920년대에 급격히 증가했다. 이 비중은 1925년 28%로 증가했고, 1928년에는 42%에 달했다: 옮긴이.

의 지위는 본질적으로 정치 전략에서 비롯되었다. 1919년 이후 미국은 주요 금융 강국이 되었다. 마침내 미국은 화폐 조절 능력을 갖춘 중앙은행을 갖게 되었다. 그러나 미국은 금환본위 시스템에 대한 국제 화폐 관계의 교리를 갖고 있지 않았다.

미국의 정치 구조는 전쟁의 영향을 받지 않았다. 의회에서 국익은 지역 이익에 미치지 못했고, 대외 정책은 국내 정책에 종속된 채로 남아 있었다. 중부와 서부의 농촌 주들은 여전히 중요했다. 역대 미국 정부는 미국의 민간 자본이 해외로 진출하도록 장려함으로써 교전국들의 황폐화된 금융 상태에 영향을 미치려고 노력했다. 그러나 당시에는 지금과 달리 투자은행이 장기적 전망에서 미국 자본의 해외 흐름을 유도할 수 없었다. 투자은행들은 터무니없이 높은 수수료의 형태로 빠르고 쉽게 수익을 올리는 데만 관심이 있었다. 정치적인 측면에서 다시 한 번 공화당이 다수를 차지한 의회는 전쟁 부채 상환에 집착했고 민간 대출을 외국에 영향력을 행사하는 수단으로 사용하도록 재무부에 압력을 가했다.

이러한 무기력한 정책의 실패를 예증하고 전 세계적 파국에서 미국과 밀접하게 연관될 가장 다루기 힘든 문제는 독일의 전쟁 배상금 문제였다.[9] 독일의 초인플레이션을 살펴보면서 우리는 그것이 어떻게 끝났는지 보았다. 1923년 11월 렌텐마르크의 성공과 1924년 도스 플랜(Dawes Plan)을 통한 독일 대외 채무의 재조정이 맞물리면서 독일 지자체와 기업들의 차입이 급증했다. 미국 은행들은 렌텐마르크의 견고함을 신뢰했기 때문에 중개 수수료에 매력을 느꼈고, 미국의 예금자들은 미국 국채 이자율보다 높은 이자율의 유혹에 이끌렸다. 이러한 차입금은 전쟁 배

---

9. 1919년 6월 28일에 체결된 베르사유조약에는 금융 관련 조항이 포함되었다. 독일을 매우 약화시키는 많은 경제 제재에 더하여 독일은 전쟁 배상금으로 프랑스와 벨기에에 터무니없이 과도한 1,320억 금-마르크를 지불해야만 했다. 프랑스의 압력 하에 자행된 이 결정적 실수는 1923년 초인플레이션의 씨앗을 뿌렸고, 이는 나치즘 득세의 원인을 제공한 사회·정치적 위기를 촉발했다.

1919년 중반에 케인스는 독일의 약속 이행이 불가능하다는 것을 보여 줌으로써 국제 균형의 회복을 위한 베르사유조약의 위험성을 논증했다(Keynes, 1920).

상금 부담에 더하여 막대한 금융 부담을 초래했다. 독일의 유가증권이 180회 발행되어 미국에서 15억 달러에 판매되었다. 게다가, 미국 은행들은 독일, 오스트리아, 그리고 헝가리 은행 시스템에 단기로 투자했다. 1928년 월가에서 투기 열풍이 불기 시작했을 때 증권 투자에 대한 대출이 투기의 도화선이 되었다. 주식 매입을 위한 단기자금 조달(콜론)과 신탁 주도의 지분 형성을 위한 피라미드 방식의 금리가 중부 유럽의 상대 은행에 대한 대출 수익률을 능가했다. 결과적으로, 미국 은행들이 만기 도래한 대출을 갱신해 주지 않아 은행 시스템이 취약해졌다.

미국의 금융 위기는 찰스 폰지(Charles Ponzi)의 사기 행각으로 인해 투기가 맹위를 떨친 플로리다 부동산 붐의 위기로 시작되었다. 결국 미 연준이 금리를 인상했을 때 금융 위기가 폭발했다(Eichengreen et Mitchener, 2003). 이 위기는 가계 소득의 증가를 중단시키고 농업 부문으로 확산되었다.

플로리다 부동산 붐 위기 이후 1928-1929년 월가의 주식시장에서는 순수한 금융 붐이 일어났다. 1929년 10월의 위기는 실물경제에 거의 영향을 미치지 않고 주식시장에만 국한되었지만, 은행들과 다른 투자 펀드들을 불안정하게 만들었다. 1930년 가을이 되어서야 첫 번째 미국 은행 위기가 발생하여 신용이 급격히 위축되었고, 이로 인해 차입자들은 지출을 줄였으며, 소비와 투자가 모두 급감하게 되었다. 은행 위기에 이은 디플레이션은 금융 안전성을 전반적으로 파괴하고 경제를 불황에 빠뜨릴 만큼 충분히 강력했다. 미국 경제를 더욱 취약하게 만든 것은 1929년 이전의 호황 단계 동안 채무자 계층의 높은 차입 비율이었다(Fischer, 1933). 경기 사이클의 반전은 경제 전체에 파산의 물결을 촉발하여 반전을 더욱 가속화시켰다. 이러한 직접적인 확산 이외에도 훨씬 더 중요한 간접적인 확산이 있었다. 이러한 반전을 동반한 디플레이션은 실제로 채무자의 부를 채권자에게 재분배했다. 순 부의 감소는 차입자의 현재 및 미래 지출을 줄이도록 자극하였고, 유동성 보유자들은 장래의 물가 하락을 예상했는데, 이는 반전을 심화시켰다. 물가의 하락과 소득의 감소로 인해 1933년 3월까지 실질 부채 부담은 40퍼센트 증가했다.

그러나 미국 국내의 금융 동학과 연관된 연쇄 사슬은 대공황을 그렇게 파괴적으로 만든 원인의 일부만을 설명한다. 국제적 상호 의존이 위기의 깊이와 지속에 결정적인 역할을 했다. 미국의 저축은 중부 유럽에 대단히 많이 투자되었다. 1930년 가을에 발생한 미국 은행의 첫 번째 파산의 물결은 그들의 거래 상대방에게 영향을 미쳤고 런던에서 대규모 자본 이탈을 불러일으켰다. 영국 은행들의 국제 자금 조달 중단은 중부 유럽에서 파국을 촉발했다. 1931년 5월, 오스트리아 최대 은행인 크레디탄슈탈트(Kreditanstalt)의 파산은 중부 유럽의 은행 시스템의 총체적인 채무 지급 불능과 경제 공황으로 이어져 사회적, 정치적 재앙을 초래했다(Kindleberger, 1973). 중부 유럽의 경제적, 금융적 붕괴로 미국이 받은 충격은 1931년과 1932년에 미국 은행들의 파산의 물결을 더욱 강화했다.

금본위의 유령에 불과했던 영국과 프랑스의 금-태환으로의 복귀는 1931년 여름 런던 금융 지구(地區)의 파운드화 예금에 대한 대규모 태환 수요로 풍비박산이 났고, 1931년 9월 영국은 금본위를 탈퇴하여 스털링 존을 형성하게 된다. 영국 정부의 결정 이후에도 프랑스는 금 블록을 고집스럽게 고수했고 1936년 인민전선이 프랑화를 평가절하 할 때까지 끔찍한 디플레이션과 함께 프랑화의 고평가만을 초래했다. 국제 금본위는 마침내 모든 나라에서 국내 태환성이 사라지면서 종말을 고했다.

레옹 블룸(Leon Blum) 정부가 프랑스 프랑화를 평가절하 하기로 결정한 이후인 1936년 9월이 되어서야 경쟁적인 평가절하를 억제하기 위해 미국, 영국, 프랑스 간에 3국 화폐 협정이 체결되었다.[10] 3국 정부는 환율을 안정시키기 위해 합의된 가격에 금으로 결제되는 신용을 서로에게 제

---

10. 3국 협정의 소개와 분석에 대해서는 Drummond(1979)를 참조하라.

공하기로 비공식적으로 합의했다. 금 가격의 재평가와 법정 현금의 보유 감소 덕분에, 많은 나라에서 상당한 양의 금 재고가 방출되어 국제유동성을 보강하였다. 국제무역의 위축과 결합되어 금 보유고의 가치가 50퍼센트 상승한 이후, 국제유동성 부족 문제는 더 이상 발생하지 않았다. 보다 중요한 문제는 국제수지 조정 문제였다. 다시 경쟁적인 평가절하가 시작되는 것을 피해야 했다. 미국, 영국, 프랑스 정부는 세 차례에 걸친 동시 선언을 통해 통화 관계의 질서 정연한 발전을 유지하기 위해 각국의 환율안정기금을 통해 지속적으로 협력하기로 약속했다. 이러한 환율 안정을 위한 거래 중에 중앙은행들이 획득한 외국 통화는 이러한 공식 거래를 위해 24시간 동안 고정된 가격에 매일 금으로 결제되었다.

이러한 상황 레짐은 전쟁 준비로 인해 더 이상 운영되지 않았기 때문에 실행 가능성을 증명할 시간이 없었다. 그러나 이것은 금이 아닌 다른 국제 준비자산으로 미래에 부활할 수 있는 화폐 협력 레짐이었다. 1920년대는 금을 국제 계산 단위로 하는 기축통화 레짐이 실패했음을 보여주었다. 3국 협정은 금을 사용하는 중앙은행들 간의 국제 지급 결제 시스템을 정의하여 이 화폐 존에 참여한 3국 통화 간의 시스템을 관리했다. 따라서 이 시스템은 공통의 결제 수단을 가진 삼각 통화 시스템이다.

3. 브레턴우즈 시스템: 제도화된 달러 헤게모니를 통한 조정

제2차 세계대전이 끝나 갈 무렵 설립된 이 국제 화폐 관계 조직은 대서양 동맹의 다른 강대국들과 공유한, 국제무역에 개방된 사회를 촉진하려는 미국 정치 지도자들의 고민에서 영감을 받았다. 이는 새로운 사회적 우선 과제와 완전고용에 대한 정부의 책임의 맥락에서 이루어져야 했다.

따라서 화폐 분야에서도 혁신이 필요했다. 혁신은 금본위의 자동 메커니즘을 시스템에 가입한 국가의 조정을 유도하는 집단행동의 원칙으로 대체하는 것이었다. 이러한 원칙은 IMF라는 바로 그 목적을 위해 만들어진 협의 포럼의 후원 아래 준칙과 절차로 전환되었다. IMF는 브레턴우즈 회의에서 상호 합의한 준칙의 보증인 역할, 회원국들이 합의한 조정에 대한 금융 지원, 화폐 문제에 대한 토론 주도라는 세 가지 책임을 가진 회원국 정부의 공동 자회사로 설립되었다.

오랫동안의 복잡한 협상 끝에 1944년 7월 브레턴우즈 협정이 체결되었다. 미국 재무부 차관인 해리 화이트(Harry White)와 영국 재무부를 대표한 케인스라는 미래에 대한 두 가지 비전이 대립했기 때문이다. 두 사람은 두 가지 신념을 공유했다. 첫 번째 신념은 전쟁으로 인한 극심한 경제적 왜곡의 해결은 화폐로만 해결할 수 있다는 것이었다. 무역을 자유화하기 위해서는 화폐를 조직하는 것이 필요했다. 이러한 구상은 나치 독일이 샤흐트(Schacht)[11]에게서 영감을 받아 나치의 영향력이 미치는 지역에 적용한 것, 즉 화폐 없이 무역을 조직하는 것과는 정반대되는 것이었다. 화이트와 케인스가 공유한 두 번째 신념은 양차 세계대전 사이에 겪었던 생생한 화폐적 혼란의 경험으로부터 비롯되었다. 일반적으로 수용하는 국제 화폐 준칙이 없으면, 이해 충돌이 악화되고 자유방임에 의한 조정이 불가능하게 된다.

협상을 이끈 강대국들의 상반되는 이해관계에 따라 화폐 조절에 대한 서로 다른 두 가지 견해에도 불구하고, 이 두 신념은 브레턴우즈 시스템 이후에도 지속되고 있는 제도적 유산인 IMF의 설립으로 이어지는 과정을 가능하게 했다.

---

[11]. 얄마르 호레스 그리일리 샤흐트(Hjalmar Horace Greeley Schacht, 1877년 1월 22일-1970년 6월 3일)는 독일의 경제학자, 은행가, 자유주의 정치인이며 독일 민주당의 공동 설립자이다. 바이마르 공화국의 통화집행위원과 국가은행(라이히스방크) 총재를 역임했다: 옮긴이.

3.1. IMF의 탄생으로 이어진 어려운 타협[12]

이 장의 첫머리에서는 국제 화폐가 보편적인 주권의 부재라는 일반적인 장애물에 직면해 있음을 보았다. 이로부터 공유되지 않는 궁극적인 유동성의 존재 방식과 국제 지급 흐름, 환율 또는 둘 다의 누적 불균형을 피해야 하는 국가의 국제수지 조정이라는 이중의 문제가 발생한다. 케인스와 화이트의 전망은 전후에 예상할 수 있는 두 나라의 대조되는 상황에서 나오는 문제를 두고 대립했다. 또한 이 두 전망은 국제 화폐의 근본 문제에 대해 서로 다른 철학을 표현했다.

케인스의 계획은 지급 결제 동맹을 위한 제안이었다. 케인스는 세 가지 주요 구상에 따라 세 가지 제안을 명확히 하였다(Keynes, 1941). 첫 번째는 수용 가능하고 수요에 알맞은 국제 지급 결제 수단을 정기적으로 제공하기 위한 지급 결제 시스템을 조직하지 않으면 국제무역을 자유롭게 할 수 없다고 주장했다. 두 번째는 디플레이션 추세를 방지하기 위해 적자국과 흑자국 간의 조정에서 대칭을 요구했다. 1920년대에 미국과 프랑스는 금 보유고를 축적하면서 불태화했으며, 특히 영국은 1913년의 금 평가(平價)를 복원하려는 실수를 범했기 때문에, 국제무역의 중재자 역할을 하는 금융 지구(地區)로서 런던을 심각하게 손상시켰다. 세 번째는 은행화폐의 논리를 국제적 수준으로 확장하는 것과 관련이 있다. 케인스는 위계화된 은행 시스템에 초국가적인 세 번째 층위를 추가할 것을 제안했다.

이러한 제안은 상당한 일관성을 갖고 있었다. 위계화된 지급 결제 시스템인 이 공공재는 국제 청산·결제 동맹(국제청산동맹)을 통해 세계적 수준으로 확대될 것이었다. 외환시장은 국가의 중앙은행들이 갖게 될 국제 청산 은행 계정의 장부에서 국제 청산 은행이 발행한 준비자산을 중

---

12. 케인스와 화이트가 대립한 이유와 견해 그리고 브레턴우즈 협정에 이르는 과정에서 어렵게 이룬 타협에 대해서는 M. Aglietta et S. Moatti(2000)를 참조하라.

앙은행 간에 이체하는 방식으로 대외 수지 차액의 결제가 이루어질 것이기 때문에 폐지될 것이었다. 이러한 준비 화폐는 민간 경제주체가 보유하지 않을 것이었다. 이것은 케인스가 방코르(bancor)라고 부르기를 원했던 국제 계산 단위(IUA)로 표현될 것이었다. 이것은 국제유동성 문제를 해결하는 세 번째 층위의 화폐가 될 것이었다. 국가화폐는 시스템의 준칙에 의해 상호 합의된 조건에 따라 고정되지만 조정 가능한 방코르 평가(平價)로 정의될 것이었다.

실제로 채권국의 중앙은행은 채무국의 중앙은행에 대해 갖고 있는 순채권을 국제 청산 은행에 양도하게 된다. 《순-순》 포지션은 국제 계산 단위로 나타낸 동일한 금액의 채권으로 상쇄된다. 이것이 국제청산동맹의 결제 은행에서 발행하는 국제 화폐의 창출이다. 따라서 이 결제 은행은 채권국의 중앙은행에 대해 채무자가 된다. 대칭적으로, 이 결제 은행은 채무국의 중앙은행에 대해 채권자가 된다. 그 결과, 적자국과 흑자국 간에 기능적인 대칭이 되는 것이다.

대칭이 작동하려면 두 범주의 국가에 대해 대칭적인 의무를 부과하는 조정 준칙을 마련해야 한다. 조정 준칙이 상호 수용 가능하려면 공동 이익이 수반되어야 한다. 채무국의 입장에서 이는 제한적인 조정의 엄격성을 완화하기 위해 차입할 기회를 제공하는 것을 의미했다. 채권국의 입장에서 채무국 중앙은행이 쌓아 놓는 부채가 제한될 것이라는 보장이 필요했다. 케인스는 채무국의 채무를 제한하기 위해 할당액과 경보 지표에 기반한 시스템을 구상했다. 이러한 제한에는 조기 시정 조치가 수반되어 할당된 할당액의 일정 비율에 도달하면, 채무국 정부가 방코르에 대한 자국 화폐의 평가절하를 포함하여 조치를 취하도록 했다. 대칭적으로, 할당액에 비해 채권이 과도한 채권국 정부는 할당액을 재평가하거나 보다 확장적인 재정 정책을 추진할 수 있다.

케인스의 모든 경제철학은 국제 정치 공동체에 의해 확립될 새로운 세계화폐 질서를 위한 이 계획에 집약되어 있었다. 무엇보다도 과거의 디플레이션이라는 악마는 온전히 기능을 다하는 국제 화폐를 통제된 방식으로 창출함으로써 퇴치해야만 했다.

화이트의 계획은 매우 다른 관심사에 의해 형성되었기 때문에 완전히 다른 성격의 것이었다. 첫째, 국제무역이 재개될 때, 압도적이게 될 달러화의 지배권을 제도적으로 확립할 필요가 있었다. 둘째, 양차 세계대전 사이의 화폐 불균형의 결함을 교정해야 했다. 화이트에게 다자주의를 복원하는 것은 미국의 수출에 대한 차별 금지를 의미했다. 경쟁적 평가절하를 피하기 위해 집단 협의를 거쳐 외국 통화의 교환성을 회복하고 조정 가능한 고정환율을 설정해야 했다. 게다가 미국의 금융계에서는 자본 수출이 방해받지 않는 것이 매우 중요했다. 이런 이유로 화이트는 환에 대한 통제의 단계적 축소를 제안했다. 먼저, 교환성을 경상수지에 한정하고, 이후에는 비투기적인 자본으로 확대하자고 제안했다. 가장 변동성이 큰 자본(핫머니)만은 영구적으로 통제해야 한다는 것이었다.

화이트는 기본 원칙을 준수하고, 이제 확립될 것이 확실한 미국 헤게모니의 상황에 따라 목표를 달성하기 위해 두 개의 국제기구를 설립할 것을 제안했다. 하나는 나중에 IMF가 된 환안정기금이고, 다른 하나는 민간으로부터 자금 조달에 실패했을 때 필요한 자본을 제공할 수 있는, 나중에 세계은행이 된 국제부흥개발은행(IBRD)이다. 환안정기금의 역할은 1936년에 주요 3개국 중앙은행 간의 3국 협정의 경험을 일반화한 것이었다. 환안정기금의 자본은 금, 교환 가능한 통화 및 참여국의 공채로 구성해야 했다. 미국은 환안정기금의 관리에 대한 거부권을 갖기로 했다. 달러를 확보하려면 환안정기금, 즉 미국 정부의 승인이 필요했다. 이 조항으로 달러는 공식 결제를 위한 국제 화폐로 격상되었다.

두 국가의 의회에 공동 합의문을 제출하기 위해 이견을 좁히고 나서 미국 측이 원하는 대로 세계 회의를 개최하려고 거의 2년에 걸쳐 격렬한 논쟁이 벌어졌다. 두 계획의 주요한 차이점은 초기 출자 할당액의 성격(은행에 대한 인출권 또는 기금에 대한 자본의 납입), 환시장의 역할과 자본 통제의 범위, 그리고 마지막으로 조정 의무의 대칭성 또는 비대칭성에 관한 것이었다.

변동환율로는 경제적으로 만족스러운 국제수지의 균형을 이룰 수 없었기 때문에, 케인스에게 자본 통제는 영구적인 것이어야 했다. 은행 원칙이 중세의 이원적 시스템과 이것으로부터 발생한 계산 단위의 혼란을 제거하면서 국가 내에서 화폐들을 통일했던 것처럼, 청산동맹은 훨씬 더 효과적으로 그 역할을 대신할 것이었다. 그러나 케인스는 합의의 필수 조건이 미국 의회가 타협을 거부하는 조건이라는 것을 잘 알고 있었다. 따라서 환안정기금의 자본은 국가들의 분담금으로부터 나와야 하고, 금 함유물을 포함해야 했다. 또한 환안정기금에 부여된 신용과 채무자에 대한 신용 대출에 엄격한 제한을 두어야 했다. 달러화의 금 가치는 미 의회의 동의 없이는 변경할 수 없었다.

케인스는 자신의 이론적 틀을 협상 전술의 지침으로 삼았다. 그는 영국의 최소 요구 사항을 화이트의 초안에 포함시키길 원했다. 영국의 최소한의 요구는 가능한 한 적은 양의 금으로 출자금을 낼 수 있도록 하고, 대출 능력을 결정하는 총자본의 규모를 가능한 한 크게 하는 것이다. 무엇보다도 케인스는 평가절하에 반대하는 것을 막을 기준, 즉 경상 수지의 «근본적인 불균형»이라는 개념을 원했으며, 미국 측에서 이를 받아들였다. 1943년 10월 8일, 유엔 최초의 회의가 될 미국과 영국의 공동 합의문의 초안을 작성하기 위한 절차적 합의가 이루어졌다.

3.2. 브레턴우즈 협정: 새로운 화폐 질서의 주역으로서 달러화

미국 재무장관인 모겐소(H. Morgenthau)에게는 두 가지 중대한 목표가 있었다. 첫 번째 목표는 국제금융 권력을 런던과 뉴욕의 투자은행에서 미국 재무부로 옮기는 것이었다. 따라서 미국 대표단은 새로운 통화기금을 어디에 설립해야 하는지에 대한 문제에 타협하지 않았다. 새로운 통화기금은 가장 많은 출자 할당액을 부담하는 국가의 수도에 설립해야 했다. 두 번째 목표는 달러화를 국제 화폐 시스템의 중심에 두는 것이었다. 미국 측은 두 가지 모두에서 승리했다. IMF는 워싱턴에 설립되었고, 각국은 1944년 7월 1일 발효된 금 함유량이나 무게에 따라 금 또는 금으로 태환 가능한 통화로 등가를 선언해야 했다. 그러나 대부분의 국가는 금이 부족하여 달러화로 자신의 화폐 가격의 등가를 선언했다.

출자 할당액을 결정하는 것도 아귀다툼의 대상이었다. 화이트는 전문 위원회를 임명해야 했다. 타협점을 찾기 위해 출자 할당액 총액을 늘릴 필요가 있었다. 그러나 브레턴우즈에서 열린 세계 회의에서 성과를 이끌어 낸 것은 이 분야가 유일했다. 1865년 파리에서 1933년 런던에 이르기까지 이전의 어떤 회의에서도 합의를 이끌어 내지 못했다.

물론 이 시스템의 준칙은 전쟁이 끝날 무렵 미국의 우위를 반영한 것이었다. 유럽 경제의 경쟁력이 회복되어 경상수지에서 교환성을 회복할 수 있게 되자마자, 즉 1958년부터 이 준칙은 브레턴우즈 시스템을 괴롭힐 문제의 씨앗을 뿌렸다.

국제 계산 단위의 정의에서 어떤 국가의 채무도 아닌 유동성의 상위 형태에 대한 공통의 참고가 없는 경우 n번째 국가의 문제가 발생한다. 공식적으로 선언된 환율로 연결된 n개국 사이에는 n-1개의 독립적인 환율만 존재할 수 있다. 따라서 달러화가 고정환율 시스템의 중심축일 때, 미국은 환율 목표를 가질 수 없다는 결론에 이르게 된다. 이것이 미국의 화폐 당국이 환시장에 개입하지 않고 외환 보유고를 보유하지 않는 이유이다. 반대로 외국 공식 기관들에 대한 미국 화폐 당국의 지불 약속은 이 기관들의 국제 준비금이었다. 그러나 미국의 화폐 당국은 국제무역에 필요한 자금 조달에서 나오는 세계 수요에 맞춰 국제유동성을 유지할 책임이 있었다.

따라서 정부 간에는 일종의 2단계 노동 분업이 존재하는데, 이는 케인스가 국제청산동맹 시스템에서 구상했던 은행 위계를 매우 불완전하게 대체하는 것이다. N-1개국은 환율 목표를 방어하고, 이를 위해 달러화로 준비금을 축적해야 한다. 순전한 화폐적 불태화만으로는 충분하지 않기 때문에 준비금 변동의 화폐적 영향을 중화시키기 위해서는 자본 통제가 필수적이다. 그러나 이러한 제약은 자본을 수출하려는 미국 기업들의 의지와 충돌하게 된다. 미국 기업들은 그들이 투자를 계획하고 있는 국가들에 대한 자본 통제를 제거할 것을 요구하고 있다. 이론적으로 미국은 금 가격을 온스당 35달러로 조절해야 하는 책임이 있다. 하지만 미국의 정치적, 군사적 영향력 하에 있는 외국 정부들은 자신의 달러화 화폐 자산을 금으로 태환해 달라고 요구하지 않기 때문에 이러한 공식적인 의무는 현실성이 없다.

시스템의 아킬레스건은 자본 통제가 제거되자마자 곧 드러날 것이었다. 미국의 화폐 정책은 전 세계 유동성을 조절하기 위한 글로벌 피드백 루프로부터 어떤 제약도 받지 않았다. 이것이 바로 달러화의 터무니없이 **과도한 특권이다**(Eichengreen, 2011). 달러로 고정된 금 가격 및 금-태환성 제약의 공허함과 함께 달러화에 대한 고정환율로 인해 미국을 제외한 전 세계의 화폐 팽창은 미국의 화폐 팽창에 종속되었다.

3.3. 교환성[13] 회복 이전 시기(1947-1958)

브레턴우즈 시스템은 유럽 통화들의 교환성 회복 여부에 따라 1947-1958년과 1958-1971년의 두 기간으로 구분할 수 있다. 첫 번째 하위 기간은 마셜 플랜과 한국전쟁이 지배했다. 마셜 플랜은 제2차 세계대전 이후 유럽 경제의 황폐화에 대한 이례적인 대응이었고, 무엇보다 1947년 중반 채택된 트루먼 독트린에 따라 공산주의를 봉쇄하기 위한 수단이었다. 마셜 플랜의 최우선 과제는 서유럽을 미국의 정치적 영향권 안에 안

---
13. 통화의 교환성 또는 태환성이란 그 통화가 당국의 허가 없이 금 또는 일반 통화와 자유롭게 교환되는 것을 말한다: 옮긴이.

착시키는 것이었다. 이를 위해 서유럽의 산업 생산 능력을 빠르게 증가시키는 것이 필요했다.

마셜 플랜으로 알려진 **유럽부흥계획**(*European Recovery Program*)은 1947년 5월에 발표되었다. 유럽부흥계획은 전문 기관인 미국 경제협력청(ECA: Economic Cooperation Administration)[14]에서 관리했다. 마셜 원조의 규모는 IMF 재원의 20배에 달했다. 그러나 마셜 원조에도 불구하고 유럽 통화들의 교환성은 실현되지 않은 채 있었기 때문에 쌍무주의와 상호주의에 의해 지체되었던 유럽 내 무역을 발전시키기 위해서는 다자간 지급 결제 메커니즘이 필요했다. 이 메커니즘은 유럽 국가 간 상거래의 지불에서 달러화 사용을 절약하기 위해 다자간 신용을 촉진하는 것이었다. 이것이 1950년 6월에 만들어진 유럽지급결제동맹이었다.[15] 유럽지급결제동맹은 마셜 자금에서 초기 자본을 조달했다. 유럽지급결제동맹은 케인스 계획의 구상으로부터 영감을 얻은 청산과 신용 메커니즘을 유럽경제협력기구(OEEC: Organization for European Economy Cooperation) 회원국에게 제공할 수 있었다. 이것이 유럽지급결제동맹이 미국 재무부의 강한 반대에 부딪힌 이유임은 의심할 여지가 없다. 마셜 자금에서 유럽지급결제동맹의 초기 자본을 조달하는 것에 대해 미 의회의 승인을 얻으려면 미국 국무부의 전폭적인 확신을 필요로 했다.

또한 달러화에 대해 30.5퍼센트를 평가절하 한 파운드화를 시작으로 유럽의 23개국이 유사한 비율로 평가절하 하는 등 대규모 평가절하가 이루어졌다. 이러한 평가절하의 정신적 외상으로 인해 각국 정부는 평가의 변화에 거부감을 갖게 되었다. 이 시스템은 가능한 한 조정을 지연시키면서 고정 평가로 표류하기 시작했다. 1950년 6월 한국전쟁이 일어나

---

14. 마셜 플랜과 유럽의 경제적 재건은 베르시(Bercy)에서 열린 학술 토론회의 주제였다. 이 학술 토론회의 기여에 대해서는 R. Girault et M. Lévy-Leboyer(1993)에서 찾을 수 있다.
15. 달러화의 희소성을 극복하기 위한 유럽지급결제동맹의 기능과 기여에 대해서는 유럽지급결제동맹이 설립된 지 얼마 지나지 않아 나온 O. Schloesing et M. Jaoul(1954)의 분석을 보라.

면서 구원이 찾아왔다. 미국의 대규모 군사비 지출 재개는 유럽의 산업 생산을 크게 증가시켰다.

1950년대 말, 마침내 브레턴우즈 시스템이 정상적으로 가동되기 시작했다. 브레턴우즈 시스템은 모든 국제 화폐 시스템이 효율적으로 작동하기 위해 해결해야 하는 두 가지 문제, 즉 국제무역의 필요에 맞춰 국제 유동성의 글로벌 공급을 제공하는 문제와 다양한 통화의 수요와 공급을 일치시키기 위해 국제수지 조정을 보장하는 문제에 과감히 맞서야 했다. 브레턴우즈 시스템은 1958년부터 1971년까지 비교적 짧은 시기 동안 그 정관에 따라 운영되었는데, 그 이유는 이 두 가지 문제를 해결하지 못하고 세계경제의 전환에 적응하지 못했기 때문이다.

3.4. 세계적 화폐 팽창과 트리핀 딜레마

미국 자본수지의 지속적인 적자는 브레턴우즈 시스템을 침식시킬 수 있는 문제였다. 1960년대 말까지 미국은 연평균 24억 달러의 경상수지 흑자를 유지했다. 그러나 장기 순 자본수출과 단기 비화폐 순 자본 유출이 경상수지 흑자를 크게 상회했다. 그 결과, 유동성 수지는 매년 30억 달러 이상의 지속적인 적자를 기록했고, 60년대 말로 가면서 적자 규모가 급격히 증가했다.

유럽에서 활동하는 미국 기업들의 주도로 이루어진 자본 유출은 구조적인 것이었다. 유동자금은 유럽 은행에 예치되었고, 유럽 은행은 달러 표시 상업거래와 금융거래를 지원하는 국제 지급 결제의 흐름에서 이를 재활용했다. 탈영토화 된 달러 시장인 유로-달러 시장이 형성되었다. 유로-달러 금리는 미국 은행을 포함한 유동자산 보유자의 차익 거래에 영향을 받아 뉴욕 단기금융시장의 금리와 긴밀하게 연결되어 있었다. 미국 정부는 1965년부터 은행자본의 유출을 제한하여 이러한 차익 거래에 대응하려고 시도했지만 성공을 거두지 못했다. 따라서 경기 침체나 확장

표 7.8. 공식 외환 보유고의 연평균 변동액과 변동률

	1959년 말부터 1967년 말까지		1967년 말부터 1972년 말까지	
	10억 달러	%	10억 달러	%
모든 국가	1.5	7.3	14.9	29.0
산업화된 국가	1.1	10.6	8.9	30.0

자료: Ronald Mac Kinnon (1982). 국제통화기금의 *International Financial Statistics*로부터

적 화폐 정책으로 미국의 단기금리가 유럽 국가들의 단기금리보다 낮아지면, 이들 국가의 중앙은행에 달러화가 쏟아져 들어왔다. 유럽의 중앙은행들이 보유한 유동성 있는 달러는 미국 단기 유가증권시장에서 공식 외환 보유고로 보유되었다. 이것은 금-달러 본위 시스템에서 사실상 순수 달러 본위 시스템으로 전환되는 화폐 시스템의 변환을 이끌었다. 미국에서 달러가 유출되면 외국 중앙은행의 외환 보유고가 증가하여 미국을 제외한 나머지 전 세계 국가들의 통화량이 증가했다. 그러나 준비금을 미국 금융 시스템에 투자함으로써 미국 거주자들의 손에 달러가 다시 들어가기 때문에 미국의 통화량은 달러 유동성의 유출에 영향을 받지 않는 효과가 나타났다. 순수 달러 본위의 논리에 따르면, 환율이 고정되어 있는 한 전 세계의 통화량은 전적으로 미국에 의해 결정되었다.

〈표 7.8〉은 1959년 말부터 1972년 말까지 달러화 기준 공식 외환 보유액의 연평균 변동을 보여 준다. 1967년 11월 파운드화가 평가절하 되면서 외환 보유액의 급증이 가속화되었다.

국제 준비금의 확대는 미국의 대외 화폐 포지션의 적자에 의해 지속적으로 공급되었다. 미국의 화폐 창출은 미국 국내 정책 목표에만 의존했기 때문에 국제유동성 공급은 수요에 맞춰 조정되지 않았다. 국제 준비금이 과도하게 축적되어 미국을 제외한 전 세계 나머지 국가들의 화폐 팽창으로 이어졌다. 따라서 브레턴우즈 시스템은 전 세계에 인플레이션을 전파하는 일종의 기계 장치로 바뀌었다(그림 7.2).

그림 7.2. 미국의 화폐 창출(1958-1971)에 따른 세계적인 인플레이션 성장

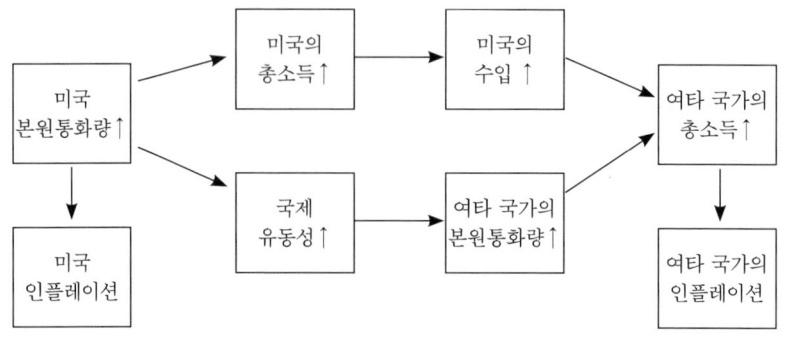

표 7.9. 외국 중앙은행의 환시장 개입의 비대칭 효과

거래	미국		미국을 제외한 나머지 국가	
	연준	상업은행	중앙은행	상업은행
(1)	-R$ +D$	-R$ -D$	+Rw +D$	+Rw -D$
(2)	-D$ +R$	+R$ +D$	-D$ +T$	
(1)+(2)	-	-	-	-	+T$	+Rw	-	-

〈표 7.9〉는 미국의 화폐 헤게모니 하에서 브레턴우즈 시스템이 만들어 낸 화폐의 비대칭적 메커니즘을 보여 주고 있다.

지금부터는 브레턴우즈 준칙에 따른 외국 중앙은행의 개입이 어떤 결과를 초래하는지 살펴보도록 하자. 이러한 개입은 외환시장에서 시중 환율로 잉여 달러를 매입하는 것을 의미한다. 〈표 7.9〉에 설명된 개입은 1) 외환시장에서의 거래, 2) 외국 중앙은행이 취득한 달러로 수익성 있는 자산에 대한 투자라는 두 가지 거래로 구성된다.

거래 (1)에서 외국 상업은행은 미국 상업은행에 예치한 자신의 예금 (D$)을 인출하여 자국 중앙은행 화폐(Rw)를 확보한다. 미국의 상업은행

은 자신의 자유 준비금(R$)에서 같은 양의 감소를 통해 외국 상업은행의 인출에 대한 자금을 조달한다. 이 거래 이후 전 세계 나머지 국가에서 본원통화는 증가하는 반면, 미국에서 본원통화는 같은 양만큼 감소한다. 따라서 외환시장에 대한 개입 자체의 화폐적 영향은 대칭적이다. 이는 전 세계 통화량에는 영향을 미치지 않는 화폐의 이전에 불과하다.

거래 (2)에서 외국 중앙은행은 미 연준으로부터 확보한 요구불예금(D$)을 미 재무부 증권과 같은 수익성 자산으로 변환한다. 유가증권은 미국 개인 거주자들이 판매하며, 이들은 판매에 대한 대가로 예금을 늘린다. 그 결과, 미국의 상업은행은 자신의 준비금을 보충할 수 있다. 결국, 연준의 본원통화는 변하지 않고 유지되는 반면, 달러로 표시되는 미국을 제외한 나머지 세계 중앙은행의 총 본원통화는 증가했다. 외환시장 개입의 완전한 화폐적 효과는 비대칭적이며, 전적으로 미국의 정책에 따라 세계 통화량의 증가를 초래한다.

이것이 바로 1958년 로버트 트리핀(Robert Triffin)이 일찍이 파악한 딜레마의 의미이다(Triffin, 1960). 한편으로, 미국은 외국 중앙은행이 보유한 외환 보유고를 금으로 태환해야 한다는 제약 하에서 국제수지 적자에 맞서 싸워야 했다. 이로 인해 달러화가 부족해져 세계경제에 디플레이션 압력이 발생했다. 다른 한편으로, 미국은 동맹국들의 용인에 힘입어 국내 목표를 추구하고 국제 지출에 자금을 조달하여 정치적, 군사적 헤게모니를 강화함으로써 이러한 적자를 묵인하였다. 그러나 이것은 달러의 금 평가에 대한 신뢰를 침식시키는 요인으로 작용했다. 따라서 국제유동성 문제는 미국 화폐수지(balance monétaire)를 안정시킬 수 있는 국제수지 조정 문제와 밀접하게 연관되어 있었다. 그러나 비거주자가 국제수지를 조정할 수 있는 어떠한 과정도, 비거주자의 달러화의 필요에 맞추는 어떠한 절차도 존재하지 않았다.

1960년 이후 글로벌 달러화 유동성의 증가는 민간 금시장의 상승에 반영되어 금 가격이 온스당 40달러까지 상승했다. 미국 정부는 민간 금시세에 대해 아무런 책임이 없었다. 하지만 금에 대한 투기는 브레턴우즈 준칙에서 달러화의 중추적 역할에 대한 불안을 보여 주는 징후였다. 따라서 미국 정부는 1960년 국제결제은행(BIS)을 통해 중앙은행 간 스와프 네트워크를 구축하고 1961년 금 컨소시엄(금풀제)을 결성하여 금시장 가격을 공식적인 등가 수준인 온스당 35달러로 유지하는 등 두 가지 방법으로 대응했다. 이 가격을 유지하기 위한 금 매도는 공식 금 보유고의 감소로 이어졌고, 이는 시스템의 금 기반을 더욱 약화시켰다. 1960년대 후반에 금 보유고는 미국의 대외 지불 약속뿐만 아니라 미국 화폐 당국의 직접적인 대외 지불 약속에도 미치지 못했다. 브레턴우즈 시스템은 그 준칙의 전면적인 변화 없이는 미래가 없었다.

3.5. 브레턴우즈 시스템을 개혁하려는 무기력한 노력과 최종 붕괴

미국이 달러화의 국제적 역할로 부여된 물가 안정 정책을 따르지 않으면서 트리핀 딜레마는 더욱 악화되었다. 베트남 전쟁으로 인한 예산 적자와 린든 존슨(Lyndon Johnson) 대통령의 위대한 사회 프로젝트라는 사회 프로그램에 자금을 조달하기 위한 화폐 발행이 시작되었다. 1965년부터 경상수지가 악화되고 인플레이션이 가속화되었다. 달러화에 대한 신뢰가 더욱 취약해지면서 유럽 중앙은행들의 개입이 늘어나 그들의 달러 보유고가 폭발적으로 증가했다. 발레리 지스카르 데스탱(Valéry Giscard d'Estaing)[16]이 처음 사용한 표현인 미국의 «터무니없이 과도한 특권»은 자크 러프(Jacques Rueff)의 금본위에 대한 향수에 젖은 화폐 사

---

16. 1962년에 드골에 의해 재무부장관으로 발탁되었으나 1966년 재정수지 흑자 전환에도 불구하고 미국 수입품에 과다한 관세를 부과한 것과 신자유주의적 경제개혁이 노동자의 파업을 유발한 것이 문제가 되어 경질되었다. 이후 드골과 결별하고 독립공화당을 창당했고, 1969년 조르주 퐁피두 내각에서 재무장관으로 다시 임명되었다. 1974년 퐁피두 대통령이 갑자기 사망하여 그 후임을 선출하는 대통령 선거에서 프랑스 사회당의 프랑수아 미테랑과 격돌하여 1차 투표에서는 패였으나, 2차 투표에서 승리하여 대통령에 당선되었다: 옮긴이.

상에 영향을 받은 샤를 드골(Charles de Gaulle) 대통령의 반대에 직면했다. 독일 사람들의 관점에서, 미국은 자신의 인플레이션을 흑자국에 수출하고 있었다. 1960년대 말, 팽창하는 달러화 보유고로 인해 점점 더 불태화하기 어려워졌다.

IMF는 이러한 상황을 속수무책으로 지켜봐야 했다. 금 평가의 조정을 놓고 미국과 흑자국 사이에 합의를 이루지 못했다. 미국은 금 가격을 상승시키는 달러화의 평가절하를 원하지 않았고, 미국의 무역 상대국들도 일방적인 재평가를 원하지 않았다. 따라서 국제수지 조정 문제는 해법을 찾지 못하고 있었다.

이와 관련하여 파운드화는 전체 시스템의 약한 고리였다. 1956년 수에즈 위기를 기점으로 파운드화에 대한 투기적 압력이 거세지기 시작했다. 영국의 화폐 당국은 런던이 세계 금융 중심지로서의 역할을 다시 찾기 위해 교환성을 서둘러서 재확립하려고 했다. 그러나 전쟁 동안 누적된 파운드화 수지가 지속적인 장애물이었다. 끊임없이 위협을 받던 영국 파운드화는 국제결제은행이나 미 연준이 G10[17]에 가입한 유럽의 중앙은행들과 체결한 스와프 네트워크를 통해 일련의 중앙은행 구제금융 계획을 이끌어 냈다. 그러나 이러한 임시방편은 자본수지의 교란만을 처리할 수 있었다. 만성적인 경상수지 적자는 영국 정부에게 **스톱 앤드 고**(*stop-and-go*) 정책[18]을 강요했다. 모든 경기 확장 국면에서 필연적으로 경상

---

17. 그룹 오브 텐(Group of Ten, G10)은 일반차입협정(General Arrangements to Borrow, GAB)에 참가하기로 동의한 국가들의 그룹으로 미국, 영국, 서독, 프랑스, 이탈리아, 일본, 캐나다, 네덜란드, 벨기에, 스웨덴 등 10개국이다. 1983년 스위스가 추가로 참여하였고, 1983년 12월에 발효된 신GAB에서는 전체 자금 규모를 종전의 64억 SDR(각국 통화 표시)에서 170억 SDR로 확대시켰고, 이와 별도로 사우디아라비아로부터 15억 SDR의 차입 협정도 합의되었다: 옮긴이.
18. 국제수지가 악화되면 재정 정책·금융정책을 통해 긴축을 실시하여 국내 수요를 억제하고 수출 증대에 힘쓰고, 그 결과 국제수지가 호전되면 긴축정책을 해제하여 국내 수요의 확대·경제성장을 도모하고자 하는 정책을 말한다. 제2차 세계대전 이후 영국은 경제성장의 정체와 국제수지의 악화, 파운드화의 불안이라는 악순환으로 인해 스톱 앤드 고 정책을 반복하여 실시하였다: 옮긴이.

수지의 악화, 외환 보유고의 감소, 그리고 파운드화에 대한 투기의 반복이 발생했다.

1967년 11월 불가피했던 평가절하가 단행되기 전까지 영국은 경상수지 적자를 충당하기 위해 IMF로부터 반복해서 인출했다. 조정 문제를 해결할 수 없었던 IMF는 인출 자금을 조달하기 위해 재원을 늘릴 수단을 찾는 데 분주했다. 출자 할당액 문제를 다룰 수 없었기 때문에 1962년 일반차입협정이 IMF 내에 G10과 동시에 만들어졌다. 또한 금풀(Gold Pool)을 구성하기로 결정했다. IMF 내에서 부유한 국가들은 오로지 이들 나라들 가운데 한 나라의 인출권 요구에 자금을 조달하기 위해 또는 금의 시장 가격을 온스당 35달러 주변에서 안정시키기 위해 IMF의 재원을 늘릴 수 있는 권한을 부여 받았다. 마지막으로 가능한 계획은 국제 수준에서 급진적인 화폐 혁신이 될 수 있다. 이것은 특별인출권(SDR: Special Drawing Right)의 발명이다. 국제 화폐 시스템에서 조절의 핵심인 특별인출권의 가능한 역할은 국제 화폐 시스템의 전환에 할애한 8장의 마지막 절에서 논의될 것이다.

어떤 나라의 채무도 아니기 때문에 급진적인 혁신인 국제 장부화폐를 만드는 목적은 IMF를 국제유동성에 대한 글로벌 관리의 중심으로 다시 되돌리는 것이었다. 1965년 G10의 한 연구 그룹이 작성한 오솔라(Ossola) 보고서에서 이 개념을 정의했다. 그러나 개발도상국의 거부감과 IMF 총재의 압력으로 모든 회원국에 이러한 준비자산을 할당하기로 설득했기 때문에 이 보고서는 G10을 위해 마련된 것이 아니었다. 특별인출권의 창출에 대한 합의는 1967년 리우데자네이루에서 열린 IMF 연차총회에서 승인되었다. 특별인출권 창출과 관련된 IMF 정관의 첫 번째 수정안이 1969년에 발효되었고, 첫 배분이 1970년과 1972년 사이에 시차를 두고 이루어졌다.

이러한 상황에서 투기꾼들은 더 맹렬한 투기적 공격을 통해 실패한 과거의 투기적 공격에서 발생한 손실을 만회할 수 있기를 원했을지도 모른다. 파운드화에 대한 투기적 공격은 국제적으로는 중동에서 6일 전쟁 이후, 국내적으로는 항만 노동자들의 파업 이후인 1967년 11월에 일어났다. 영국의 공식 대외 준비자산이 매우 부족했기 때문에 파운드화의 포지션은 수출과 수입 간의 지급 결제 유예로 인한 투기적 공격에 취약한 상태였다. 결국 1967년 11월 18일 파운드화에 대한 14.3퍼센트의 평가절하가 합의되었다.

여기에서 IMF는 투기적 공격으로부터 스스로 빠져 나올 수 없다고 영국을 설득하고, 평가(패리티) 변경 크기를 결정하고, 안정화 정책에 필요한 자금을 공급하는 데 중심적인 역할을 했다. 그러나 이러한 협의는 전체 시스템을 일소하는 데 실패한 것을 자인한 것이었다.

파운드화의 평가절하에서 브레턴우즈 시스템의 붕괴까지 4년이 채 걸리지 않았다. 금에 대한 투기가 맹위를 떨쳤고 금풀제는 더 이상 버틸 수 없게 되었다. 1968년 3월 금풀제는 종료되었고, 이중 시장에 자리를 내주었다. 중앙은행들은 공식 가격으로 금을 계속해서 환전했다. 그러나 공식 가격과 자유 시장에서 변동하는 가격 간의 차이가 달러화에 대한 불신의 잣대가 되었다. 달러화의 금-태환성이 사실상 붕괴되면서, 이 환율 시스템에서 달러화의 중추적인 역할을 보호하기 위해서는 각국의 중앙은행이 자국으로 유입되는 달러화를 흡수하여 미국의 국채를 무제한 매수하는 선의만이 남게 되었다.[19]

미국의 일방적인 정책으로 인해 외환 보유고 확대는 통제 불능 상태로 치닫고 있었다. 반인플레이션 미덕의 전형인 독일연방은행은 이러한 상황을 더 이상 견딜 수 없었다. 1971년 5월 독일연방은행이 달러화를 계속해서 흡수하는 것을 거부하고, 일방적으로 독일 마르크화를 변동시키면서 루비콘강을 건넜다. 미국의 반격은 신속했다. 닉슨(Nixon) 대통령

---

19. 국제 화폐 관계에서 이러한 결정적인 시기에 대해 많은 자료가 쏟아졌다. 다자간 협상에 참여했던 강대국들 간의 전략 게임에 관한 한 관찰자의 종합에 대해서는 R. Solomon(1979)을 참조하라. 이 역사적 시기에 대한 자세한 검토는 M. Bordo et B. Eichengreen(1993)을 참조하라.

은 1971년 8월 15일 달러화의 금-태환을 무기한 중단한다고 일방적으로 선언했다. 그는 미국으로 들어오는 수입품에 대해 한시적으로 10퍼센트의 추가 관세를 부과했다. 미국의 쿠데타를 계기로 1971년 12월 워싱턴의 스미스소니언 박물관에서 회의가 열렸고, 조정 가능한 고정환율 준칙을 유지하면서 대부분의 유럽 통화에 대해 달러화의 상당한 평가절하를 허용하는 전면적인 환율 개편에 대한 합의가 이루어졌다. 결국, 금과의 모든 관계가 완전히 단절되었다.

짧은 기간 동안 국제 화폐 시스템은 공식적으로 순수 달러 본위 하에 있었다. 이 시스템 덕분에 미국은 국제적 일관성을 고려할 필요가 없었다. 닉슨 행정부가 이 시스템을 최악으로 활용하기까지는 그리 오랜 시간이 걸리지 않았다. 1972년 대선이 다가오자, 닉슨 대통령은 연준 의장인 아서 번스(Arthur Burns)에게 연준의 위상을 바꾸겠다고 위협하면서 확장적 화폐 정책을 추진할 것을 명령했다.[20] 번스는 화폐 공급을 확대했고, 인플레이션이 가속화되었으며, 달러화에 대한 투기가 맹위를 떨쳤다. 1972년 5월,[21] 영국 파운드화가 스미스소니언에서 합의했던 환율 메커니즘에서 이탈한 이후 다른 통화들도 파운드화의 뒤를 따랐다. 달러화의 평가절하에 대한 투기가 억제할 수 없는 수준에 이르렀다. 1973년

---

20. 닉슨은 경기를 후퇴시킨 연준의 긴축정책 때문에 1960년 대선에서 패배했다고 생각했다. 그래서 1972년 대선이 다가오면서 통화 공급을 늘리도록 아서 번스 연준 의장을 압박했다. 그는 백안관 회의에서 번스 의장에게 "인플레이션을 허용하는 방향으로 가시오"라고 말했다. 처음에 번스 의장은 이 충고를 무시했다. 하지만 결국 번스는 통화 공급을 늘릴 수밖에 없었다. 그에 따라 물가 상승이 가속되었고, 달러가 받는 압력은 가중되었다. 『달러제국의 몰락』, pp. 114-115: 옮긴이.
21. 그러나 스미스소니언 합의가 출범한 지 6개월 만인 1972년 6월 영국은 투기에 의한 파운드화 파동을 견디지 못하고 변동환율 제도를 채택했으며, 프랑스, 벨기에, 이탈리아 등도 이중환율제를 택하였다. 그리고 투기 자본이 마르크화와 엔화에 집중되어 달러화의 시세는 계속 하락하게 되었다. 결국 1973년 2월 금 1온스당 38달러에서 42.22달러로 10퍼센트 평가절하를 단행하였다. 그리고 1973년 3월 19일 EC 6개국과 스웨덴, 노르웨이가 공동 변동환율제로 이행했다. 이에 따라 각국이 자국의 경제 사정에 적절한 환율 제도를 자유로이 채택하게 되었으며, 이로써 고정환율제로 출발하였던 스미스소니언 합의는 출범한 지 1년 반도 못 되어 무너지고 말았다: 옮긴이.

3월 첫 주 동안 외환시장이 폐쇄된 후 재개장되었을 때 전 세계는 일반화된 변동환율에 직면하게 되었다는 것을 알게 되었다.

3.6. 개혁 시도의 실패(1972-1974)와 1976년 자메이카 협정

특별인출권은 1972년부터 1974년까지 국제 화폐 시스템을 재건하려는 협상의 중심에 있었다. 이 협상은 처음에는 20개국 위원회(Committee of Twenty; C20)에서, 이후에는 IMF의 잠정위원회(Interim Committee)에서 진행되었다.[22] 특별인출권은 금의 탈화폐화와 달러화의 미래라는 두 가지 중요한 문제 사이의 분기점에 있었다. 우선 1974년 6월 변동환율제가 도입되면서 특별인출권의 가치는 금과의 연계에서 통화 바스켓으로 이행했다.[23] 이는 특별인출권 중심의 고정환율 시스템으로 복귀하기보다는 변동환율을 인정하려는 미국의 의도와 일치했다.

그러나 이 경우 특별인출권이 주요 준비자산이라고 주장하는 것은 모순이다. 준비자산의 선택은 조정의 성격과 분리될 수 없기 때문이다. 국제수지 조정 방식에 대한 근본적인 이견이 불가피하게 준비자산에 대한 이견으로 번지면서 개혁을 위한 시도는 완전히 실패로 끝났다.

개혁의 목표는 브레턴우즈 시스템의 경직성을 개선하기 위해 케인스 계획의 구상에서 일부 영감을 받아 대칭적인 조정 시스템을 구축하는 것이었다. 불균형이 누적되기 전에 이를 대처하기 위한 준칙을 정교화할

---

[22]. 브레턴우즈 체제의 소멸과 완전한 실패 이후 국제 화폐 체제의 개혁의 시도에 대해서는 J. Williamson(1977)의 매우 훌륭한 분석을 보라.
[23]. SDR의 가치는 당초 1달러와 같은 0.888671그램의 순금과 등가(等價)로 정했으나, 이후 기준을 표준 바스켓 방식(standard basket system), 즉 세계 무역 비중이 큰 16개국 통화 시세를 가중 평균하는 방법으로 계산, 표시하였고, 1980년부터는 5개국(미·영·프·독·일) 통화로 축소하였으며, 유로화가 출범한 후, 2001년에 다시 4개 통화(미국 달러, 유로화, 영국 파운드, 일본 엔화)로 조정되었고 2016년 10월부터는 중국 위안화가 추가되어 5개 통화로 구성되어 있다. 특별인출권의 가치는 매 5년마다 재평가되는데, 주요 국제통화 바스켓에 기초하여 결정된다: 옮긴이.

필요가 있었다. 미국은 준비자산을 환율 변경 결정의 지표로 삼을 것을 제안했다. 이 제안에 따르면, 적자국과 흑자국은 준비자산의 임계 수준 이하 또는 이상에서 대칭적으로 평형 환율을 수정해야 했다. 하지만 이 메커니즘을 수용하기 위해서는 먼저 수정해야 하는 비대칭성의 성격에 대한 합의가 이루어져야 한다. 미국은 비대칭성을 흑자국의 책임으로 여겼다. 유럽 사람들에게, 특히 독일 사람들에게 시스템의 비대칭성은 달러의 준비 화폐로서의 지위 때문이다. 미국은 자국에 대한 지불 약속으로 자국의 적자를 해결할 수 있는 면허증을 가지고 있었기 때문에 모든 조정에 대한 제약을 연기하였다. 독일 사람들에게 세계적인 인플레이션의 상승은 불균형을 대칭적으로 취급해서는 안 된다는 증거였다. 따라서 조정에 대한 의견 일치의 기반이 전혀 존재하지 않았다. 국제유동성 문제와 관련하여 특별인출권을 주요 준비자산으로 삼는 것은 달러 자산을 대체할 가능성을 포함하고 있었다. 그러나 1970년 초반 이후 달러 자산이 폭발적으로 증가했다. 게다가 특별인출권의 수익은 그다지 매력적이지 않았고 투자를 다각화할 기회도 적었다. 특히 개발도상국은 새로운 준비자산의 조성과 개발을 위한 원조를 연계하고자 했다. 마지막으로 유럽과 미국은 자본 이동에 대한 제한을 두고 대립했다.

자메이카 협정은 근대 역사상 최초의 세계적인 화폐 협력의 경험을 폐기해 버렸다. 사실상 자메이카 협정은 IMF에 통보하기만 하면 각국이 독자적으로 환율 레짐을 선택할 수 있는 자유를 인정한 것이었다. 자메이카 협정은 화폐 협력의 외양을 유지하기 위해 회원국들의 정책에 대한 《감독》 임무를 IMF에 맡겼다. 부국들에게 이것은 흉내 내기(simulacre)[24]에 불과했지만, 개발도상국의 채무에 대한 조언자라는 새로운 역할을 IMF에 부여했다.

---

24. 시뮬라크르는 실제로는 존재하지 않는 대상을 존재하는 것처럼 만들어 놓은 인공물을 지칭한다. 실제로는 존재하지 않지만 존재하는 것처럼, 때로는 존재하는 것보다 더 실재처럼 인식되는 대체물을 말한다: 옮긴이.

표 7.10. 국제통화기금 역할의 진화

	일시적인 경상수지 적자 시 상호원조기금 (브레턴우즈)	국제 화폐 자산의 발행 기구 (C20)	발전을 위한 금융 중개 (워싱턴 컨센서스)	국제 최종 대부자 (새로운 구조)
화폐 및 금융 시스템의 구조	안정적이고 조정 가능한 패리티, 자본 이동의 통제	패리티 정의를 위한 국제 계산 단위로서 특별인출권	변동환율의 확대, 국가 채무의 성장	신흥국에서 금융 지구화의 일반화
조정의 성격과 IMF의 역할	경상수지의 제약. 일시적/근본적 불균형의 구분	흑자국/적자국 간의 대칭적인 조정. 불균형 지표로서 특별인출권 준비	발전도상국 국가 채무의 지불 능력. 구조적 조정. 조건부 증가.	금융시장의 불안정으로 인한 자본수지의 불균형. 시장의 신뢰를 회복하려는 개입. 불균형의 지표로서 금융 취약성.
유동성 조절과 기금의 금융 기능	분담금에 의해 엄격하게 제한된 금융 지원	국제 준비금의 주요 자산으로서 특별인출권	신용 대출 증가, 한도 상향 조정, 만기 연장	긴급 유동성과 출자 할당액의 분리
시스템의 거버넌스	국제적 보증 원칙에 따른 정부 간 협의	강화된 초국가적 권력. 준비자산 발행에 대한 책임	채무국과 다양한 채권국 간의 중개 역할(파리 클럽 국가, 국제 은행)	다양한 공공 및 민간 주체의 국제 최종 대부자 구성

브레턴우즈 시스템 붕괴의 진정한 승자는 국제투자은행이었다. 국제투자은행은 각국 통화 간에 차익 거래를 하고, 이것이 동반하는 모든 금융 위기의 리스크를 감수하면서 국제 신용 배분 정책에 참여할 수 있었다. 1978년 제2차 석유파동 이후 국제투자은행은 전 세계를 30여 년 동안 빚더미에 몰아넣었고, 다시 한 번 금융 위기의 시대를 열었다.

첫 번째 금융 지구화는 금본위 화폐 질서의 일부였던 반면, 두 번째 금융 지구화는 국제 화폐 정글로의 회귀와 결합되었다. 따라서 브레턴우즈 시스템 붕괴의 결과로 생겨난 두 번째 금융 지구화는 첫 번째 금융 지구화와는 판이하게 달랐다. 그럼에도 불구하고 금융 위기의 재발로 인해 심각한 국제적 위기가 발생했을 때, 중앙은행들의 일시적인 협력을 포함하여 최종 대부자로서 중앙은행의 새로운 수단을 통해 위기의 파괴적 영향을 완화시켰다. 자메이카 협정에 따른 새로운 역할에 IMF가 적응함으로써 금융 위기도 완화되었다. 〈표 7.10〉은 브레턴우즈 이후 IMF 역할의 진화와 C20에서 연구한 개혁 프로젝트가 성공했다면 IMF가 수행할 수 있었던 역할에 대해 설명하고 있다.[25]

근본적인 질문이 그 어느 때보다 중요하다. 자메이카 협정 이후 국제 시스템을 어떻게 규정할 수 있는가? 어떤 의미에서 국제 화폐는 존재하는가? 어떤 공통 준칙도 부재한 상황에서 환율의 움직임과 그에 따른 조정 효과에 대해 무엇을 말할 수 있는가?

4. 자메이카 협정 이후: 준-달러 본위의 탈중앙화 된 체제

두 번째 금융 지구화는 거의 동시에 일어난 두 가지 사건, 즉 C20이 국제 화폐 시스템을 개혁하려는 시도의 실패와 1973년 1차 석유파동으로 시작되었다. 1차 석유파동은 국제 자본 흐름의 규모와 방향을 근본적으로 바꾸어 놓았다. 국제 자본 흐름이 석유 수입국과 석유 수출국으로 집중되었다. 세계경제의 성장을 유지하려면 국제 신용을 대폭 확대해야 했다. 각국 정부는 개발 금융을 재편할 능력이 없었고, IMF는 필요한 자금 규모에 비해 극히 적은 재원을 갖고 있었기 때문에, 미국 투자은행들과 유럽 유니버설 은행들이 그 틈을 파고들었다.

민간 금융은 상상을 초월하는 힘을 가진 국제 로비 세력을 형성하여 통제권을 장악함으로써 국가 주권을 결정적으로 약화시켰다. 그 결과, 신용 동학에 의해 주도되는 글로벌 금융 사이클의 일환으로 국제 자본 흐름이 40년 동안 확대되었다. 수십 년 동안 지구화가 확대되면서 자본 흐름의 방향이 바뀌었다. 여기에서 우리의 목적은 금융의 역사를 서술하

---

[25]. 20개국 위원회(C20)에서 이루어진 연구는 IMF에서 발행한 책(FMI, 1974)에 정리되어 있다.

표 7.11. 두 번째 금융 지구화: 40년의 자본 흐름

연대	순자본 흐름의 주요 방향	금융 불균형의 원천	금융자본 이전의 주요 메커니즘	금융 위기의 성격
1970	남/남: 석유수출국 기구(OPEC)에서 라틴아메리카와 아프리카로	두 번의 석유파동 → 지속 불가능한 국가 채무	국제은행의 석유 수익의 재활용	라틴아메리카의 국가 채무 위기 (멕시코, 칠레, 아르헨티나)
1980	미국/독일·일본 경제정책의 불일치	미국의 적자 → 환율의 왜곡. 루브르 합의(1987) 이전의 매우 높은 이자율에서 합의 이후의 매우 낮은 이자율	미국의 공채 시장: 기관투자가들이 매입한 미국 국채	주식시장 위기: 1987년 월가, 1990년 일본. 선진국의 은행 위기
1990	다방향: 1997년까지는 신흥 시장으로, 이후에는 미국으로 (TIC)	과잉 달러 채무/ 아시아 은행들, 러시아와 라틴아메리카 정부/ 미국 주식 매입	은행 간 신용과 포트폴리오 투자. 파생 상품의 집중적인 사용.	다중 위기; 아시아, 러시아, 라틴아메리카 은행과 외환 Krach Boursier (2001)
2000	양극화: 미국/독일, 아시아, 석유수출국가	미국 저축의 붕괴/ 신흥 시장의 높은 저축. 글로벌 불균형	모든 종류의 금융시장: 주식, 채권, 증권화 된 신용	모기지 신용에서 시작된 글로벌 은행 위기

는 것이 아니라 민간 금융이 경제 전체를 지배하는 금융 규제 완화의 시대에 금융과 화폐의 상호작용을 연구하는 것이다. 이를 위해 글로벌 금융 위기까지 40년을 종합한 표(표 7.11)를 작성하는 것이 유용하다.

이러한 40년간의 공통점은 국제결제은행이 강조한 금융 사이클이다. 새로운 글로벌 신용 동학에서 비롯된 금융 사이클은 거시경제를 브레턴우즈 시스템 하에서와는 전혀 다르게 변화시켰다. 금융 사이클은 시장 참가자들과 경제정책 책임자들의 의사 결정 기간보다 훨씬 더 오래 지속된다. 금융 사이클은 금융 불안정성을 조정할 능력을 넘어 확장된다. 이것이 바로 거시경제가 자연스럽게 경기 순응적이게 된 이유이다. 실제로 이러한 금융 사이클에서 금융 동학의 주요 특징은 **모멘텀**이다. 모멘텀에 의해 금융 동학이 야기되면, 자산 스톡과 부채의 불균형이 누적된다. 이

그림 7.3. 경기순환과 금융 사이클 (1976년 1분기-2014년 3분기)

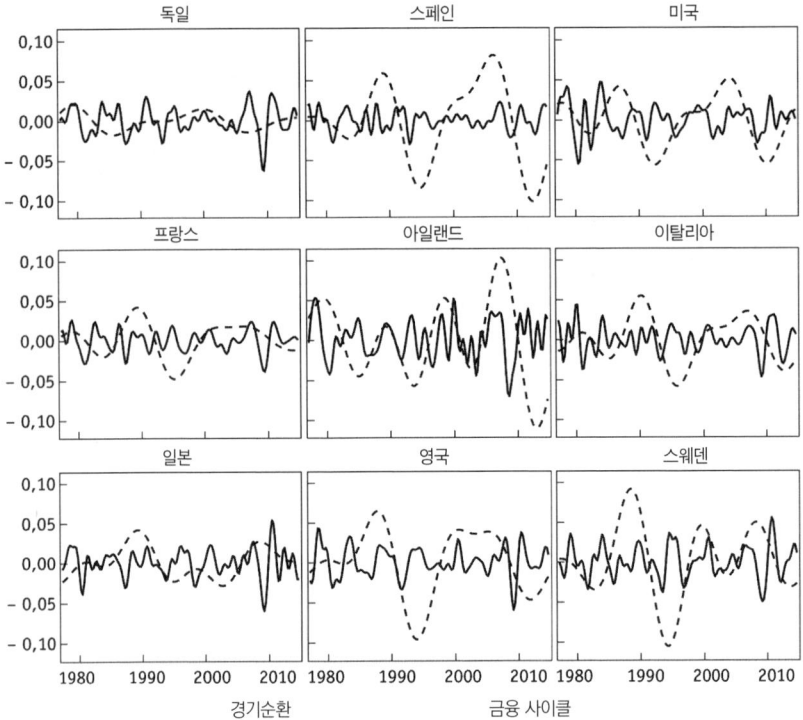

자료: BIS와 OCDE ; calculs de Thomas Brand pour M. Aglietta et T. Brand (2015).
범례: 이러한 추정은 Drehmann M., Borio C.과 Tsatsaronis K.(2012)의 작업을 확장한 것이다.

러한 불균형은 금융 사이클의 상승 국면과 하락 국면 모두에서 신용의 흐름에 영향을 미친다(Borio, 2014). 〈그림 7.3〉은 금융이 완전히 자유화된 주요 서구 국가의 금융 사이클과 경기순환을 보여 준다.

금융 사이클은 비금융 민간 부문의 총신용, GDP 대비 신용의 비중 그리고 부동산 가격 등 세 가지 금융 변수를 사용하여 측정된다. 이 변수들을 실질 변수로 나타내기 위해 소비자물가지수로 디플레이트를 한 후 자연로그를 취했다. GDP 대비 신용의 비중은 퍼센트로 표현된다. 금융 사이클은 세 변수를 정규화 하고 필터링한 시계열 평균에 해당한다.

우리는 이로부터 세 가지 교훈을 얻을 수 있다. 첫째, 1980년대부터 시작된 금융 자유화의 결과로 지난 40년 동안 금융 사이클은 점점 더 중요해졌다. 금융 자유화 이후, 실제로 1990년대에 접어들면서 금융의 힘이 본격적으로 발휘되기 시작했고, 이후, 2000년대 들어서는 미국, 영국, 아일랜드 그리고 스페인에서 그 영향력이 더욱 커졌다. 또한 국가 간에 금융 사이클의 상관관계가 점차 증가하는 것으로 보인다. 이 기간 동안 독일만 예외적으로 매우 작은 금융 사이클을 가진 아웃사이더였다.

　둘째, 〈그림 7.3〉은 금융 사이클이 거시경제적 경기순환과 양(+)의 상관관계가 없음을 보여 준다. 대부분의 나라에서 금융 사이클은 경기순환에 비해 주기성과 진폭이 더 크다. 화폐 당국은 금융의 자기-조절 가설에 따라 금융 사이클을 무시해 왔다. 물가 안정 목표제의 교리는 하나의 수단(단기 금리)과 하나의 목표(인플레이션 목표)로 단선적이었기 때문에 금융 사이클과 상호작용하여 금융 사이클에 누적되는 불균형을 완화하는 것은 불가능했다.

　셋째, 경기순환의 모든 경기 침체가 금융 사이클의 반전으로 설명될 수 있는 것은 아니다. 생산 측면에서 가장 심각한 위기만이 금융 사이클의 반전을 동반한다. 예를 들어 1990년대 말 기술 거품이 붕괴되었을 때 부동산 거품이 신용에 의해 촉발된 2008년 위기보다 충격이 덜했던 이유가 여기에 있다. 이러한 장기간의 디레버리징 단계에서는 장기 침체의 리스크가 가장 크다.

　금융 사이클을 야기하는 **모멘텀**의 동학에서 부동산 시장의 역할을 과소평가해서는 안 된다. **모멘텀**이란 부동산 가격의 시간 궤적이 부동산 시장 참가자들의 기대와 리스크에 대한 태도 사이의 자기-강화적 상호작용의 결과라는 것을 의미한다. 이와 관련하여 은행 빚을 통해 자금을 조달한 다음 증권화라는 금융거래에서 대부분 채권으로 전환되기 때문에 부동산 부문의 중요성은 더욱 커진다. 부동산에 대한 자금 조달을 위해 발생한 부채는 가계와 기업 등 매우 많은 경제주체들과 연관되어 있다. 이것은 자기자본에 비해 매우 높은 레버리지를 통해 자신의 대출 능력을 확대하는 금융 중개 기관의 채무와 밀접한 관계를 형성한다. 위기 이전에 이러한 레버리지는 통상적으로 30을 넘었고, 50 또는 60까지 증가하는 경우도 있었다. 따라서 금융 사이클은 민간 채무와 자산 가격의 진화 사이의 강력한 상호작용의 결과라는 결론을 내릴 수 있다.

화폐 조절을 연구하면서 우리는 주요 중앙은행들이 2008년 글로벌 금융 위기에서 비롯된 금융 혼란이 장기화되는 것을 인지한 후에야 금융 안정을 화폐 정책에 통합할 수 있는 거시 건전성 도구를 갖지 않았다는 사실을 알게 되었다. 그러나 금융 지구화로 인해 국제 자본 이동의 방향이 급격하게 변화할 가능성이 매우 커졌다. 엄밀한 의미에서 은행 시스템보다 훨씬 광범위한 글로벌 금융 시스템 내에서 국제적인 거래 관계의 사슬과 연결된 시스템 리스크를 억제하기 위한 정책을 시행하려면 국제적인 수준에서 조직된 화폐 협력 없이는 효과적이지 않을 것이다. 하지만 2008년 금융 위기 이전 40년 동안에는 이러한 협력이 결여되어 있었다. 그 결과, 금융 사이클은 국제 화폐 관계에 파괴적인 영향을 미쳤다.

이러한 확인된 사실은 금융이 통합되면 될수록 자동적으로 저축의 배분이 더욱 효율적이라는 효율성 이론의 가정과 달리, 국제 자본 이동의 추세적 증가가 장기 성장에 양(+)의 영향을 미치지 않았기 때문에 우리를 더욱 불편하게 만든다. 대니 로드릭과 아르빈드 수브라마니안(Dani Rodrik et Arvind Subramanian, 2009)은 선진국과 신흥국을 모두 포함한 대규모 패널 자료를 이용하여 1985년부터 2005년까지 20년 동안 금융 개방이 성장에 영향을 미치지 않았음을 실증적으로 보여 주었다. 체케티와 카루비(Cechetti et Kharroubi, 2012)가 수행한 최근 국제결제은행의 연구에서는 금융 개방이 심지어 글로벌 생산성에 음(-)의 영향을 미친다는 결론을 내렸다. 현재 일어나고 있는 일은 종 모양의 곡선처럼 보인다. 폐쇄 경제에서 출발하여 금융 개방은 어느 지점까지는 성장에 유리하게 작용하지만 임계점을 넘어서면 성장에 악영향을 미친다.

금융 효율성 이론가들의 가설과 실증 분석을 통해 얻은 현실 사이의 괴리를 이해하는 것은 어렵지 않다. 이론을 논의한 1장에서 우리는 금융 효율성이 의존하고 있는 시점 간 가격 일관성 이론이 화폐 없는 순수 경제 이론이라는 것을 보았다. 이와는 반대로 우리는 금융이 경제에 미치는 영향의 효과성 또는 비효과성이 화폐 시스템에 달려 있음을 보여 주었다. 그러나 자메이카 협정 이후 국제 부채가 폭발적으로 증가하고 국제 화폐 조정이 퇴행하여 어떤 공통 준칙도 없는 통화 간의 대립이 발생했다. 브레턴우즈 시스템에서 세계적 인플레이션으로 나타났던 국제유동성 공급과 국제수지 조정이라는 이중의 문제를 해결하지 못한 것이 전 세계적으로 금융 사이클을 전파하는 매우 파괴적인 현상인 달러 사이클의 형태를 띠게 되었다.

4.1. 준-달러 본위 국제 화폐 시스템

브레턴우즈 시스템 붕괴 이후 각국은 수요와 공급에 따라 자국의 화폐를 변동시키거나 다른 통화에 대해 환율을 고정하거나 이 두 극단 사이의 중간 형태를 채택하는 등 자신의 환율 레짐을 자유롭게 선택할 수 있게 되었다. 이러한 선택은 상황에 따라 정부가 언제든지 변경할 수 있기 때문에 구속력이 거의 없었다.

따라서 시스템은 하이브리드가 되었다. 소수의 선진국에서는 변동환율과 개방된 자본시장을 선택했다. 환율은 주로 금융 투자자와 헤지 펀드의 자산 다각화 전략에 따라 변동하고, 경제 펀더멘탈에 의해서는 부분적으로만 조정되었다. 대부분의 통화는 어느 정도 엄격한 자본 통제를 유지하면서 달러에 대한 다소 유연한 페그를 선택한 국가들과 관련이 있다.

결과적으로, 두 가지 유형의 불균형이 공존한다. 한편으로, 변동환율을 선택한 모든 통화에 대해 달러화 사이클의 형태로 완전한 교환성을 갖는 화폐들 사이에 환율 변동의 **모멘텀**이 존재한다. 다른 한편으로, 경

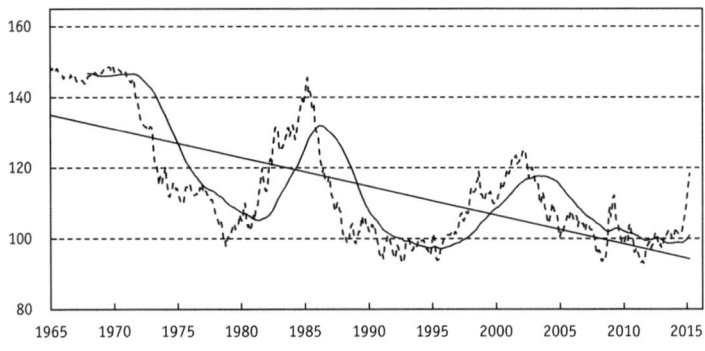

그림 7.4. 달러화 사이클과 그 추세(실질 실효 환율)

자료: IMF, International Financial Statistics. Calculs de Virginie Coudert, in M. Aglietta et V. Coudert (2015).

상수지의 편중으로 인한 금융 불균형의 누적이 존재한다. 이러한 불균형은 자본 이동에 의해 증폭된다. 따라서 불균형은 금융 사이클의 확장 국면에는 외환 보유고가 축적되고, 금융 위기에는 외환 보유고가 급격히 축소된다.

〈그림 7.4〉는 IMF에서 계산한 광범위한 통화 바스켓에 대한 실질 실효 환율 측면에서 달러의 글로벌 사이클을 나타낸 것이다. 달러화는 상대적 구매력평가를 유지하기는커녕 40년 동안 40퍼센트 절하되었다. 그러나 이러한 추세는 결코 규칙적이지 않다. 이 추세는 달러화의 누적적인 절상 단계와 급격한 절하 단계로 구성된 매우 진폭이 크고 지속 기간이 긴 거대한 주기를 통해 달성되었다. 달러화 사이클은 실질 실효 환율에 관한 것이기 때문에 국제무역에서 달러화의 고평가와 저평가로 인해 국제 환율이 왜곡되는 현상이 발생한다. 분명히 이러한 가격의 불일치가 국제 무역에서 엄청난 비효율을 초래한다는 것은 분명하다. 이는 국제수지의 지속적인 글로벌 불균형으로 나타난다.

〈그림 7.5〉는 유로존 출범 이후 3대 주요 통화 발행국인 미국, 유로존,

그림 7.5. 미국, 일본, 유로존의 경상수지 (GDP 대비 %)

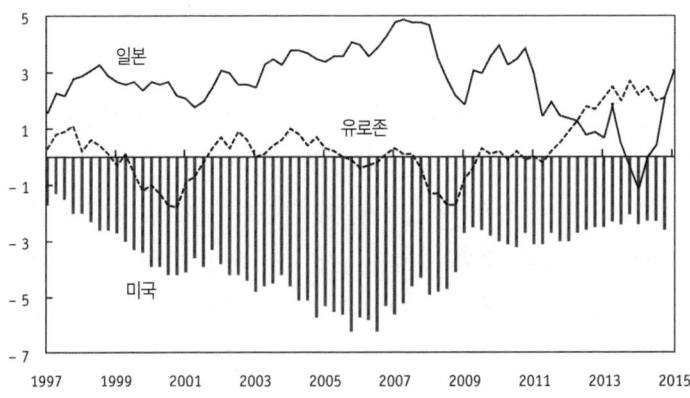

자료: OCDE, BEA, ECB, BOJ. in M. Aglietta et V. Coudert (2015).

일본의 경상수지가 얼마나 큰 불균형을 보이고 있는지 보여 주고 있다. 달러화의 실질 가치가 상승하는 국면에서는 경상수지 흑자와 적자의 편중이 심화되고, 달러화의 실질 가치가 하락하는 국면에서는 경상수지 불균형이 완전히 사라지지 않고 약화된다.

통화의 이질적인 배열이 국제 화폐 시스템의 안정성이라는 공공재를 생산할 수 없다는 점을 고려할 때, 왜 기축통화, 즉 국제유동성 제공자로서 달러화의 지배적인 역할이 지속되는지에 대한 의문이 제기될 수 있다. 이 질문에 답하기 위해서는 앞에서 설명한 기본적인 결과를 상기할 필요가 있다. 궁극적인 유동성은 금융 위기의 불확실성에 대비하기 위한 수요가 편중된 결과라는 점에서 공공재이다. 궁극적인 유동성은 공유되지 않는다. 따라서 본질적으로 달러가 국제유동성의 매개체로서 오랜 기간 동안 살아남을 수 있었던 것은 달러를 대체할 다른 통화가 없기 때문이라는 것이 정답이다.

달러화는 화폐의 모든 필수적인 기능에서 널리 사용되는 화폐로 남아 있다. 현재 달러화는 외환시장 거래(87퍼센트), 달러화를 자국 통화의 기준 통화로 선택하는 국가의 비율(72퍼센트), 공식 외환 보유고의 비중(61퍼센트), 심지어 은행 대출(57퍼센트)에서도 절대적으로 널리 사용되고 있다.[26]

안타깝게도 국제무역에서 송장 발행 및 결제 화폐의 기능에 대해서는 거의 연구되지 않은 상태이다. 이와 관련된 데이터는 항상 최신 수치가 아니다. 그러나 이 부문에서도 여전히 달러화가 가장 많이 사용되고 있다. 달러화의 비중은 수출 송장과 수입 송장의 발행 모두에서 가장 지배적이다. 심지어 글로벌 위기 당시에는 달러화의 비중이 더욱 증가했다(Ito et Chinn, 2015). 일본을 제외한 아시아 수출의 80퍼센트가 달러로 표시되며, 브라질의 경우 94퍼센트에 달한다(Reiss, 2014). 오늘날에도 무역 송장 발행에 사용되는 달러를 미국과 관련된 전 세계 모든 거래에서 차지하는 비중과 연관시키면 달러는 지나치게 과대 대표되고 있다.

유로존 경제는 이러한 달러화의 회복력에 기여하고 있다. 달러로 작성된 프랑스 수출 송장의 비중은 1974년 9퍼센트에서 1995년 18.6퍼센트로, 2012년에는 38.5퍼센트로 증가했다. 독일만이 유로화를 보다 쉽게 받아들이도록 할 수 있는 위치에 있다(수출 송장의 62퍼센트를 유로화로 작성했다). 문헌에서는 달러화를 사용하는 관성을 설명하기 위해 네트워크 효과와 송장 화폐 변경에 따른 높은 비용을 강조한다. 이것은 정치적 동기에 의해 달러를 다른 통화로 대체하려는 몇 가지 시도(사담 후세인의 금수 조치 기간 동안 이라크, 이란의 유로화 결제 석유 거래소 건설 프로젝트, 우고 차베스 통치 하에서 유로화 석유 계약, 2013년 러시아-중국의 가스 협정)에도 불구하고, 거의 모든 거래가 달러화로 이루어지는 원유 시장에서 특히 그러하다. 골드버그와 틸(Goldberg et Tille, 2008)은 경쟁 기업의 가격에 비해 자신의 가격 변동 가능성을 제한하기 위해 시장에서 지배적인 계산 단위를 사용하도록 권장하는 수출 기업들의 비자발적인 《동맹 효과》를

---

26. 국제 화폐의 여러 기능에서 달러화와 다른 태환 통화의 중요성에 대한 정량적인 정보의 상세한 내용은 M. Aglietta et V. Coudert(2014)를 보라.

강조한다. 다시 말해서, 국제무역의 송장 발행에서 달러화를 사용하려는 관성은 부분적으로 개인행동의 자기-준거 논리에 기반하며, 이는 경쟁 상황에서 수출 기업 행동의 모방적 성격으로 설명된다.

외환 보유고에서 달러화가 차지하는 비중은 브레턴우즈 시스템이 붕괴된 이후에도 안정적으로 유지되어 외국 정부에게 궁극적인 유동성이 얼마나 중요한지를 보여 준다(표 7.12). 외환 보유고는 가치 기준으로 표시되기 때문에, 달러의 비중은 환율에 따라 달라지며, 특히 달러는 다른 모든 변동환율의 교환 가능한 통화에 대해 변화하는 경향이 있다. 따라서 달러화가 절상되면 외환 보유고에서 달러화의 비중은 증가하고, 달러화가 절하되면 달러화의 비중은 감소한다.

달러화의 지배적인 역할이 지속되는 데에는 분명 경제적인 이유가 있다. 우선, 완전한 태환성만으로는 충분하지 않다. 전 세계의 무역에 필요한 자금을 충족시킬 수 있는 유동성을 창출하려면 GDP나 국제무역 비중과 같은 경제적인 관점에서 규모가 큰 국가가 있어야 한다. 경제 규모가 작은 국가는 비거주자의 과도한 수요로 인해 불안정해질 수 있기 때문이다. 반면 경제 규모가 큰 국가는 대외 개방도가 낮아 외부의 충격이나 환율의 움직임에 덜 민감하다. 이 경우 자국 화폐의 국제적 사용으로 인해 불안정해질 가능성은 크지 않다. 더 중요한 것은 발행국의 금융시장의 발전이다. 비거주자들은 이러한 통화를 쉽게 차입할 수 있어야 하며, 최소한의 거래 비용으로 그들의 자금을 발행국에 투자할 수 있어야 한다. 이를 위해서는 위험을 헤지 할 수 있는 파생 금융 시장뿐만 아니라 깊고 유동적인 금융시장이 필요하다. 이 마지막 조건은 유로화가 불완전한 화폐로 남아 있고, 결과적으로 국채 시장이 동질적이지 않을 뿐만 아니라 통합되어 있지 않기 때문에 달러를 즉시 주요 국제 화폐로 지정한다. 8조 달러가 넘는 발행 잔액과 5천억 달러 이상의 일일 **거래액**을 가진 미국 재무부와 공공 기관이 발행한 증권은 유동성과 안전성을 보장하는 타의 추종을 불허하는 자산이다. 지배적인 국제 화폐로서 달러화의

표 7.12. 외환 보유고에서 통화의 비중(연말)

(단위: %)

	1973	1995	2000	2005	2010	2013
미 달러	64.5	59.0	71.1	66.5	61.8	61.4
엔	0	6.8	6.1	4.0	3.7	3.9
파운드	4.2	2.1	2.8	3.7	3.9	3.9
유로*	5.5	27.0	18.3	23.9	26.0	24.2
기타	25.8	5.1	1.7	1.9	4.6	6.6

자료: IMF 연차보고서. * 1999년 이전에는 독일 마르크, 프랑스 프랑, 네덜란드 길더의 합.

회복력을 설명해 주는 주요 요인 가운데 하나는 특히 불확실성(세계 경제 성장의 둔화 전망, 금융 위기나 지정학적 긴장 등)[27]이 높아지는 상황에서 국제금융 행위자들이 필요로 하는 모든 유동성과 안전성을 제공할 수 있는 미국의 능력에서 찾을 수 있다.

그러나 중요한 것은 다른 곳에 있다. 극심한 스트레스 상황에서 비거주자들이 스스로 유동성을 찾는 것은 주권을 대신할 대안을 찾는 것이다. 그들은 이러한 대안을 미국의 정치적, 군사적 힘과 미 연준이 보여 준 것처럼 «리스크 관리»와 같은 거시경제 거버넌스의 질에서 찾을 수 있다고 생각한다.

따라서 위기 이후 달러화의 압도적인 우위는 특히 인플레이션이 매우 낮은 상황에서 안전 자산에 대한 선호로 인해 더욱 강화되었다. 미 연준이 다양한 만기의 미 재무부 증권을 대량 매입하여 대차대조표 규모가 3배로 늘어난 덕분에 미국 공공 부채 시장은 역사상 전례가 없는 유동성을 공급하게 되었다. 달러는 심각한 위기에서 안전한 피난처이다.

---

27. B. J. Cohen(2015)과 D. Fields et M. Vernengo(2013) 참조.

4.2. 금융 위기의 역설과 국제 화폐 시스템의 근본 문제의 지속

금융 위기의 직접적인 원인은 부채의 일반화된 과잉이었다. 중앙은행이 극단적인 규모의 시스템 위기에 대처해야 했던 방식은 빚 경쟁을 지속하는 결과를 초래했다. 실물경제의 수익성 여건이 회복되지 않은 상황에서 경제에 유동성이 넘쳐 남으로써 중앙은행의 대차대조표를 부풀리는 화폐 정책은 부채를 축소하기는커녕 오히려 증가시키는 근본적인 금융의 취약성을 유지한다. 총 부채(민간과 공공)의 증가가 전 세계적으로 일반화되었다(그림 7.6a와 6b). 견고한 디레버리지 과정을 실행하기에는 성장이 너무 미약하기 때문이다.

실제로 경제를 생산자본의 견실한 축적 경로로 되돌려 놓을 수 있는 자본의 수익성 조건이 충족되지 않았다. 최신 추정치에 따르면, 미국에서 중립 실질금리라고도 하는 자연이자율, 즉 새로운 생산적 투자의 한계 수익률은 마이너스(-)가 되었다(그림 6.6, p. 319). 그러나 세계 실질금리의 추세 추정치는 변동환율에도 불구하고 미국의 중립 이자율과 밀접한 상관관계가 있다(Hamilton et al., 2015). 이것이 유동성에 대한 집착이 경제 행동을 지배하는 시대의 특징이다. 미국보다 더 악화되는 수익성 제약에 대한 국내 조정은 투자 규모를 줄이는 방식으로 이루어지고 있다.

IMF는 2015년 4월 『세계 경제 전망』에서 생산적 투자 감소와 잠재성장률 하락에 대해 심층 연구를 수행했다(FMI, 2015). 생산적 투자는 모든 선진국에서 지속적으로 축소되었다. 생산적 투자는 위기 이전 전망치에 비해 위기 이후 평균 25퍼센트 감소했다. 경제활동의 전반적인 약세는 80퍼센트가 투자 감소에 기인한다.

따라서 달러의 압도적인 우위는 결코 세계경제의 안정 요인이 아니다. 오히려 달러의 압도적인 우위는 금융 위기의 초기 국면을 이겨 낸 신흥국들을 경기 침체에 빠뜨리고 자본 유출 사태를 촉발시켰다. 그런 다음 신흥국들은 금융 위기나 투기적 공격에 대비하기 위해 자발적으로 과도

그림 7.6. GDP 대비 총부채 비중

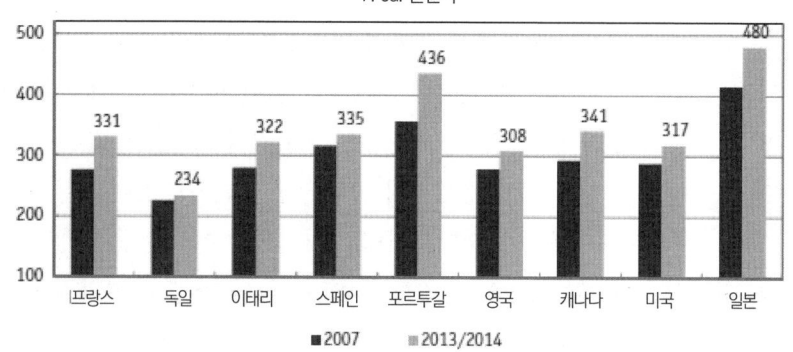

7.6a. 선진국

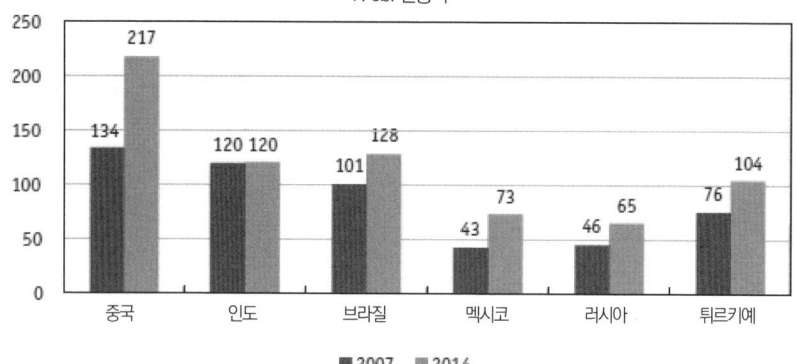

7.6b. 신흥국

자료: M. Aglietta et V.Coudert (2015a)

한 규모의 국제 준비자산을 축적했다. 이러한 축적 전략은 위기와 불안정에 대비하지 못할 뿐만 아니라 사회적으로도 비용이 많이 들고, 경제성장에 불리한 영향을 준다는 대니 로드릭(Dani Rodrik, 2006)의 실증 연구에서 알 수 있듯이 역효과를 내는 것으로 판명되었다.

달러의 패권은 국제 화폐 관계, 특히 미국과 신흥 경제국 간의 심각한 비대칭성을 야기하는 불균형적인 국제 화폐 시스템을 지속시킨다(Ponsot, 2016). 이러한 비대칭성이 발생하는 첫 번째 이유는 국가 경제의 대외 채무 규모 및 구조와 관계가 있다. 한 국가의 화폐에 기초한 현재의 국제 화폐 구조에서는 준비 화폐를 발행하는 국가가 다른 국가에 아무런 대가 없이 생산물이나 금융자산을 수입할 수 있기 때문에 «터무니없이 과도한 특권»(Eichengreen, 2011)을 누리고 있다. 이러한 접근에 따라 미국은 자국의 화폐로 거의 무제한에 가깝게 막대한 자금을 차입할 수 있다.[28] 반면, 신흥국과 개발도상국은 자국 화폐로 대외 채무를 질 수 없다. 따라서 이 국가들의 대외 채무는 외국 통화로 이루어진다. 이것이 아이켄그린, 하우스만과 파니자(Eichengreen, Hausmann et Panizza, 2003)가 강조한 «원죄» 증후군이다. 최근 화폐 역사를 보면, 신흥국들이 자국 화폐로 국제 채무를 발행하려는 시도는 드물 뿐만 아니라, 효과적이지도 못했다. 예를 들어, 2005년 이후 브라질의 경험은 규모도 작았고 성공을 거두지도 못했다(Ponsot, 2015b). 이러한 국가들은 심각한 자금 조달 제약, 외국 통화 불균형, 그리고 환 리스크에 노출되어 있다. G20과 IMF[29]가 구상한 한 가지 해결책은 신흥국의 자금 조달 제약을 극복할 수 있는 보다 효율적인 국내시장의 발전을 위해 다자적 지원을 제공하는 것이다. 현실적으로 이러한 해결책은 외화 표시 채무를 제거하지 못하기 때문에 최적의 해결책과는 거리가 멀다.

현재의 국제 화폐 구조는 국제수지의 불균형이 지속될 경우 조정의 부담을 고르게 분산시키지 못하기 때문에 비대칭적인 구조이기도 하다. 국제 화폐 발행국은 주변국처럼 이 문제에 대해 걱정할 필요가 없다. 특히 국제 화폐 발행국의 국제수지가 적자 상태인 경우 조정의 부담이 주변국에게 전가된다. 이러한 특권적인 상황으로 인해 국제 화폐 발행국은 경

---

28. 달러화에 대한 신뢰가 있고 세계의 나머지 국가에서 달러화가 수용되면서 보편적인 화폐로 머물러 있는 한, 이 메커니즘이 기능하기 때문에 미국이 채무를 질 수 있는 규모는 거의 무제한이다. 거시적 수준에서 달러화를 미국 밖으로 옮기는 운영에서, 채무의 상환이라는 의미에서 지금은 존재하지 않는다. 나머지 세계를 위해 발행된 달러화는 현재로서는 단순히 보편적으로 수용되는 채무의 인정에 불과하다.

29. 국제통화기금, 세계은행, 유럽부흥개발은행, 그리고 경제협력개발기구의 공동 연구 (2013)를 보라. *Developing Local Currency Bond Markets: A Diagnostic Framework*.

기순환의 조성자이자 글로벌 충격(경제활동, 원자재 가격, 환율 등)의 생성자의 위치에 서게 된다. 반대로 주변국들은 비대칭적인 조정의 부담을 져야 하며, 경기순환의 수용자로서의 위치 때문에 흡수해야 하는 외부 충격에 취약하다. 다시 한 번 주변국들은 예방 차원에서 과도하게 외환 보유고를 축적하고 **수출 주도 성장** 유형의 제한적인 신중상주의 정책을 활성화하도록 유혹을 받는다(Palley, 2014).

마지막으로 경제정책의 자율성 측면에서 심각한 비대칭성이 존재한다. 한편으로, «달러는 우리들의 화폐이지만, 너희들의 문제다»라는 유명한 격언에 따라 미국은 자신의 화폐 정책이 다른 국가들에 미칠 영향을 고려하지 않은 채 자율적으로 경기 대응적인 화폐 정책을 수행할 수 있다. 앞서 살펴본 것처럼, 미국 입장에서 보면 미국 국채는 국제 화폐 레짐의 궁극적인 유동성 수단이기 때문에 재정 정책의 제약은 제한적이다. 반면, 신흥 경제국은 화폐 정책과 환율 정책을 미 연준의 결정에 따라 조정해야 하고 재정 정책은 금융시장의 관점에서 «지속 가능»해야 한다는 점에서 실질적인 운신의 여지가 없다.

위기 이후 일어난 사건들은 대니 로드릭의 진단을 확인해 준다(D. Rodrik, 2011). 1974년 C20의 실패 이후 포기된 협력을 위한 제도적 틀이 결여된 다극 구조에서 심화된 금융 지구화는 다양한 국가들의 선호와 양립할 수 없다. 무제한으로 이동할 수 있는 금융자본에 부여된 자격과 국가들의 지속 가능한 발전의 요구라는 모순적인 힘들은 서로를 악화시켜 결국 준-달러 본위의 퇴화로 이어질 수밖에 없다.

실행 가능한 국제 화폐 레짐을 구성하는 타협으로 이어지는 길을 상상하는 것이 가능한가? 이것이 마지막 장에서 우리가 그 조건을 제시하려고 하는 국제 화폐에 대한 끝없는 탐구이다.

제8장 _ 새로운 국제 화폐 시스템으로 이행

우리는 제4부의 첫머리에서 제기한 질문의 출발점으로 되돌아왔다. 국제 화폐란 무엇인가? 역사의 관찰은 우리에게 답을 제공하지 않았다. 델로스동맹에서 국제 금본위를 거쳐 브레턴우즈 시스템에 이르기까지 각각이 기반으로 하는 주권에 의해 정당화된 여러 화폐들 간의 합의에 우월한 정당성을 제공하려는 시도는 수십 년 이상 지속된 적이 없다. 수십 년은 수천 년에 걸친 화폐 궤적에서 아주 짧은 순간에 불과하다. 우리는 이 문제의 이론적 성격을 알고 있다. 화폐는 가치를 표현하고 실현하는 공간에서 하나의 시스템으로 존재한다. 이러한 통일성이 시간이 지나도 지속되는 것은 주권을 통해 달성되었다. 지구 전체의 주권이라는 구상 자체는 현시대의 인간 사회 발전에 의미가 없기 때문에 국제 화폐는 불완전할 수밖에 없다. 국제 화폐는 단일 통화의 헤게모니를 수용하는 형태 혹은 이른바 국제 화폐 레짐이라는 국가 간의 자발적인 합의의 형태, 이 두 가지 형태만으로 실현될 수 있다.

헤게모니가 자비롭다면, 즉 헤게모니국이 화폐 조절을 통해 세계적 수준에서 헤게모니국의 지배하에 있는 국가의 대외적 이해관계와 일치하도록 하여 이들 국가의 권위가 위협받지 않는다면, 헤게모니는 수용될 수 있다. 하지만 모든 헤게모니는 영향을 미치는 범위가 확대됨에 따라 사회적 비용이 증가하기 때문에 약화된다. 이러한 비용을 억제하거나 그에 대한 재원을 조달하기 위해 헤게모니국은 항상 그 지위의 이점을 이용하게 된다. 달러화의 경우, 미국 정부는 자국의 비대칭적인 화폐적 지위로 인해 해외에서 발생하는 혼란의 파급 효과로부터 영향을 받지 않기 때문에 자국의 정책이 다른 국가에 미치는 영향을 전혀 고려하지 않는다. 이러한 비대칭성은 다른 정치 세력이 대안을 제시하지 않은 채 국제무역에서 영향력을 확대할 때, 필연적으로 대립을 야기한다. 7장에서 달러화에 대해 살펴본 것처럼, 국제무역에는 불안정성이 만연해 있다.

국제 화폐 레짐은 국가들의 자발적인 참여(association)에 의해 만들어진다. 브레턴우즈는 달러화의 헤게모니를 정당화하기 위해 참여국들과는 별도의 국제법과 국제기구(국제통화기금과 세계은행)를 만드는 것을 목표로 했던 독특한 레짐이었다. 그러나 케인스는 대칭적인 협력을 내장한 화폐 구조를 구축하기 위해 다르게 생각할 수 있음을 보여 주었다. 지역 수준에서 또 다른 국제 화폐 레짐의 예는 유로화를 만든 국가들의 참여이다. 유로존은 유로화에 직접민주주의의 정당성을 부여할 수 있는 공동 주권에 이르지 못했다. 유로화는 세계에서 유일한 공동 기구, 무엇보다 유럽중앙은행을 만들었음에도 불구하고 회원국들의 비대칭성을 심화시킨 불완전한 화폐이다.

국가들의 자발적인 참여는 2009년 G20[1]의 경우처럼 정책 조정을 넘어서는 대칭적인 협력을 통해 지구화를 유지하면서도 퇴화된 헤게모니로부터 벗어날 수 있는 실행 가능한 유일한 길인 것처럼 보인다. 지속 가능한 국제 레짐을 구축하기 위해서는 국가들의 자발적인 참여를 유지하는

---

1. G20(Group of 20) 또는 주요 20개국은 세계경제를 이끌던 G7과 유럽연합(EU) 의장국에 12개의 신흥국, 주요 경제국들을 더한 20개 국가의 모임을 나타내는 말이다. 아시아 금융 위기 이후 금융, 외환 등에 관련된 국제적 위기 대체 시스템의 부재가 문제점으로 지적되면서, 1999년 9월 IMF 연차 총회 당시 개최된 G8 재무장관 회의에서 G8 국가와 주요 신흥 시장국이 참여하는 G20 창설에 합의하였다. 1999년 12월 독일 베를린에서 처음으로 주요 선진국 및 신흥국의 재무장관 및 중앙은행 총재가 함께 모여 국제사회의 주요 경제·금융 이슈를 폭넓게 논의하는 G20 재무장관 회의가 개최되었다. 이후 G20은 매년 정기적으로 회원국 재무장관과 중앙은행 총재들이 회의를 주도해 오다가 2008년 11월 세계 금융 위기 발생 이후 위기 극복을 위해 선진국과 신흥국 간의 공조 필요성이 대두되면서 정상급 회의로 격상되어 처음으로 미국 워싱턴에서 G20 정상회의가 개최되었다. 2011년 이후는 연 1회 개최되고 있다: 옮긴이.

원칙에 따라 시스템 운영의 책임을 위임받은 국제 중재 기구의 설립과 정치적 방향에 참여할 수 있는 능력을 각 회원국 또는 영향력 있는 회원국 그룹에게 부여함으로써 국가들이 평등이라는 공동의 가치에 합의할 수 있어야 한다(Christiano, 2010).

1절에서는 이러한 정치철학의 원칙을 로버트 먼델(Robert Mundell)의 불가능성 정리의 관점에서 경제학자들이 이해하는 이론적 문제와 연결하려고 한다. 국제 협력에 기초한 화폐 레짐이 어떤 조건에서 이론적 문제가 제기하는 장애물을 넘어설 수 있는가? 2절에서는 이러한 분석 도구를 유로화에 적용하여 지금까지 실행된 정부 간 거버넌스의 교착 상태를 극복할 수 있는 가능한 방법에 초점을 맞추고자 한다. 마지막으로 3절에서는 특별인출권(SDR)을 최종 준비자산으로 장려하여 현재의 국제 화폐 기구를 국제 화폐 시스템으로 발전시키기 위한 실마리를 제시한다.

1. 국제 화폐 시스템: 기축통화의 헤게모니에서 제도화된 협력으로

우리는 금융의 지구화가 심화되면, 통화 간의 일반화된 경쟁 시스템은 실현 가능하지 않다는 것을 이미 알고 있다. 이는 자본시장의 완전한 통합이 내포하는 궁극적인 유동성의 단일성으로부터 발생하는 환율의 비결정성,[2] 즉 7장의 〈상자 7.1〉(p. 333)에서 살펴본 문제에 봉착하기 때문이다.

1.1. 경쟁 통화 시스템에서 환율의 비결정성

효율적인 시장, 즉 화폐가 없는 경제를 가정한 완전한 금융의 지구화

---

[2] 환율의 비결정성 정리에 대한 엄격한 논증은 J. Kareken et N. Wallace(1981)를 참조하라.

는 국제무역을 마치 국가가 존재하지 않는 것처럼 취급한다. 그러나 국가 간에는 국제수지에 기록되는 경제적 국경이 존재한다. 모든 가치의 생산, 따라서 가치를 인정하고 그것을 매개하는 모든 화폐의 발행은 국가적이기 때문이다. 그 결과, 세계적 수준에서 Σ(순생산) $\equiv$ Σ(국내 수요)와 같은 항등식이 성립한다.

국제무역은 어떤 순가치도 창출하지 않기 때문에 이러한 무역에 대한 지급은 어떤 순 화폐 창출도 유발해서는 안 된다. 케인스가 1942년의 제안에서 주장했던 것처럼, 국제 화폐는 순전히 매개적이어야 한다. 국제 화폐는 수입국에서 수출국으로 소득을 이전해야 한다. 그러나 국가화폐의 국제적 사용은 이러한 국제 화폐유통 준칙에 위배된다. 브레턴우즈 시스템에서 보았던 것처럼, 국제 지급 결제 수단의 총액이 재화와 서비스에 대한 국제 유통의 필요와 일치하지 않을 수도 있다.

실제로 국제 지급 결제에서 자국 화폐를 사용하는 적자 국가는 시간이 지남에 따라 자국의 부채를 이전하기만 하면 되고, 이는 결코 결제될 필요가 없다. 이것이 바로 순전히 신용적인 국가화폐의 세계에서 기축통화의 터무니없이 과도한 특권의 의미이다. 어느 나라의 부채도 아닌 궁극적인 화폐로 국제수지 적자를 결제할 의무가 없다면, **지급 결제의 완결성이 무기한 정지된 것처럼 모든 것이 일어난다.** 동일한 범주의 주체의 손에 의해 흑자와 적자의 구조가 결정된다면, 주체들은 현금 유동성의 필요를 넘어서는 유동자산을 어쩔 수 없이 축적하게 될 것이다. 유동자산을 금융자산으로 바꾸려고 하면 화폐와 화폐의 직접 교환으로 이어질 것이다. 그 결과, 외환시장은 국제수지의 균형과는 무관하지만 최상의 유동성 보유 형태에 대한 순수한 차익 거래로 인해 발생하는 화폐의 태환에 의해 팽창된다. 이러한 차익 거래에서 두 통화가 경쟁한다면, 형성되는 환율은 국제수지의 균형에서 채무자가 채권자에게 소득을 이전함으로써 유도되는 힘의 결과가 아니다. 환율은 결정되지 않는 경향이 있기 때문에, 통화들의 대체 가능성이 높은 경우 국제수지의 조정에 기여하는 것이 아니라 오히려 방해할 가능성이 높다. 이것이 바로 순수한 금융거래의 총 화폐가치가 총 국제무역액이나 세계 GDP에 비해 과도하게 팽창할 수 있었던 이유이다.

이러한 근본적인 결과는 국제 거시경제학 문헌에서 먼델의 불가능성 정리라는 이름으로 부분적으로 인정받고 있다(Mundell, 1966).

1.2. 가능한 국제 화폐 시스템의 조직: 먼델의 불가능성 정리

먼델의 불가능성 정리는 화폐의 공공재적인 성격의 영향을 부분적으로 포착하고 있다. 이 정리는 환율의 비결정성 문제를 해결하는 국제 화폐 시스템의 조직 형태를 결정하는 것을 목표로 한다. 이 정리에 따르면 고정환율의 장점, 자본의 완전한 이동성의 장점, 그리고 국내 경제정책에 있어 자율성의 장점을 결합하여 **최상의 조직 형태**에 도달하는 것은 불가능하다. 실제로 자본의 완전히 자유로운 이동은 환율을 고정시키려는 국내 정책을 완전히 제약한다. 국내 경제정책 결정에 있어 자율성을 원한다면 변동환율을 수용해야 하지만, 완전한 금융 통합을 원한다면 국제유동성이 정의되지 않는다. 고정환율과 국내 경제정책 결정에 있어 자율성을 동시에 원한다면, 원하는 국내 경제정책 결정의 자율성만큼 자본 이동을 제한하는 수밖에 없다. 따라서 제한적인 금융의 지구화를 수용해야 한다. 여기에서 우리는 불가피하게 **차선**의 조직 형태로 방향을 돌리게 된다. 차선의 조직 형태를 식별하기 위해 우선 먼델이 파악한 세 가지 요소의 의미를 올바르게 이해할 필요가 있다.

환율의 고정은 환율 예측의 어려움과 관련된 리스크를 제거해 준다. 다자간 준칙을 통한 환율의 고정은 국제무역에서 확실성이라는 막대한 이득을 가져다주는 단체보험이라고 할 수 있다. 다자간 준칙을 통해 환율을 고정시키는 합의를 이끌어 내지 못하면, 대부분의 정부는 일방적으로 환율 준칙을 설정하고, 자기를 방어하기 위해 외환 보유고를 축적하며, 자국의 환율이 자유롭게 움직이는 것을 두려워하여 외환시장에 개입한다.

효율적 금융시장 가설과 연관된 자본의 완전한 이동성은 세계적 수준에서 완전한 금융 통합으로 이어질 수 있는 상황이다. 효율적 금융시장 가설이 충족된다면, 한 국가의 국제수지의 균형 또는 불균형과 같은 개념은 그 의미를 상실하게 될 것이다. 균형은 세계적이며 시점 간일 것이다. 이 경우에 국제수지의 적자와 흑자는 오로지 개별 행위자들의 효용 최적화 행동에서 비롯된 각국의 저축과 투자의 구조적 차이에서 발생할 것이다. 이 경우에 투자자는 합리적으로 예상한 수익률과 리스크에 따라 세계의 모든 투자 기회 사이에 재정 거래를 할 것이다. 또한 거시경제적, 금융적 조정은 충격이 누적되는 것을 방지할 것이다.

효율성 가설은 확률을 계산하는 것이 불가능한 미지의 미래의 사건에 대비한 예비적 동기로서 유동성 필요를 발생시키는 불확실성을 부정한다. 미지의 극단적인 사건에 대비한 예비적 수요는 집단적이다. 오로지 다른 사람들이 수요해야만 스스로를 지킬 수 있기 때문이다.

먼델의 불가능성 정리의 세 번째 요소는 국내 경제정책 결정의 자율성 정도이다. 각국 정부의 목표는 자국의 부존자원을 가능한 한 가장 잘 이용하여 최적 성장을 하는 것이다. 따라서 각국 정부는 경제가 자원을 최대한 활용할 수 있도록 조절 수단을 갖추려고 노력할 것이다. 어떤 정부가 자신의 목표에 도달하기 위해 조절 수단들을 어떻게 결합해야 하는지 알고 있다면, 각 국가는 국제 관계에서 자국의 정책을 가능한 한 적게 제약하는 것에 관심을 갖는다.

따라서 우리는 국제 화폐 시스템의 가능한 유형들(그림 8.1)[3]을 종합한 먼델의 삼각형에 이르게 된다. 먼델의 삼각형은 세 변의 길이가 같다. 각 변은 세 가지 기준 가운데 하나의 기준을 나타낸다. 삼각형의 각 꼭짓점

---

3. 로버트 먼델(Robert Mundell)의 유명한 삼각형은 1968년에 그가 쓴 국제경제학 교과서에 나와 있다(Mundell, 1968).

은 국가가 취할 수 있는 가능한 선택이라고 할 수 있다. 한 변에서 마주 보는 꼭짓점으로 이동할수록 이 변이 나타내는 기준의 완전한 실현으로 부터 점점 멀어진다. 세 중선(中線)과 마주보는 변은 세 가지 형태의 국제 화폐 시스템을 정의하는 세 개의 마름모를 결정한다. 꼭짓점 A를 포함하는 마름모는 자본 통제가 지배적이고, 꼭짓점 B를 포함하는 마름모는 고정환율이 지배적이고, 꼭짓점 C를 포함하는 마름모는 화폐 정책의 독립성이 지배적이다. 교환 가능한 통화를 가진 국가들이 동일한 마름모 내에 있기로 결정한다면, 국제 화폐 시스템은 일관성이 있다고 말할 수 있다. 브레턴우즈 시스템은 자본 이동에 대한 통제가 미국의 경우에는 낮은 수준에서 프랑스의 경우 높은 수준, 일본의 경우 매우 높은 수준까지 이루어지는 선분 AB(고정환율)에 가깝다. 주요 서구 국가들은 1970년대 브레턴우즈 시스템의 소멸 이후, 일본은 1980년대 이후, 중국은 2005년 이후, 고정환율(선분 AB)에 가까웠던 주요 경제 대국들이 자본 이동성을 확대하고 변동환율을 수용하면서 선분 BC로 이동했다. 나중에 유로화가 된 유럽화폐시스템(EMS)[4] 내에서 환율을 고정시켰던 그룹(ZE08)을 제외한 유럽의 국가들도 자본 이동의 자유와 변동환율을 수용하는 형태로 이동했다.

그러나 먼델의 삼각형은 불확실성을 고려하지 않으므로 불확실성을 피하기 위한 국제유동성의 기능을 고려하지 않는다. 이것은 모든 국가가 동시에 먼델의 삼각형의 모든 위치에 접근할 수 있는 것은 아니라는 것을 의미한다. 실행 가능한 국제수지의 조정을 통해 국제무역을 활성화하기 위해서는 주요 국가들의 선택의 일관성이 필수적이다. 그렇기 때문에 앞에서 설명한 국제 화폐 시스템의 유형을 보여 주는 세 개의 마름모가 나타난다. 마름모 BaOc는 삼각형의 중심(O)에 가까워질수록 환율이

---

4. 유럽화폐시스템(European Monetary System)은 회원국들 간의 역내 환율 안정을 도모하기 위해 1973년 3월에 설립된 지역 환율 제도로서 유럽경제공동체(European Economic Community: ECC) 9개국이 합의하였으며, 유로화가 도입되기 직전인 1998년까지 운영되었다: 옮긴이.

그림 8.1. 국제 화폐 조직의 양식과 지구화의 효과: 변동환율로의 변위

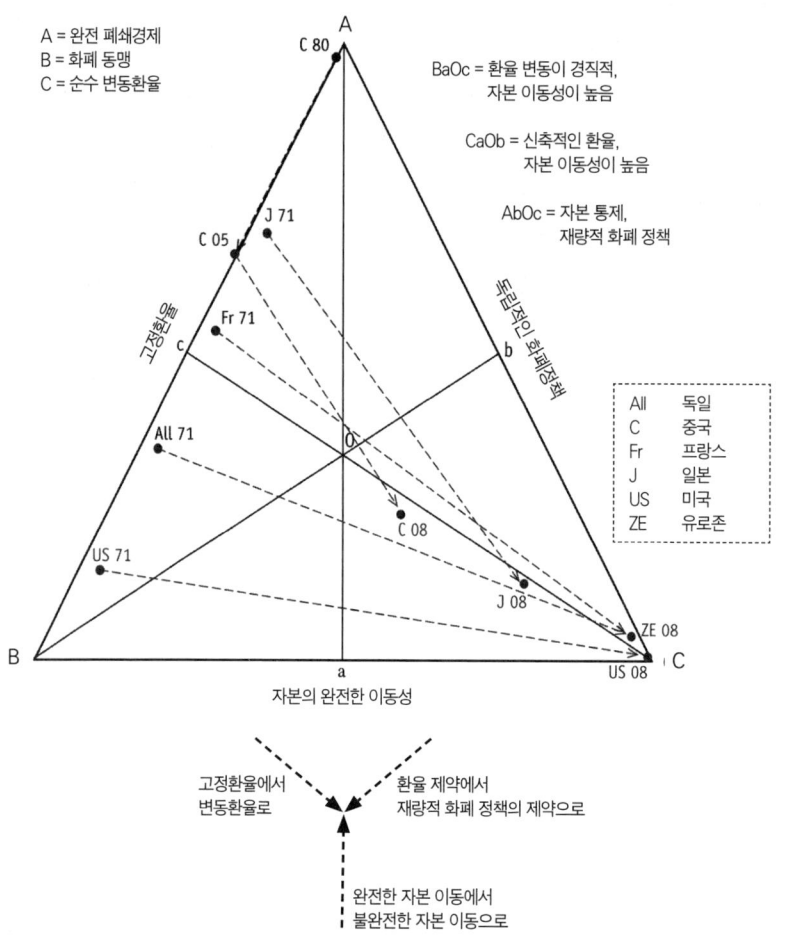

관리되고 자본 이동이 제한되는 국제 화폐 시스템이다. 마름모 CaOb는 신축적인 환율이 지배적인 국제 화폐 시스템이다. 환율 변동성이 정부가 감내할 수 있는 수준인 경우, 그래서 자본 이동이 제한되고 교환성이 떨어지는 통화를 가진 국가가 풍부한 외환 보유고를 보유하여 자기방어를 할 수 있도록 조절함으로써 환율 변동을 축소하는 경우에만 국제 화폐

시스템은 실현 가능하다. 마름모 AbOc는 자본 통제가 일반화된(태환성이 모든 곳에서 경상거래로 제한된) 영역, 또는 일부 국가가 보호주의의 장벽을 가지고 있는 영역이다.

　이 삼각형의 지형도는 선택이 어떻게 이루어지는지, 또는 주요 국가들이 실제로 그렇게 할 수 있다면, 먼델 삼각형의 동일한 영역에서 그들이 어떻게 일관성을 달성하는지에 대해 말해 주지 않는다. 통화들이 점점 더 서로를 대체할 수 있게 되면서, 편중화를 초래하는 통화 경쟁의 역설을 고려할 필요가 있다. 따라서 대칭적인 통화들로 이루어진 순수 변동 환율 레짐은 지구화가 제한되어 국제 지급 결제 시스템이 전략적 행동의 목표인 유동성 있는 준비금을 축적하지 않고도 작동할 수 있는 경우에만 가능하다. 그렇게 되면 로드릭(Rodrik)이 믿는 것처럼, 그리고 이전 지구화의 역사, 즉 16세기의 대발견과 자본주의 고전 시대의 역사에서 그랬던 것처럼 금융 지구화는 후퇴하게 될 것이다. 심도 있는 금융 지구화가 지속되어야 한다면, 그것은 기축통화를 가진 헤게모니 레짐이나 제도화된 협력 레짐과 같은, 편중된 것처럼 보이는 국제 화폐 레짐의 형성을 전제로 한다.

1.3. 국제 화폐 레짐: 헤게모니 안정성

　국제 화폐 레짐의 안정성에 큰 영향을 끼친 학설 중 하나는 1960년대에 역사학자 찰스 킨들버거(Charles Kindleberger)가 발표한 헤게모니 안정성에 관한 학설이다.[5] 이 가설은 유일하게 가능한 안정적인 레짐 유형으로 여겨졌지만 비판의 여지가 있다. 이 가설은 필요하지도 않고 충분하지도 않다. 이 가설은 오로지 한 역사적 시기 동안에 미국의 헤게모니에 대한 분석에 근거하고 있다. 이 가설은 자메이카 협정 이후 미국 정치

---

5. 이 이론의 지지자와 아바타에 대한 논의는 C. P. Kindleberger(1981)을 참조하라.

학에서 활발히 활동하던 이른바 제도적 자유주의(흐름)에 의해 비판을 받았다. 로버트 코헤인(Robert Keohane)은 제도적 자유주의를 주창한 학자 가운데 가장 저명한 사람으로, 여기에서는 국제 화폐 레짐[6]을 정의하기 위해 그에게서 영감을 얻을 것이다(Keohane, 1984).

헤게모니 안정성은 소위 《현실주의》[7](흐름)에 의해 지지되어 왔다. 이 학파는 안정적인 국제 경제 질서는 지배적인 힘을 가진 헤게모니를 통해서만 가능하다고 생각한다. 국가만이 정치의 힘이며, 권력과 부 사이의 자기-강화적 상호작용을 통제할 수 있기 때문이다. 권력은 한 행위자가 다른 행위자들의 결정에 영향을 미칠 수 있는 비대칭적인 능력이다. 불평등하게 행사되는 권력은 부의 생산, 분배, 축적을 위한 재산권 형성으로 이어진다. 반대로 부는 장기적으로 권력 관계를 변화시키는 축적 수단을 제공한다.

세계 소득 분배와 생산요소 배분에 대한 포괄적이며 일관된 국제 준칙이 존재하지 않기 때문에 국가들 간의 관계는 힘의 관계이다. 가능한 모든 조정을 위해서는 협상이 필요하다. 국제정치 게임의 각 참여자는 조정 비용을 다른 참여자에게 전가하려고 하므로 불일치를 완전히 제거할 수 없다. 따라서 협상은 상시적이다. 국제 레짐은 국가들이 그들의 선호함수를 수정하여 국가들의 관행에 영향을 미치는 특정 국제기구와 준칙에 따라 협상이 이루어질 때 존재한다. 헤게모니 안정성 이론에 따르면, 한 국가가 더 지배적일수록 이러한 구성은 더욱 견고해지고 더욱 협력적

---

[6]. 1970년대 말과 1980년대 초에 매우 활발했던 이러한 지적 영향에서 영감을 받은 연구의 개요에 대해서는 스티븐 크래스너가 편집한 공동 저작이 있다(Krasner, 1983).
[7]. 무정부 상태의 국제 관계를 국익과 세력 균형의 관점으로 분석하는 국제정치학의 주요한 이론을 말한다. 국제 관계에서 현실주의는, 세계는 무정부 상태라는 생각을 기초로 두고, 국제 관계의 행위 주체는 국가 이외에 없고, 무정부 상태에서의 국가의 지상 목표는 살아남는 것이기 때문에 안전보장이 최우선이 되며, 그 때문에 권력이 사용되어 국제적으로 여러 사건이 발생한다는 사고방식이다. 여러 가치관을 배제하고 국제 관계를 객관적으로 분석하려는 점이 특징이며, 국제 협력이나 국제법을 중시하는 이상주의에 대하여 비판적이다. 군사력이나 국익을 중시하나, 호전적이라는 의미는 아니다: 옮긴이.

인 관계를 유도한다.

헤게모니에 대한 《유물론적인》 견해는 적어도 안토니오 그람시(Antonio Gramsci)[8]에 의해 정교화되었다. 이 견해는 물질적 힘(강성 권력)과 그 리더십 사이의 기계적인 관계를 거부하기 때문에 더 안목이 있다. 물론 헤게모니적 힘은 자신이 지배하는 국제 관계를 보호하기에 충분한 군사력을 가지고 있어야 한다. 하지만 그렇다고 해서 전 세계를 군사적으로 지배해야 한다는 의미는 아니다. 오히려 헤게모니적 힘은 군사력을 이용하여 자국의 영향력의 범위에서 리더십 행사의 몇몇 중요한 속성을 유리하게 변경하려는 적대적인 국가에 대한 억제력이다.

헤게모니 안정성은 **연성 권력**으로 대체된다. 연성 권력은 한편으로 경제적 힘과 물질적 힘 사이의 관계를, 다른 한편으로 윤리적 가치와 정치적 표상 사이의 관계를 강조한다. 지배 집단의 정치적 방향이 지배적인 지위의 객관적인 구조를 정당화하는 데 성공할 때 리더십이 존재하며, 이러한 힘이 중심이 되는 국제 레짐을 정의하는 준칙을 보편적 원칙으로 인정받게 된다.

따라서 국제 경제 질서는 헤게모니에 종속되어 있는 국가들이 자발적으로 이 질서의 구성 기준을 받아들일 때에만 존재할 수 있는데, 이는 종속국가들에게 이러한 원칙을 따르는 것이 충돌하는 것보다 유리하기 때문이다. 헤게모니는 제국주의와 달리, 국제 중개 기구와 시장의 자금 조달을 통해 국제 관계를 유연하게 관리하고 종속국가 엘리트들의 충성을 확보하는 것이다. 이러한 지지를 얻으려면 헤게모니 국가의 지배 집단은 국제 질서의 안정을 위해 당장의 경제적 이득을 포기할 수 있는 장기 비전과 충분한 결속력을 갖추어야 한다.

헤게모니적 시스템만이 자본 이동이 자유로운 세계경제를 조절할 수

---

8. 안토니오 그람시는 모든 법적 공공 제도를 통합하고 합법적인 강제력(강성 권력)을 발전시키는 정치사회와 대다수가 인정하는 가치(연성 권력)에 대한 지지를 얻는 것을 목표로 이데올로기를 전파하는 문화 제도를 통합하는 시민사회를 구분함으로써 헤게모니 이론을 정교화했다. 이 헤게모니 이론은 그의 『옥중수고』에서 발전되었다(Gramsci, 1978).

있는 것은 사실이지만, 기축통화 발행국이 다자간 무역 시스템을 수용하는 모든 국가의 이익을 위해 헤게모니를 더 이상 수행할 수 없게 되면, 국제 화폐 시스템은 위기에 직면하게 된다. 국제 화폐 시스템의 이행은 기축통화의 특권이 재확립되거나 양차 대전 사이에 파운드화가 달러화로 대체된 경우처럼 다른 기축통화가 출현하는 것을 의미한다. 따라서 달러화의 국제 화폐 기능이 퇴화되고, 이를 대체할 다른 통화가 등장하지 않는다면 자본 이동의 자유는 쇠퇴할 수밖에 없다.

그러나 이것이 역사를 읽을 수 있는 유일한 방법은 아니다. 자메이카 협정 이후 장기적인 구조 변화로 인해 달러의 정치적 지배력이 약화된 것은 사실이다. 미국의 연성 권력의 궤도에 속하지 않지만, 다자간 무역 시스템에 의존하여 번영한 대륙의 강대국들이 등장했다. 더욱이 기후변화의 위협 하에서 천연자원의 부족과 파괴로 인해 금세기는 글로벌 공공재의 생산이 전 인류 생존의 필수 조건이 되는 세기가 될 것이다. 이러한 맥락에서 국가 간의 관계는 이해관계의 충돌이라는 관점에서만 생각할 수 없다. 전쟁으로 이어지는 한 치도 양보할 수 없는 이해관계의 충돌과 이해관계가 양립할 수 있는 국가 간의 조정(coordination)의 결여는 구별해야 한다. 이 책에서 우리는 국제 화폐 문제가 두 번째 관점에 위치하고 있다고 가정한다. 그렇지 않고 열강들의 이해관계가 첨예하게 충돌한다면, 천연자원이 희소한 세계에서 통제 불능으로 확대될 위험이 있는 신냉전을 대비해야 한다.

조정의 결여는 글로벌화되고 무역의 일반화된 자유화를 촉진한다고 주장하며 국제 공공재의 생산을 오로지 한 국가의 손에 맡기는 국제 시스템의 태생적인 결함이다. 이것이 바로 트리핀 딜레마의 본질 그 자체이다. 화폐적으로 지배적 지위에 있는 국가는 자국의 화폐적 우위를 통해 외부 충격으로부터 자신의 금융 시스템을 방어할 수 있기 때문에, 이 국가가 공동 이익을 취하도록 유도하는 상호 합의된 어떤 준칙도 존재하지 않는다.[9] 불충분한 조정으로 인해 유발된 혼란이 기축통화를 발행하는 국가로 돌아갈 때, 조정의 결여는 리더십에 타격을 준다.

향후 수십 년 동안 경제협력개발기구(OECD)가 《부의 이동》 과정에서 발견한 것과 동일한 추세가 계속된다면, 협력적인 다중 통화 시스템이 출현할 수 있다. 달러화는 다른 기축통화로 대체되지 않고, 국제 화폐 레짐을 형성하는 준칙에 의해 관리되는 다중 통화 시스템의 주요 통화에 포함될 것이다. 따라서 협력에 기초한 국제 화폐 레짐이 어떻게 형성될 수 있는지에 대한 분석이 필요하다.

1.4. 협력과 국제 레짐

1980년대 이후 미국에서 제도적 자유주의[10] 학설이 발전했다. 국제 화폐 분야에서 협력의 어려움은 이론에서 공식화된 장애물을 극복해야 할 필요성 때문이다. 헤게모니 없는, 실행 가능한 레짐을 구축하려면 어느 한 국가의 부채가 아닌 만장일치로 수용되는 궁극적인 유동성의 형태가 존재해야 한다. 또한 국제수지의 대칭적인 조정을 유도하는 국제 지급 결제 시스템의 준칙을 구축하는 것이 필요하다. 이러한 특성을 가진 국제 레짐을 정치적으로 조직하는 것이 가능한가?

국제 레짐 이론가들은 국가 간의 관계를 조화, 협력, 불화의 세 가지 유형으로 구분한다.

조화는 순수 경제 교리의 가설이다. 이것은 국가와 무관하고 불확실성이 존재하지 않으며, 개별 경제주체가 자신의 이해관계를 추구하면 자동적으로 상호 목표를 실현하는 구성이다. 이것이 바로 전 세계로 확대된 순수한 완전경쟁 시장이다. 이 경우 정치적인 것과 경제적인 것이 완전

---

9. 아이켄그린은 다른 나라들과 기축통화 발행국을 철저하게 구분하는 것을 실례를 들어 강조하면서, 그의 책 7장에서 달러화의 우위가 무너질 수 있는 시나리오를 서술했다 (Eichengreen, 2011, p. 153-177).
10. 조지프 나이(Joseph Nye), 로버트 코헤인 그리고 스티븐 크래스너가 이 이론의 주요 주창자들이다. 이러한 학설을 프랑스에 소개하는 글로는 G. Kébadjian(1999)을 보라.

히 분리된다. 협력은 필요하지도 않고 바람직하지도 않다. 화폐는 존재하지 않거나 존재한다면 중립적이다. 우리가 1장에서 비판했던 순수 경제 이데올로기를 다시 발견한다.

협력은 국민-국가 간의 정책을 조정(coordination)하는 과정이다. 이 과정을 통해 국가가 내린 일련의 결정을 상호 조율(ajustements)하여 한 국가의 결정이 다른 국가의 결정에 미치는 부정적인 영향을 완화하거나 상쇄할 수 있다.

불화는 국가가 다른 국가를 자신의 목표 실현의 장애물로 간주하는 상황이다. 각국은 자국이 동원할 수 있는 수단의 범위 내에서 자국의 이해관계와 일치하는 방향으로 다른 국가들의 정책에 일방적으로 영향을 미치려고 한다. 이러한 상황에 처해 있는 국가들이 비슷한 힘을 갖고 있을 때, 일방적인 영향력을 행사하려는 시도는 저항에 부딪친다. 갈등은 저항으로부터 나온다.

불화를 극복하고 협력을 구축하는 데 필요한 조율은 간접적으로 이루어질 수 있어서, 다른 나라에 부정적인 결과가 자국에게 돌아오지 않도록 회피하는 것으로 제한할 수 있다. 이러한 태도는 금융 통합이 심화됨에 따라 상호 의존성을 인식하는 데서 비롯된다. 또한 조율은 협상, 압력, 설득 등 한 국가가 다른 국가에게 자신의 정책 효과에 부합하는 정책 운용을 하도록 유도하는 모든 수단을 통해 명시적으로 이루어질 수도 있다. 이것은 타협의 틀 내에서 목표를 주고받는 상시적인 협상이다. 그러면 **협력은 통제된 갈등으로 나타난다**.

국제 레짐을 구축하려면 그 이상의 것이 필요하다. 이는 국가의 규모나 자원에 관계없이 국가 간의 평등을 주장하는 국제 관계의 교리에 기초한 정당성이라는 보다 우월한 윤리적 원칙이 있어야 한다. 이러한 원칙 또는 《가치》는 국제 관계에서 당위에 대한 공통의 믿음이다. 이러한 우선 원칙은 권리와 의무에 관한 행동 규범을 결정함으로써 국가의 전략을 안내해야 한다. 국가의 전략에 영향을 미치는 이러한 규범에서 행동에 대한 처방이나 금지가 아닌 준칙이 도출된다. 우리는 전략 수준에서 전술 수준으로 이동한다. 마지막으로, 의사 결정 절차는 집단적으로 선택한 결정을 실행하기 위해 인정되고 수용된 관행에 기초한 일상적인 정책 전술에 관한 것이다.

국제 레짐이 존재하려면, 이러한 네 가지 논리적 수준 사이에 연결 고리를 만들 수 있는, 국가로부터 독립된 국제기구가 있어야 한다. 국제 레짐에 일관성을 부여하는 것은 바로 이러한 기구이다. 그러나 국제 레짐은 주권국가 간의 협의를 통한 법적 근거가 거의 없기 때문에 제도적 구조가 취약하다. 국제 레짐은 국가 간 협정의 중재를 통해 그리고 국가 경제정책의 개발과 수행에서 수반되는 변화를 통해 경제 관계에 영향을 미친다. 국제 레짐은 국민-국가보다 상위에 있는 국제 질서의 실마리가 아니다. 국제 레짐은 전 지구적인 주권의 새로운 원칙을 확립하지 않는다. 이런 이유로 국제 법질서보다는 국가의 자발적인 참여에 대해 논의할 필요가 있다.

그럼에도 불구하고 국제 레짐은 다층적 구조로 인해 사실상 제도화된 협력이다. 국제 레짐에 참여한 정부는 상황에 따라 **임시방편적 협력**을 통해 달성할 수 있는 것보다 더 큰 상호 이익을 가져다주는 정치적 협정에 도달할 수 있도록 하는 형태의 투자를 했기 때문이다. 이는 국제기구가 국가에 대한 권위는 없지만, 국가가 준수하는 공통의 준거를 제공하는 경우이다. 이를 통해 다른 국가의 행동에 대한 불확실성이 줄어들고 관행에 대해 상호 적응할 수 있다.

국제기구는 다른 국가와의 관계에서 국가의 행동에 대한 질적 불확실성을 줄여 준다. 협상은 더 잘 체계화되고, 협상의 결론을 나중에 사용할 수 있어 집단학습이 가능하다. 이러한 형식적 틀 덕분에 레짐을 구성하는 준칙은 특정한 새로운 문제가 검토될 때마다 재협상될 필요가 없다. 따라서 국제 레짐은 국가가 공동의 우선 원칙(당위에 대한 공통의 믿음)을 준수하고, 그 결과로 나온 규범과 준칙을 준수함으로써 예상되는 행동

범위를 줄이는 데 도움이 될 수 있다. 마지막으로, 절차를 관리하기 위해 파트너 국가의 정부와 관리들이 긴밀히 연계하여 절차를 관리함으로써 선의의 평판이 형성되면 도덕적 해이를 줄일 수 있다. 더욱이 공통 원칙에 대한 준거는 별개의 영역에 속하는 문제를 서로 연결한다. 협상의 범위를 넓히면, 좁은 영역에서 단편적이고 임시방편적인 협상만으로는 얻을 수 없는 유익한 합의를 이끌어 낼 수 있다.

따라서 국제 레짐의 견고성은 해당 레짐이 행위자 간에 확립한 소통의 밀도에 따라 달라진다. 장래의 협력은 과거의 협력 경험을 바탕으로 전략적 균형을 유지하면서 촉진된다. 이는 더 이상 이러한 기관의 설립 동기가 되었던 조건과 동일하지 않더라도 양립할 수 있는 행동 모델을 보호한다. 이것이 브레턴우즈에서 만들어진 기관들이 브레턴우즈 시스템 자체를 넘어 살아남아 그 기능을 발전시키며 적응해 온 방식이다.

이제는 이러한 분석 도구를 이용하여 국제 화폐 시스템의 가능한 미래에 대해 자문하기 위해 미래를 전망할 차례이다. 먼저 한 괴물에 맞서 싸워야 한다. 유럽의 지도자들은 유로화를 고안함으로써 역사상 가장 도전적이고 야심 찬 국제 화폐 레짐을 구축했다. 과거의 화폐동맹과 달리 유로화는 국가화폐를 폐지했다. 그러나 초국가적 주권을 건설하지도, 대칭적인 조정을 통해 협력적인 국제 레짐을 구축하지도, 리더십 역할을 하는 헤게모니로부터 이익을 얻지도 못했다. 지금까지 유로화의 잠재력을 개발하지 못한 것은 주권의 속성을 공유할 수 있는 가능성과 미래의 국제 화폐 시스템에서 유로화가 할 수 있는 역할 모두에서 국제 화폐 관계의 미래에 대한 중대한 경고이다.

2. 유로화의 희망과 환멸

유로화는 1991년 12월 마스트리흐트 조약에 의해 만들어지고, 1992년 중에 이 조약을 채택한 국가의 의회에서 승인된 법정화폐이다. 여기에서 우리의 목표는 유로존과 그 문제점을 검토하는 것이 아니다. 이 주제에 관해서는 이미 수많은 연구들이 이루어졌고 우리도 여러 책에서 이 주제에 관한 연구에 참여했다. 우리는 의도적으로 국제 화폐의 미래를 다루는 이 마지막 장에 유로화에 대한 이러한 고찰을 배치했다. 유로화가 국가화폐와 동일하다고 가정하고 어떤 의미에서 그렇지 않은지를 분석하기보다는 유로존이 국제 화폐 레짐을 갖춘 경제 공간이라고 가정하고, 이 레짐이 이전의 모든 레짐들과 어떻게 다른지를 살펴볼 것이다.

2.1. 어떤 의미에서 유로화는 불완전한 화폐인가?

마스트리흐트 조약은 국제기구 분야에서 다른 어떤 것과도 비교할 수 없는 국제기구인 중앙은행을 탄생시켰다. 유럽중앙은행(ECB)은 주권의 원천인 권위 아래에 있지 않은 기구이다. 실제로 민주주의 사회에서 주권은 이 사회의 공생(vivre-ensemble)의 기반을 공식화하는 헌법 질서에 의해 부여된다는 것을 우리는 알고 있다. 현대 국가에서 이러한 헌법 질서는 국가권력과 중앙은행이 발행한 화폐에 대한 확고한 신뢰의 토대를 제공한다. 유로존에는 그런 헌법 질서가 존재하지 않는다. 따라서 유로화는 국가와 유기적인 관계에서 중앙은행에 법의 정당성을 부여하는 주권 의회의 보호 하에 시민을 통합하는 제 기능을 다하는 화폐가 아니다. 이러한 근본적인 의미에서 유로화는 진정한 국제 화폐이다.

단일 화폐와 정치 주권 간의 유기적 관계의 부재는 매우 심각한 결과를 초래한다. 우리는 공적 공간 없이, 따라서 조정과 집단 선택의 원천인 민주적 삶을 유지할 수 있는 제도 없이 공동의 화폐 공간에서 살고 있다. 유럽중앙은행은 원칙적으로 회원국의 공공 부채에 대한 최종 대부자가 될 수 없다. 이것은 회원국들의 공공 부채를 결제 제약에 직면하는 민간 부채의 수준으로 격하시킨다. 2010년 이래로 그리스에서 본 것처럼, 유로존의 모든 회원국은 채무불이행을 할 수 있기 때문에 유로화는 회원국들에게 마치 외국 화폐인 것처럼 모든 일이 일어났다. 이것은 화폐 공간의 분절화를 초래한다. 그리스 은행에 예치된 유로화는 프랑스나 독일 은행에 예치된 유로화와 동일한 가치를 갖지 않는다.

이러한 분절화는 각국의 공공 부채의 상당 부분을 해당 국가의 비거주자인 다른 유로존 국가들의 경제주체들이 보유하고 있을 때 더욱 극적으로 드러났다. 위기로 그리스의 지급불능이 드러났을 때, 화폐 당국은 마스트리흐트 조약의 절대적 명령에 따라 최종 대부자로서의 역할을 할 수 없었기 때문에, 민간 채권자들의 공황 상태가 지급 능력이 있는 국가의 공공 부채에 타격을 주었다. 마스트리흐트 조약은 금융 위기 상황에서 채권국과 채무국 간의 국가적 대립을 격화시킬 수밖에 없었다. 결국 이러한 대립은 유로화의 창설을 통해 통합하려고 했던 유럽의 금융 공간을 돌이킬 수 없을 정도로 분열시켰다. 이것이 유럽정상회의와 유럽중앙은행이 궁지에 몰리게 된 이유이다. 화폐와 국가 간의 유기적 관계가 결여되어 있는 상황에서 **임시방편적인** 제도적 해법을 마련하기 위해서는 위기 상황에 맞춘 작은 단계의 정책이 절실히 필요했다.[11]

반면 유로존은 1865년 12월에 만들어진 라틴동맹과 1873년에 설립된 스칸디나비아동맹과 같이 역사 속에서 우리가 보아 온 화폐동맹 이상의 의미를 지닌다. 유로존에서는 국가화폐가 사라졌기 때문이다. 이에 따라 지급 결제 시스템이 완전히 통합되었다. 지급 결제의 완결성은 국가의 중앙은행 간의 상위 단계의 청산·결제를 통해 유로존 전체에서 실현되

---

11. «비전통적인» 정책은 M. Aglietta(2014)의 1장과 2장에서 설명되어 있다.

었다. 이것은 유럽중앙은행 장부에서 발생하며, 범유럽실시간총액결제 시스템(TARGET2)이라고 한다. 결국 공공 재정 위기로 인해 은행들이 자국 영토로 철수함에 따라 금융 공간이 분절화 되었지만, 유로화에 대한 가계와 기업의 신뢰는 흔들리지 않았다. 은행 간 시장의 기능장애에도 불구하고 지급 결제 시스템의 통일성을 유지해 온 것이 바로 범유럽실시간총액결제(TARGET)시스템이다.[12]

그러나 이것은 지급 결제 시스템의 운영 수준과 관련된 것이다. 정치적 수준에서 유로화의 불완전성은 유로존 거시경제에 심각한 영향을 미치고 있다. 유로화는 그 유통 공간에서 하나의 정치 주권 아래 있지 않기 때문에 유로 회원국들의 경제정책이 통일성을 형성하지 못하여 유로존 전체가 일관된 거시경제를 갖지 못하고 있다. 마스트리흐트 조약의 한계로 인해 유럽 중재 기구인 유럽집행위원회, 유로그룹[13]과 유럽의회는 총체적인 수준에서 경제정책에 대한 적절한 거버넌스를 행사하지 못하고 있다. 유로존에는 주권자가 없기 때문에, 재정 정책도 없고, 대외 화폐 정책도 없다. 그 결과, 유로존 정부 이사회의 신뢰성에 영향을 미치는 3중의 모순적인 부정(否定)이 존재한다. 첫째, 유럽의회의 권위 아래 연방 예산이 존재하지 않는다. 둘째, 국가들 간 예산의 이전이 존재하지 않는다. 셋째, 한 국가의 채무불이행이 존재하지 않는다. 이 세 가지 절대적인 필요성은 심각한 금융 위기 상황에서는 유지될 수 없다. 그 결과, 소위 «주권주의» 세력의 부상으로 회원 국가들 내부에서 분열이라는 정치적 위협이 발생하고 있으며, 아마도 더 심각한 문제는 경제적 성과의 저하로 인해 모든 나라에서 시민들의 지지가 서서히 약화되고 있다는 점이다.

---

12. 유로존 금융 위기에서 TARGET의 결정적 역할에 대해서는 P. Cour-Thimann (2013)을 참조하라.
13. 유로그룹(Eurogroup)은 리스본조약의 발효에 의해 법적 근거를 가지며, 유로를 통화로 사용하는 유럽연합의 회원국인 유로존 각국의 재무장관 회의이다: 옮긴이.

2.2. 왜 유로화는 불완전한 화폐인가?

진정으로 유로존의 강화를 지지하는 프랑스 경제학자들은 유럽의 제도를 강화할 필요가 있다고 올바르게 생각한다. 앞에서 우리는 이것이 완전한 연방 주권까지 가지 않고도 견고한 국제 레짐에 부합할 수 있다는 것을 살펴보았다. 이러한 레짐은 제도화된 협력을 확립한 국가들의 자발적인 참여로 규정된다. 유로존에 가장 부족한 것은 급진적인 정치적 도약이 아니라 협력하려는 의지나 능력이다. 이러한 추론의 지점에 도달한 모든 사람들은 동일한 사실에 머뭇거린다. 즉, 독일과 프랑스는 서로 신뢰하지 않는다! 왜 그런지 아마도 구조적 이유가 있을 것이다. 이러한 장애물을 극복할 수 있다면, 그 방법을 알기 위해 그 구조적 이유를 이해할 필요가 있다.

유로화는 호의적인 후원 하에 탄생하지 않았다. 베를린 장벽의 붕괴로 인한 대혼란은 성급한 타협을 강요했다. 콜(Kohl) 수상은 국제사회가 급격하게 이루어진 독일의 통일을 지지하도록 만들고 싶었다. 미테랑(Mitterrand) 대통령은 미래 독일의 지배력이 두려워 화폐로 독일을 유럽에 묶어 두고 싶었다. 이렇게 도달한 타협은 독일에게 자국의 통일에 대해 충분한 재량권을 주었지만, 화폐 통합을 수용하면서 독일 마르크화를 포기하도록 했다. 독일은 명목상 독일 마르크화를 포기했지만, 그 명성을 얻은 화폐 교리를 포기하지는 않았다. 4장에서는 이러한 분위기가 화폐 질서와 사회적 시장경제의 중심축이 밀접하게 맞물려 있기 때문이라는 것을 보여 주었다. 이러한 세계관은 프랑스의 공화주의적 전통과는 정면으로 배치된다. 이 화폐 교리를 유럽중앙은행에 이전하여 매우 이질적인 사회에 적용하는 것은 각 국가가 이 화폐 교리를 어떻게 받아들일지에 대한 상호 오해와 몰이해를 불러일으킬 뿐이다.

모호함은 시간이 흐르면서 발생한 정치적 교착 상태로 인해 계속되어 왔다. 그렇기 때문에 유로존은 금융 위기의 엄청난 충격에도 불구하고 유럽 건설의 장기적 이익이 승리하도록 보장할 공동의 행동 수단도, 민주적 정당성은 고사하고 무엇보다 정치 지도자들의 혜안도 갖추지 못했다. 정치 논쟁에서 나온 한 가지 시사점은 유럽을 위한 사회계약이 필요하다는 것이다. 보존하고 결실을 맺어야 하는 것은 공공재를 인정하는 것이다. 이는 공생의 정치적 기반, 따라서 같은 운명 공동체에 속해 있다는 의식이 조성되어야만 가능하다. 그러나 소속 의식은 선포되지 않는다. 공동 운명을 자각할지 여부를 결정하는 것은 시민의 몫이다. 그런데 지나치게 관료적인 공동 기구와 회원국의 유럽 정책 자체는 유럽 수준에서 어떤 민주적 통제도 회피하고 있다. 압력단체들이 국제기구의 행동을 방해하고 있다. 유럽의회에 어떤 주권적 권위도 부여하지 않는 한, 행정부의 정치적 책임은 존재하지 않는다.

이러한 상황이 지속되는 한, 유로존은 정부 간 조약에 의해 정의된 국제 화폐 시스템에 불과할 것이다. 하지만 이 시스템은 비대칭적인 조정을 만들어 내는 속박적인 준칙을 단순히 모니터링하는 정부 간 거버넌스에서 대칭적인 조정을 제공하는 제도화된 협력으로 진화할 수 있어야 한다.

유로화의 기초가 된 초기의 타협은 공동 화폐가 내포하는 정치적 전환을 조심스럽게 뒤로 미루어 놓았다. 독일과 프랑스의 상반된 정치적 유산이 청각 장애인의 대화로 이어진 곳이 바로 이 지점이었다.

4장에서 민주적 주권의 다양한 형태들에 대해 검토하면서 보았던 것처럼, 독일에서 주권에 대한 관점은 1948년 기본법에서 공식화된 질서 자유주의에 기초한다. 이 기본법에는 독일 국민을 하나로 묶는 도덕적 가치가 응축되어 있다. 질서 자유주의는 정치적 다수를 통해 국가로부터 나오든, 민간 주체들(과점, 카르텔, 로비)의 동맹으로부터 나오든, 자의적 권력을 휘두르지 못하도록 하는 법질서이다. 국가는 경제에 대해 최소한의 역할만 하는 것은 아니지만, 시장의 제도적 틀 내에서 작동해야 한다. 시장의 제도적 틀은 시장 메커니즘과는 구별된다. 그 핵심은 화폐다. 화폐의 안정성은 정치를 초월한 사회질서의 본질적인 부분이다.

이에 반해 프랑스에서 주권은 프랑스 대혁명으로 탄생한 공화주의 원칙에 기초한다. 국민주권은 국민의회가 대표한다. 독일에서는 보통 선거권이 법에서 유래한 반면, 프랑스에서는 보통 선거권이 법을 제정한다. 이것이 바로 1936년 프랑스 은행이 국유화되면서 국가 조직으로 전환된 이유이다. 1994년이 되어서야 프랑스 은행은 유로화 도입에 대한 기대감으로 독일연방은행을 복제해 그 지위를 변경하였다. 하지만 주권에 대한 두 관점 간에는 큰 차이가 있다.

그러나 주권 원칙은 상품처럼 거래될 수 없다. 주권 원칙은 사회를 구성하는 것에 법적 형식을 부여한다. 시민들은 개별적으로 그들이 집단적으로 제정한 이 헌법을 존중하기로 동의한다. 이것이 정부가 정치적 타협을 통해 공동의 질서를 확립할 권력을 갖고 있지 않은 이유이다. 오직 유럽 제헌의회만이 그렇게 할 수 있을 것이다. 이것이 바로 유럽 연방 국가가 탄생할 가능성이 거의 없는 이유이다.

따라서 유로화를 완성하려면 다른 방식을 채택해야 한다. 공동의 주권 원칙이 결여되어 있기 때문에 유로존은 유럽의 중재기관들에 의해 수용될 수 있는 주권의 부분적인 공유에 기초해서만 운영될 수 있다. 이 구상은 경제정책을 마비시키는 과도한 준칙의 굴레로부터 벗어나 거시경제적 영역과 예산 영역에 대한 공동 행동으로 나아가는 것이다. 정치적 거버넌스가 통합 재정 정책에 의미를 부여할 수 있다면, 이것은 유로존의 총예산을 **사후적으로만** 알 수 있는 유럽중앙은행에게 큰 불확실성을 완화해 줄 것이다! 유럽중앙은행은 디플레이션 위협과 같은 예외적인 상황을 핑계로 삼지 않고도 **정책 조합**(policy mix)의 틀 내에서 제한된 재량 정책을 수행할 수 있을 것이다.

2.3. 유럽 이사회에서 국가 간 거버넌스의 마비를 넘어서

정부 간 협력은 유럽의 이익을 추구할 수 없게 만든다. 정부 간 포럼은 국가 이익을 추구하는 국가 간의 전략일 뿐이다. 국가들은 상호 관계 속에서 특정 이익만을 표현할 수 있기 때문이다. 협상은 끊임없이 지속되는 경향이 있어 «나락의 끝에서» 타협에 이르게 된다. 이러한 타협은 다양한 해석의 원천이 되어 논란과 상호 불신을 다시 불러일으키고 후속 타협을 모색하게 한다. 실제로 도달한 타협은 이해 당사자들 간의 비협조적 균형이라는 타협이다.

이는 **임시방편적** 협상의 영역으로, 공동의 이익을 달성하기에 충분한 공통의 제도적 틀 안에서 협상을 하는 제도화된 협력에 비해 매우 비효율적이다. 물론 각국 정부 간 거버넌스에 유럽의 중재를 도입하는 최소한의 제도적 개혁을 협상하는 것은 어려운 일이다. 유럽중앙은행 집행위원회 위원인 베노트 코에르(Benoît Cœuré)가 고백한 것처럼 «투표에 기반하고 민주적으로 정당한 공동 의사 결정 과정을 위해 이러한 정부 간 과정을 시급히 포기해야 한다»(Cœuré, 2015). 이러한 공동 의사 결정 과정이 성공하려면 국가 주권의 포기와 혼동해서는 안 된다. 주권 국가들은 비협조 게임을 하는 대신 서로 협력하기로 결정할 수 있다! 협력은 공동의 책임을 수반하며, 이는 상호 신뢰를 강화한다. 이러한 협력을 가능하게 하는 유럽 중재 기구는 유로존 결성 과정에서 유럽의회의 감독 하에 설치된 유로존 «재무부»이다.

따라서 국가 차원의 민주적 절차를 그대로 유지하면서 주권을 초국가적 수준으로 이전하는 절차를 찾는 것이 필요하다. 보다 구체적으로, 유로존 내에서 관련 경제정책을 조정할 수 있는 기구를 유럽연합법으로 공식화하는 방법을 마련하는 것이 필요하다. 유럽연합은 기이한 혼합물이다. 국가연합과 달리 경쟁의 영역에서는 국내법보다 우선하는 유럽연합법이 존재한다. 그러나 연방 국가와 달리 유럽연합에는 헌법적 권위가 존재하지 않는다. 이런 이유로 유럽연합법이 존재하는 영역에서 유럽연합법의 우위가 위계적으로 확립되어 있지 않다. 오히려 유럽연합법은 유럽연합에 제한된 권력을 위임하는 입헌적 동맹으로 간주된다. 유럽연합에 법적 인격이 부여되면 유럽 시민권이 존재하지만, 정치 조직 측면에서는 약한 형태의 시민권이다. 그럼에도 불구하고 유럽연합에 의존하여 공유된 주권의 영역을 거시경제적 수준으로 확대하는 것이 가능한가?

이 프로젝트의 가장 큰 걸림돌은 독일 헌법재판소이다. 독일의 기본법은 국내법을 유럽연합법에 종속시키려는 모든 시도에 문제를 제기한다. 모든 유럽연합법은 독일 기본법의 헌법 원칙에 부합해야 한다. 이러한 교조적인 입장은 국내법에 대한 유럽연합법의 우위 원칙에 정면으로 배치된다. 독일 기본법은 다른 어떤 법과도 유사하지 않기 때문이다. 독일 기본법은 다른 모든 입법 조항에 의해 침해될 수 없다는 «영구 조항»을 포함하고 있다. 여기에는 기본법의 두 가지 조항, 즉 인간의 존엄성은 불가침이라고 규정하는 제1조와 민주적 준칙 원칙을 확인하는 제20조가 있다.

그러한 원칙이 유럽 헌법을 정교화하는 데 문제가 되지 않는다고 생각할 수도 있다. 그러나 독일 헌법재판소는 영구 조항에 대해 유달리 광범위하게 해석하여 막대한 권한을 부여하고 있다. 인간의 존엄성을 이해하는 방식은 정치적, 경제적 문제를 포함하는 정도로 확장된다! 독일 헌법재판소는 독일 기본법을 지지할 의무가 있으며, 이에 따라 독일 연방의회는 재정수입 및 공공 지출과 관련한 모든 결정에서 입법 권한을 유지해야 한다는 것을 확인할 의무가 있다.

따라서 우리는 정치적 통합을 향해 나아갈 때 초래할 수 있는 법적 혼돈을 이해할 수 있다. 유럽연합법상 유효하여 다른 회원국에 적용 가능한 유럽연합법인데도 불구하고 독일 헌법재판소가 독일에서는 적용할 수 없다고 주장한다면, 민주적 정당성을 확립하는 데 필요한 유럽연합법의 일관성은 파괴되고 통합의 진전은 중단될 것이다. 이러한 법적 모순은 유로 위기가 시작된 이래로 독일 정부의 작은 발걸음을 멈추게 했고, 뒷걸음 치고 주저하게 했다.

법적 수단을 통한 주권의 공유가 봉쇄되더라도, 유럽연합은 공권력처럼 공유되는 주권을 모색하는 것이 가능하다. 유럽연합의 예산은 유럽연합 GDP의 1퍼센트에 불과하다. 따라서 어떤 거시경제 안정화 조치도 취할 수 없다. 공공투자는 포기되고, 민간 부문은 생산적 투자의 부진에서 벗어날 어떤 동력도 얻지 못하고 있다. 그러나 이것들은 자체 화폐 공간을 갖고 있는 공동 공권력의 책임이다.

유럽연합은 차입자와 최종 투자자를 준비해야 한다. 장기 침체로 위협받고 있는 유럽 경제는 예산 안정화라는 유럽의 의무에 얽매여 유럽연합 회원국들이 감당할 수 없는 대규모 차입과 투자 정책이 시급히 요청되고 있다. 기후 비상사태와 장기 침체 위험이 결합되어 에너지업에서 운송업에 이르기까지, 그리고 건물의 개축에서부터 순환경제를 통한 국토의 재생에 이르기까지 광범위한 영역에서 혁신을 촉진할 수 있는 공동 정책을 펼칠 기회를 유럽연합 국가들에게 제공하고 있다.

유럽 재무부의 설립이나 유럽 예산의 확대를 통해 이루어야 할 가장 중요한 것은 현재 시행되고 있는 은행의 통합과 더불어 예산의 통합에 이르는 것이다.

2.4. 유로화의 불완전성

자본시장의 가능한 통합으로 완성되는 은행 통합은 유럽 금융 공간의 통합을 가능하게 할 것이다. 유로화는 잠재적으로 달러화와 동등한 규모, 깊이 및 유동성을 가진 통합된 공채 시장을 갖게 될 것이다. 재정의 통합은 미국의 국채와 경쟁하는 유로 채권 발행을 가능하게 하여, 선도적인 국제통화가 반드시 갖추어야 하는 유동성 시장을 조성할 수 있을 것이다.

유로화가 달러화와 궁극적인 유동성을 놓고 경쟁하게 된다면, 환율이 결정되지 않는 경향이 있기 때문에 이러한 경쟁은 시스템을 만들지 못할 거라는 것을 알고 있다. 달러화가 지배적인 시스템에서는 금리의 상호 의존이 일방적으로 이루어지는 반면, 유로화가 달러화와 경쟁하는 시스템에서는 금리의 상호 의존은 일대일로 이루어져 환율 변동에 의해 상호 영향을 받게 된다. 화폐 영역에서 미국 일방주의의 본질적인 속성, 즉 미국의 정책이 다른 국가에 미치는 혼란으로 인한 **피드백** 효과가 없다는 것이 사라질 것이다. 그러면 미국 정부는 금융 지구화가 정치적 다자주의에 의해서만 통제될 수 있는 파괴적인 상호 의존성을 수반한다는 사실을 깨닫기 시작할 것이다.

정치적 자율성을 획득하고 다자주의를 유지하고자 하는 유럽은 다중 통화 시스템을 위한 국제 화폐 거버넌스를 구축하는 데 매우 유용한 중재 역할을 할 수 있을 것이다. 이것은 유로존이 대외 화폐 정책을 가지는 것을 의미한다. 지금까지 유로존에는 그러한 정책이 없었는데, 이는 무엇보다 주권과 관련된 정책이기 때문이다. 그 목표는 중앙은행이 결정할 수 없다.

유럽은 또한 브레튼우즈 시스템 소멸 이후 포기해야 했던 국제 화폐 조정 기구로 IMF를 탈바꿈하는 데 중요한 역할을 할 수 있어야 한다. 다중 통화 시스템은 화폐 지역별로 구성되어 있기 때문에, 유로존 국가들의 개별적인 대표는 단일체인 유로존의 대표로 교체되어야 한다.

이러한 개혁은 기괴한 변칙에 종지부를 찍을 것이다. 현재 더 이상 국가화폐를 갖고 있지 않은 국가들이 IMF 총회에서 별도로 의석을 차지하고 있는 반면, 두 번째 지위의 국제 화폐에는 자신의 이름으로 의사를 대변할 대표자가 존재하지 않는다. 그 결과, 유럽인들은 국제 화폐 시스템의 바람직한 발전에 대한 논의에서 주도권을 행사할 공식적인 자격을 갖고 있지 않다. 해결책은 출자 지분(쿼터)과 이와 관련한 의결권을 통합하는 것이다. 이것은 이중의 이점을 갖고 있다. 첫째, 이것은 유로존에 상당한 가중치를 부여할 것이다. 둘째, 이것은 단순한 합산이 아니기 때문에 세계의 나머지 국가들에게 재배분할 수 있는 상당한 비율의 출자 지분을 확보하여 신흥국으로 재편성하는 것을 용이하게 할 것이다.

3. 중국 화폐의 국제 화폐 시스템으로의 대장정

중국의 경제 개방 과정은 중국 경제에 도입된 점진적인 변화와 밀접하게 연결되어 있다. 중국의 대내외적 전환은 다양한 방식으로 상호작용하며, 중국 발전 전략의 일환이다. 중국의 대외 개방은 내수 시장만으로는 제공할 수 없는 고성장을 촉진하기 위해 설계되었다. 발전의 관점에서 대외 개방은 장점과 단점을 모두 가지고 있다. 중국인들은 1840년 이후 서구 열강에 의한 강제 개방으로 인해 겪은 쇠퇴의 세기에 대한 기억을 갖고 있다.

사회주의 혁명은 서구와의 정치적 관계를 단절하고, 경제 관계를 최소한으로 축소시켰다. 뒤이은 문화혁명은 베트남전쟁이 끝날 무렵에 일어난 외교적 긴장 완화가 이루어질 때까지 중국의 고립을 강화하였다. 그렇기 때문에 중국을 개방하기로 한 결정은 가볍게 내릴 수 있는 일이 아니었다. 하지만 중국은 개혁을 통해 30년도 채 되지 않아 폐쇄적인 경제에서 세계 최대의 무역 강국으로 전환하는 데 성공했다. 1970-1971년에 중국의 총 대외무역액(수출액 + 수입액)은 GDP의 5퍼센트에 불과했다. 2005년에는 이 비중이 65퍼센트까지 증가했는데, 이 정도 규모의 국가로서는 놀라운 수치이며, 다른 대륙의 국가에서 우리가 볼 수 있는 수치보다 훨씬 높은 수치이다.

중국의 개혁에서 «대외 개방»이라는 측면은 한편으로 자유주의 준칙과 외국인 직접투자(FDI)에 대한 대규모 의존을 장려하는 수직적 산업 내 무역 레짐(수출 가공무역 레짐)[14]과 다른 한편으로 일반적이고 상대적으

---

14. 가공무역은 노동 분업에 국가가 편입되는 한 유형이다. 젊고 많은 수의 교육받은 노동력을 활용하기 위해 중국은 대규모 외국인 직접투자를 유치하는 특별 경제 구역을 만들었다. 중국은 특히 전자 제품, 섬유제품과 화학제품과 같은 산업 소비재의 생산을 위한 모든 재료를 수입하였다. 중국의 노동자들이 이것들을 조립하였고, 그 생산품은 서구 시장에서 판매되었다.

로 보호되는 무역 레짐이라는 두 가지 병행 레짐을 기반으로 한 이중 경로를 따랐다. 중국의 생산 시스템을 전환시킨 이중 경로는 점진적으로 시장경제로 통합하여 계획경제의 비중을 줄인 다음 개방형 시장경제에서 계획경제를 해체하도록 설계되었다. 계획경제에서 시장경제로의 이행은 1990년대 중반 두 번째 개혁 단계가 시작될 때까지 지속되었다. 이때부터 화폐가 중국의 대외 관계에서 중요성을 갖기 시작했다. 그 전까지는 가공무역을 활성화하기 위해 1986년에 이중 환율 시스템이 도입되었다. 1992년 덩샤오핑의 주도하에 중국의 대외 정책이 달라졌다. 중국은 1992년 10월 중국공산당 제14차 전국대표회의에서 사회주의 시장경제 원칙을 채택했다. 시장을 모든 부문으로 확대하고, «이중 경로»를 포기했다. 동시에 세계무역기구(WTO)에 가입하기로 결정하면서 중국은 개방형 시장경제로 나아갔다.

3.1. 중국의 대외 개방에서 환율의 기여(1995-2012)

첫 번째 중요한 결정은 1994년 1월 1일의 환율 시스템 통일이었다. 환율이 유통시장에서 가장 낮은 수준으로 절하되어 달러화에 대한 공식 환율이 크게 평가절하 되었다. 1995년 중반 환율이 1달러에 8.3위안으로 10년 동안 고정되었다(그림 8.2).

그 후 중국 정부는 환율 레짐을 수정하기로 결정하고 글로벌 금융 위기가 한창일 때만 일시적으로 중단했던 꾸준한 절상을 재개하였다. 상거래를 증빙하는 서류를 제시하면 외화에 자유롭게 접근할 수 있게 되면서 사실상 경상수지에 대한 화폐의 교환성이 이루어졌다. 이러한 자동 절상 단계는 심각한 금융 위기의 시기를 제외하고는 달러 대비 6.3-6.1위안의 좁은 범위에서 변동하는 것으로 대체되었다.

변화하는 경제 상황에서 명목 환율 레짐의 안정성과 예측 가능성은 실질 실효 환율에 상당한 영향을 미쳤고, 따라서 중국의 가격 경쟁력에도

그림 8.2. 달러화에 대한 위안화의 명목 환율과 실질 실효 환율

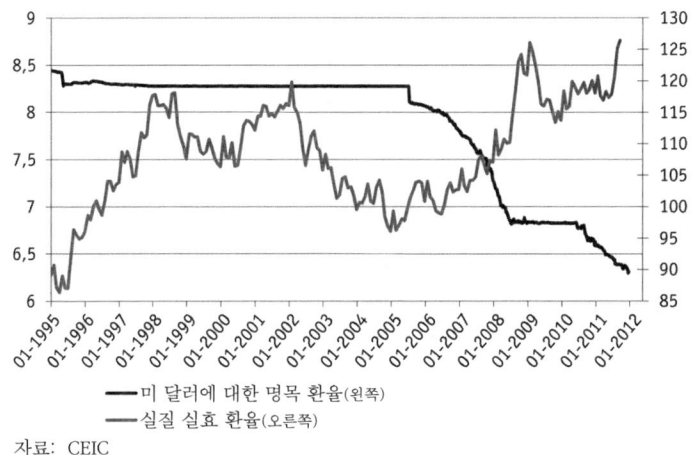

자료: CEIC

큰 영향을 미쳤다. 환율이 통일된 직후 중국의 물가는 1980년대 말과 1990년대 초의 엄청난 인플레이션의 잔재를 여전히 흡수하고 있었다. 환율이 통일된 초기에 중국의 가격 경쟁력은 2년 만에 20퍼센트나 급격히 악화되었다. 이후에 아시아 위기가 발생하여 직접적으로 충격을 받은 동아시아국의 환율이 크게 절하되었다. 중국 정부는 위안화를 평가절하 하지 않기로 결정함으로써 화폐 안정이라는 명목으로 실질 실효 환율 상승에 동의했고, 이로 인해 위안화는 1년 만에 10퍼센트 추가 절상되었다.

1998년 말부터 2001년 중국이 WTO에 가입할 때까지 중국의 경쟁력은 경쟁국, 특히 아시아 국가들의 달러 대비 명목 환율의 변동에 따라 간접적으로 결정되었다. 그 후 중국 정부가 채택한 환율 레짐과 밀접한 관련이 있는 극명하게 대조되는 두 시기가 이어졌다. 2001년 말부터 2005년 7월 환율 레짐이 변화될 때까지 중국은 국제무역에서 시장 점유율이 증가하면서 큰 이익을 얻었다. 수직적 산업 내 무역(가공무역)의 성장으로 중국은 «세계의 공장»이 되었다. 제조업은 수익이 체증하는 업종이다. 따라서 중국산 제품에 대한 세계시장 확대는 생산성의 빠른 증가로

이어졌다. 제조 기업들은 노동 공급곡선의 무한 탄력성으로 혜택을 누렸기 때문에 임금은 생산성만큼 오르지 않았다. 물가가 안정적으로 유지되는 동안의 높은 이윤은 자본축적을 위한 자금 조달에 충분히 기여했다. 일종의 순환과정은 경쟁력을 강화하여 대규모 무역수지 흑자로 이어졌다. 이러한 전개는 중국 정부에게 위안화를 절상하도록 압력을 가하는 데 활용된 소위 중국발 글로벌 불균형을 초래했다. 결국 2005년 7월 중국 정부는 국제적 압력에 굴복하여 달러화에 대한 위안화의 점진적이고 비공식적인 평가절상을 채택했다.

이러한 결정이 중국의 가격 경쟁력에 미친 영향은 엄청났다. 2005년 중반부터 2011년 말까지 실질 실효 환율은 25퍼센트 절상되었다. 금융위기가 한창이던 2008년 여름 중국의 무역수지가 계속 확대된 것은 미국의 신용으로 인한 수요의 지속 불가능한 폭증 때문이었다. 신용의 폭증이 반전되면서 세계 무역이 위기 이전 추세에 비해 급격히 위축되고 둔화되자 중국의 무역수지 흑자는 감소하고, 중국의 실질 실효 환율은 다시 절상되는 추세를 이어 갔다.[15]

3.2. 글로벌 불균형에 대한 논쟁과 위기 이후 중국의 환율 정책에 미친 영향

〈표 8.1〉은 위안화의 절상 추세가 지속되던 시기부터 2010년 말 환율 레짐이 변경될 때까지의 전 세계 저축과 투자 수지 구조를 보여 주고 있다. 이 기간 동안 미국의 순 저축은 마이너스(-)를 유지한 반면, 산업화된 아시아 국가들과 중국을 포함한 신흥 아시아 국가들의 순 저축은 플러스(+)를 유지한 것으로 나타났다. 중국을 제외한 신흥 아시아 국가에서 이것은 1997년 아시아 위기의 결과였다. 위기로 타격을 받은 국가의 정부는 대외 채무를 상환하고 외화 표시 외환 보유고를 축적하기 위해

---

15. 세계 무역의 둔화에 대해서는 S. Jean et F. Lemoine(2015)을 보라.

표 8.1. 전 세계 저축의 출처와 용도

(국가 또는 지역 GDP 대비 순 금융저축률, %)

	1988-1995 평균	1996-2003	2005	2007	2008	2009	2010
선진국	-0.7	-0.3	-1.0	-0.8	-1.3	-0.7	-0.3
미국	-2.5	-2.7	-5.2	-5.2	-5.6	-4.0	-3.4
유로존 (독일)	n.d. (-0.7)	+0.5 (-0.1)	+0.8 (+6.4)	+0.8 (+10.4)	+0.1 (+9.9)	+0.1 (6.8)	+0.7 (+7.9)
일본	+2.3	+2.5	+3.6	+4.8	+3.2	+2.7	+3.1
산업화된 아시아	+3.4	+4.1	+5.5	+6.4	+5.0	+8.6	+7.1
개발 및 신흥 국가	-2.0	0.0	+4.1	+4.0	+3.5	+2.0	+1.6
사하라이남 아프리카	-0.9	-2.3	-0.3	+1.2	0.0	-1.4	-0.9
라틴 아메리카	-1.2	-2.5	+1.4	+0.1	-1.2	-0.6	-1.3
아시아 신흥국가 (중국)	-2.4 (n.d.)	+1.4 (+2.6)	+4.1 (+7.1)	+6.9 (+10.6)	+5.8 (+9.6)	+4.1 (+6.0)	+3.0 (+4.7)
중동부유럽	-1.4	-3.2	-5.1	-8.1	-7.8	-2.4	-3.7
중동	-4.1	+3.8	+17.4	+15.3	+15.4	+3.5	+5.0
러시아 및 CIS	-10.3	+4.7	+8.8	+4.0	+4.8	+2.8	+3.9

자료: IMF, World Economic Outlook, 2010년 10월, 부록 표A16.

성장 정책을 근본적으로 바꾸기로 결정했다.

  중국의 경상수지 흑자는 2004년까지 일본과 다른 신흥국 심지어 산업화된 국가들보다 적게 증가했다. 이 시점 이후 미국에서 부동산 거품이 팽창함에 따라 중국의 경상수지 흑자는 급격히 증가했다. 2005년과 2008년 사이에 중국은 저축 흑자를 기록한 반면, 미국은 점점 더 많은 저축 적자를 기록했고, 달러화는 절하하고, 위안화는 실질 가치로 절상되었다. 더욱이 미국은 중국뿐만 아니라 중동부 유럽(CEE)을 제외한 전 세계 거의 모든 지역과의 관계에서도 적자를 기록했다. 위기 이후 미국의 무역수지 적자는 다소 감소했고, 중국의 무역수지 흑자 규모는 GDP 대비 절반 이상 감소했다. 2010년 이후 가장 많은 흑자를 기록한 국가는 단연 독일이었다.

이것에 대해 2000년 중반 유행했던 설명은 글로벌 과잉 저축이었다. 이 설명은 2005년 3월 벤 버냉키의 유명한 연설 이후 전 세계로 확산되었다. 이 설명은 미국의 책임을 배제하고 미국 정책의 일방주의를 정당화하는 재치있는 논리이다. 이 당시 미 연준 의장이었던 버냉키는 미국을 제외한 전 세계에서 저축을 촉진시킨 몇 가지 서로 연관 없는 요인을 지적했다. 예를 들어 일본을 제외한 동아시아에서는 저축하는 사람의 비중이 많은 계층(40-65세)으로 인구 구조가 이동했다. 중국에서는 퇴직연금제도의 결함으로 인해 이러한 현상이 두드러졌으며, 이로 인해 예비적 동기의 저축이 활발하게 이루어졌다. 원유와 가스 가격의 상승은 중동과 러시아 등 주요 에너지 수출 국가들의 저축을 촉진했다. 그리고 신흥시장 국가들은 수출 주도 성장 레짐으로 전환하기 위해 정책을 대폭 변경했다.

이러한 과잉 저축을 통해 우리는 외국인 투자자들이 효율적이라고 여겨지거나 당시에는 그렇다고 믿었던 미국 금융 시스템이 기꺼이 제공할 수 있는 매력적인 금융 투자를 찾는 것을 멈추지 않았음을 추론할 수 있다. 이러한 해외 저축의 미국으로의 유입은 장기금리를 낮추고 부동산 가격의 급등으로 이어졌으며, 미국 가계의 지출을 부추겼다. 따라서 미국의 적자는 미국 가계가 세계의 경제 성장을 위해 최종 소비자로서 역할을 했다는 것을 의미한다. 그렇지만 세계적 차원에서 저축이 과잉이라는 증거는 없다. IMF의 통계에 따르면, 위기 이전 15년 동안 세계적 차원에서 저축은 거의 증가하지 않았다.

그러나 2000년대에 미국의 저축률은 부동산 거품을 경험한 일부 국가(영국, 아일랜드, 스페인, 아이슬란드)를 제외하고는 다른 선진국들보다 훨

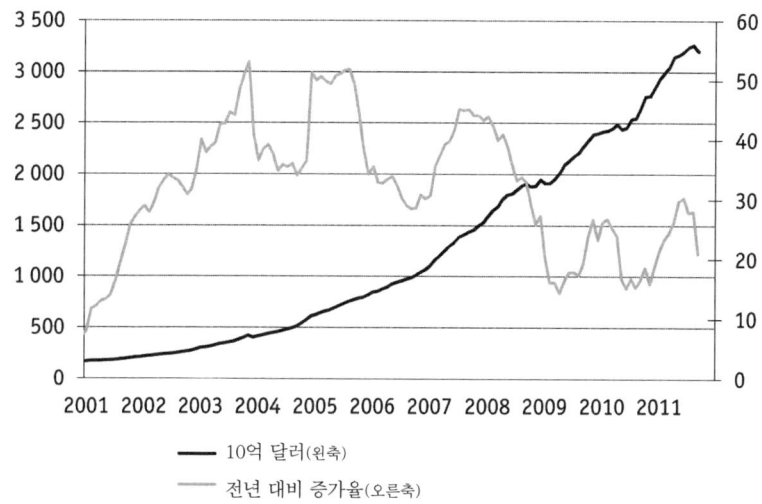

그림 8.3. 중국: 외환 보유고

— 10억 달러(왼축)
— 전년 대비 증가율(오른축)

자료: Datastream. Calcul Groupama-AM

씬 더 많이 감소했다. 2006년 2/4분기에 미국의 가계 순 저축률은 가처분소득의 1.5퍼센트로 떨어졌다. 요약하자면, 글로벌 불균형의 주요 원인은 미국과 미국 경제에 기인한다. 달러화에 집착하는 중심 화폐의 지위 덕분에 미국으로 금융 집중이 지속될 수 있었다. 그럼에도 불구하고 달러는 세계경제에 위협이 되고 있다.

3.3. 위안화의 관리와 외환 보유고의 축적(2001-2012)

2000년대에는 우리가 7장에서 살펴본 준-달러 본위의 갈등 유발 시스템이 일방통행식으로 진행되었다. 이 시스템은 미국 거주자들이 자국의 생산 능력을 훨씬 초과하는 지출을 하면서 해외로 유출된 과잉 달러를 외국 중앙은행들이 흡수하는 방식이었다. 이것이 바로 중국인민은행이 상당한 규모로 수행한 일이다(그림 8.3.).

표 8.2. 중국의 국제수지 (2008-2010)

(단위: 10억 달러)

	2008		2009		2010	
	상반기	하반기	상반기	하반기	상반기	하반기
경상수지(A)	191.7	244.4	134.5	162.6	124.2	179.7
무역수지	129.2	219.7	102.3	117.8	76.4	158.0
본원소득수지	38.3	3.1	16.9	26.4	28.3	-1.4
이전소득수지	24.2	21.6	15.2	18.5	19.4	23.1
자본수지(B)	70.3	-54.4	59.6	81.2	87.5	60.7
직접투자	40.8	53.6	15.6	18.7	37.0	63.5
증권투자	19.8	22.8	20.2	18.5	-7.3	31.3
기타투자	9.7	-130.8	23.9	44.0	57.8	35.9
국제수지 (A+B)	260.0	190.0	194.1	243.9	211.7	310.4
오차 및 누락	-18.8	-8.8	8.2	31.4	33.7	-16.8
외환 보유고	-280.8	-198.8	-185.9	-212.5	-178.0	-293.6

자료: CEIC

　이 기간 동안 위안화가 지속적으로 절상(2005년 7월과 2011년 12월 사이에 약 25퍼센트 절상)되었지만 외환 보유고 축적에 제동을 걸지 못했다. 오히려 이것은 자본 통제가 허용하는 한도 내에서 외국인들에게 중국 자산을 매입하도록 유인하였다. 또한 미 연준의 기준 금리가 2007년 8월 5.25퍼센트에서 2008년 중반 2퍼센트로, 그리고 같은 해 9월 이후에는 제로 퍼센트대로 급락하면서 중앙은행이 흡수해야 하는 자본 유입 규모는 더욱 증폭되었다. 미국에서는 연준이 **양적 완화** 정책에 의지하면서 전 세계에 달러 유동성이 넘쳐났다. 따라서 중국에서 외환 보유액의 축적은 2009년 5월부터 경기 부양책으로 경기가 회복될 때까지 연평균 40퍼센트의 증가율을 유지했다. 경상수지 흑자가 크게 줄어들면서 외환 보유고 축적 속도가 현저하게 둔화되었고, 이전 수준으로 회복되지 못했다.
　위기 이후 자본 통제가 허술해지면서 중국에서 자본 유출이 외환 보유고 축적을 능가할 정도였다. 2008년 하반기 위기가 심화되고 중국 성장률이 하락하면서 단기투기자본(핫머니)이 대규모로 유출되었다. 경기 부양책이 시행되고 경기가 빠르게 회복되면서 자본 유입이 재개되었고, 추가적인 외환 보유고의 축적을 통해 이를 흡수해야만 했다. 따라서 외환 보유고의 축적은 무역수지는 물론 경상수지와도 부분적으로 단절되었다(표 8.2).

단기 투기 자금(«기타»와 기록되지 않음)의 흐름은 국제수지에 영향을 미치는데, 2009년 중국 경제의 탈동조화에 매우 민감하게 반응하여 2008년 4/4분기 붕괴 당시 중국으로부터 자본 유출을 유입으로 역전시켰다. 경기 부양책으로 인한 자산 시장 팽창으로부터 이득을 얻기 위해 이러한 자금이 중국으로 유입되었다. 유입된 자본은 주식시장과 고급 주택 시장에 자금을 조달했다. 2008년 하반기와 2009년 하반기를 비교해 보면, 무역수지에서 감소한 1,200억 달러는 주로 홍콩 금융기관의 단기 대출과 예금인 «기타» 자본 흐름에서 발생한 1,300억 달러의 단기 투기 자금(핫머니) 유입 증가로 상쇄되었다는 것을 알 수 있다.

중국이 경제 강국뿐만 아니라 금융 강국으로 발돋움하는 과정에 있기 때문에 환율 관리 레짐의 변화는 정당화된다. 단기적으로 중국 정부는 달러화에 대한 명목적 고정을 중지하는 현명한 결정을 내렸다. 2010년 6월 19일, 중국인민은행은 달러화에 대한 명목적 고정을 폐지하고, 화폐 바스켓을 보다 탄력적인 환율 시스템의 벤치마크로 사용하겠다고 발표했다. 이러한 결정은 화폐 정책의 틀이 국가 목표에 맞추어 점진적으로 전환될 것임을 예고하는 동시에 위안화의 교환성을 향한 첫걸음이었다.

중국 정부는 수차례에 걸쳐 기준 환율을 중심으로 일일 변동폭을 결정했다. 중국 정부는 2012년 5월에는 ±0.5퍼센트에서 ±1.0퍼센트로, 2014년 3월에는 ±2퍼센트로 기준 환율의 일중 변동 폭을 확대하기로 수차례 결정한 바 있다. 또한 일일 중심 환율과 이와 관련된 변동 폭은 다음 날 중앙은행에 구속력을 갖지 않는다. 중앙은행은 매일 적절하다고 판단되는 대로 중심 환율을 결정할 수 있는 전권을 가지고 있다. 이것은 2014년 8월 11일에 일어난 일이며, 국제금융시장에서 동요를 일으켰다. 중국인민은행은 보도 자료를 통해 앞으로 다음 날의 기준 환율은 은행 간 시장의 수급 상황과 관련된 전날 시장의 마감 환율 및 위안화 실효 환율을 결정하는 통화 바스켓에서 가장 중요한 환율 추이에 따라 결정될 것이라고 발표했다. 이로 인해 위안화는 순식간에 1.9퍼센트 절하되었다. 이러한 절차의 변화는 기준 환율을 보다 시장 중심적으로 결정하려는 열망에 의해 정당화되었다. 이것은 환율 변동성을 높여 일방적인 투기를 억제하고 신흥국 화폐의 절하로 인한 영향을 상쇄하는 것과 관련이 있다. 이러한 기술적인 조치는 위안화의 교환성을 점진적으로 진화시키는 보다 넓은 전망의 일환이다.

3.4. 위안화 국제화의 첫걸음

2008년 전 세계를 강타한 글로벌 금융 위기는 세계경제의 변화를 가속화했다. 이로 인해 세계의 다른 나라들과 중국의 경제 및 금융 관계가 재정의되었다. 아시아 및 기타 개발도상국의 신흥 시장 국가의 무역 비중은 증가하고, 반대로 일본과 서양 국가들과의 무역 비중은 감소하는 장기적인 구조적 변화가 있었다. 2000년대에 중국의 대외 무역에서 신흥 시장의 비중은 15퍼센트에서 30퍼센트로 두 배 증가했다. 중국의 신흥 시장과의 무역에서 달러화는 제3의 통화이다. 달러화 사용과 관련된 거래 비용(무역 거래 상대방 간의 두 번의 변환과 관련된 거래 비용)이 두 무역 상대국 가운데 한 국가의 화폐를 사용할 때의 거래 비용보다 낮은 경우에만 달러화는 송장 작성과 결제를 위한 수단으로 선택되었다. 기축통화를 사용할 때 거래 비용은 실제로 더 낮을 수 있다. 이는 기본적으로 무역 상대국들이 접근할 수 있는 화폐시장의 유동성에 따라 달라진다.

그러나 2008년 가을, 전 세계적으로 달러 유동성이 붕괴되고, 은행 간 신용이 갑자기 고갈되었다. 국제 지불수단의 부족은 세계 무역의 급격한 위축으로 이어졌다. 이로 인해 월스트리트의 금융 혼란에 휘말리지 않은 중국과 같은 국가에서도 경제활동이 크게 위축되었다. 이 정도 규모의 충격은 국제 지급 결제 시스템을 뒤흔들 수 있는 수준이었다. 예를 들어, 중국 수입업자와 브라질 수출업자는 중국의 수입 대금 지급에 따른 위안화 예치금이 브라질의 중국 제품 수입 대금 지급에 재활용되기 전에 경쟁력 있는 수익을 제공한다면, 위안화로 송장을 발행하고 결제하는 것이 유리하다고 생각할 수 있다. 그러나 중국의 단기금융시장(화폐시장)에는 소수의 자격을 갖춘 외국인 투자자들을 제외하고는 비거주자들이 참여할 수 없었다. 따라서 저축예금 계좌를 포함한 위안화 표시 금융자산은 중국 본토의 화폐 공간 밖에 있는 비거주자들에게 제공될 필요가 있었다. 홍콩은 이렇게 태동한 역외 위안화로 인한 금융 서비스를 관리하기에 이상적인 금융 중심지였다.

위안화 무역 송장 발행과 결제를 위한 시범 시스템은 2009년에 금융 중심지인 홍콩에서 운영되기 시작했다. 이것은 유동성을 보장하고 조절하기로 한 중국인민은행과 홍콩금융관리국(홍콩통화청) 간의 양해 각서를 기반으로 한다. 비금융 회사와 비거주자 금융기관은 중국 대륙과의 무역에 직접적으로 관여하지 않더라도 홍콩에서 공인된 예금 기관에 위안화 계좌를 개설할 수 있었다. 이는 중국 대륙 밖에서 거래되는 위안화(홍콩에서 거래되는 중국 위안화) 시장의 개방, 즉 역외 위안화 금융자산 시장의 개방이었다.

2011년에는 자본 통제로 인해 역외 위안화와 역내 위안화 간의 차익 거래가 어려워져 이중 환율이 발생했다. 역외시장에서 위안화는 유동성이 제한적이었기 때문에 역외 환율에 유동성 프리미엄이 붙어 역내 환율에 비해 약 2퍼센트의 절상 효과가 발생했다. 그러나 2011년 말 유럽 위기로 인해 유로화의 미래에 대한 우려로 전 세계에 투자된 자본이 미국 채권시장으로 빠져나가면서 달러화가 급격히 상승하자 이 프리미엄은 변동성을 보였고, 결국 붕괴되었다. 2013년 5월 연준의 자산 매입 정책 종료가 임박했다는 발표와 2014년 여름 연준의 정책 금리 인상에 따른 우려로 같은 현상이 반복되었다. 이러한 사건들을 계기로 시진핑이 이끄는 새로운 중국 지도부는 2015년 위안화의 교환성을 향한 움직임에 박차를 가했다.

3.5. 금융의 자유화와 위안화의 국제화[16]

위안화의 국제화는 경제 및 금융 시스템의 대외 개방과 자유화라는 중국의 글로벌 정책의 일환이다. 이 장기 전략은 2013년 11월 중국 공산당 중앙위원회의 강령으로 공식화되었으며, 2014년 3월 전국인민대표회의에서 승인되었다.

중국 경제 개혁의 새로운 단계에서 금융 자유화는 중국의 국내 경제와 국제 관계에서 추구하는 전환을 연결하는 최우선 과제가 되었다. 이를 위해 대형 은행과 국유 대기업은 자신들에게 유리한 차별적 자금 조달 조건을 담합함으로써 발생하는 자본 배분의 왜곡을 제거하여 구조적 변화에 대한 저항을 줄이는 것이 중요하다. 여기에는 금리를 자유화하여 금융기관이 위험을 제대로 평가하도록 하고, 민간 자본이 국유 기업의 소유에 참여하도록 하며, 혁신적인 민간 부문의 성장을 장려하기 위해 다양한 형태의 자금 조달을 개발하는 것이 포함된다. 이 모든 것은 금융 자산 시장을 발전시킬 필요가 있음을 의미한다.

두 번째 우선 과제는 2020년까지 위안화를 국제 준비 통화의 수준으로 끌어올려 완전한 교환성이 이루어지도록 하는 것이다. 이는 중국의 지정학적 전략 변화의 일환이다. 중국이 세계의 공장이었던 고성장기에는 무역 확대가 국제적으로 자신을 주장하기 위한 필수적인 수단이었

---

[16]. 2010년 이후 중국의 금융 자유화와 위안화 국제화에 대한 자세한 논의는 M. Aglietta, G. Bai, C. Macaire, *La course à la suprématie monétaire mondiale*, Odile Jacob, 2022를 참조하라: 옮긴이.

다. 중산층의 풍요를 향한 경제의 재배치, 다양한 소비 양식의 발전, 글로벌 표준을 달성하기 위한 혁신의 촉진과 함께 중국의 국제 관계는 탈바꿈하고 있다. 중국 정부는 자국의 기업들이 해외로 진출하여 가장 선진적인 경영 기법과 최첨단 기술을 흡수하여 세계적인 기업으로 거듭나도록 장려하고 있다. 여기에는 자본을 수출하고 전 세계 모든 금융 중심지의 증권거래소에 상장하는 것이 포함된다. 또한 중국 정부는 중국 경제를 중심으로 동아시아를 무역적, 금융적으로 통합하는 수단으로서 국제금융에 영향력을 행사하고, 원자재 공급의 안전을 보장하며, 실크로드를 통해 유럽과 무역을 구조화하려는 의지를 분명히 했다. 실크로드 전용 은행과 브릭스은행을 포함한 다양한 인프라 자금조달 은행[17]의 설립은 세계경제에서 글로벌 영향력을 가진 금융 전략을 추구하겠다는 중국의 열망을 보여 준다.

그렇기 때문에 세계 속에서 중국의 역사적 위상, 즉 중화의 위상을 복원하기 위한 이 개혁 단계에서는 달러화에 대해 위안화를 탈동조화 하는 것이 포함된다. 제13차 5개년 계획에서는 2020년에 위안화의 완전한 교환성을 위한 로드맵을 제시할 것이다. 보다 즉각적으로, 위안화의 교환성을 향한 추진력은 중앙은행의 전폭적인 지원을 받았다. 실제로 국내시장의 자유화가 진전되면서 금융에 대한 국가의 역할을 변화시키고 있다. 이전에는 금리를 결정하고 누구에게 얼마를 대출해 줄 것인지를 은행에 명령함으로써 직접적인 영향력을 행사했지만, 이제는 건전성 정책이나 화폐정책과 같은 간접적인 영향력 행사로 대체될 것이다. 이 지점에 이르면 금리 구조는 더 이상 직접적으로 결정되지 않기 때문에 명목적 고정이 필요

---

17. 중국은 신흥국의 목소리를 대변하기 위해 세계은행이나 아시아개발은행과 같은 기존 다자 개발은행의 대안으로 생각되는 국제 금융기관인 신개발은행(NDB: New Deveolpment Bank)과 아시아인프라투자은행(AIIB: Asian Infrastructure Investment Bank)의 설립을 주도했다. 2014년에 출범한 이 두 기관은 국제적인 영향력을 가지고 있으며(ADB는 BRICS가 포함되고, AIIB의 경우 100개국 이상의 회원국을 보유하고 있다), 두 기관 모두 중국에 본사를 두고 있다: 옮긴이.

하다. 이것은 중앙은행이 국내 거시경제 목표에 따라 화폐 정책을 수행할 수 있는 자율성을 확보한다는 것을 의미한다. 따라서 위안화가 완전하게 기능하는 국제 화폐가 되려면 반드시 달러화와 분리되어야 한다.

따라서 위안화는 세계 통화로 거듭나고 있다. 이러한 발전의 가장 최근 단계는 2015년 11월 말 특별인출권을 구성하는 바스켓에 포함된 것이다.[18] 보다 유연한 환율과 개방적인 경상수지 때문에 중국은 더 이상 달러화 준비금을 축적할 필요가 없게 될 것이다. 2015년 여름의 혼란 이후, 그 이전에 금융 시스템을 자유화한 모든 나라에서 그랬던 것처럼 금융 개방에 대한 조정이 불가피한 상황에서 경제 개혁이 진전됨에 따라 위안화는 준비 화폐가 될 것이다. IMF는 정관 개정을 통해 위안화를 공식적으로 승인하여 IMF의 의사 결정 기구에서 신흥국에 더 많은 비중을 두도록 할 것이다. 이것은 2010년 개혁의 시도가 실패한 이후 IMF가 잃어버린 정당성을 찾는 데 있어 **필요불가결한 조건**이다. 이러한 전망에서 미래 국제 화폐 시스템의 진화를 이끌 추진력을 이해하려고 노력할 필요가 있다.

4. 국제 화폐 시스템을 어떻게 전환할 것인가?

헤게모니가 공동 이익을 제공하지 못하면 국제유동성과 국제수지 조

---

18. 2015년 11월 특별인출권의 바스켓에 위안화의 편입이 결정되고, 2016년 10월부터 위안화가 특별인출권 바스켓에 편입되었다. 이후 매 5년마다 가중치를 변경하나 2021년 3월 집행이사회가 코로나19 우선 대응을 위해 SDR 바스켓 비중 검토를 1년 연기함에 따라 종전 가중치 적용 시기가 2022년 7월 31일까지 연장되었다. 따라서 차기 가중치 변경 심사는 2027년으로 예정되어 있다. 2022년 5월 국제통화기금 집행이사회는 5년에 한 번씩 열리는 특별인출권에 대한 심사에서 2022년 8월 1일부터 특별인출권 통화 바스켓에서 달러 비중을 기존 41.73%에서 43.38%로, 위안은 10.92%에서 12.28%로 상향 조정한 반면, 유로(30.93% → 29.31%), 엔(8.33% → 7.59%), 파운드(8.09% → 7.44%) 비중은 하향 조정한다고 발표하였다: 옮긴이.

정이라는 한 쌍을 이루는 두 가지 문제를 해결할 수 없기 때문에 이러한 형태의 국제 관계 조직은 역사에서 사라질 수밖에 없다. 이것이 17세기 이탈리아 상인-은행가들에 의해 중개된 이원적 시스템의 운명이었고, 잉글랜드은행의 설립과 함께 은행 원칙에 기초한 헤게모니적 시스템으로 대체되었다.

21세기 초, 달러 헤게모니의 쇠퇴로 인해 세계경제의 안정성이 위협받고 있다. 유동성의 확산이 무정부 상태가 되어 부채의 무한한 증가를 용인하기 때문에 국제 조정이라는 공공재를 생산할 수 없는 헤게모니는 위험해지고 있다. 우리는 이러한 현상을 화폐의 양가성 이론의 관점에서 해석하여 세계적 수준으로 일반화할 수 있다. 화폐에 대한 신뢰를 강화하는 위계화된 화폐 시스템은 부채의 비중이 지속적으로 증가하면 유동성의 지속적인 발행으로 인해 결제가 불가능하기 때문에 동질적인 시스템으로 악화된다. 자본 이동이 자유로운 세계에서는 공통의 지급 준칙과 유동성 전유에 대한 사적 욕망 사이의 긴장이 전 세계적 수준에서 작용한다. 실제로 화폐적 위계는 국제적 수준에서 상위의 단계를 가져야 한다. 우리는 역사적으로 이 단계가 파운드 본위와 그 이후 달러 본위의 형태로 기축통화의 단계였다는 것을 보았다. 달러 본위의 기축통화 시스템은 제대로 기능하지 못하고 동질적인 시스템으로 변화하고 있다. 논리적으로 동질적인 시스템은 일반화된 인플레이션을 야기한다. 우리는 일반 재화와 서비스의 가격이 유난히 낮기 때문에 착각하고 있다. 이는 금융 지구화의 특성이 인플레이션을 자산 시장으로 전이시켰다는 사실을 간과하고 있는 것이다. 우리는 대규모 금융 위기 이후 주식이든 채권이든 금융자산의 가격이 위기 직후 하락세를 이어 가다 유동성이 넘쳐 나면서 빠르게 역전된 후 계속 상승하는 이례적인 현상에 대해 걱정해야 한다. 설상가상으로 이러한 동질적인 시스템의 논리가 신흥 시장으로 일반화되었다.

세계적 수준에서 이러한 기능장애는 미국의 경제적 쇠퇴와 계속되는 화폐적, 금융적 우위 사이의 괴리가 커지면서 더욱 증폭되고 있다. 준-달러 본위에서 암묵적인 달러존은 전 세계 GDP와 인구의 약 60퍼센트를 차지하고 있는 반면, 미국은 현재 전 세계 GDP의 23퍼센트, 국제 무역의 12퍼센트에 불과하다. 심지어 미국의 투자 펀드는 기관이 관리하는 국제 자산의 55퍼센트를 관리하고 있음에도 불구하고, 전 세계 투자 잔액에서 미국이 차지하는 비중은 24퍼센트까지 하락했다(The Economist, 2015). 이는 세계적 수준에서 화폐화 되는 가치 창출의 기반이 이러한 가치의 유통을 운영하는 지급 결제 흐름과 점점 더 단절되고 있다는 것을 의미한다. 결국, 달러 지배를 받아들이는 국가의 달러 지배 비용이 미국 통화가 수행하는 기본 조정의 편익보다 커지기 시작했다.

이러한 불일치의 결과로, 개발 정책에 도움이 되는 안정성을 확보하기 위해 달러에 연동한 국가에서는 자산 가격과 자본 이동이 큰 변동을 겪게 된다. 국제은행 네트워크와 **그림자 금융**[19]이 미 연준의 유동성 투입을 단순히 재분배하는 데 그치지 않고 유동성 도매시장에서 불균형적으로 증폭시키기 때문에, 미 연준의 기준 금리 소폭 인상에 대한 기대가 9조 달러의 부채와 예금에 영향을 미치는 시점에 이르렀다. 역외 달러 시장은 2007년 이후 규모가 두 배로 커졌다.

이러한 도매시장에서 발생하는 취약성은 시스템 리스크를 야기하며, 이는 그림자 금융과 은행 시스템이 서로 뒤얽히면서 더욱 악화된다. 시스템 리스크는 은행화폐[20] 창출과 무관한 유동성 창출 형태에 포함된, 전

---

19. 그림자 금융에 대한 일치된 정의는 없지만, 금융안정위원회(Financial Stability Board)는 그림자 금융을 제도권 은행 밖에서 자금 중개 활동에 관여하지만 은행 수준의 건전성 규제를 받지 않으면서 예금자 보호 및 공적 유동성 보호 지원 제도가 적용되지 않는 금융 시스템으로 정의하고 있다. 미국 자산 운용사 PIMCO의 폴 매컬리(Paul McCulley) 수석 이코노미스트가 표면적으로 드러나지 않으면서(shadow) 은행과 유사한 신용 중개 기능(banking)을 수행하는 시스템을 지칭하며 처음 사용하였다. 금융안정위원회는 2019년 2월 그림자 금융이라는 용어를 비은행 금융 중개(non-bank financial intermediation)로 변경하여 사용하기로 결정하였으나 여전히 그림자 금융이 일상적으로 사용되고 있다: 옮긴이.
20. 레포와 증권 대출 형태의 파생 상품, 3자간 스왑, 파생 상품의 증권화 그리고 레버

적으로 금융 레버리지의 악화에 의해 일어난다. 은행은 레버리지를 높이고, 자본과 유동성에 대한 규제를 우회하기 위해 **그림자 금융**을 활용한다. 은행은 **머니마켓펀드**(MMF) 자금을 유치하기 위해 **임시방편적인 구조**를 만든다. 이러한 부외거래 구조는 유동성을 후원하는 은행이나 전 세계 금융시장에서 투기적 차익 거래를 추구하는 투자 펀드에 다시 유동성을 제공한다. 이러한 투기 목적의 유동성의 유통은 신흥국에서 자본 유출입이 빈번하게 일어나고 경제 전체를 불안정하게 만드는 원인이 되고 있다.

이 경우 주권 국가들이 당파적 분열로 인해 정치 시스템을 약화시키고 금융 권력을 정치적 수단으로 점점 더 많이 활용하는 화폐 발행국에게 언제까지 그들의 금융을 속박해 둘 것인가 하는 문제가 제기된다. 세계가 기축통화 시스템이 아닌 다중심주의로 나아가고 있다고 생각한다면, 달러를 대체할 다른 통화를 중심으로 한 기축통화 시스템을 찾는 것은 헛수고일 것이다. 대안은 차라리 역사에서 여러 차례 반복해서 경험한 것처럼 금융 지구화의 후퇴나 기축통화의 지양이다. 기축통화 지양의 경우에는 다음과 같은 질문에 직면하게 된다. 세계적 수준에서 화폐를 정당화하는 보편적 주권 없이 전 지구적 차원에서 화폐의 더 높은 단계를 어떻게 상상할 수 있는가?

다자간 협력을 진전시킬 수 있는 제안을 하기 위해서는 케인스가 닦아 놓은 토대로 돌아갈 필요가 있다. 앞에서 우리는 **임시방편적인 정치적 타협**이라는 협상 방식은 제도화의 실패로 어려움을 겪고 있음을 살펴보았다. 이러한 아포리아를 극복하기 위해서는 제도화된 협력을 통해 과거 국제 게임의 주변부에 있던 지역들이 수렴하면서 상호 의존성이 다양해지고 있는 세계경제에서 탈중앙화 된 행동을 방지하기 위한 조절 기구를 설립하는 데 도달해야 한다. 브레턴우즈 시스템이 25년 동안 지속될 수

리지 상장지수펀드.

있었던 것은 협상이 조약으로 정당화된 제도적 틀에 초점을 맞추었기 때문이다. 그러나 그 준칙이 경직되어 상황의 변화에 따라 협력적인 접근 방식에 필요한 유연성을 유지할 수 없었기 때문에 브레턴우즈 시스템은 붕괴되었다. 오늘날 제도화의 장은 이미 존재하기 때문에 이러한 역할을 할 기관을 새로 만들 필요는 없다. IMF가 국가 부채 위기를 해결할 수 있는 지원 기구가 되려면 자메이카 협정 이후 상실한 화폐적 역할을 되찾아야 한다. IMF는 다시 한 번 국제 화폐 레짐의 거버넌스 기관이 되어야 한다.

국제 레짐의 본질적인 속성을 상기해 보자. 국제 레짐은 조정을 지속하기 위해 원칙, 준칙 및 절차를 명시한다.[21] 원칙은 브레턴우즈의 틀에서 나온 다자간 무역의 원칙이다. 21세기에는 글로벌 공공재를 생산해야 할 필요성도 인식하고 있다. 원칙은 협력의 목적과 이러한 협력이 지속되어야 할 필요성을 정당화한다. 준칙은 정부가 동의한 상호 약속을 안내하는 벤치마크이자 제약 조건으로, 상호 의존성을 넘어선 국가들의 상호 영향이 추구하는 정책에 내재화되도록 한다. 절차는 다자간 거버넌스의 중재 기관이 준칙의 적용을 용이하게 하고 잠재적 갈등을 완화하는 행동, 정보 및 감독의 양식이다.

4.1. 제도화된 협력: 국제 화폐 레짐을 위한 타협

자본시장의 완전한 통합에 의해 심화된 지구화는 다극화된 세계에서 볼 수 있는 국가의 사회적 선호의 다양성과 서로 양립할 수 없다. 변동 환율은 통화 간의 경쟁이 국제유동성의 공공재로서의 성격 문제와 충돌하기 때문에, 다중 통화 세계에서 이러한 선호를 조정할 수 있는 시장 균형가격을 설정할 수 없다. 이러한 조건에서 달러화의 과잉으로 넘

---

21. 국제 화폐 레짐 이론은 크래스너(S. Krasner, 1983)가 편집한 공동 작업에서 코헨(B. J. Cohen)이 제시했다.

쳐 나는 국제 화폐 시스템이 되어 버린 준-동질적인 시스템은 그 반대인 국가화폐 또는 국가화폐 그룹으로 구성된 분절화 된 시스템이 될 수 있으며, 환율의 비결정성을 피하기 위해 국제유동성 경쟁이 억제되어야 할 것이다.

글로벌 금융 불균형으로 표현되는 불안정한 금융 동학은 시스템 위기로 이어진 취약성 누적의 핵심 요인이었다. 이로부터 국제금융에 대한 규제(régulation)가 모든 개혁의 초석이라는 결론에 이르게 된다. 이러한 규제에는 보다 엄격한 건전성 준칙에도 불구하고 필연적으로 재발하는 금융 과잉의 가장 해로운 영향을 피하기 위한 수단으로 자본 통제를 포함해야 한다. 이는 시스템의 제도적 틀에 대한 타협을 의미한다.

첫 번째 타협은 국제무역의 지역적 통합 추세에 기초하여 지역에서 지배적인 통화를 기반으로 하는 화폐 협력 지역을 제도화하는 것이다. 이러한 지역은 광범위한 영향권을 가질 수 있다. 아메리카 대륙 대부분의 지역에서 선호되는 달러화 외에도 두 가지 통화가 지배적인 지역 화폐가 될 수 있는 잠재력을 갖고 있다. 그것은 바로 지중해와 중동까지 영향력을 확대할 수 있는 유로화와 동아시아의 중심 화폐인 위안화이다. 이러한 형태의 지역 통화 협력에는 외부 금융 충격이 발생했을 때 긴급 자금을 제공할 수 있는 연대책임이 포함되어야 한다. 이렇게 하면 달러 보유고 축적을 통한 자체 보험의 필요성을 완화할 수 있다.

이러한 화폐 협력 분야는 2단계 국제 화폐 시스템에 보충성의 원칙을 도입할 것이다. 대부분의 금융 충격은 지역 수준의 화폐 협정의 틀 내에서 흡수될 수 있을 것이다. 더 높은 수준에서 국제 화폐 준칙에 대한 협상은 국가 그룹을 대표하는 파트너 수를 줄이게 될 것이다. 이러한 협상 구조는 거대 지역 간의 상호 영향을 인정함으로써 **무임승차**의 유인을 감소시키기 때문에 수용할 수 있는 타협 가능성을 높인다.

두 번째 타협은 금융 규제를 강화하고 이 금융 규제들의 호환성을 강화하는 것이다. 금융가들의 로비에 의해 언제나 재검토되는 금융 규제에 대한 막중한 임무는 G20 국가의 중앙은행 위원회의 후원 아래 바젤III 협상의 틀에서 이루어지고 있다. 이 강화된 건전성 규제는 다양한 요소를 통합한다. 첫 번째 요소는 **그림자 금융**의 발전과 보조를 맞추는 것이다. 그림자 금융을 건전성 규제에 포함하지 않으면 어떤 금융 안정도 불가능하다. 두 번째 요소는 주요 중앙은행 간에 호환할 수 있는 거시 건전성 규제를 도입하는 것이다. 거시 건전성 규제에는 시스템에 영향을 미치는 은행 및 비은행 금융기관의 자기자본 비율이나 유동성 커버리지 비율과 같은 경기 대응적 규제가 포함된다. 모든 국제금융 중심지에 시스템 리스크 위원회를 설치하고, 신용과 자산 가격의 투기적 급등을 막는 데 집중해야 한다. 《대마불사》 신드롬은 채권자가 손실을 흡수하는 등 취약한 금융기관을 강제 구조 조정 할 수 있게 하는 사전 정의된 절차를 통해 근절해야 한다. 세 번째 요소는 화폐 정책 수행에 있어 금융 안정 목표를 물가 안정 목표와 동등한 위치에 놓을 수 있도록 중앙은행 화폐 정책의 교리를 전환하는 것이다. 현재로서는 이 조건이 실현되지 않았다. 이는 중앙은행이 통제할 수 없는 것처럼 보이고, 오히려 자산 매입 프로그램을 부추기는 세계 금융시장의 과도한 글로벌 변동성으로의 복귀로 입증된다.

마지막으로 세 번째 타협은 다중 통화 시스템을 목표로 하는 국제 화폐에 대한 거버넌스를 구축하는 것이다. 이 분야에서 G20이 합법적인 국제 화폐 기구를 강화하는 데 기여한다면, 유망한 포럼이 될 수 있다. G20은 IMF의 재원을 실질적으로 늘리고 임무를 확대하기로 결정하면서 이와 관련하여 이미 긍정적인 역할을 하기 시작했다. 바젤 금융안정포럼을 금융안정위원회로 전환하고 참여를 확대함으로써, G20은 공통의 원칙을 기반으로 거시 건전성 규제를 촉진하기 위해 중앙은행 간 긴밀한 협력의 길을 열었다. 하지만 이보다 한 걸음 더 나아가야 한다. 세계경제에서 전체 신용을 통제하고, 국제금융의 상호 의존성에서 시스템 리스크의 근원을 파악하며, 금융 취약성의 파급 경로를 분석하고 감독하는 데에는 IMF가 정당성과 전문성을 갖춘 기관이다. IMF는 브레턴우즈 정신으로 국제 화폐에 대한 거버넌스에서 중심적인 역할을 되찾아야 한다.

4.2. 보다 대칭적인 조정을 위한 국제 화폐 시스템을 향하여

국제 화폐 관계를 제도화된 협력의 틀로 전환하는 것은 지구화된 금융의 고질적인 금융 불안정에 대한 대응의 일환이다. 이러한 진화는 상호 의존성에 대한 정치적 태도를 변화시키고, 거시경제 및 금융 분야에서 국제 협력을 수행하는 방법에 대한 경험을 쌓게 할 것이다. 또한 중국과 유로존이 직면하고 있는 구조적 문제를 제대로 극복한다면, 유로화나 위안화 등 달러화와 잠재적 경쟁 관계에 있는 통화가 영향을 미치는 범위를 확장할 수 있을 것이다. 2020년경에는 브레턴우즈에서 국제수지 조정 문제를 처리하고, 전 세계에 충분한 국제유동성을 제공할 수 있는 시스템을 구축하지 못한 미국의 정치적, 화폐적 지배력이 미국의 경제적 비중 감소와 함께 그 격차를 더욱 확대할 것이다. 미국은 더 이상 세계 다른 국가들에서의 금융 충격과 그 경제적 변동에 영향을 받지 않을 수 없게 될 것이다. 그러면 국제 화폐의 거버넌스에 대한 실질적인 개혁을 상상할 수 있게 될 것이다. 국제수지 조정의 목표는 미 연준의 화폐 정책과 같은 일방적인 경제정책의 파급 영향을 피하는 것이다. 자메이카 협정 이후, 장기간 지속된 환율 사이클은 국제은행의 로비에 의해 전 세계적으로 증폭된 불균형적인 미국 신용 정책의 지속을 촉진했기 때문에 그 파급 영향을 완화하기보다는 오히려 증폭시켰다.

다자간 협의 프레임워크 없이는 어떤 것도 불가능하기 때문에, 이 프레임워크에서 대칭적인 조정을 재구축하기 위해 두 가지 준칙을 상상할 수 있다. 하나는 환율의 질서 있는 변동에 의한 조정으로, 가격에 의한 조정이다. 다른 하나는 시간이 지남에 따라 국제수지의 지속 가능성을 유지하는 자본 흐름을 통한 조정으로, 2000년대에 우리가 경험했던 글로벌 금융 불균형의 심화를 피하는 것이다.

가격에 의한 조정은 1980년대 존 윌리엄슨(John Williamson)이 제안한 방법을 활용해 참고 환율을 기준으로 변동환율을 공동 관리하는 것이다 (Williamson et Miller, 1987). 이 방법은 실질 환율의 장기적인 왜곡의 존재를 감지하는 데 적합한 유연한 방법이다. 이 방법은 G20이 IMF에 부여한 다자간 감독 임무와도 일맥상통한다. 이것은 변동 폭을 가진 목표 환율이 아니라 환율 변동을 제한하는 통로를 의미한다. 이것은 IMF의 다자간 감독과 높은 수준의 정치적 책임을 지닌 회원국들이 개최하는 기금의 틀 내에서 정기 협의 포럼의 참고 지표이다.

이러한 참고 환율과 이와 관련된 안정화 메커니즘은 무엇보다 경제협력개발기구(OECD)가 수렴 국가로 분류한 발전도상국의 성장을 촉진하고, 이전에 불안정 국가들이 수렴 국가로 진입할 수 있도록 해야 한다. 구매력평가(PPP)는 실질 환율을 추정하기에는 매우 부적절한 지표이다. 제조업 부문의 생산성 증가를 통해 빠른 성장을 주도하고 있는 수렴 국가의 환율은 구매력평가에 비해 저평가되어야 한다. 참고 실질 환율은 해당 국가의 1인당 GDP와 선도 국가의 1인당 GDP 비율의 증가함수이다. 1인당 GDP의 격차가 축소됨에 따라 참고 실질 환율은 일정하게 절상된다. 이것은 2005년부터 2014년까지 중국이 따랐고, 그 전에는 한국과 일본이 따랐던 궤적이다.

다자간 협의 프레임워크에서 대칭적인 조정을 유도하는 또 다른 방법은 참고 경상수지를 활용하는 것이다. 이 방법은 무산된 브레턴우즈 시스템을 개혁하려는 시도에서 C20이 수행한 작업을 재개하고 적용하는 것이다.[22] 이 방법은 국가의 잠재성장의 장기 궤적에 부합하는 자본 성장을 유지하는 데 필요한 투자 수요를 추정하는 것이다. 또한 이 방법은 동질적인 방식으로 국가들 간의 저축률의 구조적 차이를 분석해야 한다. 이러한 연구는 IMF만이 수행할 수 있으며, 2년마다 연구를 수행하지

---

22. C20의 작업은 J. Williamson(1977)에 자세히 설명되어 있다. .

만, 회원국과 협의하지는 않는다. 그런 다음 구조적 저축과 투자의 균형에서 도출된 경상수지를 생산능력 가동률의 순환 변동과 국가의 인플레이션 목표 수준에서 벗어나는 편차에 따라 조정하여 다자간 감독 지표에 포함되는 참고 경상수지를 얻게 될 것이다.

4.3. 궁극의 국제유동성으로서 특별인출권의 장려

대칭적인 조정의 복원은 모든 주요 통화들과 교환할 수 있을 뿐만 아니라 신축적으로 공급할 수 있는 신용화폐인 궁극적인 유동성의 창출을 통해서만 가능하다. 이러한 화폐는 의도적으로 무력화되었지만 이미 잠재적인 형태로 존재한다. 그것은 바로 특별인출권이다. 특별인출권은 IMF의 특정 계정 내에 있는 할당금(allocation)이다. 특별인출권은 어떤 금융기관의 지불 약속도 아니며, 금을 화폐화 한 것도 아니다. 따라서 특별인출권은 부채가 아니라 순수한 신용 자산이다. 특별인출권은 IMF 회원국에게 완전히 사용 가능한 모든 통화에 대한 청구권을 제공한다. IMF 회원국이 한 통화를 얻기 위해 특별인출권을 매도하면, 이 특별인출권을 매입한 거래 상대방에게 특별인출권에 대한 청구권이 발생한다. 이 청구권은 IMF의 특별인출계정에 기록된 동일한 양의 부채를 반영함으로써 상쇄된다. 상호 거래의 결과로 IMF 회원국은 특별인출권 보유액이 배분액보다 많고 적음에 따라 특별인출계정에 순 채권과 순 채무를 갖게 된다. 이러한 순 채무와 순 채권에는 시장 금리가 적용된다.

특별인출권을 발전시켜야 하는 이유로는 다음 세 가지를 들 수 있다. 첫째, 교환성이 떨어지는 통화를 가진 중앙은행이 자기 보험을 위해 달러화를 확보하려는 유인을 줄임으로써 준-달러 본위의 단점을 보완하기 위한 것이다. 둘째, 환율에 영향을 미치는 너무 많은 달러와 너무 적은 달러 간의 변동을 피하고 트리핀 딜레마를 해결하기 위해 집단적으로 합의한 발행 준칙에 따라 충분한 양의 특별인출권을 배분하기 위한 것이다. 만약 발행 준칙이 경기 대응적이면, IMF는 국제적인 수준에서 최종 대부자의 맹아가 될 것이다. 셋째, 외환 보유고로 달러화를 과도하게 보유한 국가들이 외환시장에 의존하지 않고 환율 변동을 촉발시키는 위험 없이 질서 있게 국제 준비자산을 다각화할 수 있도록 IMF 내에 대체계정을 만들기 위한 것이다.[23]

현재 특별인출권의 역할은 인위적으로 사용 조건을 제한하고 있어 매우 미미한 수준에 머물러 있는데, 이는 미국 정부, 특히 의회가 달러화에 대한 불신이 생길 수 있는 것을 피하기 위한 의도와 무관하지 않다. 게다가 특별인출권의 배분은 1944년으로 거슬러 올라가는 출자 지분(쿼터)에 따라 이루어지고 있다. 그 결과, 특별인출권을 가장 필요로 하는 국가에 가장 적게 배분되었는데, 저소득 국가에는 전체의 3퍼센트만 배분되었다. 1968년 특별인출권이 만들어진 이후 단 세 차례만[24] 특별인출권의 배분이 이루어졌다. 첫 번째는 1971-1972년에 90억 SDR이, 두 번째는 1979-1981년에 120억 SDR이, 세 번째는 금융 위기가 한창이던 2009년에 1,820억 SDR이 배분되었다. 특별인출권을 글로벌 최종 준비자산으로 만들려면 전혀 다른 메커니즘이 필요하다. 이를 위해서는 연간 1,500-2,500억 SDR이 일정하게 또는 가급적이면 경기 대응적으로 배분되어야 한다. 특별인출권의 이전(移轉)이 IMF의 유일한 자금 조달 메커니즘이 되어야 한다. 발전도상국을 공정하게 대표할 수 있도록 IMF의 출자 지분을 대대적으로 수정해야 한다. 국제적인 수준에서 최종 유동성으로서 특별인출권을 지속적으로 배분하는 준칙은 점차적으로 내생적

---

23. 즉, 대체계정은 중앙은행들이 달러 보유고와 특별인출권을 교환할 수 있도록 하는 아이디어에서 나왔다. 1979년 대체계정이 심각하게 고려되었을 때, IMF 총재의 자문관인 자크 폴락(Jacques Polak)은 특별인출권이 국제 화폐 시스템의 중심에 위치해야 한다고 주장했다(Polak, 1979).
24. 2021년을 포함할 경우 모두 네 차례에 걸쳐 특별인출권의 배분이 이루어졌다. 글로벌 금융 위기 당시인 2009년 특별인출권 배분에는 215억 SDR의 특별 배분까지 포함하여 총 1,820억 SDR의 배분이 이루어졌다. 코로나19 위기 시기인 2021년 8월에는 4,565억 SDR(6,500억 달러) 규모의 특별인출권 일반 배분이 이루어졌다: 옮긴이.

화폐 발행 준칙으로 전환될 수 있다. 특별인출권은 바스켓 화폐의 지위를 상실하고 국가화폐가 정의되는 계산단위가 될 것이다.

중앙은행은 현재 각국에 배분된 특별인출권으로 무엇을 하고 있는가? 어떤 국가들에게 특별인출권은 위기 시 자금 조달 수단이 될 수 있는 소극적인 준비자산이다. 다른 국가들은 IMF에 자신의 채무를 상환하는 데 특별인출권을 사용하고 있다. 또 다른 일부 국가들은 그 외에 다른 회원국의 필요를 충족시키기 위해 특별인출권을 매입하거나 매도하는 일종의 시장 조성자로서 중개인 역할을 하고 있다. 마지막으로 또 다른 국가들은 특별인출권을 다각화 자산으로 이용하고 있다.

기축통화를 대신하는 대칭적인 다중 통화 국제 화폐 시스템에서 특별인출권을 준비자산으로 사용하는 데는 어떤 기술적 장애도 존재하지 않는다. 경제적 세계화의 모험을 계속 추구하기 원한다면, 각국 정부가 정치적 책임을 자각하는 것이 필요하고 동시에 그것으로 충분하다. 그러나 담당해야 할 또 다른 역할이 있다. 이것은 통제할 수 없는 불균형의 영향이 시스템 리스크로 활성화될 때, 국제수지에 긴급 자금을 공급하는 것이다. 이것이 바로 국제 최종 대부자의 역할이다. 1994년부터 2001년까지 «신흥국»에서 위기가 연이어 발생하자, IMF는 다양한 긴급 신용공여제도를 만들었지만 성공적이지 못했다.[25] 어느 국가도 이 제도의 혜택을 누리기 위해 IMF에 긴급 자금을 신청하지 않았기 때문이다. 위기 기간 동안 멕시코, 한국, 싱가포르, 그리고 브라질과 양자 간 스와프 거래를 통해 최종 대부자의 역할을 했던 것은 미 연준이다.

IMF는 자금 조달 방식을 유연하게 하기 위해 2009년 3월 **탄력적**

---

[25]. IMF는 아시아 위기 이후 1997년 12월 경제 전체의 유동성 위기에 대하여 대규모의 단기성 자금을 지원하기 위한 보충준비금융제도(SRF: Supplement Reserve Facility)를 설치하고, 1999년 4월에는 경제가 건실함에도 외부로부터의 위기가 전염될 가능성이 있는 경우를 대비하기 위한 예방적 신용공여제도(CCL: Contingent Credit Line)를 설치하였다. CCL 제도는 당해 국가가 CCL을 신청하도록 하고 있는데, CCL 신청으로 위기에 노출된 국가로 오해를 받을까 신청을 꺼리는 문제점이 있다. 아울러 CCL과 SRF에 동일한 금리가 적용되어 위기 이전에 CCL을 미리 신청할 유인이 없다는 문제점이 있다: 옮긴이.

신용공여 제도(Flexible Credit Line)와 2010년 10월 예방적 대출 제도 (Precautionary Credit Line) 등 두 가지를 시도했지만, 성공하지 못했다.[26] 이것이 제대로 작동하지 않은 이유를 확인하는 것은 어렵지 않다. 이 신용공여 제도들은 구조적 조건(견고한 경제 펀더멘탈, 각국 국내 정책에 대한 개입)과 결부되어 있다. 이는 시스템 위기가 공격받는 국가의 금융 시스템을 붕괴시키고, 심지어 2008년 가을에 우리가 목격했던 것처럼, 국제 금융 시스템 전체가 붕괴되는 것을 막기 위해 모두가 수용하는 유동성의 투입이라는 최종 대부를 부정하는 것이다. 또한 신용공여 수단을 통한 자금 조달은 정부가 수용해야 하는 교환성을 갖춘 통화로 중앙은행에 대출이 이루어지기 때문에 시간이 걸리는 반면, 최종적으로 유동성 필요를 충당하는 것은 즉각적으로 이루어져야 한다. 최종적으로 화폐를 창조하는 것은 유동성 부족으로 인한 디플레이션에 대응하기 위한 것이며, 대출이 상환되면 신규 특별인출권은 상쇄되기 때문에 최종 유동성의 공급은 인플레이션과는 무관하다.

IMF가 **무로부터** 특별인출권을 창출하여 스스로 자금을 조달하는 다자간 최종 대부자로서의 메커니즘만이 효과적일 수 있다. 국가 단위에서 중앙은행이 최종 대부자인 것과 동일한 논리로 **무로부터** 특별인출권의 창출은 IMF를 국제적 수준에서 최종 대부자가 되게 할 것이다. 이것이 국제수지의 지속적인 불균형을 조장하는 자기보험의 일반화를 피할 수 있는 유일한 방법이다. 또한 출자 지분에 따라 배분액이 할당되지만 사용되지 않은 특별인출권은 유동성을 필요로 하는 국가들에게 경기 대응적 자금 조달 수단으로 유용하게 대출될 수 있을 것이다.

---

26. 2010년 8월 IMF 이사회는 2009년 3월 도입된 탄력적 신용공여 제도(FCL)의 대출 한도를 폐지하고 인출 가능 기간을 6개월-1년에서 1-2년으로 연장하는 한편 신용공여 제도의 수혜 대상에는 못 미치지만 비교적 경제 여건이 양호한 국가들에게 제공하는 예방적 대출 제도(PCL)를 새로이 도입하였다. 이후 2010년 11월 G-20 서울 정상 회의에서는 신용공여 제도 개선 방안과 예방적 대출 제도 도입에 대해 합의함으로써 펀더멘탈이 견조하고 건전한 정책을 수행중인 국가는 물론 일부 취약성을 가지고 있는 국가들도 IMF의 예방적 유동성 공급 혜택을 누릴 수 있게 되었다: 옮긴이.

4.4. IMF의 거버넌스

특별인출권이 이러한 방식으로 발전된다면 완전한 국제 준비자산이자 결제 자산을 기반으로 하는 다중 통화 시스템은 일관성을 갖게 될 것이다. 모든 회원국들이 한도 내에서 조건 없이 특별인출권을 대출하여 사용할 수 있을 것이다. IMF는 단체보험의 원천이 될 것이며, 이는 트리핀 딜레마를 해결하고, 서구 국가들의 특권을 유지하기 위해 많은 국가들이 수렴하는 것을 의도적으로 방해하는 불공정을 제거하는 방향으로 큰 진전을 이룰 것이다.

국제 화폐 시스템의 개혁이 이 단계에 도달하면, IMF 내에 특별인출계정과 일반재원계정 간의 역사적 분리가 더 이상 필요하지 않을 것이다. 이러한 계정의 분리는 특별인출권이 진정한 국제 화폐가 되는 것을 방해하기 위해 존재할 뿐이다. IMF가 다시 화폐의 주연으로 거듭나기 위해서는 두 계정 간의 통합이 필수불가결하다. 출자 지분과 관련해 살펴보면, 이것은 더 이상 엄격한 배분의 기준이 아니라, 채무 한도의 단순한 지표가 되어야 한다.

국제 화폐 시스템의 이러한 전환은 장기적으로 국가 간의 부와 권력을 재배치하는 힘의 영향 하에서 세계경제의 전환에 부합하는 화폐 조절 방식으로 일어날 것이다. 서구 국가들의 국제통화기금 내 권력 장악이 종식되지 않는 한 IMF는 국제 화폐에 대한 거버넌스의 중심 기구가 될 수 없다.[27] 실제로 IMF가 거시경제정책 간의 불일치를 방지하고, 금융 불안정의 공통

---

27. 이러한 비정상성 가운데 최근 눈길을 끄는 결과는 4년 전 IMF 총회에서 결정된 IMF의 자본 확대에 대한 비준을 미국 의회가 거부한 것이다. IMF 자본 확대의 핵심 쟁점은 국제 거버넌스에서 신흥국에 더 커다란 지위를 부여하기 위해 출자 지분을 두 배로 늘리는 것이었다. 이것은 G20과 미국 정부에 대한 심각한 모욕이다. 국제 관계에서 지도자로 간주되는 국가에 의해 조롱당한 국제 협력의 더 나은 예를 이전의 사례에서 찾기는 어렵다. 미 의회가 특별인출권을 구성하는 통화 바스켓에 위안화를 포함시키는 것에 거부감을 보였을 때, 그와 같은 호전적이고 차별적인 태도가 반복되었다. 그럼에도 불구하고 IMF는 결국 2016년 10월 특별인출권 통화 바스켓에 위안화를 포함시켰다.

요인을 모니터링하는 이중의 임무를 수행하려면 정치적 기반을 확대해야 한다. 이것은 회원국의 권한과 책임 배분에 근본적인 변화를 수반할 것이다. 비서구 국가의 정치적 영향력을 현저히 높이고 총재에 대한 정치적 지원을 강화할 필요가 있다.

IMF가 국제금융 시스템의 화폐적 조절을 담당하는 기구가 되기 위해서는 지금까지 합의된 매우 적은 규모의 변경을 훨씬 뛰어넘어 출자 지분의 비중에 대한 실질적인 개정이 필수적이다. 회원국의 출자 지분과 관련 투표권을 결정하기 위해 채택된 기준은 1944년의 협상력과 동맹의 유산을 단호히 그리고 완전히 포기해야 한다. 이 기준은 전적으로 경제적, 금융적 요인에 기초한 객관적인 공식으로 대체되어야 한다.

다중 통화 시스템은 지역별로 구성되어 있기 때문에 앞에서 보았던 것처럼 유로존 국가들의 개별 대표는 단일체(單一體)인 유로존 대표에게 자리를 내줘야 한다. 또 다른 중요한 변경 사항은 IMF의 정관 수정 결정을 채택하는 데 필요한 가중 다수결을 정의하는 부결을 위한 최소 투표수 한도의 변경이다. 이러한 가중 다수결의 비중은 현재 87.5퍼센트이다. 이 87.5퍼센트는 브레턴우즈에서 미국이 부결을 위한 최소 투표수를 단독으로 주장할 수 있도록 계산되었다. 이러한 조항은 정치적으로 용납할 수 없으며, 경제적으로는 시대착오적이다.

마지막으로, 앞에서 정의한 중앙 화폐적 역할을 할 수 있기 위해 IMF는 긴급한 결정을 내릴 수 있어야 한다. 따라서 IMF의 총재는 긴급한 경우에 회원국들을 소집할 수 있는 효과적인 정치적 지원을 받아야 하며, 회원국을 참여시킬 수 있을 만큼 충분히 높은 정치적 지위를 갖고 있어야 한다. 여기에는 집행위원회를 정책협의회 수준으로 격상시키고, 각국 정부가 위임한 고위 관리를 소집하는 것을 포함한다. 정책협의회는 매달 한 번씩 그리고 비상 상황에서는 언제든지 회의를 개최해야 한다. IMF의 총재직 자체도 더 이상 유럽인의 전유물이 되는 것을 멈추어야 한다. 지금이야말로 역량만을 기반으로 공개 선발 절차를 명확히 해야 할 적절한 시기이다.

  이것들이 바람직한 IMF 거버넌스의 변경 사항이다. IMF의 설립자들이 IMF에 부여한 화폐적 역할을 맡게 된다면, IMF는 진정으로 수행한 적이 없는 역할을 해야 한다. IMF는 글로벌 금융 위기를 통제하고 세계화의 모험을 계속하기 위해 회원국의 공동의 이익을 반영하고 행동 능력을 갖춘 정치적 리더십을 부여받아야 한다.

5. 결론

  국제 화폐의 신비에 대한 오랜 여정의 끝에 이르러 국제 화폐 시스템이 갖고 있는 결함의 이유가 분명해졌다. 국제 화폐 시스템은 국제무역에 관련된 주권 국가들 간의 국제수지 조정이라는 그 존재 이유를 충족하지 못하고 있다. 2008년 위기 이후 기능장애는 더욱 악화되었다. 미 연준이 무제한으로 공급하는 유동성이 전 세계로 확산되면서 점점 더 많은 국가로 퍼져 나갔다. 이러한 유동성은 유동성 도매시장을 구성하는 금융 상품에 대한 투기적 자본이득을 목적으로 이들 금융 상품들 간에 교환된다. 은행에 부과된 새로운 건전성 규제로 인해 **그림자 금융**이 이 시장[28]을 중개하는 기회를 얻게 되었다.

  이 연구의 결론은 자본과 유동성 공급을 통해 행위자를 규제하는 통상적인 방법이 새로운 금융 계약에 의해 지속적으로 우회되고 있으며, 새로운 규제를 받지 않는 행위자들이 생겨나고 있다는 것이다. 도매 유동성을 공급하는 활동의 급격한 확산을 억제하기 위해서는 거래뿐만 아

---

28. 스위스 바젤에 위치한 금융안정성위원회(FSB)는 규제를 최종 목적으로 하여 그림자 금융의 거래 관계를 철저히 분석했다. 이에 대한 개괄적인 보고서가 2015년 3월에 출판되었다(Financial Stability Board, 2015).

니라 관련 행위자에 대해서도 규제가 필요하다. 이것은 유동성 도매시장에서 거래가 중앙 집중화 된 청산·결제 시스템을 통해 이루어지도록 함으로써 장외거래를 금지하는 것을 의미한다. 중앙청산소는 리스크를 해석하고 계산할 수 있는 상품만을 허용하는 규제 기관의 감독 하에 위험 포지션의 일일 커버리지를 관리해야 한다.

보다 근본적으로, 유동성 도매시장의 무질서는 국제유동성을 조절할 수 없기 때문에 발생한다. 그렇기 때문에 케인스 계획의 이론적 직관에 의해 열린 전망 속에서 모든 가치는 주권 화폐 공간에서 생산되며, 지급 결제의 완결을 통해 실현될 수 있도록 하는 유동성 창출이 그 반대급부로 존재한다는 것을 이해해야 한다. 따라서 국제 경제 무역은 다양한 화폐 공간에 위치한 개체 간의 가치의 이전이라는 결론에 이르게 된다. 이것은 이러한 지급 결제를 실현하기 위해 추가적인 유동성 창출이 필요하지 않다는 것을 의미한다.

그렇기 때문에 국제 화폐를 만드는 데 지구 전체의 주권이 필요한 것은 아니다. 이러한 화폐는 국제수지 조정을 위해서 발행되어야 하며, 유동성 도매시장에서 서로 대면하는 국가화폐들의 세계에는 존재하지 않는 기능적 연결을 실현해야 한다. 특히, 이러한 화폐는 민간 주체가 보유할 필요가 없다. 이것은 초국가적 화폐 기관에서 중앙은행들 사이에서 통용되는 화폐로 발행될 것이다. 이것은 세계적 수준에서 지급 결제 시스템의 통합을 통해 글로벌 공공재로서 화폐 논리를 완성할 것이다. 여기서 중요한 것은 국가 간의 가치 이전 원칙에 따라 이러한 기구의 운영 조건을 정의하기 위해서는 국가들의 제도화된 협력이 있어야 한다는 것이다. 이 화폐를 IMF가 발행하는 특별인출권이라고 부르자. IMF는 마침내 그것이 만들어진 목적의 기관, 즉 전 세계의 모든 지급 결제를 포괄하는 위계화된 화폐 시스템에서 공동 화폐 기구가 될 것이다. 이러한 조건에서 특별인출권은 자연스럽게 변할 것이다. 특별인출권은 더 이상 통화 바구니가 아니라 가장 상위의 신용화폐가 될 것이다. 특별인출권으로 국가화폐에 대한 등가가 정의될 것이다. 화폐의 아주 오랜 역사적 진화 과정에서 화폐의 본질, 즉 가치 표상의 보편적 형태에 부합하는 조직을 찾았을 것이다.

이러한 제안은 이 책의 핵심 질문에 대한 해결책을 향한 길을 열어 준다. 화폐는 부채 관계가 구조화되는 사회적 관계로, 사회 변화에 결정적인 역할을 한다. 21세기는 지구화가 금융을 넘어 기후, 경제와 생태의 통합, 기술 진보의 세계화, 전 세계에 걸친 인적 역량에 대한 투자 등 지구적 공공재를 포괄하는 시대이다. 요컨대 포용적이고 지속 가능한 발전은 궁극적인 목표이며, 이를 달성하지 못하면 우리 문명은 사라질 수 있다.

르네상스에서 계몽주의까지의 사상적 격변을 통해 계승된 주권의 형태는 민주적 국민-국가이다. 오늘날 국민-국가는 공론의 장으로서 지역의 중요성에 의해 아래로부터 도전을 받고 있으며, 공동체주의의 복귀로 인해 위협을 받고 있다. 국민-국가는 또한 시장이 스스로 감당할 수 없는 상호 의존성과 전례 없는 형태의 협력을 요구하는 글로벌 공공재의 출현으로 인해 위로부터 도전을 받고 있다.

화폐와 주권은 동일체(consubstantielle)이기 때문에, 이러한 전환은 무엇보다 화폐에 가장 먼저 영향을 미친다. 지급 결제 시스템의 전환을 가져올 새로운 기술, 다양한 유형의 지역 화폐의 발전을 약속하는 지역 주권의 주장 그리고 새로운 보편적인 형태의 유동성의 출현은 세계화된 동시에 분화된 사회를 향한 변모의 일부가 될 것이다. 이러한 세계 사회(société mondiale)는 화폐 원칙의 영속성에 반영될 것이다. 모든 형태의 화폐는 가치의 표현이기 때문이다.

옮긴이의 말

이 책은 2016년에 출간된 미셸 아글리에타의 공저(페피타 올드 아메드 와 프랑수아 퐁소와 함께) *La monnaie: Entre dettes et souveraineté*를 번역한 것이다. 아글리에타는 국제적으로 프랑스 조절 학파의 창립자 가운데 한 사람으로 알려져 있다. 또한 아글리에타는 앙드레 오를레앙과 브뤼노 테레 등과 함께 프랑스 제도주의 화폐 이론을 이끌었으며, 적어도 프랑스 내에서 그의 지적 영향력은 상당한 것으로 알려져 있다. 더욱이 아글리에타를 포함한 프랑스 제도주의 화폐 이론이 국제적으로도 알려지면서 본서는 데이비드 그레이버의 『부채, 그 첫 5,000년』으로부터 영감을 받아 2018년 『화폐: 부채와 권력의 5,000년』이라는 제목으로 영문으로 번역되기도 했다. 이와 같은 아글리에타의 이력에서 볼 수 있듯이 이 책은 제도적 관점과 조절 이론적 관점에서 1982년 『화폐의 폭력』이 출간된 이래 35년 동안 수행해 온 화폐에 대한 연구를 집대성한 책이라고 할 수 있다. 실제로 이 책은 앙드레 오를레앙 등과 공저로 출간한 저서(대표적으로 『화폐의 폭력』(1982), 『주권 화폐』(1998), 『폭력과 신뢰 사이의 화폐』(2002), 『위기로 드러난 화폐』(2007), 『달러와 국제화폐 시스템』(2014))의 내용을 요약하고 확장한 것이다.

화폐는 대부분의 경제학자들에게조차도 여전히 수수께끼이다. 아글리에타는 본서에서 인류학, 역사학, 정치철학, 정치경제학 분야와의 다학제적 또는 학제 간 접근을 통해 화폐의 수수께끼를 풀기 위한 긴 여정을 시작한다. 이 긴 여행에서 아글리에타는 화폐의 수수께끼를 풀기 위한 핵심 주제로 다음의 두 가지를 제시한다. 하나는 물물교환에서 자연스럽게 화폐가 등장했다는 상식(?)이 '우화'에 불과할 뿐이라는 것이다. 다른 하나는 수렵-채집 사회 이후 어느 집단(사회)이나 국가에서도 발견할 수 있는 화폐를 초역사적이고 보편적으로 이해하기 위해 다니엘 드 코페(Daniel de Coppet) 등이 처음으로 제시한 '원초적 부채' 가설에 그 기원을 둔 '삶의 부채' 명제를 내세운다. 아래에서는 이 두 주제가 기존 화폐에 대한 논의와 어떤 차별성을 갖는지를 간략하게 살펴봄으로써 옮긴이의 글을 대신하고자 한다.

1

1980년대 들어 금융 자유화가 본격화되는 와중에 마거릿 대처는 "사회는 존재하지 않고 개인과 시장만 존재한다"고 개인과 시장을 차양했고, 이어서 프랜시스 후쿠야마는 '역사의 종말'을 외쳤으며, 2008년 글로벌 금융 위기가 닥쳤을 때도 대부분의 금융 효율성을 주장하는 경제학자들은 "시스템 위기는 불가능해졌다(이번에는 다르다)"고 단언했다. 2008년 글로벌 금융 위기가 발생했을 때 영국 여왕 엘리자베스 2세가 질문을 던졌던 것처럼, 주류 경제학은 왜 글로벌 금융 위기가 발생할 가능성을 예측할 수 없었던 것일까? 아글리에타는 그 이유를 "신고전학파 경제학은 금융이 효율적이라는 것을 보여 주기 위해 화폐의 중요성을 무시하거나 기껏해야 중립적이라고 간주함으로써 화폐를 이론의 핵심에서 배제하였기 때문"이라고 설명한다. 이것은 마치 암석이 없는 지질학이나 별이 없는 천문학에 비유할 수 있다는 것이다.

화폐가 신고전학파 경제학의 핵심 이론인 일반균형 이론 모델에서 빠져 있다는 것은 주류 경제학에서도 인정하고 있다. 저명한 수리 경제학 이론가인 프랭크 한(Frank Han)은 "그렇게 뛰어난 애로-드브뢰 경제 모델에 화폐가 들어갈 자리가 없다는 점은 황당하고 혼란스럽기 그지없다"라고 평가하기도 했다. 주류 경제 이론인 신고전학파에 따르면 개인의 선호는 타인의 선호로부터 전혀 영향을 받지 않는다는 방법론적 개인주의에 기초하여 개인에게 고유한 욕망을 충족시키기 위해 자신이 갖지 못한 재화에 대해 물물교환을 통해 얻게 되었으며 물물교환의 대상이 많아짐에 따라 기능적 편의를 위해 자연스럽게 물물교환의 공통의 대상, 즉 화폐가 발명되었다고 설명한다. 화폐는 거래를 효율적으로 수행할 수 있게 해 주는 단순한 대상에 불과하다는 것이다. 즉, 화폐는 유용한 재화를 획득하도록 해 주는 한에서만 인정된다. 더욱이 이 모델에서 화폐는 다른 상품처럼 한계효용이 감소하는 것으로 가정하기 때문에 화폐 그 자체에 대한 욕망은 완전히 금지된다. 따라서 신고전학파의 이론 틀은 균형 이외의 상황들(대표적으로 금융 위기나 화폐 위기)에 대해서는 만족스러운 분석을 제공하지 못하게 된다. 『가치의 제국』에서 앙드레 오를레앙은 주류 경제학의 인식론적 특수성을 다음과 같이 설명하고 있다. "이런 관점에서 자신의 모델에서 화폐 자체를 위한 화폐 욕망의 현실을 인정하기를 거부하는 신고전학파적 태도는 이해하기 어렵다. 이 거부는 신고전학파의 인식론의 특수성을 잘 보여 준다. 즉, 신고전학파의 인식론은 실험과학의 방식에 따라 세상을 그것이 있는 그대로 이해하는 것을 첫째 목적으로 하는 것이 아니라 자신의 개념에 부합하도록 세상을 재구성하려고 든다."

아글리에타는 시장이 불균형 상태에 있거나 화폐에 대한 무제한적인 욕망을 있는 그대로 이해하기 위해서는 상품으로부터 출발하여 화폐를 사후적으로 도입하는 것이 아니라, 화폐로부터 출발하여 이론을 재구성해야 한다고 주장한다. 이는 화폐의 역사적 기원의 문제가 아니라 화폐의 이론적 기원과 관련된 문제라고 할 수 있다. 여기에서 아글리에타는 앙드레 오를레앙과 함께 상품에서 출발하는 것이 아니라 르네 지라르(René Girard)의 욕망의 근본적인 결핍 가설을 내세워 개인의 선호는 고유한 것이 아니라 사람들 간의 상호작용(모방)의 결과로 간주한 후, 모든 사람의 욕망의 대상, 즉 절대적 유동성인 화폐가 만장일치의 모방적 집중에 의해 발생한다는 것을 보여 준다.

이렇게 만장일치의 집중에 의해 발생한 절대적 유동성인 화폐는 다른 모든 욕망의 대상을 측정하는 공통의 준거로서 공공재적인 성격을 갖는다. 다른 한편, 화폐는 권력 외에 다른 사용가치가 없는 순수한 사회적 관계이기 때문에 사적으로 무한히 전유하려는 대상이기도 하다. 이러한 공공재로서의 화폐의 성격과 화폐를 무한히 사적으로 전유하려는 욕망 사이의 모순, 즉 화폐의 양가성은 화폐에 대한 신뢰의 붕괴로 인한 금융 위기와 화폐 위기의 가능성을 열어 놓는다.

한편, 인류학자들도 물물교환의 제약을 뛰어넘어 시장의 도약을 촉진시키기 위해 교환의 발전과 함께 화폐가 발명되었다는 설명은 '물물교환의 우화'에 불과하다고 비판한다. 인류학자 데이비드 그레이버는 『부채, 그 첫 5,000년』에서 '물물교환의 우화'를 비판하기 위해 캐럴라인 험프리(Caroline Humprey)의 말을 다음과 같이 인용하였다. "순수하고 단순한 물물교환 경제에서 화폐가 탄생했다는 증거는 차치하고 그런 경제의 예조차 보이지 않는다. 확인 가능한 민속학적 자료들을 살펴보면, 그런 일은 결코 일어나지 않은 것으로 드러났다."

2

인류학의 오랜 연구 결과에 따르면 수렵-채집 공동체를 제외한 모든 사회에서, 즉 그 사회가 어떻게 구성되든, 국가를 형성하든 아니든, 대부분의 사회에서 화폐의 흔적을 발견할 수 있다. 따라서 화폐는 단순히 교환의 매개 수단이 아니라 시장이나 국가의 존재 유무에 관계없이 다양한 사회적 관계를 매개하는 초역사적이고 보편적인 제도라고 간주할 수 있다. 이러한 관점에서 아글리에타를 포함한 프랑스 제도주의 화폐 이론가들은 현대 자본주의 사회뿐만 아니라 화폐의 흔적을 갖고 있는 광범위한 사회에 적용할 수 있는 화폐 이론을 제시한다. 제도주의 화폐 이론의 정립에는 상당수의 연구자들이 참여했고, 참여하고 있다. 특히 인류학, 역사학, 정치철학, 정치경제학 등을 동원한 다학제적 또는 심지어 학제 간 연구를 통해 그 이론적 개념과 분석의 틀을 끊임없이 논의하고 수정해 왔다. 이렇게 초역사적이고 보편적인 화폐 이론을 정립하는 데 핵심 가설인 동시에 논쟁의 중심에 위치한 명제가 '삶의 부채' 개념이다.

제도주의 화폐 이론에서 화폐가 존재하는 모든 집단이나 사회는 다양한 형태의 거래가 발생하는 부채 시스템이다. 여기에서 화폐는 삶의 부채(사회적 부채 또는 수직적 부채)와 등가의 계약 관계로 이루어진 사적 부채(수평적 부채)라는 두 종류의 부채를 매개하는 역할을 하는 제도이다. 삶의 부채는 문화적, 사회적 세습재산에 대한 대응물로, 집단의 구성원이 집단(주권)에 진 빚이다. 주권은 사회 전체(집단)와 집단 구성원(개인) 사이의 수직적인 연결 고리이다. 개인의 수준에서 삶의 부채는 태어났을 때 이미 존재하며 과거 세대로부터 물려받은 세습재산 또는 사회적 부가 없으면 집단이나 사회의 영속성이 보장될 수 없다. 삶의 부채를 물려준 세대에게 이 부채를 갚는 것은 불가능하고, 사회의 (물질적, 문화적) 부는 과거 세대로부터 물려받은 현 세대가 삶의 부채를 인정함으로써 유지되고 축적되며 다음 세대로 이전된다.

주권은 모든 사회에서 동일하게 나타나지 않고, 자연과 불가분의 관계에 있는 신성한 것, 조상, 신의 초월, 왕권신수설에 기초한 절대군주, 국민의 문화를 통합하는 조국의 상징체계, 국가의 헌법 질서와 같은 사회마다 다양한 형태로 나타난다. 이에 대응하여 삶의 부채도 개인의 일생 동안 신에게 제의를 바치는 것, 조상에게 제물을 드리는 것, 국가에 세금을 내는 것, 가족의 형태에서는 유산으로 또는 사회화된 형태에서는 연금으로 다음 세대에 부를 이전하는 것 등 주권의 형태에 따라 달라진다.

특히 현대 자본주의에서는 순전히 계약적인 개인 간의 사적 부채만이 존재하는 것처럼 보이지만 국가의 시민에 대한 사회보장 지출에 대한 대가로 국가에 내는 세금의 형태로 삶의 부채가 나타난다. 다시 말해서 현대사회에서 삶의 부채는 사회적 부채의 형태로 나타난다. 사회적 부채는 집단 자본, 즉 사회가 존재할 수 있도록 해 주는 공공재 시스템에 대한 대가로 사회 구성원이 사회 전체에 진 빚을 의미한다. 따라서 화폐는 개인이 일생 동안 사회 전체에 지고 있는 부채를 사회적 부채를 관리하는 국가라는 중개자를 통해 세금으로 지불하는 매개체이다. 일반적으로 공공 부채라고 불리는 것은 사회적 부채의 세대 간 이전이다. 공공 부채를 통해 세대에서 세대로 서로 연결된다.

요약하면, 화폐는 국가가 없는 사회에도 존재했고, 해당 사회에서 다양한 형태의 주권을 매개로 '삶의 부채' 또는 '사회적 부채'를 세대에서 세대로 연결해 주는 것이라는 점에서 본서의 제목이 왜 『화폐: 부채와 주권 사이의』로 명명되었는지 이해할 수 있게 해 준다.

'삶의 부채' 가설은 원래 태고(archaïque) 사회에서 살아 있는 사람들이 자신들의 삶을 지속할 수 있도록 해 주는 집단적/사회적 부 또는 조건에 대한 대가로 신에게 바치는 제의나 조상에게 드리는 제물의 형태로 신이나 조상에게 지불해야 하는 의무인 원초적(primordial) 또는 시원적(fondamentale) 부채라는 명제를 발전시킨 것이다. 바로 이 지점에서 삶의 부채는 여러 인류학자의 반대와 부정에 직면한다. 대표적으로 프랑스의 반공리주의 운동(MAUSS: Mouvement anti-utilitariste dans les sciences sociales)을 이끌고 있는 알랭 카이에(Alain Caillé)는 원초적 부채 개념을 삶의 부채 또는 사회적 부채 개념과 연결하는 것에 격렬하게 반대한다. 데이비드 그레이버도 『부채, 그 첫 5,000년』에서 "원초적 부채 이론은 인류학의 증거를 거의 깡그리 무시하고 있다"고 신랄하게 비판하는 동시에 "부채는 정의상 우리가 갚아야 한다고 상상할 수 있는 무엇인가이다"라면서 원초적 부채를 폄하한다. 그에게 원초적 부채는 물물교환의 우화처럼 순수한 '우화'일 뿐이다. 하지만 브뤼노 테레는 한 학술지와 인터뷰에서 "원시적 부채에 대한 부정은 이 명제에 대한 피상적인 독해의 결과"로 해석하면서 논의의 여지를 남겨 두었다.

한편, 영·미권에서는 종종 본서의 저자인 아글리에타를 포함한 프랑스 제도주의 화폐 이론에 대해 화폐를 법의 산물로 보는 증표주의(Chartalism) 또는 국정 화폐론으로 분류한다. 그러나 아글리에타가 본서에서 "화폐는 주권으로부터 나오기 때문에 국가의 창조물이 아니다. 하지만 화폐는 국가와 긴밀한 유기적 관계를 맺고 있다"고 쓴 것처럼, 이 화폐 이론을 증표주의로 분류하는 것은 다소 편향되고 협소한 해석이라고 본다.

덧붙이는 말

한편, 본서에서는 주권에서 벗어나 있는 것처럼 보이는 최근의 가상화폐의 발명과 주권의 새로운 전환을 알리는 지역 화폐 분야의 미래에 대해서도 4장에서 다소 짧게 전망했다. 본서의 출간이 2016년이라는 점을 감안할 필요가 있다고 본다. 하지만 이러한 아쉬움을 달래 주듯 아글리에타는 제도주의 화폐 이론의 시각에서 이러한 주제들을 논의한 책 세 권을 연달아 출간했다. 2021년의 『화폐의 미래』, 2022년의 『세계 화폐 패권을 위한 중미 간의 경쟁』, 그리고 2024년의 『정치 생태학을 위하여: 자본세를 넘어』가 바로 그것이다. 먼저, 『화폐의 미래』에서는 블록체인 기술을 이용한 가상 화폐나 암호 자산이 광범위하게 보급되는 동시에 리브라 프로젝트로 대표되는 민간 화폐 권력과 중앙은행 디지털 화폐로 대표되는 공적 화폐 권력의 대립이 격화되는 상황에서 화폐의 공공재로서의 역할이 확대되는 방향으로 화폐의 미래를 전망하고 있다. 『세계 화폐 패권을 위한 중·미 간의 경쟁』에서는 구매력 기준으로 중국의 경제 규모가 미국을 넘어선 현재, 중국 위안화가 달러 헤게모니를 대신할 수 있는지를 검토하고, 새로운 기축통화의 출현보다는 특별 인출권(SDR) 또는 디지털 특별 인출권의 확대를 통한 국제 화폐 시스템의 구축을 촉구한다. 마지막으로『정치 생태학을 위하여: 자본세를 넘어』에서는 '삶의 부채' 대신 '생태 부채' 가설을 내세워 인류의 대 멸망까지 예고되는 기후 위기에 적극적이고 능동적으로 대처해야 한다고 절실히 외치고 있다. 아글리에타는 기후 위기에 대처하기 위해 화폐, 금융 그리고 중앙은행의 적극적인 역할을 강조한다. 이단적이지만 날카로운 통찰력을 제시하는 이 책들도 국내 독자에게 소개할 기회의 장을 얻을 수 있기를 소망해 본다.

끝으로 본서가 번역되어 나오기까지 든든한 후원이 되어 준 분들에게 감사의 말을 전하고 싶다. 먼저, 나의 오랜 동료이자 조언자인 신영진과 김상배에게 감사한다. 이들은 특히 1장과 2장을 원문과 대조하면서 꼼꼼히 읽어 주고 교정해 줌으로써 번역의 품질을 높이는 데 큰 도움을 주었다. 그리고 점점 더 어려워지고 있는 출판 환경에서 시장성이 크게 떨어지는 분야의 출간을 결정해 준 울력에 다시 한 번 감사한다. 모쪼록 독창적이면서도 설득력 있는 화폐에 대한 관점을 제공하는 본서가 국내에서 화폐가 무엇인지에 대한 이해와 화폐의 수수께끼를 푸는 연구에 다소라도 보탬이 되었으면 한다.

참고 문헌

Adrian, T., Covitz, D. et Liang, N. (2013), "Financial stability monitoring", in *NY Fed Staff report*, n°601, février.

Aglietta, M. (1976), *Régulation et crises du capitalisme*, Calmann-Lévy.

Aglietta, M. (1986), *La Fin des devises-clés*, La Découverte.

Aglietta, M. (1992), "Genèse des banques centrales et légitimité de la monnaie", *Annales, Économies, Sociétés, Civilisations*, n°3, mai-juin, Librairie Armand Colin, p. 675-698.

Aglietta, M. (2006), "Intégration financière et régime monétaire sous l'étalon-or", *Revue d'économie financière*, n°14, automne, p. 25-51.

Aglietta, M. (2014), *Europe: sortir de la crise et inventer l'avenir*, Michalon.

Aglietta, M. et Brand, T. (2013), *Un New Deal pour l'Europe*, Odile Jacob.

Aglietta, M. et Brand, T. (2015), "La stagnation séculaire dans les cycles financières de longue période", in CEPII, *Économie mondiale 2015*, La Découverte, "Repères", chap. 3, p. 24-39.

Aglietta, M. et Cartelier, J. (1998), "Ordre monétaire des économies de marché", in M. Aglietta et A. Orléan (éd.), *La Monnaie souveraine*, Odile Jacob, p. 131.

Aglietta, M. et Coudert, V. (2014), *Le Dollar et le système monétaire international*, La Découverte, "Repères".

Aglietta, M. et Coudert, V. (2015a), "Currency turmoil in an unbalanced word economy", *CEPII Policy Brief*, n°8, juillet.

M. Aglietta et V. Coudert (2015b), "Les cycles de l'endettement, le dollar et l'économie mondiale", *La Lettre du CEPII*, n°359, décembre.

Aglietta, M. et Moatti, S. (2000), *Le FMI. De l'ordre monétaire aux désordres financiers*, Economica.

Aglietta, M. et Orléan, A. (1982), *La Violence de la monnaie*, PUF, "Économie en Liberté".

Aglietta, M. et Orléan, A. (éd.) (1998), *La Monnaie souveraine*, Odile Jacob.

Aglietta, M. et Orléan, A. (2002), *La Monnaie entre violence et confiance*, Odile Jacob.

Aglietta, M., Espagne, E. et Perrissin Fabert, B. (2015), "Une proposition pour financer l'investissement bas carbone en Europe", *France stratégie. Note d'analyse* n° 24, février.

Aglietta, M., Ould Ahmed, P. et Ponsot, J.-F. (1998), "La monnaie, la valeur et la règle", *Revue de la régulation*, 16, 2e semestre, automne 2014 (http://regulation.revues.org/).

Ament, W. S. (1888), "The ancient coinage of China", *The American Journal of Archeology and the History of the Fine Arts*, vol. 4, n°3, septembre, p. 284-290.

Andreau, J. (1998), "Cens, évaluation et monnaie dans l'Antiquité romaine", in Aglietta, M. et Orléan, A. (éd.), *La Monnaie souveraine*, p. 213-250.

Andreau, J. (2000), *Crises financières et monétaires dans l'Antiquité romaine entre le iiie siècle avant J.-C. et le iiie siècle après J.-C.*, Éditions de l'EHESS.

Andreau, J. (2007), "Crises financières et monétaires dans l'Antiquité romaine entre le iiie siècle avant J.-C. et le iiie siecle après J.-C.", in B. Théret (éd.), *La Monnaie dévoilée par ses crises*, vol. I: *Crises monétaires d'hier et d'aujourd'hui*, chap. 2, p. 103-129.

Aristote (1965), *éthique à Nicomaque*, Livre IV: *Les Différentes Vertus*, chapitre 3: "Les richesses et l'argent", Garnier-Flammarion.

Bagehot, W. (1962), *Lombard Street*, Homewood III, Richard D. Irwin.

Beaujard, P., Berger, L. et Norel, P. (éds.) (2009), *Histoire globale, mondialisations et capitalisme*, La Découverte, "Recherches".

Béjin, A. (1976), "Crises des valeurs, crises des mesures", *Communications*, n°25.

Bernanke, B. et Mishkin, F. (1997), "Inflation targeting: A new framework for monetary policy", *Journal of Economic Perspectives*, vol. 11, n°2, p. 97-116.

Bank of International Settlements (BIS) (2012), *Innovations in Retail Payments*, Report of the Working Group on Innovations in Retail Payments, mai (http://www.bis.org/cpmi/publ/d102.htm).

Bloch, M. (1953), "Mutations monétaires dans l'ancienne France", *Annales ESC*, vol. VIII, p. 145-158.

Bordo, M. (1990), "The lender of last resort: Alternative views and historical experience", *Federal Reserve Bank of Richmond Economic Review*, jan-feb.

Bordo, M. et Eichengreen, B. (eds) (1993), *A Retrospective on the Bretton Woods System*, NBER, University of Chicago Press.

Borio, C. (2014), "The financial cycle and macroeconomics: What have we learnt?",

Journal of Banking and Finance, vol. 45, p. 182-198, august.

Borio, C., Furfine, C. et Lowe, P. (2001), "Procyclicality of the financial system and financial stability: Issues and policy options", *BIS Papers*, n°1, march, p. 1-57.

Borio, C., Kennedy, N. et Prowse, S. (1994), "Exploring aggregate Asset price fluctuations across countries", *BIS Economic papers*, n°4, april.

Boyer-Xambeu, M.-T., Deleplace, G. et Gillard, L. (1986), *Monnaie privée et pouvoir des princes*, Éditions du CNRS-Presses de la Fondation nationale des sciences politiques.

Braudel, F. (1979), *Civilisation matérielle, économie et capitalisme xv-xviiie siècle*, 3 vol., Armand Colin, "Le temps du monde".

Braudel, F. (1985), *La Dynamique du capitalisme*, Arthaud.

Brender, A. et Pisani, F. (1997), *Les Taux d'intérêt. Approche empirique*, Economica.

Bresciani-Turroni, C. (1937), *The Economics of Inflation*, Allen and Unwin.

Breton, S. (2002), "Monnaie et économies des personnes", introduction générale au n° special de *L'Homme*, n°162 : Question de monnaie, avril-juin.

Burbank, J. et Cooper, F. (2010), *Empires in World History. Power and the Politics of Difference*, Princeton University Press.

Caillé, A. (2002), "Quelle dette de vie?", in *L'Homme*, n°162: Question de monnaie, avril-juin, p. 242-254.

Cailleux, P. (1980), *Revue de Synthèse*, n°99-100, juillet-décembre.

Callu, P. (1969), *La Politique monétaire des empereurs romains de 238 à 311*, De Boccard.

Carrié, J.-M. (2000), "Les crises monétaires de l'Empire romain tardif", Éditions de l'EHESS, septembre, repris in B. Théret (éd.), *La Monnaie dévoilée par ses crises, vol. I: Crises monétaires d'hier et d'aujourd'hui*, chap. 3, p. 131-169.

Cecchetti, S. et Kharroubi, E. (2012), "Reassessing the impact of finance on growth", *BIS Working Papers*, n°381, july.

Christiano, T. (2010), "Democratic legitimacy and international institutions", in S. Besson et J. Tasoulias (eds.), *The Philosophy of International Law*, Oxford University Press.

Clower, R. et Howitt, P. W., (1996), "Taking markets seriously: Groundwork for a post walrasian macroeconomics", in David Colander, (eds), *Beyond Microfoundations: Post Walrasian Macroeconomics*, Cambridge University Press, p. 21-37.

Coeuré, B. (2015), "Il faut un ministère des Finances de la zone euro", *Le Monde*, 28 juillet.

Cohen, B. J. (2015), "The demise of the dollar? Plus ça change, plus c'est pareil", *Revue de la régulation*, n°18.

Contamin, R. (2000), *Transformations des structures financières et crises. Les années 1990 au regard de l'étalon-or classique*, thèse Paris-X-Nanterre.

Cooper, R. N. (1982), "The gold standard: Historical facts and future prospects", *Brookings Papers on Economic Activity*, n°1, p. 1-56.

Coriat, B. (éd.) (2015), *Le Retour des communs. La crise de l'idéologie propriétaire*, Les Liens qui libèrent.

Cour-Thimann, P. (2013), "Target balances and the crisis in the euro area", *CESifo Forum*, vol. 14, april.

Dardot, P. et Laval, C. (2014), *Communs. Essai sur la Révolution au xxie siècle*, La Découverte.

Daumas, F. (1987), *La Civilisation de l'Égypte pharaonique*, Arthaud.

Desmedt, L. (2007), "Les fondements monétaires de la révolution financière anglaise: le tournant de 1696", in Théret, B. (éd.), *La Monnaie dévoilée par ses crises*, vol. I: *Crises monétaires d'hier et d'aujourd'hui,* chap. 8, p. 311-338.

Drehmann, M., Borio, C. et Tsatsaronis, K. (2012), "Characterizing the financial cycle: Don't lose sight of the medium term", *BIS Working Papers*, n°380, juin.

Drummond, J. M. (1979), "London, Washington and the management of the franc, 1936-1939", *Princeton Studies in International Finance*, n°45.

Duby, G. (1973), *Guerriers et Paysans*, Gallimard.

Dumont, L. (1983), *Essais sur l'individualisme*, Paris, Seuil.

Dupré, D., Ponsot, J.-F. et Servet, J.-M. (2015), "Le bitcoin, une tragédie du marché", *Rapport de la mission d'études sur les monnaies locales complémentaires*, 2e partie, ministère de l'Économie sociale et solidaire, p. 18-22.

Dupuy, C. (1992), "De la monnaie publique à la monnaie privée au bas Moyen Âge", *Genèses*, n°8, juin, p. 25-59.

Dupuy, J.-P. (2012), *L'Avenir de l'économie: sortir de l'écomystification*, Flammarion.

ECB (2012), *Virtual Currency Schemes*, october.

Eichengreen, B. (1985), *The Gold Standard in Theory and History*, Routledge.

Eichengreen, B. (2011), *Exorbitant Privilege*, Oxford University Press. Traduction francaise: (2011), *Un privilège exorbitant. Le déclin du dollar et l'avenir du système monétaire international*, Odile Jacob.

Eichengreen, B., Hausmann, R. et Panizza, U. (2003), "Currency mismatches, debt intolerance and original sin: Why they are not the same and why it matters",

NBER Working Paper, n°10036, october.

Eichengreen, B. et Mitchener, K. (2003), "The great depression as a credit boom gone wrong", *BIS Working*, n°137.

Einzig, P. (1970), *The History of Foreign Exchange*, Macmillan.

Fama, E. (1976), *The Foundations of Finance: Portfolio Decisions and Securities Prices*, Basic Books.

Feiertag, O. (ed.) (2005), *Mesurer la monnaie. Banques centrales et construction de l' autorité monétaire (xix-xxe siècle)*, Albin Michel, "Histoire de la Mission historique de la Banque de France".

Fichte, J. (1980), *L'État commercial fermé*, L'Âge d'homme, réédition.

Fields, D. et Vernengo, M. (2013), "Hegemonic currencies during the crisis: The dollar versus the euro in a cartelist perspective", *Review of International Political Economy*, vol. 20, n°4, august, p. 740-759.

Financial Stability Board (2015), "Assessment Methodologies for Indentifying Non-Bank, Non-Insurer Global Systematically Important Financial Institutions", mars (http://www.fsb.org/2015/03/fsb-and-iosco-propose-assessment-methodologies-for-identifying-non-bank-non-insurer-global-systemically-important-financial-institutions/).

Finley, M. (1975), *L'Économie antique*, Éditions de Minuit.

Fisher, I. (1933), "The Debt-deflation theory of Great Depression", *Econometrica*, vol. 1, p. 337-357.

FMI (1974), *International Monetary Reform*, Committee of Twenty.

FMI (2015), *World Economic Outlook*, avril, chap. 3: "Where are we headed? Perspectives on potential output", et chap. 4: "Private investment: What's the holdup?". Fonds monetaire international (FMI), Banque mondiale, Banque europeenne pour la reconstruction et le developpement (BERD) et Organisation de cooperation et de developpement economiques (OCDE) (2013), Developing Local Currency Bond Market: A Diagnostic Framework.

Frankel, H. (1977), *Money. Two Philosophies: The Conflict of Trust and Authority*, Basil Blackwell.

Garcia, G. et Plantz, E. (1988), *The Federal Reserve . Lender of Last Resort*, Ballinger Press.

Gernet, L. (1968), *Anthropologie de la Grèce antique*, Gallimard.

Gillard, L. (2005), *La Banque d'Amsterdam et le florin européen au temps de la République néerlandaise (1610-1820)*, Éditions de l'EHESS.

Girard, R. (1972), *La Violence et le Sacré*, Grasset.

Girault, R. et Lévy-Leboyer, M. (éds.) (1993), *Le Plan Marshall et le relèvement économique de l'Europe*, colloque tenu à Bercy du 21 au 23 mars 1991 sous l'égide du Comité pour l'histoire économique et financière de la France.

Glassner, J.-J. (2002), *La Mésopotamie*, Les Belles Lettres.

Goldberg, L. et Tille, C. (2008), "Vehicle currency use in international trade", *Journal of International Economics*, vol. 76, n°2, p. 177-192.

Goldfinger, C. (2000), "Intangible economy and electronic money", in OECD, *The Future of Money*, p. 87-122.

Goodhart, C. (1994), "Central banks", *Economic Journal*, november.

Goodhart, C. (2000), *Can Central Banks Survive the IT Revolution?*, London School of Economics (http://www.lse.ac.uk/fmg/documents/specialPapers/2000/sp125.pdf).

Graeber, D. (2012), *Debt. The First 5,000 Years*, Melville House Publishing.

Gramsci, A. (1978), *Cahiers de prison*, textes présentés par Robert Paris, Gallimard, "Bibliothèque de philosophie".

Grandjean, C. (2005), "Guerre et crise de la monnaie en Grèce ancienne à la fin du ve siècle av. J.-C", in Théret B. (éd.), *La Monnaie dévoilée par ses crises*, vol. I: *Crises monétaires d'hier et d'aujourd'hui*, chap. 1, p. 85-102.

Hahn, F. (1982), *Money and Inflation*, Basil Blackwell.

Hamilton, J. D., Harris, E., Hatzius, J. et West, K. (2015), *The Equilibrium Real Funds Rate: Past, Present and Future*, rapport de l'US Monetary Policy Forum, New York, 27 february.

Hawtrey, R. G. (1932), *The Art of Central Banking*, Longmans Green.

Hirschman, R. (2006), *Bonheur privé, action publique*, Hachette, "Pluriel".

Issing, O. (1992), "Theoretical and empirical foundations of the Deutsche Bundesbank's monetary targeting", *Intereconomics*, november-december.

Ito, H. et Chinn, M. (2015), "The rise of the redback: Evaluating the prospects for renminbi use in invoicing", in B. Eichengreen et M. Kawai, *Renminbi Internationalization*, Brookings Institution Press, p. 111-158.

Jean, S., Lemoine, F. et CEPII (2015), *L'Économie mondiale 2016*, La Découverte, "Repères", chap. 6, p. 87-102.

Jessop Price, M. (1968), "Early greek bronze coinage", in C. M. Kraay et K. Jenkins (eds.), *Essays in Greek Coinage Presented to Stanley Robinson*, Clarendon Press.

Kalecki, M. (1962), "A model of hyperinflation", *Manchester School of Economics and Social Studies*, vol. 30.

Kareken, J. et Wallace, N. (1981), "On the indeterminacy of equilibrium exchange

rates", *Quarterly Journal of Economics*, vol. 96, n°2, p. 207-222.
Kebadjian, G. (1999), *Théories de l'économie politique internationale*, Seuil, "Points Économie".
Kenwood, A. G., et Lougheed, A. L. (1971), *The Growth of the International Economy 1820-1960*, State University of New York Press-Harper Collins Publishers.
Keohane, R. (1984), *After Hegemony. Cooperation and Discord in the World Political Economy*, Princeton University Press.
Keynes, J. M. (1920), *The Economic Consequences of the Peace*, Harcourt Brace.
Keynes, J. M. (1930), *A Treatise on Money*, vol. 1: *The Pure Theory of Money*, Macmillan.
Keynes, J. M. (1941), "Proposals for an International Clearing Union", repris dans *The Collected Writings of John Maynard Keynes*, vol. XXV: *Activities 1940-1944. Shaping the Post-War World: The Clearing Union* (1980), Macmillan for the Royal Economic Society.
Keynes, J. M. (1942-1943), "The Keynes Plan", in J. K. Horsefield (ed.) (1969), *The International Monetary Fund 1945-1965. Twenty Years of International Monetary Cooperation*, vol. 3: Documents, IMF.
Kindleberger, C. P. (1973), *The World in Depression 1929-1939*, University of California Press.
Kindleberger, C. P. (1978), *Manias, Panics and Crashes*, Basic Books.
Kindleberger, C. P. (1981), *International Money. A Collection of Essays*, Allen and Unwin.
Krasner, S. (1983), *International Regimes*, Cornell University.
Kiyotaki, N. et Wright, R. (1991), "A Contribution to the Pure Theory of Money", *Journal of Economic Theory*, vol. 53, n°2, p. 215-235.
Landes, D. (1969), *The Unbound Prometheus: Technological Change and Industrial Development in Western Europe from 1750 to the Present*, Press Syndicate of the University of Cambridge.
Laubach, T. et Williams, J. (2015), "Measuring the natural rate of interest", *Review of Economics and Statistics*, vol. 85, n°4, p. 1063-1070.
Le Maux, L. (2001), "Le prêt en dernier ressort. Les chambres de compensation aux États-Unis durant le xixe siècle", *Annales, Histoire et Sciences sociales*, 56e année, n°6, p. 1223-1251.
Le Maux, L. (2012), "The banking school and the law of Reflux in general", *History of Political Economy*, vol. 44, n°4, p. 595-618.

Le Maux, L. et Scialom, L. (2007), "Antagonismes monétaires et constitution d'une banque centrale aux États-Unis", in B. Théret (éd.), *La Monnaie dévoilée par ses crises*, vol. I: *Crises monétaires d'hier et d'aujourd'hui*, chap. 9, p. 339-368.

Le Rider, G. (2001), *La Naissance de la monnaie. Pratiques monétaires de l'Orient ancien*, PUF.

Lévi-Srauss, C. (1949), *Les Structures élémentaires de la parenté*, PUF.

Liang, N. (2013), *Implementing Macroprudential Policies*, conference organised in may 2013 by la Federal Reserve Bank of Cleveland and l'Office of Financial Research (https://financialresearch.gov/conferences/files/implementing_ macroprudential_policies_ may31-2013.pdf).

Lucas, R. (1972), "Expectations and the neutrality of money", *Journal of Economic Theory*, vol. 4, n°2, p. 103-124.

McKinnon, R. (1982), "Currency substitution and instability in the world dollar standard", *American Economic Review*, vol. 72, n°3, p. 320-333.

Magnen, J.-P. et Fourel, C. (2015), *D'autres monnaies pour une nouvelle prospérité*, rapport de la Mission d'étude sur les monnaies locales complémentaires et les systèmes d'échanges locaux.

Mairet, G. (1997), *Le Principe de souveraineté. Histoires et fondements du pouvoir moderne*, Gallimard.

Marie, J. (2014), "Hyperinflation argentine de 1989: une interprétation post-keynésienne", *Revue de la régulation*, n°15, 1er semestre.

Markowitz, H. (1952), "Portfolio selection", *Journal of Finance*, vol. 7, n°1, p. 77-91.

Marques-Pereira, J. (2007), "Crecimiento, conflicto distributivo y sobérania monetaria en Argentina", in R. Boyer et J. C. Neffa (eds.), *Salida de crisis y estrategias alternativas de desarrollo, la experiencia argentina*, Miño y Dávila, p. 177-207.

Marx, K. (1963), *Le Capital*, Livre I, section 1, chap. 3: "La monnaie ou la circulation des marchandises", Gallimard, "Bibliothèque de la Pléiade", p. 630-690.

Mauss, M. (1973), "Essai sur le don. Forme et raison de l'échange dans les sociétés archaïques", *Année sociologique* (1923-1924), réédité in Marcel Mauss, *Sociologie et anthropologie*, PUF.

Menu, B. (2001), "La monnaie des Égyptiens de l'époque Pharaonique", in A. Testard (éd.), *Aux origines de la monnaie*, Éditions Errance, p. 73-108.

Minsky, H. P. (1982), "The financial instability hypothesis, capitalist processes and the behavior of the economy", in C. P. Kindleberger et J.-P. Laffargue (eds.), *Financial Crises, Theory, History and Policy*, Cambridge University Press.

Mitchell, B. R. (1978), *European Historical Statistics (1750-1970)*, Macmillan.

Moen, J. R. et Tallman, E. W. (2000), "Clearinghouse membership and deposit contraction during the panic of 1907", *Journal of Economic History*, vol. 60, n°1, p. 145-163.

Mundell, R. (1966), "A theory of optimal currency areas", *American Economic Review*, november, p. 657-665.

Mundell, R. (1968), *International Economics*, Macmillan.

Muth, J. (1961), "Rational expectations and the theory of price movements", *Econometrica*, vol. 29, n°3, p. 315-334.

Negri, T. et Hardt, M. (2010), *Commonwealth*, Belknap Press of Havard University Press.

Orléan, A. (1984), "Monnaie et spéculation mimétique", *Bulletin du Mauss*, n°12, décembre, p. 55-68.

Orléan, A. (2007), "Crise de souveraineté et crise monétaire: l'hyperinflation allemande des années 1920", in B. Théret (éd.), *La Monnaie dévoilée par ses crises*, vol. II: Crises monétaires en Russie et en Allemagne au xxe siècle, p. 177-220.

Orléan, A. (2011), *L'Empire de la valeur. Refonder l'économie*, chap. 6: "L'évaluation financière", Seuil.

Ould Ahmed, P. (2003), "Les transitions monétaires en URSS et en Russie: une continuité par-delà la rupture?" *Annales, Histoire, Sciences sociales*, vol. 5, p. 1107-1135.

Ould Ahmed, P. (2008), "Le troc: une forme monétaire alternative", in F. Lordon (éd.), *Conflits et pouvoirs dans les institutions du capitalisme*, Presses de Sciences-Po, juin, p. 143-171.

Ould Ahmed, P. (2010), "Can a community currency be independent to the state money?", *Environment and Planning A*, vol. 42, n°6, p. 1346-1464.

Palley, T. I. (2014), "Global imbalances: Benign by-product of global development or toxic consequence of corporate globalization?", *European Journal of Economics and Economic Policies*, vol. 11, n°3, p. 250-268.

Patinkin, D. (1965), *Money, Interest and Prices*, Harper et Row.

Pesin, F. et Strassel, C. (2006), *Le Modèle allemand en question*, Economica.

Pfister, T. et Valla, N. (2015), "Les politiques monétaires non conventionnelles", in Jean, S., Lemoine, F. et CEPII, *L'Économie mondiale 2016*, La Découverte, "Repères", chap. 3, p. 40-56.

Picard, O. (1978), "Les origines du monnayage en Grèce", *L'Histoire*, n°6, novembre, p.

13-20.

Picard, O. (2008), *Guerre et Économies dans l'Alliance Athénienne, 490-322 av. J.-C.*, SEDES.

Polak, J. (1979), "Thoughts on an IMF based fully on SDR", *Pamphet Series*, n°28, International Monetary Fund.

Ponsot, J.-F. (2007), "Dollarisation et banque centrale en Équateur", in E. Lafaye de Michaux, E. Mulot et P. Ould Ahmed (dir.), *Institutions et développement. La fabrique institutionnelle et politique des trajectoires de développement*, Presses universitaires de Rennes, p. 233-258.

Ponsot, J.-F. (2015a), "Currency boards", in L.-P. Rochon and S. Rossi (eds.), *The Encyclopedia of Central Banking*, Edward Elgar Publishing Limited, p. 130-132.

Ponsot, J.-F. (2015b), "Original sin", in L.-P. Rochon and S. Rossi (eds.), *The Encyclopedia of Central Banking*, Edward Elgar Publishing Limited, p. 392-394.

Ponsot, J.-F. (2016), "The "four I's" of the international monetary system and the international role of the euro", *Research in International Business and Finance*, vol. 37, may, p. 299-308.

Rawls, J. (2001), *Justice as Fairness: A Restatement*, Belknap Press.

Reiss, D. G. (2014), "Invoice currency in Brazil", *MPRA Paper*, n°59412, University Library of Munich.

Robinson, J. (1960), "The Theory of Distribution", in Robinson, J., *Collected Economic Papers*, Vol. II, Basil Blackwell.

Rodrik, D. (2006), "The Social Cost of Foreign Exchange Reserves", *International Economic Journal*, 20.3, p. 253-266.

Rodrik, D. (2011), *The Globalization Paradox*, Norton & Co.

Rodrik, D. and Subramanian, A. (2009), "Why did financial globalization disappoint?", *IMF Staff Papers*, vol. 56, n°1, p. 112-138.

Roover (de), R. (1953), *L'Évolution de la lettre de change, xiv-xviiie siècles*, Armand Colin.

Rosanvallon, P. (2011), *La Société des égaux*, Seuil.

Rothbard, M. (2007), *The Mystery of Banking*, Mises Institute, reprint.

Sayers, R. S. (1976), *The Bank of England 1891-1914*, Cambridge University Press.

Sayers, R. S. (1987), *Central Banking after Bagehot*, Oxford University Press.

Schloesing, O. et Jaoul, M. (1954), "L'Union européenne des paiements", *Revue économique*, vol. 5, n°2, p. 263-277.

Schumpeter, J. (1939), *Business Cycles. A Theorical, Historical and Statistical Analysis of the Capitalist Process*, MacGraw-Hill.

Selgin, G. (1988), *The Theory of Free Banking*, Rowman and Littlefield.

Sen, A. (2010), *L'Idée de justice*, Flammarion.

Servet, J.-M. (1984), *Nomismata. État et origines de la monnaie*, Presses universitaires de Lyon.

Sharpe, W. (1964), "Capital Asset prices: A theory of market equilibrium under conditions of risk", *Journal of Finance*, vol. 19, n°3, p. 425-442.

Silver, M. (1995), *Economic Structures of Antiquity*, Greenwood Press.

Simmel, G. (1978), *The Philosophy of Money*, Routledge and Kegan.

Solomon, R. (1979), *Le Système monétaire international*, Economica.

The Economist (2015), "Special report on the world economy", *The Economist*, 3 octobre.

Théret, B. (ed.) (2007), *La Monnaie dévoilée par ses crises*, vol. I: *Crises monétaires d'hier et d'aujourd'hui*, vol. II: *Crises monétaires en Russie et en Allemagne au xxe siècle*, Éditions de l'EHESS.

Thierry, F. (2001), "Sur les spécificites fondamentales de la monnaie chinoise", in A. Testard (éd), *Aux origines de la monnaie*, Éditions Errance, p. 108-144.

Thomas, J.-G. (1977), *Inflation et nouvel ordre monétaire*, PUF.

Thornton, H. (1939), *An Enquiry into the Nature and Effects of the Paper Credit of Great Britain*, 1802, introduction de F. A. Hayek, Allen & Unwin.

Tite-Live, *Histoire de Rome*, Livre XXVII, 7, 3-4.

Trautman, T. R. (1987), *Lewis Henri Morgan and the Invention of Kinship*, University of California Press.

Triffin, R. (1960), *Gold and the Dollar Crisis*, Yale University Press.

US Department of Commerce (1975), *Historical Statistics of the United States: Colonial Time to 1970*, 2 volumes.

Van Cleveland, H. (1976), "The international monetary system in the interwar period", in B. M. Rowland (ed.), *Balance of Power or Hegemony. The Interwar Monetary System*, Lehrman Institute, New York University Press.

Veenhof, K. R. (1997), "Modern features in Old Assyrian trade", *Journal of the Economic and Social History of the Orient*, vol. 40, n°4, p. 336-366.

Veyne, P. (1976), *Le Pain et le Cirque. Sociologie historique d'un pluralisme politique*, Seuil, "Histoire".

Vidal, J.-F. (1989), *Les Fluctuations internationales*, Economica.

Vilar, P. (1974), *Or et monnaie dans l'histoire*, Flammarion.

Walfaren, T. (1994), *Bretton Woods. Mélanges pour un cinquantenaire*, Association d'Économie Financière, décembre.

Walras, L. (1952), *Éléments d'économie politique pure ou Théorie de la richesse sociale*, Librairie générale de droit et de jurisprudence.

Warnier, J.-P. (2009), "Biens aliénables, biens inaliénables et dette de vie. Autour de Annette Weiner", *Sociétés politiques comparées*, n°11, janvier.

Weiner, A. (1992), *Inalienable Possessions. The Paradox of Keeping-while-Giving*, University of California Press.

Wicker, E. (2005), *The Great Debate of Banking Reform: Nelson Aldrich and the Origins of the Fed*, Ohio State University Press.

Wicksell, K. (1907), "The influence of the rate of interest on prices", *The Economic Journal*, n°17, mai, p. 213-220.

Williamson, J. (1977), *The Failure of World Monetary Reform, 1971-1974*, Nelson and Sons.

Williamson, J. et Miller, M. (1987), *Targets and Indicators. A Blueprint for the International Coordination of Economic Policy*, Institute for International Economics, "Policy Analysis in International Economics", n°22.

Willms, J. (2005), *La Maladie allemande. Une brève histoire du présent*, Gallimard.

Woodford, M. (2000), "Monetary Policy in a world without cash", *International Finance*, vol. 3, n°2, p. 229-260.

Wright, R. (2008), *One Nation Under Debt: Hamilton, Jefferson, and the History of What We Owe*, MacGraw-Hill.